PALLAS
REISE DURCH VERSCHIEDENE PROVINZEN
DES RUSSISCHEN REICHS

Universal Bibliothek

BELLETRISTIK

Peter Simon Pallas (1741–1811)

Peter Simon Pallas

REISE DURCH VERSCHIEDENE PROVINZEN DES RUSSISCHEN REICHS

1987

Verlag Philipp Reclam jun. Leipzig

Herausgabe und Bearbeitung des Textes von Marion Lauch
Mit 38 Abbildungen, 1 Frontispiz und 1 Karte

ISBN 3-379-00080-9

Reclams Universal-Bibliothek Band 1182
1. Auflage
Umschlaggestaltung: Friederike Pondelik unter Verwendung einer Zeichnung „Wogulische Zobelfalle" aus P. S. Pallas, Reise, Band II, Tab. VII, S. 226
Lizenz Nr. 363. 340/35/87 · LSV 7102 · Vbg. 24,7
Printed in the German Democratic Republic
Grafischer Großbetrieb Völkerfreundschaft Dresden
Gesetzt aus Garamond-Antiqua
Bestellnummer: 6613291
00400

P. S. Pallas

D. A. D. Professors der Natur-Geschichte und ordentlichen Mitgliedes der Rußisch-Kayserlichen Academie d. W. der freyen Oeconomischen Gesellschaft in St. Petersburg, wie auch der Römisch-Kayserlichen Academie der Naturforscher und Königl. Engl. Societät;

Reise
durch
verschiedene Provinzen
des
Rußischen Reichs.

Erster Theil.

St. Petersburg,
gedruckt bey der Kayserlichen Academie der Wissenschaften 1771.

Originaltitelseite der Erstausgabe

Vorrede

Die vor einigen Jahren von unsrer *Großen Monarchin* zum Besten der Wissenschaften und der Menschlichkeit überhaupt an die Russisch-Kaiserliche Akademie der Wissenschaften ergangenen allergnädigsten Befehle und zufolge derselben gemachten Veranstaltungen sind der Welt zur Genüge bekannt. Ich habe die Ehre, unter der Zahl derjenigen zu erscheinen, welche so glücklich gewesen sind, zur Ausführung dieser hohen Befehle gewählt zu werden. Nach dem zuerst beliebten Plan würde die Begierde, welche man natürlicherweise nach wichtigen Neuigkeiten zu haben pflegt, noch lange nicht gestillt worden sein. Es war nämlich festgesetzt worden, daß die zur Untersuchung und Beschreibung der natürlichen und andern Merkwürdigkeiten des Reiches abgeschickten Naturforscher erst nach geendigten Reisen ihre Bemerkungen bekanntmachen sollten; allein die Liebe zu den Wissenschaften, welche unter den vortrefflichen Eigenschaften Seiner Erlaucht, des Herrn Grafen *Wladimir Orlow*, der Kaiserlichen Akademie Direktors, vorzüglich glänzet, hat dem Verlangen der gelehrten Welt ein Genüge zu leisten und die Ausgabe unsrer Reisenachrichten zu beschleunigen gesucht. Durch diese hohe Vermittlung, welcher die gelehrte Welt den glücklichen Fortgang aller durch die Russisch-Kaiserliche Akademie der Wissenschaften für die Gelehrsamkeit angeordneten großen Unternehmungen allein zu verdanken hat, erscheint also auch von meinem Tageregister die erste Abteilung, in welcher ich die wichtigsten Bemerkungen der bisherigen zweijährigen Reise sorgfältig, aber ohne Kunst angezeichnet habe.

Ich will hier nicht dem Beispiel einiger Reisebeschreiber folgen und meine Arbeit in einer weitläufigen Vorrede anrühmen, sondern das Notwendigste, was ich zu erinnern habe, in möglichster Kürze fassen. Da ich auf alles aufmerksam zu sein gesucht habe, so darf ich hoffen, daß meine Arbeit nicht unter die Zahl der überflüssigen und verwerflichen Schriften wird gesetzt werden, wenn ihr gleich alle Zierlichkeit in der Schreibart und andere Vollkommenheiten mehr fehlen sollten. Nachrichten von unbekannten Gegenden, wie die meisten von mir bisher beschriebnen, sind kundigen Lesern angenehm, sie mögen auch noch so mittelmäßig vorgetragen werden. Mich dünkt, die Haupteigenschaft einer Reisebeschreibung ist die Zuverlässigkeit; dieser aber habe ich mich sowohl in meinen eignen Bemerkungen als den aufgesammelten Nachrichten soviel wie möglich zu nähern und der Wahrheit getreu zu sein gesucht. Vielleicht würde ich meinen Nachrichten auch noch einige andere Vorzüge haben verschaffen können, wenn es möglich gewesen wäre, dieselbe mit mehr Muße aufzusetzen. Allein die Reisegeschäfte haben mir nicht völlig zwei Monate Zeit, selbige in Ordnung zu bringen und durchzusehen, gelassen; eine Zeit, innerhalb welcher gewiß keine müßige Bearbeitung möglich gewesen ist. Das Publikum wird also billig genug sein und die Bereitwilligkeit, womit man dessen Erwartung begnügen will, mit Nachsicht erwidern. (...)

1. TEIL

PHYSIKALISCHE REISE DURCH VERSCHIEDENE PROVINZEN DES RUSSISCHEN REICHS IM 1768STEN UND 1769STEN JAHRE

Gewisse Angelegenheiten und die notwendigen Reisezurüstungen verzögerten die völlige Abfertigung der Naturforscher, welche auf *Allerhöchsten Befehl* nach den südlichen Grenzprovinzen des Russischen Reichs abzugehen von der Kaiserlichen Akademie der Wissenschaften ernannt waren, bis gegen Ende des Junius. Nachdem endlich die Reisegesellschaften mit allen Notwendigkeiten hinlänglich versehen worden, so folgte ich mit den mir zugegebenen Leuten am 21sten Junius 1768 den kurz nacheinander abgereisten Herren Lepechin* und Güldenstedt* nach. Die Besichtigung einiger noch diesseits Moskau gelegenen merkwürdigen Gegenden war eigentlich den nach Kleinreußen* und Astrachan bestimmten Beobachtern aufgetragen; also hatte ich den kürzesten Weg nach Moskau zu wählen und alle Eilfertigkeit, die meine schwere Gerätschaft und nur jede fünfzig bis siebzig Werste* abgewechselten Pferde verstatten wollten, anzuwenden, um bei noch günstiger Jahreszeit die entfernten Gegenden zu erreichen. (...)

Sosehr mich auch die Begierde zu den natürlichen Merkwürdigkeiten, welche ich mir in den entfernteren Gegenden versprechen konnte, antrieb, meine Reise zu beschleunigen, so war doch das Wagenwerk auf dem petersburgischen, großenteils mit Bäumen gebrückten Wege bei der beständigen Hitze und Dürre so baufällig geworden, daß mich die völlige Ausbesserung desselben bis den 14ten Julius aufhielt, während welcher Zeit ich noch viele nötige Zurüstungen auf die künftige Reise zu machen und nützliche Nachrichten einzuziehen Muße genug hatte.

Bei verschiedenen um Moskau angestellten kleinen Landreisen sah ich, daß die Flora dieser Gegend schon derjeni-

Die mit * versehenen Namen und Begriffe werden in den Anmerkungen erläutert.

gen, welche ich weiterhin an der Kljasma und Oka fand, mehrenteils ähnlich ist. Besonders sind die angenehmen Ufer des Moskwaflusses sehr kräuterreich und haben vieles, was man in den nördlicheren Gegenden Rußlands vergeblich sucht. Sehr merkwürdig ist die Menge von versteinerten Seekörpern, welche man um Moskau fast überall in den auf einer gewissen Tiefe anzutreffenden grauen Tonlagen findet. Die besten Stellen, wo man eine große Menge dieser mineralischen Kuriositäten sammeln kann, sind, soviel mir bekannt geworden ist, bei einem der Narischkinschen Familie gehörigen Dorfe *Brazowo*, an einem Bache Sgonda, und hauptsächlich die Ufer des Moskwaflusses, in der Gegend des der Krone gehörigen und auch wegen einer vortrefflichen Stuterei merkwürdigen Dorfes *Choroschowa*. Es befinden sich nicht nur ober- und unterhalb dieses Dorfes verschiedene, an Versteinerungen reiche Stellen, sondern auch das hohe Ufer, worauf das Dorf selbst liegt, ist voll davon. Über dem Wasser besteht dasselbe aus einer schwarzen, lockern, etwas tonhaften, sehr pyritösen* Erde, welche mit Seekörpern eingestreut ist, die an der Luft und bei der geringsten Berührung zerfallen. Das niedre Ufer und das ganze Bette des Flusses ist an diesem Ort ein grauer, hin und wieder zu Stein verhärtender Würfelton, in welchem auch grandige oder sandartige Steinmassen liegen, welche an Seekörpern besonders reich sind. Die ganze Lage ist einem natürlichen Seegrund vollkommen ähnlich. Man findet hier eine Menge von Belemniten*, Ammonshörner mit goldglänzigen Schalen, verschiedene Arten von Chamiten, Telliniten, Anomiten und kleine Tubuliten, welche größtenteils noch ihre natürliche, obgleich sehr zerbrechliche und zarte Schale haben. Die Belemniten haben hier, wie überall, wo auch sonst alle Seeschalen verzehrt und nur ihren Abdrücken nach kenntlich angetroffen werden, ihre gewöhnliche gestrahlte Substanz und Härte erhalten und sind teils halb durchsichtig und gelblich, teils grau oder schwarz von Farbe. Nächst diesen sind einige Arten von Ammoniten am häufigsten. Einige Steinmassen scheinen ganz aus kleinen, hahnenkammförmigen Terebratuln* und Entalien oder Tubuliten zu bestehen. In andern zeigt sich ein besonderer Mytulit* mit ungleichen Schalen, wie eine Anomie, ziemlich häufig. Hingegen finden sich nur selten versteinerte Krebsscheren in den zerschlagnen Tonsteinmassen. Es werden hier auch im Ton oft ziemlich ansehnliche Stücke von schwarzem, versteinertem und oft mit Kies durchflossenem Holz angetroffen, welches das Ansehen und die Textur großer Holzkohlen hat, oft deutliche Spuren von Wurmstichen zeigt, aber so vollkommen versteinert ist, daß es am Stahl Feuer schlägt. Schwefelkiese gibt es hier in Menge; sie werden auch vom armen Volk aufgesammelt und in Klin, wie man mich versichert hat, zu Schwefel verarbeitet.

Der Moskwafluß bringt in dieser Gegend den gemeinen Flußschwamm (Spongia fluviatilis) häufig hervor, welcher von dem gemeinen Weibsvolk in Rußland unter dem Namen Badjaga gesammelt, getrocknet und zum Reiben der Wangen, anstatt einer Schminke, gebraucht zu werden pflegt. Derselbe wächst hier, wie in allen langsam fließenden Wassern, mit dicken, aufrechten Zweigen; dahingegen er bei einer schnelleren Strömung sich in lange, netzförmig durcheinander wachsende Zweige zu strecken pflegt. Niemals habe ich, weder hier noch anderwärts, an diesem Gewächs die geringste Reizbarkeit oder Bewegung wahrgenommen, die einiges Leben anzeigen könnte. Gleichwohl zeigt der Geruch, wenn man es brennt, etwas Tierisches an, welches eine genaue chemische Untersuchung bestätigen müßte, da man noch keine hinlängliche Zergliederung dieses Schwamms durch die Scheidekunst bewerkstelligt hat.

Noch ein Umstand verdient erwähnt zu werden. Die Würmer des sogenannten Haffts (Ephemera horaria)* sind in der Moskwa häufig und durchlöchern den Ton an vielen Stellen mit dicht nebeneinander stehenden Kanälen, dergleichen man auch in dem schon wirklich zu Stein verhärteten Boden antrifft. Nun findet man auf den Feldern in diesen Gegenden nicht selten Feuersteine, welche auf eine ganz ähnliche Art durchlöchert und gleichsam wurmstichig sind, so daß man bei deren Vergleichung unmöglich zweifeln kann, daß diese Feuersteine nicht aus solchem verhärteten Ton, welchen ehemals die Hafftwürmer zu ihrer Wohnung durchbohrt hatten, entstanden sein sollten. Ein deutlicher Beweis von der Buffonschen Theorie*, welche alle sogenannten Feuersteine von verhärtetem und zersplit-

tertem Ton herleitet und welche ich durch viele Bemerkungen zu bestätigen Gelegenheit gefunden habe. Indessen werden solche durchlöcherten Feuersteine aus Unwissenheit der jetzt erwähnten unwidersprechlichen Ähnlichkeit nicht selten unter die Koralliten gezählt.
Von nicht geringer Wichtigkeit haben mir die Versuche geschienen, welche man in dem moskowischen Medicinal-Garten mit der Kultur des rechten Rhabarbers (Rheum palmatum) gemacht. Dieses edle Gewächs scheint in dem dasigen Boden und Klima recht wohl gedeihen zu wollen. Man hat ein ziemlich großes Feld damit bepflanzt und das Wachstum der Pflanzen durch öfteres Versetzen ansehnlich befördert. Es ist kein Zweifel, daß die also kultivierten Wurzeln, wenn man sie zu einem gehörigen Alter gelangen läßt und mit dem Trocknen derselben vorsichtig zu Werke geht, alle Kräfte der chinesischen Rhabarber haben werden; wie man denn schon in Schottland so glücklich gewesen ist, hiervon die Probe zu machen. (...)
(18. Julius 1768) Von hier (Knjashewo) sind nur noch 17 Werste bis zu der Stadt *Wolodimer**. Dieselbe liegt auf einigen Höhen längs dem linken oder nördlichen Ufer der Kljasma und macht, obwohl sie weder volkreich noch außerordentlich bebaut ist, dennoch bei der vorteilhaftesten Lage mit ihren vierundzwanzig teils steinernen, teils hölzernen Kirchen und den Gärten, womit sie umgeben ist, besonders von der östlichen und südlichen Seite den angenehmsten Prospekt von der Welt. Man sieht an der heutigen Stadt gleichsam die Überbleibsel von dem ehemaligen Wolodimer, welches sich mit seinen Gebäuden bis an das nunmehr gegen zehn Werste abwärts von der Stadt entfernte Kloster *Bogoljubow* erstreckt haben soll. Jetzt besteht die einzige Nahrung der Einwohner in dem Produkt der häufigen Kirschengärten, welche rund um die Stadt angelegt sind. Es war jetzt eben die Zeit, da diese Frucht am häufigsten reift, und man hatte also vor den Kirschenwächtern weder Tag noch Nacht Ruhe. In der Mitte eines jeden Gartens pflegt man hier nämlich ein hohes Gerüst zu haben, von welchem nach allen Ecken und dem ganzen Umfang des Gartens Leinen geleitet sind. An jeder Leine hängt zuäußerst ein Brett mit vielen hölzernen Klöppeln, welche, wenn die Leine angezogen wird, ein starkes Gerassel machen. Die ganze Zeit

über, da reife Früchte auf den Bäumen sind, werden Tag und Nacht Wächter auf diesen Gerüsten unterhalten, welche den ganzen Garten übersehen und die Vögel mit dem Gerassel der Bretter, andere Gäste aber mit Steinen vertreiben müssen. Sonst ist man in der Kultur der Frucht nicht eben weit gekommen und hat fast durchgängig nur zwei Sorten, welche nicht viel größer als gemeine Vogelkirschen sind. Allein der bischöfliche Garten enthält einige gepfropfte ausländische Arten, welche auch sehr gut fortkommen. Von diesen Früchten und einigen andern Gartenprodukten, worunter die kleinen Essiggurken gehören, wird jährlich eine Menge von hier nach Moskau verführt. (...)
Ich wurde nach meiner Zurückkunft von hier wegen einiger zur Fortsetzung meiner Reise nötigen Veranstaltungen bis zum 28sten (Juli 1768) in Wolodimer aufgehalten, an welchem Tage endlich unsere Abreise auf *Kasimow* erfolgte. Ich wählte diesen Weg, um die Gegenden zwischen der Kljasma und Oka kennenzulernen. Man verläßt erstere gleich bei der Stadt und richtet den Weg über die obgedachten südlich gelegenen Sandhöhen, auf welchen man bald über einen geringen Bach Tschornaja geht. Danach folgt nichts als magere Sandheiden mit geringen Dörfern, zerstreutem Fichtengebüsch und wenigen magern Pflanzen, wogegen das purgierende Erdmoos (Lichen islandicus)* desto häufiger ist.
So bleibt die Gegend bis hinter *Mugina*, wo endlich eine hochstämmige und dichte Harzwaldung angeht, welche ziemlich feucht, mit Gestrüppe und vielem Unterholz verwachsen ist und einen großen Teil der Gegend zwischen der Kljasma und Oka dergestalt einnimmt, daß nur wenige offne Stellen angetroffen werden und die meisten Dorfschaften sich auf Kosten des Waldes Ackerraum schaffen müssen. Es sind hier größtenteils adelige Dörfer angelegt, bei welchen man die nachlässige Waldökonomie zu tadeln Gelegenheit genug findet. Die gewöhnliche Art, ein Stück Acker urbar zu machen, ist hier, daß man an die stämmigen Bäume Feuer anlegt und sich nicht darum bekümmert, wenn die halbabgebrannten Baumstämme noch einen oder mehrere Faden* über der Erde auf dem Acker herumstehen, oder wenn das Feuer weiter geht, als es soll, und eine Strecke von einigen Quadratwersten verwüstet. Wenigstens

habe ich solche traurigen Stellen angetroffen, und mit abgebrannten Baumstämmen sind bei den meisten Dörfern die Äcker besetzt, die man nicht auszuroden verlangt. Zum Schlag- und Fällholz, Teerschwelen und dergleichen werden noch andre Bäume teils umgehauen, teils mit mehr Aufmerksamkeit abgebrannt, so daß man den Aufwand des nutzbaren Holzes gerade verdoppelt. Überdem ist noch dazu der Acker, welchen man sich verschafft, nicht von außerordentlicher Güte und wird wegen des unter etwas schwarzer Erde folgenden Sandes geschwind ausgehungert. (...)

Die Waldung wird nunmehr immer weitläufiger und trockner und ist mit häufigen Äckern untermengt, wo sich Papilio hyale* nun häufiger zeigte. An allen liegenden Fichtenstämmen schwärmte hier die sonst höchst seltne Buprestis octoguttata* herum.

Hinter dem Dorfe und Bache Tschaura, wo sich der vorige Muschelkalk wieder zeigt, hat man eine niedrige Gegend mit Laubholzgebüsch, worunter sich Salix amygdalina* zeigte; auch fand sich hier Pedicularis sceptrum-carolinum*, mit ellenlangen Stengeln. Endlich, nachdem man bei dem Dorfe *Mischkina* über den Bach Sintur (welcher mit den vorherbenannten in den Guß fällt) gegangen ist, so verläßt man die Waldung und hat alsdenn bis an die Oka eine offne, mehrenteils dürre und sandige Gegend. Fünf Werste von letztgedachtem Dorfe ist an dem Flüßchen Guß eine Eisenhütte des tulischen Kaufmanns Bataschew mit einem hohen Ofen angelegt, wohin der Eisenstein mit kleinen Strugen oder Lastschiffen von der Oka gebracht wird.

Noch bei *Bulgakowka* lagen in dem Bache, welcher da vorbeifließt und Serninka heißt, Versteinerungen und besonders Heliciten* herum, dergleichen an der Oka häufiger sind, welche wir über lauter dürre Hügel zu *Kasimow* am 1sten August (1768) erreichten.

Diese, mit ihrer Wojewodenkanzlei* und dem darunter gehörigen Bezirk unter das Gouvernement von Woronesh gezählte, schlechtbebaute Stadt liegt auf einem mehrere Faden hohen, abgerissenen Ufer der Oka, welches auf mehr als zwei Werste, besonders sehr weit oberhalb der Stadt, aus einem festen, grobgeschieferten Kalkfelsen besteht. Obgleich derselbe aber zum Bau vortreffliche Bruchstücke gibt, so wird er dennoch im geringsten nicht genutzt; denn die ganze Stadt ist nach russischer Art von Balken erbaut; ja, was bei einem solchen Überfluß von Steinen fast lächerlich scheinen möchte, sogar die Straßen sind mit Bäumen und Brettern gebrückt, und was etwa an Kirchen und öffentlichen Gebäuden neuerlich aufgeführt worden, das besteht aus elenden Ziegeln, zu welchen man den ersten besten Lehm genommen hat.

Zu den Zeiten, da Kasimow noch der Wohnplatz tatarischer Beherrscher* gewesen, hat man diesen Vorrat von Steinen nicht völlig so ungebraucht gelassen, und die Stadt hat noch jetzt schöne Überbleibsel tatarischer Gebäude aufzuweisen, welche erhalten zu werden verdienten. In der hiesigen tatarischen Slobode* (denn es sind noch die Abkömmlinge der vorigen tatarischen Bewohner sowohl in der Stadt als in einigen umliegenden Dörfern übrig und erstre zwar durchgängig wohlbegüterte Pelzhändler) steht noch jetzt in dem höchsten Teil der Stadt ein hoher und starker, rund ausgeführter Turm oder Misgir von einem zerstörten Bethause, welches jetzt auf allerhöchste Erlaubnis wieder aufgebaut wird. Das alte Bethaus oder Metsched* hat aus Ziegeln bestanden, welche über 13 Zoll* groß sind; der Turm aber ist aus lauter glattgehauenen und ziemlich großen Baustücken, welche von einem jenseits der Oka, elf Werste von der Stadt, bei dem Dorfe *Malewa* befindlichen Steinbruch genommen zu sein scheinen, erbaut. Aus eben solchem Kalkstein bestehen die übrigen tatarischen Überbleibsel, welche in einem nahe bei der Metsched befindlichen Gehöft und Garten eingeschlossen sind. Dieser Platz scheint wirklich das Hoflager der hiesigen Khane* gewesen zu sein, und es hatten sich darauf von steinernen Gebäuden eine große, mit vielen gotischen Aufsätzen und arabischen Inschriften gezierte Ehrenpforte, ein länglich viereckiges Wohngebäude und ein ebenfalls länglich geviertes Begräbnis oder Mausoleum, von welchem der gemeine Begräbnisplatz nicht weit entfernt ist, bis auf die neuesten Zeiten erhalten. Die Pforte war unlängst, aus gewissen Ursachen, auf Befehl des jetzigen Eigentümers niedergerissen und großenteils zum Kalkbrennen vernutzt worden, so daß ich nur noch Trümmer, und besonders die Zinnen und Aufsätze davon, zu sehen bekommen habe. Das khanische Wohnhaus hat

man ebenfalls abgebrochen und nur ein Fundament ungefähr 5 Fuß* hoch stehen lassen, um zu einem hölzernen Wohnhause zu dienen. Dieses Gebäude ist von Süden nach Norden etwas über 32 Arschinen* lang und über neuneinhalb Arschinen breit gewesen. An jedem Ende ist ein sechzehn Fuß langer schmalerer Teil angebaut. Durch den nördlichen von diesen geht man in einen mit verschiedenen Absätzen schräg unter die Erde geführten und sich unter dem ganzen Gebäude erstreckenden, stark gewölbten Keller, in welchem sich von dem durch das Gewölbe sickernden Wasser kleine Tropfsteine mit einer wässerigen Spitze (Stalactites apice natroso) erzeugen.
Südöstlich von diesem Gebäude steht das khanische Begräbnis und hat sich in dem Garten des Eigentümers bisher noch ziemlich ganz erhalten. Man sieht an demselben nichts Gotisches, sondern es ist bloß ein länglich-viereckiges, aus sehr glatt behauenen Werkstücken aufgeführtes, oben mit einem rund umher laufenden einfachen Gesimse und sonst mit kleinen Zieraten versehenes starkes Gemäuer, dessen westliches Ende ein kleines, leeres und vermutlich nach mohammedanischem Gebrauch zum Beten bestimmt gewesenes Gemach mit einem Eingang an der westlichen Mauer und einer kleinen Fensterluke an der Nordseite enthält, welches mit groben, unbehauenen Steinen gepflastert ist. Den übrigen Teil nimmt ein Gewölbe ein, worinnen sich die Grabsteine befinden. Über den Gewölben ist der leere Teil des Gemäuers mit Erde aufgeschüttet, worinnen jetzt Holunderbäume wachsen. Die Länge des ganzen Gebäudes von Osten nach Westen beträgt über 20 Arschinen, die Breite aber über 11 Arschinen und die Höhe gegen sieben Arschinen.
Das kleine Gewölbe ist von innen nicht viel über fünfeinhalb Arschinen von Osten nach Westen weit. Zu dem großen Gewölbe befindet sich der Eingang an der Südseite, fast in der Mitte des ganzen Gebäudes, und also ganz nahe bei der Scheidewand zwischen den Gewölben. Es ist eine kleine, von außen nicht anderthalb Arschinen große, nach innen aber sich bis über zwei Arschinen erweiternde Pforte, ohne einige Spuren von Türangeln. Über derselben ist zwischen einem gebrochnen und geraden Geleiste eine steinerne Tafel mit einer kurzen arabischen Aufschrift einge-

mauert, welche nach der Übersetzung, die man mir davon gemacht hat, also lautet:

Dem einzigen großen Gott!
Der Beherrscher dieses Orts Schagali-Khan,
Sohn des Sultans Schich-Aulear;
Des Monats Ramasan am 21sten, im Jahr 962,

nämlich der Hegira*, welches nach unserer Rechnung, wo ich nicht irre, das 1520ste ist. – Die Weite des Gewölbes beträgt von Osten nach Westen ungefähr $9^1/_4$ Arschin, die Breite etwas über $8^1/_4$ Arschin und die Höhe des Kreuzgewölbes etwas über 5 Arschinen. In der nördlichen Wand hat es zwei Fensterlöcher, in der östlichen aber nur eines, welche sämtlich nach außen sich verengen und mit eisernen Stangen vergittert gewesen, die man aber auszubrechen für gut befunden hat. Auf dem Boden dieses Raums sind acht längliche Grabhügel bemerklich. An der östlichen Wand liegen deren fünfe nebeneinander; ein sechster befindet sich nahe beim Eingang, und diese alle sind nur aus einem rötlichen, wie es scheint, gebrannten Lehm geschlagen. Das siebente ist recht in der Mitte gelegen, über sieben Fuß lang und fast eine Arschin hoch, stufenweise mit Steinen bekleidet; ebenso ist auch das achte, hinter diesem befindliche, gemauert, aber fast viereckig, weswegen es für zwei Leichen gedient zu haben scheint, da in dem Leichenkeller wirklich neun Schädel vorhanden sind. Bei jedem Grabhügel ist an dem westlichen oder Kopfende ein fünf bis sechs Fuß hoher, platter, oben stumpf zugespitzter Leichenstein in einem viereckigen Fußstück aufgerichtet gewesen. Davon stehen nur noch zwei, die übrigen liegen zerbrochen umher. Alle sind an der nach Westen gekehrten Seite mit geblümten oder gestirnten gitterförmigen Zieraten flach ausgehauen, an der andern aber mit einer in Fächer verteilten, sauber ausgearbeiteten arabischen Inschrift gezieret.
Unter diesem Gewölbe, worinnen die Leichensteine gestanden haben, ist ein unterirdischer Leichenkeller von gleicher Länge, aber nicht völlig so weit, angelegt, in welchen man nur durch eine enge, mit Steinen und Erde verstopft gewesene Öffnung gelangen kann, deren äußere Mündung mit Steinfliesen umgeben und eingefaßt ist. In diesem niedrigen Leichengewölbe haben die Gerippe auf

hölzernen Gerüsten gelegen. Es hat sie aber eine nicht lobenswürdige Liebhaberei neuerer Zeiten aus ihrer Ruhe gestört, so daß man jetzt nichts mehr als herumgeworfene Schädel und Gebeine, Haare und Fetzen von gelbem, grünem und braungelb gestreiftem, dünnem Taft, die noch ziemliche Farbe und Stärke haben, darinnen antrifft usw. (...)

(6. August 1768) Die Stadt *Murom* ist ebenfalls wie Kasimow hart an die Oka auf deren erhöhtes linkes Ufer gebaut und mit einigen tiefen Regenrinnen durchschnitten, in welchen hin und wieder Ton mit schönen drusigen Kiesnieren oder Mergelnüssen gefunden wird. Der Fluß, welcher gegen die Stadt eine Krümmung macht und im Frühling stark anläuft, nimmt alle Jahre mehr und mehr von dem höhern Ufer, worauf die Stadt liegt, weg und legt es teils den hier im Flusse befindlichen Sandbänken, teils dem entgegengesetzten flachen und im Frühling überschwemmten Ufer zu. Alte Einwohner erinnern sich gar wohl, daß sich die Stadt vordem bis in die Gegend, wo jetzt die Mitte des Flusses ist, erstreckt habe, ja daß auch eine Kirche mit unter den vom Fluß weggenommenen Gebäuden befindlich gewesen. Noch jetzt untergräbt der Fluß jährlich das eine oder andre Wohngebäude, und viele stehen auf dem Rande des abgestürzten Ufers dem Untergang so nahe, daß eine gewisse Entschließung dazu gehört, selbige noch zu bewohnen. Ja auch einige öffentliche Gebäude, zwei Kirchen und ein Kloster sind der augenscheinlichsten Gefahr schon sehr nahe, und man sucht dieselben durch Steingeschütte auf dem niedern Ufer zu schützen, da man doch das ganze Übel gar leicht, durch Bepflanzung des ganzen Ufers mit Weiden, steuern könnte. – Die Ursache dieses einreißenden Schadens ist, daß die untersten und natürlichen Lagen des Ufers teils ein feiner, etwa einen halben Faden dick liegender Sand, teils ein weicher Lehm ausmacht, welche das Wasser ohne Mühe fortschlemmen kann, da dann auch die unterwaschenen hohen Torflagen, womit der Boden der Stadt gegen das Ufer erhöht ist, nachstürzen müssen.

Durch diese Torfgeschütte, welche aus halb verwesten Holzspänen, Zweigen, vermoderten Pflanzen, Mist und Stroh zusammengewirkt sind, und den darüber geworfenen neuen Schutt hat das bewohnte Ufer hin und wieder eine

Höhe von drei bis vier Faden gewonnen. In dieser Lage stecken viele halb vermoderte Pfeiler und Balken von verfallenen Häusern, viele Tierknochen, und bei den Kirchen hat der Einsturz auch alte Leichenkisten und Menschengebeine zum Vorschein gebracht.

Unter dem eigentlichen Torfschutt, welcher an vielen Orten bis fünf Ellen* dick liegt, findet man eine zwei bis drei Fuß dicke Lage von schwarzem Schlamm oder Modererde, welche, ob sie gleich keine tonartige Konsistenz hat, dennoch nach Art einiger Tonerden zu unordentlichen Würfeln zerfällt. Das merkwürdigste ist, daß diese Lage, besonders in der Mitte, in allen Klüften und Ritzen mit einer lichtblauen, pulverhaften und leichten Eisenerde, welche wie schlechtes Berliner Blau aussieht, angefüllt und durchdrungen ist. Diese blaue Erde ist in den innern Klüften dunkler von Farbe als an der Luft; sie hat sich aber nur da erzeugt, wo über oder in der schwarzen Erdlage teils kleine, drei oder vier Zoll dicke Lagen, teils große Haufen von einer leichten, dürren, weißlichgrauen, in Staub zerfallenden Erde eingeschaltet sind. Die hierin gefundenen Kohlen, und auch die hin und wieder in Torfschutt liegenden angebrannten Balken, zeigen, daß dieses eine alte, von der durchziehenden Feuchtigkeit ausgelaugte Asche sei, deren Salzen vermutlich die Hervorbringung der blauen Erde aus den Eisenteilen der Schlamm- und Torferde zuzuschreiben sein möchte. Vermutlich hat man die Lage von Schlammerde für den uralten Boden der zuerst angelegten Stadt zu halten, deren nachmalige Einäscherung die Aschenhaufen verursacht hat, worauf endlich durch die Zufuhr von Schutt und Zimmerspänen, wodurch man den Boden erhöht hat, das Torfgeschütte usw. entstanden. Die Schlammerde und der darunter liegende Sand ist äußerlich überall mit einer Rinde von eisenhaften Vitriolblumen* überzogen, welche besonders an einigen schwarzen, überaus zähen und sulfurisch riechenden Stellen der erstern über einen Messerrücken dick ausgewittert ist. Andrer in diesen unnatürlichen Lagen bemerklichen Vermischungen zu geschweigen, welche sämtlich die Entstehungsart einiger natürlichen Erdarten zu erläutern dienen können. An den vermoderten Balken des Ufers wächst der gelbe Holzschwamm (Elvela acaulis) häufig, von dessen milchendem Saft mir versichert wurde, daß

man sich dessen als eines Hausmittels in Genesung skroful-öser Verhärtungen und hart geschwollener Füße bei alten Personen mit gutem Erfolg bediene.
Man bemüht sich in Murom mehr, als sonst in kleinen russischen Städten gewöhnlich ist, mit dem Gartenbau und kultiviert nicht nur eine Menge von Küchengewächsen, sondern auch Melonen und Obst; wie denn viele Einwohner gute Apfelgärten besitzen. Das Kräuterreich fängt in dieser Gegend immer mehr an, sich mit Pflanzen zu schmücken, welche in den nördlichen Teilen von Rußland unbekannt sind. Außer den schon bei Kasimow bemerkten und an den Ufern der Oka überall reichlich wachsenden Kräutern waren die trefflichen grasigen Gründe und buschigen Heuschläge, welche es um Murom hat, mit der Iris sibirica (russ. Bubentschik)*, Gentiana pneumonanthe, Hieracio umbellato, Lythro virgato, Allio schoenopraso oder Schnittlauch, welches man hier zur Speise zu sammeln pflegt, Osmunda struthiopteris, Sanguisorba und Euphorbia palustris reichlich versehen. Diese letztere ist hier und bis an die Wolga, unter den Namen Kurownik und Molotschainik allgemein bekannt, und man bedient sich sowohl des frischen Saftes dieser Wolfsmilch, in der Quantität von ungefähr fünf Solotnik*, sondern auch in Ermangelung dessen, eben des Gewichts von der trocknen Wurzel, welche man in heißem Wasser ausziehen läßt, als eines Purgiermittels, welches zwar sehr heftig ist und gemeiniglich ein kleines Brechen verursacht, doch aber niemals Grimmen erweckt und seine ganze Wirkung auf einmal zu erschöpfen pflegt. Man hat mir viele heilsame Wirkungen dieser Arznei in hartnäckigen Wechselfiebern, innern Verhärtungen und andern chronischen Zufällen erzählt, die wenigstens wahrscheinlicher sind, als was man mir von der Gentiana pneumonanthe versichert hat, mit deren in Milch abgekochten Blumen man bei Kindern und Hunden allerlei konvulsivische Zufälle soll vertreiben können. – Die sandigen Inseln oder Bänke der Oka sind teils mit einer Art Huflattich (Tussilago alba), teils mit der Inula dysenterica* reichlich bewachsen und bringen noch einige andre Pflanzen in ziemlicher Menge hervor, welche man hier nicht vermuten sollte, z. B. das Corispermum hyssopifolium*, Panicum sanguinale und Chenopodium serotinum. Diese Inseln sind voll Wasserwild, und es

sollen sich auch die Löffelreiher (Platalea)* zuweilen bis hierher in die Oka herauf wagen.
Von einem Fluß wie diesem, welcher bloß in kalkigen, tonigen oder sandigen Ufern zu fließen scheint, sollte man wohl nicht vermuten, daß derselbe edle Metalle führe. Gleichwohl gibt es in Murom unter dem müßigen gemeinen Volke nicht wenige, welche den Sommer über sich fleißig mit Waschen oder Schlemmen des Sandes an einigen tiefern Stellen des Ufers bei der Stadt beschäftigen und nicht selten kleine Goldflitter, Silber und Kupferkörner, auch wohl gute Steinchen finden. Ich habe dergleichen Leute selbst mit der Schaufel und einem runden Schlemmtroge öfters im Flusse beschäftigt gesehen und mich durch den Augenschein versichert, daß unter dem reingeschlemmten Grus kleine Schuppen von den edlen Metallen angetroffen werden, welche diese Leute mit saurer Mühe in einen auf der Brust hängenden verstopften Federkiel sammeln. Ich habe auch kleine Topasen, Karneole und zu Korallen geschliffene Agate gesehen, welche zuweilen unter dem Grus gefunden werden und vermutlich aus alten Gräbern oder sonst zufällig in den Fluß gekommen sind. Ja vielleicht haben auch die Gold- und Silberflitter hier keinen andern Ursprung. (...)
– (12. August 1768) Kaum sechs Werste von der Oka geht man über einen Bach *Motmos* bei einem Dorfe gleichen Namens. Hier sah ich zum erstenmal in Rußland Leute mit Kröpfen, und zwar, obwohl es ein kleines Dorf ist, ziemlich viele, sogar Kinder und Jünglinge, welche diese Krankheit in hohem Grade hatten. Dieselbe soll auch in andern benachbarten Dörfern nicht selten sein, und da hier alle Bachwasser, deren man sich durchgängig bedient, etwas martialisch sind und viel mergelhafte Teile führen, so ließe sich vielleicht der noch unbekannte Ursprung dieser Krankheit ergründen, wenn man an mehreren Orten, wo dieselbe im Schwange geht, eine ähnliche Beschaffenheit des Wassers beobachtete. (...)
Gleich den folgenden Tag setzte ich meine Reise auf *Arsamas* fort. Sobald man sich von der begrünten Niederung der Oka entfernt, hat man bis hinter *Tschertolje* lauter Sandheide, worauf nichts als gemeiner Wegbreit, Inula foetida* und dysenterica und Gnaphalium diocum zu sehen ist. Als-

dann geht zerstreute Holzung an und jenseits des Baches Weletma, an welchem ich in dem Dorfe *Sowasleika* übernachtete, ein hoher Fichtenwald mit sparsamen Birken. In demselben finden sich wenig außerordentliche Kräuter; an feuchten Stellen blühte Epilobium hirsutum* und Bidens cernua, auf höhern Boden aber Oreoselinum häufig. Acht Werste von *Kulubaki* geht man über einen tiefen, trägfließenden Bach Schilikscha, welcher in die Tjoscha fällt, die man auf dem ganzen Wege bis Arsamas beständig in geringer Entfernung zur Linken hat. Die waldige Gegend wird nach und nach sandig und erhöht sich immer mehr, wie man denn bis Arsamas überhaupt fast unablässig bergan zu reisen hat, woraus die Ursache der schnellen Strömung in der Tjoscha erhellt. Auf der trockner gewordenen Sandheide waren von Pflanzen anmerklich und häufig Cucubalus otites*, Dianthus virgineus, Dracocephalum ruyschiana und Centaurea sibirica. Merkwürdig ist der Gebrauch, den man von den Blättern dieser letzteren Pflanze macht: Man sucht die unzerteilten und breitesten aus und trocknet sie. Bekommt man eine Wunde, so werden diese mit einem feinen wolligen Gewebe überzogenen Blätter geklopft, bis das Innere derselben zermalmt ist, und alsdann auf die Wunde gelegt, welche dadurch gleichsam zusammengezogen und geschwind heil wird. – Das gemeine Heidekraut hat in dieser Gegend gemeiniglich weiße Blüten.

Die feuchte gemäßigte Witterung hatte nun in den Wäldern überall eine Menge von allerlei Schwämmen zum Vorschein gebracht, welche das Landvolk in großer Menge zum gegenwärtigen Genuß und zum Wintervorrat einsammelte. In den waldigen Gegenden ist dieses, nächst dem Brot, die gewöhnlichste und fast einzige Fastenspeise des armen Landvolks. Auf den Winter werden einige Arten getrocknet, andre eingesalzen aufbewahrt. Überhaupt genießt man in Rußland (den Fliegenschwamm, die stinkenden Mistschwämme und einige magre kleine Pilze ausgenommen) fast alle Arten, auch wenn sie schon wurmstichig und dem Untergang nahe sind. Und doch hört man nicht, daß diese Gewächse, so wie sie der Landmann hier zu genießen pflegt (nämlich bloß mit Salz oder höchstens mit Öl gesotten oder nur mit etwas Salz verkehrt auf die Kohlen gesetzt und halbgar gebraten), jemals schädlich geworden seien. Alle eßbaren Arten, welche eine vor der andern häufiger zu entstehen pflegen, weiß das Volk mit russischen Namen zu unterscheiden. Es sind darunter auch solche, welche man in andern Ländern als schädlich verwirft. Ich habe namentlich folgende bemerkt: Agaricus campestris*, russisch Grib (Грибь); A. integer und georgii, russ. Wolui (Волуй); (Груздь); A. deliciosus, russ. Ryshik (Рыжик), wovon der deutsche Name dieses Schwammes herzukommen scheint; A. cinnamomeus, russ. Wolshanka (Волжанка); A. extinctorius, russ. Skripiza (Скрипица); A. fragilis, russ. Opjonka (Опьонка), welche besonders in Mengen getrocknet werden; ferner Boletus viscidus, russ. Maslenik (Масленик); B. luteus, russ. Beresowik (Березовик); B. bovinus, russ. Borowik auch Korowik (Боровик); und Phallus esculentus, russ. Smortschok (Сморчок). Der merkwürdigste unter allen, und ebenfalls ein eßbarer Schwamm, ist der sogenannte Osinowik (Осиновик) oder Espenwaldschwamm. Derselbe hat die völlige Gestalt des Boleti viscidi, nur daß er fleischiger, erhabner und trocken ist. Sobald derselbe abgebrochen und an der Luft hingelegt wird, oder auch wenn er auf dem Stiel zu reifen anfängt, bekommt dessen Hut an der untern Seite eine schmutzig blaue Farbe. Bricht man ihn durch, so ist das Fleisch zwar anfänglich ganz weiß, aber in wenigen Sekunden sieht man es an der Luft bläulich anlaufen und allmählich sich bis zur schönsten Ultramarinfarbe erhöhen. Sooft man ihn durchbricht, wird man an den frisch durchbrochnen Stellen eben diese Erscheinung haben, und preßt man den wässerigen Saft desselben aus, so wird derselbe schon im Herabtriefen bläulich und nimmt in einem offnen Gefäß gar bald die nämliche schöne Farbe an, welche auch auf Leinwand färbt. Nur schade, daß diese Farbe von dem Augenblick an, da sie ihre Vollkommenheit erreicht hat, schon wieder zu verbleichen anfängt. Die gefärbten Lumpen und der Saft selbst gehen durch alle Schattierungen nach und nach in ein sächsisch Grün und nach vierundzwanzig Stunden in ein mattes unansehnliches Blaugrün über, welches in der Folge noch mehr verbleicht und durch keine der gewöhnlichen Beizen kann erhöht noch erhalten werden. Taucht man die gefärbte Leinwand ins Wasser, so wird sie danach im Trocknen desto geschwinder bleich und fast ganz farbenlos. Es ist also mit dieser flüchtigen Farbe nicht so wie mit der ebenso schnell entstehenden, aber dauerhaften Purpurfarbe aus gewissen Säften kleiner Seeschnecken (Buccinum lapillus), noch auch wie mit der langsam verbleichenden Farbe des mit Orseille* gefärbten Weingeists in verschlossenen Thermometern, welche durch den Zutritt der Luft ihre Schönheit augenblicklich wieder erhält. Sondern dieser Schwamm zeigt uns eine neue Erscheinung von ganz besondrer Art. Außer den hier aufgezählten Arten gab es noch eine Menge andrer, davon die denkwürdigsten Clavaria coralloides*, Boletus perennis, Agaricus nycthemerus und Tremella juniperina sind. (...)

Noch denselben (18. August 1768) und folgenden Tag legten wir eine Menge Dörfer zurück, deren einige, wider die russische Gewohnheit, mit Bäumen umpflanzt sind; und fast bei jedem Dorfe geht man über kleine Bäche, welche zur Tjoscha rinnen. Das Land wellt sich gegen Arsamas mit flachen Hügeln, die einen magern Acker geben und wo fast kein andres Unkraut als Wermut und die nun immer häufiger werdende stinkende Kamille (Anthemis cotula) zu sehen ist. Und so langte ich, ohne durch einige Denkwürdigkeiten aufgehalten zu werden, den 19. August in *Arsamas* an. Man fährt durch das weitläufige und wohlbebaute Dorf *Wyjesdna* zur Stadt ein, weil dasselbe gleichsam eine Vorstadt von Arsamas vorstellt, die nur durch einen Grund, in welchem die Tjoscha fließt, von der Stadt selbst abgesondert ist und deren Bewohner sich auch mehr durch Handlung und verschiedene Gewerbe als durch den Landbau nähren; außer daß daselbst viel Zwiebeln gebaut und weit in die östlicheren Gegenden des Reichs verführt werden.

So unreinlich und schlecht bebaut Arsamas auch sein mag, so ist es dennoch ein ungemein nahrhafter, volkreicher und wohlhabender Ort, welcher seine Aufnahme den hier in Schwange gehenden Gewerben zu danken hat und im kleinen die Vorteile zeigt, welche einem Staat durch Fabriken und Manufakturen zuwachsen müssen. Fast die ganze Stadt, einige Kaufmannschaft und Kanzleibeamten ausgenommen, wird von Seifensiedern, Gerbern, Blaufärbern und Schustern bewohnt, welch letztere einen großen Teil der allhier bereiteten Ledersorten verarbeiten und zu einem sehr wohlfeilen Preise weit und breit verführen.

Es werden aber in Arsamas meist nur gemeine Ledersorten bereitet, einige wenige Juftenfabriken* ausgenommen, deren Ware auch eben nicht für die beste in Rußland gehalten wird. Man bereitet aber die Juften auch hier hauptsächlich mit der Rinde von Pappelweiden (Salix arenaria) und macht sie durchgängig mit dem reinsten und dünnsten Birkenöl, welches am meisten von der Kama zugeführt wird und seinen starken Geruch der Birkenrinde allein und nicht dem Porst (Ledum) zu danken hat, geschmeidig. Man macht alle Lohe nach der in Rußland mehrenteils gewöhnlichen mühsamen Art mit Stempeln, die einige sternförmig stehende Schneiden an der Kolbe haben und von Menschen bewegt werden, in ausgehöhlten Bäumen klein, weil man zu diesem Endzweck noch keine Mühlen angelegt hat. Die Farbe gibt man dem roten Juften mit Sandelholz, und eben dieses Holz dient, mit einem Zusatz von Vitriol, zur schwarzen Farbe.
Seife wird hier nur von einerlei Art, nämlich gemeine weiße Seife, verfertigt. Die Lauge macht man von bloßer Asche, ohne einigen Zusatz, und hat dazu große Aschenkästen im Gehöfte. Unterderhand wird den Siedern durch Bauern noch immer eine gute, nach der alten holzverderblichen und verbotenen Art, da man das Feuer mit Lauge begießt, zubereitete Pottasche zugeführt. Zum Sieden hat man große, in die Erde eingemauerte Kessel von geschmiedetem Eisen, welche, mit ihrem aus dicken Bohlen und Balken aufgezimmerten Aufsatz, so geraum sind, daß darin von zweihundert dreieinhalb hundert Pud* Fett auf einmal versotten werden können. Man zerläßt das Fett, welches meist von der Wolga zugeführt wird, ehe die Lauge zugesetzt wird, in Wasser, welches man ungefähr mit zehn Pud Salz auf jede hundert Fett salzt, außer wenn das Fett, wie das wolgische zu sein pflegt, schon eine Portion Salz bekommen hat. Auf der Lauge, welche öfters abgewechselt wird, siedet man das Fett zehn und mehr Tage lang, bis aus dem Ansehen der siedenden Oberfläche erkannt wird, daß die Seife fertig ist. Alsdann läßt man den Kessel zehn bis zwölf Tage erkalten, ehe die Seife mit Schaufeleisen ausgestochen wird; da man dann gemeiniglich vier Fünftel von dem Gewicht des Fettes an guter Seife erhält: die Schaumseife aber, welche in eine folgende Sode beigesetzt wird, trägt so viel

aus, daß man am Ende, wenn das Fett gut ist, Pud auf Pud wiederbekommt.
Die Blaufärber bereiten nichts als die in ganz Rußland zur gemeinen Weibertracht am meisten gebräuchliche blaue Leinwand (Kraschenina). Man färbt auch, obwohl sparsamer, schmales Baumwollzeug (Kitaika), wovon auch jetzt in Arsamas einige Fabriken angelegt sind. Die Einsicht der hiesigen Färber erstreckt sich nicht weiter, als einen Blaukessel anzusetzen (wobei sie in der Proportion des Indigos oder Waidfarbe* und der Waidasche nicht sehr streng verfahren) und ihre Ware mit hölzernen Klötzen zu glätten und zu wässern, indem sie die feucht aufgerollte Leinwand über einen schmalen Block schlagen. Dieses Klopfen geschieht auch für die Farbe, weil die Leinwand alsdann weniger Farbe verbrauchen soll. – Mit der wilden Röte*, die auf dem Lande häufig gesammelt wird, färben nur einige Weiber in der Stadt, welche auch wohl das blaue Zeug in einem Kochsel von Birkenzweigen mit Alaun zu grünen umfärben.
Alle diese unreinlichen Professionen werden in der Stadt selbst ausgeübt, woraus man einesteils auf die Menge der Feuersbrünste, andernteils aber auf den Zustand der Luft in den ohnehin engen und kotigen Gassen schließen kann. Allen Abgang und Unrat der Gerberei und Seifensiederei wirft man ohne Bedenken in die vorbeifließende Tjoscha, da man doch, in Ermangelung guter Brunnen, kein andres Wasser zum Gebrauch hat, als was aus selbiger und einem kleinen, durch die Stadt zu jener fließenden Bach Schamka geschöpft wird.
Außer obigen Fabriken war man jetzt noch mit Einrichtung einer nach der neuen Verfassung anzulegenden Pottaschfabrik beschäftigt, wie denn auch hier die Inspektion über alle Krons-Sawoden*, wo jetzt Pottasche bereitet wird, sich befindet. (...)
Unter den Gewächsen, die sich in den bergigen Holzungen um Arsamas antreffen lassen, ist besonders das Alraunkraut (Mandragora) merkwürdig, wovon ich zum Arzneigebrauch gesammelte Wurzeln unter dem Namen Adamowa Golowa (Adamskopf) bei einem hiesigen Quacksalber fand, welcher seine meiste Zuversicht bei hartnäckigen und langwierigen Krankheiten auf diese, die Wurzel des Wolfskrauts (Aconi-

tum lycoctonum), welches er Zar-Trawa nannte, und die Nieswurz (Veratrum album) setzte. Auch dieses letzte Kraut zeigt sich allererst in dieser Gegend, und man sieht es fortan bis über die Wolga hinaus in allen feuchten Gründen. Es ist dem Landmann wegen seiner Schädlichkeit durch ganz Rußland unter dem Namen Tschemeriza wohl bekannt und wird bei der Heuernte sorgfältig ausgelesen und weggeworfen. Weil aber die Pflanze eben um die Zeit reife Samen hat, so breitet man das Übel dadurch, daß man sie liegen läßt und nicht etwa verbrennt oder in der Wurzel ausrottet, immer mehr und mehr aus. Die allgemeine Erfahrung des Landvolkes dieser Gegenden ist, daß dieses Kraut oft jung im Frühling von unerfahrnen Lämmern genossen wird, welche davon unfehlbar umkommen. Unter dem Heu soll es zuweilen von hungrigen Pferden mit eingefressen werden, wodurch ein heftiges Darmreißen und Schäumen bei selbigen verursacht wird. Gerät eine solche Pflanze unter dem Heu auf ein Gehöfte, so stirbt nicht selten von den genossenen Samen alles Federvieh weg. Die Bauern graben und trocknen die Wurzel und bestreuen mit dem Pulver davon die Schwären, welche im Sommer bei dem Rindvieh von gewissen Maden (Ugri) eines Oestrus* entstehen. Ja, es gibt Leute, welche die frische Wurzel zu einem halben Solotnik mit Honig auch sogar Menschen eingeben, um Spul- und Bandwürmer zu vertreiben. – Sonst wächst auch in dieser Gegend häufig das Asarum*, Christopherkraut (Actaea spicata), die Bistorten-Wurzel, welche das Landvolk wider allerlei Durchfälle roh ißt und die Gentiana campestris (russ. Starodubka), welche man mir hier als ein unfehlbares Mittel wider den Biß wütender Hunde angepriesen hat, wogegen andre die Nesselwinde (Cuscuta) und wieder andre mit größerer Wahrscheinlichkeit das obgedachte Wolfskraut rühmen. (...)
Den 28sten August (1768) verließ ich die Pjana, und weil die Jahreszeit nunmehr zur Bereisung der pflanzenreichen Gegenden auf der Wolga nicht mehr günstig war, so glaubte ich den Rest des Herbstes nicht nützlicher als mit Bereisung des gegen Pensa und von da nach Simbirsk* gelegenen Landstrichs und endlich der am Sok bekannten Merkwürdigkeiten zubringen zu können. Ich richtete also meinen Weg gerade auf Saransk*. Man sieht nunmehr dasjenige

fette, schwarze Ackerland angehen, welches an der Sura, Wolga und den von Osten her in die Wolga fallenden Flüssen allgemein ist. In allen diesen Gegenden düngt der glückliche Landmann sein Feld niemals, sondern läßt es gemeiniglich nur ein Jahr von dreien brach stehen. Und doch gibt es Gegenden, wo der Boden nie aushungert; wenn er aber seine Güte verringert, so hat man in den sparsamer bewohnten Gegenden gemeine Steppe genug, welche man aufreißen und sich den schönsten schwarzen Acker verschaffen kann. Wollte man diesen fetten Boden düngen, so würde das Getreide zu geil treiben, sich niederlegen und vor der Reife verderben. Bei allen diesen Vorteilen ist es zu bedauern, daß man in diesen Gegenden weder Hanf, Flachs noch Weizen im Überfluß baut, sondern mehrenteils nur für sich und den nächsten Markt sorgt. Nicht weniger ist die Gewohnheit in diesen Gegenden zu tadeln, daß die Einwohner, sowohl der Dörfer als kleinen Städte, allen Mist von ihrem zahlreichen Vieh dicht um die Wohnungen und an die nahe vorbeifließenden Bäche wie einen Damm auftürmen, wodurch überall eine so unbeschreibliche Menge von Fliegen erzeugt wird, daß man im Frühsommer davor aus den Stuben flüchten muß. Man sieht sonst hier gemeiniglich bei den Dörfern kleine Windmühlen, die sonst in Rußland nicht gebräuchlich sind. (…)
Nach einem verdrießlichen Aufenthalt bei dem dasigen Kommando fuhr ich die Nacht hindurch weiter, weil jetzt nach der Heuernte und den im Anfang des Augusts stark bemerkten Nachtfrösten von Kräutern nichts mehr zu bemerken war. Die ganze Gegend bis Saransk, wo ich den 1sten September (1768) in der Nacht eintraf, ist vortreffliches Kornland, mit Hügeln gewellt und mit angenehmer Holzung und vielen Dörfern, worunter auch von Tataren bewohnte sind, abgewechselt. Man war jetzt überall mit der Ernte der frühen Getreidearten beschäftigt, womit man schon zu Ausgang des Augusts den Anfang gemacht hatte.
Saransk ist ein geringer Ort, wo außer einigen Professionisten und Krämern lauter Ackersleute wohnen. Die Kanzlei und der Bezirk gehören zur Pensischen Provinz und also zu dem gesegneten Kasanischen Gouvernement. – Es gibt in Saransk, wie gemeiniglich in allen kleinen Städten des innern Reichs, viele Weiber, welche Wollzeug mit allerlei in-

ländischen Kräutern färben und es gemeiniglich in einer größern Vollkommenheit als das Landvolk verrichten. Ich habe mich bemüht, die gewöhnlichen Künste dieser Leute aufzuzeichnen, und will dasjenige, was ich davon habe erfahren können, hier mitteilen. – Die Hauptsache bei ihrer Färberei ist das in allen sumpfigen Nadelwäldern Rußlands häufige Moos (Lycopodium complanatum), welches unter dem Namen Seleniza allgemein bekannt und gebräuchlich ist. Weshalb es auch von den Landleuten gesammelt, handvollweise in lange Kränze zusammengebunden und auf den Märkten um einen sehr wohlfeilen Preis verkauft wird. Dieses Kraut wird gepulvert und in einen auf gewöhnliche Art mit Mehl verfertigten, recht sauren Quaß* oder Schemper getan, der fast bei allen Farben zu einer Beize dienen muß. Man läßt das Wollgarn, welches gefärbt werden soll, darinnen eine oder mehrere Nächte liegen, spült und trocknet es darauf, wodurch es eine gelbliche Farbe bekommt und die andern Farben viel besser und dauerhafter annimmt. Das gemeine Volk, welches mit dem Alaun nicht umzugehen weiß, bedient sich dieser Vorbereitung fast allein und meist bei allen Färbereien. Die Morduanen*, Tschuwaschen* und Tataren bedienen sich anstatt dieses Mooses bald des Krauts der gelben Frühlingsblumen (Adonis verna), bald des gemeinen Wermuts, mit einem kleinen Zusatz von Ginster (Genista tinctoria); am meisten aber und mit dem besten Erfolg der angenehm gelb färbenden Blätter von den Carduus heterophyllus*, welchen die ersanischen Morduanen Pishelaoma-tiksched (das grüne Kraut), die Mokschaner* aber in eben der Bedeutung Sengerertom-tische nennen und womit sie auch wohl die mit Indigo oder Waidfarbe blau gefärbte Wolle grün kochen. Einige Russen setzen bei dem Moospulver auch noch etwas Ginster (russ. Drok) unter den Quaß, womit die Wolle vorbereitet wird.

Die gewöhnlichsten Färbekräuter sind, soviel ich habe auskundschaften können, hauptsächlich folgende: um hellgelb zu färben, die schon erwähnten Blumen der gelben Kamillen (Anthemis tinctoria), welche an einigen Orten Pupawka heißt; der Ginster, die Färberdistel (Serratula, russ. Serpucha), welche in Rußland meist überall wild wachsende Kräuter sind. Zur feuergelben Farbe die Wasserklette (Bidens tripartita, russ. Tscherjoda); zu dunkelrot die wilde Röte (russ. Marjona), welche gemeiniglich von Gallium mollugo oder Asperula tinctoria die Wurzel ist. Um ein helles Karmesinrot zu erzielen, wird das gemeine Origanum* (Duschiza) genommen. Grün färbt man am meisten auf blaue Wolle, mit den obgedachten gelb färbenden Kräutern oder Birkenlaub; doch wissen auch viele durch Sieden mit einem Zusatz von Alaun aus den unaufgeblühten Ähren des Schilfes (Arundo calamogrostis, russ. Mjetlika) eine hochgrüne und aus den Beeren des Faulbaums (Kruschina) eine gelbgrüne Farbe zu ziehen. Alle diese Materien wissen die Bauernweiber zur gehörigen Zeit einzusammeln. Aber zum Blaufärben bedient man sich noch bis jetzt keiner Hausfarbe, außer daß in Klein-Reußen mit dem daselbst wildwachsenden Waid blau gefärbt werden soll. Sonst kaufen die Leute Waid und Indigofarbe oder Blauholz* von den Krämern und verfahren damit auf die gewöhnliche Weise.

Um mit dem Ginster gelb zu färben, wird das Pulver davon unter eben den Quaß gesetzt, in welchem man die Wolle vorbereitet hat, und zwar so viel, daß die Materie zu einem Brei wird. Die Wolle muß zuvor mit dem bloßen Moos eine Woche länger, nachher aber mit dem Ginster noch einige Tage im Quaß liegen. Um die Farbe zu verschönern, wäscht man die Wolle, nachdem sie geschwemmt und getrocknet worden, einige Male in Lauge. – Die Färberdistel wird bloß im Wasser und höchstens mit einem kleinen Zusatz von Alaun abgekocht und das mit Quaß zubereitete Garn darin siedend gefärbt. – Mit den Blumen der gelben Kamille wie auch mit den in allen Stadtgärten häufig wachsenden Totenblumen (Tagetes) wird auf Wolle und Seide gefärbt; man muß aber, sonderlich bei der letztern, den Zusatz von Alaun genau zu treffen wissen. – Das jung gesammelte Kraut der Wasserklette gibt bloß in Wasser, mit etwas Alaun gesotten, eine schöne hochgelbe Farbe, welche durch einen geringen Zusatz von wilder Röte noch brennender wird und durch öfteres Auffärben immer mehr Lebhaftigkeit bekommt.

Die wilde Röte wird, wie die meisten Pflanzen, in hölzernen Mörsern zerstampft oder auf Handmühlen zu Pulver gerieben und davon mit Wasser ein dicker Brei gemacht,

den man im warmen Ofen die Nacht über stehenläßt. Den folgenden Tag setzt man mehr Wasser zu, um den Brei flüssig zu machen, und läßt die Röte recht stark kochen. Einige sieden zur Erhöhung der Farbe vorher etwas junge Eichen- oder Birkenrinde im Wasser ab, die Tschuwaschen aber tun etwas Asche darunter. Je nachdem ihnen das Kochsel rot genug ist, färben sie ihre Wolle zwei, drei und mehr Male, anfänglich lauwarm, das letzte Mal aber siedend darinnen und lassen sie jedesmal abtrocknen. Wenn die Farbe ihnen dann schön genug ist, so wird das Garn im Fluß gewaschen und getrocknet. Durch einen Zusatz von Wasserklettenkraut, Färberdistel, Ginster oder Carduus heterophyllus wird die Farbe heller und angenehmer. Die schönste Tinktur gibt dasjenige schwarzrote Pulver, welches sich bei gelindem Stampfen zuerst von den Wurzeln absondert und die eigentliche färbende Rinde derselben ist.
Das Verfahren mit der Duschiza (Origanum) ist etwas weitläufiger; man hat es mir also beschrieben: Man sammelt das Kraut in der Blüte und vornehmlich die Blumenkronen, trocknet alles im Ofen und pulvert es. Im Frühling muß man überdem jung ausgeschlagenes Laub von wilden oder kultivierten Apfelbäumen gesammelt und gepulvert haben. Von beiden nimmt man gleiche Teile; andre wollen nur einen Teil Apfellaub zu zwei Teilen von dem Färbekraut gestatten. Dem vierten Teil setzt man ausgesottenes Malz (Guschtscha) hinzu, rührt alles mit Wasser wohl untereinander und setzt es mit etwas Hefen hin zum Gären. Sobald die Materie sauer ist, drückt man dieselbe mit den Händen aus und läßt sie wohlausgebreitet über Nacht im warmen Ofen, wobei man öfters umrühren muß. Die trockne Materie kocht man endlich mit reinem Wasser, so ist die Farbe fertig, zu welcher man das Garn nach der gewöhnlichen Weise zubereitet haben soll. Einige nehmen ohne so viele Umstände gleiche Teile vom Kraut und Apfellaube und kochen beides zusammen mit einem kleinen Zusatz von Alaun; doch wird auf diese Art kein so schönes Rot erhalten. Die Farbe, welche dieses Kraut gibt, ist die schönste unter allen, die das Landvolk zu bereiten weiß. Überhaupt haben die nach obigen Handgriffen bereiteten Farben meist alle ein gutes Ansehen, und viele erhalten sich auch im Waschen, ohne zu verbleichen. (...)

(4. September 1768) Wir erreichten das Dorf *Issa*, welches von diesem kleinen Flusse den Namen hat und zu den Hochgräflich Woronzowischen Gütern gehört, ziemlich spät in der Nacht. Dieses Dorf ist wegen einer ansehnlichen Stuterei, um derentwillen hier mehrenteils Hafer gebaut wird, und wegen einer Hautelisse-Fabrik*, dergleichen auf einem nahe gelegenen herrschaftlichen Dorfe noch eine angelegt ist, merkwürdig. Die Tapeten, welche hier gewirkt werden, sind von nicht geringer Schönheit, und die Fabrik verdient desto mehr angeführt zu werden, weil nicht nur fast alle dabei gebrauchten Materialien inländisch sind und die Wolle dazu von dasigen Schafen, unter welche man tscherkassische Zucht gebracht hat, genommen wird, sondern auch die Arbeit bloß durch Kinder und Mädchen verrichtet wird, über welche ein zugelerntes Bauernmädchen die Aufsicht hat, und die Wolle selbst größtenteils mit inländischen Kräutern färbt. Die einzigen ausländischen Farben, deren sich selbige bedient, sind zum Scharlachrot das Brasilienholz, welches, mit Lauge traktiert, eine Karmesinfarbe gibt; zum Blau Indigo und zum Violett Blauholz. Schade ist es, daß die meisten Farben, deren man sich hier bedient, nicht die beständigsten sind. Auch habe ich mich gewundert, daß man sich unter den oben angeführten inländischen Pflanzen der wilden Röte, des Carduus heterophyllus und der Duschiza, deren Farbe doch beständiger als die vom Brasilienholze ist, ingleichen der schön färbenden gelben Kamille nicht bediente. Die hiesige Gegend wäre übrigens auch zu einem Versuch im Waidbau vortrefflich, und die rechte Färberröte würde an vielen Stellen wohl geraten. (...)
(27. September 1768) Von der geringen, Simbirsk gegenüber, auf das flache, lehmige und mit kleinen Eichenholzungen bewachsne Ufer erbauten Slobode richtete ich meinen Weg über lauter flache, mit wilden Mandelsträuchern und Kirschen bewachsene Steppen gegen den Tscheremschanfluß, welchen ich hinter dem Dorfe *Melekeß* erreichte. Es sind zwei Dörfer, welche diesen Namen von dem daselbst in bewaldeten Gründen fließenden Bach Melekeß erhalten und deren das eine von Morduanen, das andre von Tschuwaschen bewohnt ist. An eben diesem Bache sind große Branntweinsawoden angelegt, deren man jetzt noch

eine neue einzurichten beschäftigt war. Die Anlage ist hier, wie es in Rußland insgemein gebräuchlich zu sein pflegt, und also nichts weniger als untadelhaft. Die Kessel, welche nach der Reihe eingemauert sind, haben zuoberst weite Röhren, welche durch ein Gerinne gehen, in welches man ein fließendes Wasser zum Abkühlen leitet. Es ist nicht genug, daß durch die Kürze und Weite der Röhre viele geistige Teile verlorengehn, sondern man hat auch zu den Kesseln keine andren als hölzerne Deckel aus verschiedenen Stücken, wovon das der Röhre zunächst liegende wie ein Trog ausgehöhlt ist. Die Fugen werden mit Ton verstrichen, und damit glaubt man die Geister recht fest eingesperrt zu haben. Ich habe Eigentümer großer Sawoden von der Ungereimtheit dieses Verfahrens nicht überreden können. Ja, sie glaubten mich recht gründlich zu widerlegen, indem sie mir an alten hölzernen Deckeln zeigten, daß keine Spur von durchgezognen geistigen Teilen tief im Holz zu sehen sei. – Ich will der Fehler nicht gedenken, welche bei der Gärung und in den Proportionen begangen werden. Ich habe bei diesen so wie bei vielen anderen Fällen auf Vorschläge zur Besserung von den erfahrensten Ökonomen oft die erbauliche Antwort hören müssen: „Die Gewohnheit sei einmal so." Und dergleichen üble eingewurzelte Gewohnheiten sind selbst durch hohe Befehle schwer auszurotten.

Wir passierten den Tscheremschan auf einer Brücke von schwimmenden Balken, dergleichen in Rußland hin und wieder üblich und bei stark anschwellenden Flüssen sehr nützlich sind. Der Fluß fließt hier überhaupt und in seiner untern Gegend gemeiniglich zwischen buschigen Ufern oder in bewaldeten Niederungen. Man fährt hier vor dem Fluß noch durch einen tiefen, trocknen Kanal, welcher einen großen Bogen macht und worin vormals der Fluß seinen Lauf gehabt haben soll. Jenseits des Tscheremschans kommt man wieder auf Steppe und erreicht bald ein andres tschuwaschisches Dorf, bei welchem man über das zum Tscheremschan fließende und mit Wasserkräutern fast ganz verwachsene Flüßchen Ewraly fährt. Unter den folgenden Dörfern ist eins, welches nach einem benachbarten See Biljar benannt ist, in dessen Namen sich das Angedenken der ehemaligen Bolgarischen Nation* erhalten zu haben scheint. Wir behielten nun den Tscheremschan mit geringer Holzung zur Linken, dessen jenseitiges Ufer sich nach und nach zu meistens kahlen Hügeln erhebt, bis man sich bei Sedelkina von selbigem entfernt. Und da fängt auch die diesseitige Steppe an, etwas hüglig zu werden, und man bekommt ein kleines Gebirge, welches sich gegen Osten immer mehr erhöht, ins Gesicht.

Die ganze Gegend des Tscheremschans gibt trefflichen schwarzen Acker, hat auch zur nötigen Feurung noch hinlängliche Birkenholzung und ist wohl bebaut und bewohnt. Der größte Teil der allhier angebauten Einwohner sind Tataren, Morduanen und am meisten Tschuwaschen, welche hier viel häufiger als auf dem rechten Ufer der Wolga wohnen und großenteils zum christlichen Glauben bekehrt sind. Doch habe ich nachher am Sok sowie hin und wieder längs der Wolga einige Dorfschaften angetroffen, welche noch ihrem alten Glauben und Gebräuchen ankleben. Ich will dasjenige, was ich hierüber habe erfahren können, bei dieser Gelegenheit im Zusammenhange erzählen und mit Beschreibung der gewöhnlichen Tracht des tschuwaschischen Weibsvolks den Anfang machen.

So wie diese Nation in der Sprache vieles von den Tataren angenommen hat, so ist auch ihre Weibertracht der tatarischen in vielen Stücken ähnlich. Die Kleidungen sind wie bei den Morduanen von grober Leinwand mit bunter, am meisten blauer, roter und schwarzer Wolle ausgenäht und in einem wenig abgeänderten Geschmack verfertigt. Sie zieren sich auch wie jene mit großen Spangen und Brustschildern, desgleichen mit einigen vom Gürtel zur Seite herabhängenden, bunt genähten und gefransten Lappen (Sarr). Aber die tschuwaschische Weibermütze (Chuschpu), ohne welche sie auch im Hause nie erscheinen, ist wie bei den Tatarinnen dicht mit alten silbernen Kopeken oder Zinnplättchen und einigen Reihen Korallen besetzt, mit einem breiten Riemen unter dem Kinn befestigt und hinten mit einer langen Schleppe (Ama) oder handbreiten, gleichfalls mit kleinen Münzen oder Platten besetzten Riemen versehen, welcher unter dem Gürtel durchgeht und am Ende bunt genäht und mit langen Schnüren gefranst zu sein pflegt, so daß der ganze, wie man denken kann, ziemlich schwere Hauptschmuck bis in die Kniekehlen herabhängt. Neben diesem Riemen gehen noch zwei schmalere zu bei-

den Seiten bis auf die Mitte des Rückens herab, wo selbige durch einige Korallenschnüre zusammengehängt und mit einem Quast geendigt sind. Die Mütze ist nicht wie die tatarische auf der Stirn ausgeschweift, auch am Scheitel nicht geschlossen, sondern weit offen, so daß die zusammengenommenen Enden desjenigen Schleiers (Surban, tatarisch Tastar) oder Zipfeltuchs, welchen sie wie die tatarischen Weiber zur Bedeckung des Halses unter die Mütze vom Kinn aufwärts um den Kopf legen, wie ein Bausch durch diese Öffnung hervorragen. Doch sieht man auch wohl geschlossene Mützen unter ihnen. Wenn sie sich schmücken, so haben sie dergleichen Schleier von klar gewirkter Leinwand, welche am Rande mit Glaskorallen besetzt und am Zipfel mit einigen herunterhängenden Korallensträngen (Surbanseni) verziert sind. Die Tracht der Mädchen ist weniger geschmückt; sie tragen den Tastar nicht, und ihre Mützen sind ohne Schleppe und gemeiniglich nur von bunt gesetzten Glaskorallen verfertigt, wobei sie wie die Weiber das Haar in einer doppelten Flechte in das Oberhemd verbergen. Im Winter tragen Mädchen und Weiber noch über ihren gewöhnlichen Anzug alte Mannsröcke oder Pelze und dergleichen Mützen. Die Kleidung des Mannsvolks aber ist wie bei den übrigen Nationen von der gemeinen inländischen Bauerntracht nicht viel verschieden; außer daß sie gemeiniglich am Halse ausgenähte Hemden haben.
Die Gesichtszüge der Tschuwaschen verraten eine starke Beimischung von tatarischem Geblüt. Man sieht auch bei ihnen keine lichtbraunen oder rötlichen, sondern durchgängig, wie bei den Tataren, schwärzliche Haare. Das Weibsvolk hat mehrenteils ziemlich angenehme Gesichtszüge und ist viel reinlicher als das morduanische. Eben dieses läßt sich auch von ihren Wohnungen sagen, welche mit den tatarischen in vielen Stücken übereinkommen. Ihre Dörfer sind gemeiniglich ohne umzäunte Gehöfte, mit zerstreuten Wohnhäusern und kleinern Vorratshütten auf Anhöhen angelegt. Nach alter Weise muß die Haustür gegen Osten gekehrt sein, und gemeiniglich ist eine Art von Vorhaus oder Verdachung über derselben, unter welcher man im Sommer schläft. Inwendig sind die Wohnungen wie die tatarischen mit breiten Schlafbänken und also eingerichtet, daß der Ofen zunächst bei der Tür zur Rechten steht und auch oft,

obwohl nicht durchgängig, mit einem Rauchfang und Schornstein versehen ist. Gemeiniglich halten sich die Tschuwaschen, gleich den Tataren, gute Federbetten, und nur die Ärmsten schlafen auf Matten, welche sie von Wasserpumpen (Typha palustris)* zu diesem und anderem ökonomischen Gebrauch verfertigen.

Die unbekehrten Tschuwaschen feiern, wie die Mohammedaner, den Freitag in der Woche, welchen sie Ärnekon oder den Wochentag nennen; wogegen sie unseren Sonntag im geringsten nicht heiligen. Vermutlich ist diese Gewohnheit, so wie der Abscheu vor dem Schweinefleisch, den jetzt viele abgelegt haben, von den Tataren auf sie gekommen, von deren Religion sie jedoch übrigens nichts angenommen haben. In den nach alter Weise lebenden Dörfern geht der Sotnik[1] am Donnerstagabend herum und kündigt die Feier des nächstfolgenden Tages an; niemand geht alsdann zur Arbeit, sondern man bringt den Tag mit Muße und Lustbarkeiten zu, nachdem ein jedes Hausgesinde und besonders das Weibsvolk, welches bei den feierlichen Opfern nicht zugegen sein darf, des Morgens bei einem gewissen Heiligtum, welches sie Jrich oder Jerich nennen, die gewöhnlichen Gebete verrichtet hat. Dieser Jerich ist nichts andres als ein Bündel ausgesuchter Ruten vom wilden Rosenstrauch, welche man von einer gleichen Größe, ungefähr vier Fuß lang, sammelt, fünfzehn an der Zahl, in der Mitte mit Bast zusammenbindet und ein Stückchen Zinn an das Bastband hängt. Dieses Heiligtum hat ein jedes Haus für sich; man pflegt dasselbe aber in einer reinen Nebenkammer, deren bei jeder Wohnung mehrere hingebaut zu sein pflegen, und zwar in den vornehmsten Winkel derselben zu stellen. Niemand darf es berühren, bis man im Herbst, wenn alles Laub abgefallen ist, eine frische Anzahl solcher Reiser schneidet und den alten Jerich andächtig in ein fließend Wasser wirft.

Einmal im Jahr bringt die ganze Dorfschaft ein feierliches großes Opfer auf dem gemeinschaftlichen, außerhalb des

[1] Eine Art Vorgesetzter, welchen sich eine Dorfschaft wählt, eigentlich ein Vorgesetzter über Hundert, dergleichen es in russischen Landen und andern Dörfern gibt und die unter dem Starosten oder Schultheiß stehen.

Dorfes an abgelegnen Orten, gemeiniglich in der Nähe eines Quells oder Baches, und in angenehmen, mit Bäumen besetzten Gründen geheiligten Opferplatz, welchen sie Keremet nennen. Ein solcher Keremet ist ein viereckiger, mit einem nicht völlig mannshohen Zaun umgebner Platz, welcher drei Eingänge oder kleine Türen hat: eine in der Mitten des östlichen Zauns, die zweite im nördlichen und die dritte im westlichen. Sie suchen den Platz also zu wählen, daß die nördliche Tür gegen den benachbarten Quell oder Bach gerichtet ist, weil durch diese Tür das zum Opfer nötige Wasser herbeigeholt werden muß, wo sich selbiges auch befinden mag. Dagegen darf durch die östliche Tür nichts als die bestimmten Opfer eingehen, die westliche aber ist der Ein- und Ausgang für die Gemeinde. Neben dieser letzteren ist ein Obdach gemacht, unter welchem das Fleisch der Opfer gekocht wird und vor welchen auf einer großen Tafel, die auf Pfählen ruht, die Opferfladen und dergleichen gelegt werden. Bei der nördlichen Tür ist eine andre große Tafel, auf welcher das Opfervieh abgezogen und gereinigt wird. Und in dem nordöstlichen Winkel sind die Stangen aufgerichtet, an welchen man die Felle der Opfertiere aufhängt. Bei starken Dörfern hat man einen großen Keremet für die öffentlichen Opfer und einen kleinen für die Opfer einzelner Verwandtschaften oder Familien, welche sonst auch im Hause verrichtet werden. Bei den Tschuwaschen des Alatyrschen Bezirks pflegt mitten im Keremet ein kleines, hölzernes Haus mit der Tür gegen Osten erbaut zu sein, in welchem man das Opfer stehend verzehrt, zu welchem Ende lange Tische, welche mit Tüchern gedeckt werden, darin angebracht sind. Mitten in dieser Hütte ist eine lange Stange in die Erde gesteckt, welche durch das Dach herausgeht und woran zuoberst ein platter, am obern Rande geschärfter eiserner Ring befestigt ist. Diesem Wahrzeichen widerfährt keinerlei Art von Verehrung, und man pflegt es in den gemeinen offnen Keremets nicht zu haben.

Ungefähr im Septembermonat, den die Tschuwaschen Tschuguichs nennen, nach vollbrachter Ernte, wenn die Wintersaat geschehen soll, pflegt das gemeinschaftliche große Dankopfer gebracht zu werden. Man schlachtet alsdann in dem großen Keremet auf einmal ein Pferd, ein

Rind und ein Schaf. Ich habe noch niemals, sosehr ich es gewünscht, bei solchen großen Opfern zugegen zu sein, die Gelegenheit gehabt. Man hat mir aber gesagt, daß die Opfer zur östlichen Tür eingeführt und an drei neben dem Kochplatz eingegrabene Pfähle nach der Reihe angebunden werden, bis das allgemeine Gebet verrichtet ist. Dieses geschieht gegen Osten, mit häufigen Verbeugungen der ganzen versammelten männlichen Gemeinde. Eine gemeine Gebetsformel ist (Tor sirlaga, Tor biter, Bojantschin bul) Gott erbarme, Gott gib und beschere uns. Sie rufen aber noch verschiedne untergeordnete Gottheiten mit eignen Gebetsformeln an. Ich habe vom einfältigen Volk keine deutliche Einsicht in die Götterlehre der Tschuwaschen bekommen können. Folgende Namen aber von untergeordneten Gottheiten sind mir hergezählt worden: Keremet, nach dem höchsten Wesen (Tor) der vornehmste; Aslyr, Ksnir, Pülchs, Sürodon, Sir, Sjülsüren-Irsene, Chirlsir, Kebe; außer welchen es noch viele andre geben mag, deren Eigenschaften auszuforschen unterhaltend genug sein möchte. Ein merkwürdiger Umstand ist es zum Ex., daß sie vielen ihrer Gottheiten eine Gattin und einen Sohn beilegen und auch diese dreimal anrufen; z. B. Tor- oder Keremet-asch (dem Vater), Keremet-amshe (die Mutter), Keremet-Uewli (den Sohn) usw. Ich habe dieses aus dem Munde einfältiger Tschuwaschen, welche weiter kein Licht zu geben wußten. – Nach verrichteten Gebeten werden die Opfertiere durch den Ältesten, welchen die Gemeinde einmütig dazu gewählt hat und welcher auch die Gebete vorsprechen muß, geschlachtet, das Blut sorgfältig aufgefangen und übrigens so, wie es in den „Sammlungen russischer Geschichte“* beschrieben ist, verfahren. Die Felle der größren Tiere werden auf zwei lange Stangen in dem nordwestlichen Winkel des Keremets aufgehängt, das Schaffell aber zwischen zweien in die Erde gesteckten Stäben und einem dritten quer darüber befestigten ausgespannt. Alle diese Felle pflegen jetzt die Tschuwaschen nur ein paar Tage hängen zu lassen, alsdann abzunehmen, unter sich zu verkaufen und das Geld zur Unterhaltung des Opfergeschirrs oder auf Mehl, Honig und dergleichen bei folgenden Festen nötigen Dingen zu verwenden. Die Aufsicht hierüber und die Sorge für die Reinlichkeit des Keremets liegt einem besondern, von der Gemeinde dazu auserwählten Manne ob, welcher vor andern geehrt und Keremet-Pchagan genannt wird. Solche großen gemeinschaftlichen Opfer werden auch wohl, wenn das Getreide im Felde steht und ein Mißwuchs zu besorgen ist, angestellt.

Besondere Familienopfer geschehen bei vielen Gelegenheiten: bei Krankheiten oder anderm Hauskreuz, nach der Geburt eines Kindes, zum Gedächtnis der Verstorbnen und dergleichen. Der Hausvater oder in der Verwandtschaft der Älteste verrichtet die Gebete und schlachtet das Opfer, welches alsdann nur in kleinem Vieh, besonders Schafen, zu bestehen pflegt. Ehe man das Tier schlachtet, wird sowohl bei diesen als den öffentlichen Opfern ein Gefäß mit kaltem Wasser über dasselbe ausgegossen. Schüttelt sich das Tier darauf, so wird gleich zum Opfer geschritten; wo aber nicht, so begießt man es noch zum zweiten und dritten Male, und wenn sich auch alsdann das Vieh nicht schüttelt, so muß das Opfer auf eine andre Zeit verschoben werden. Nachdem das Fleisch und alles Eßbare vom Opfer verzehrt ist, werden die Knochen verbrannt und alle Überbleibsel sorgfältig verscharrt, damit nichts vom Opfer durch Tiere verunreinigt werde.

Die Tschuwaschen begraben ihre Toten in schlechten Leichenkisten, mit voller Kleidung, den Kopf gen Westen gekehrt. Sie sollen auch noch jetzt allerlei kleine Werkzeuge, besonders eine Form, worauf die bei allem inländischen Landvolk gebräuchlichen Bastschuhe (Lapti) geflochten werden, einen dabei gebräuchlichen Pfriemen, ein Messer und etwas Bast, desgleichen einen Feuerstahl, den Männern mit ins Grab geben. Den gemeinschaftlichen Begräbnisplatz, welcher vom Dorfe sowohl als vom Keremet und allen Landwegen entfernt gewählt wird, nennen sie Masar. Dreimal wird das Begräbnis eines Toten von der Verwandtschaft begangen, und sie sollen jetzt den Mittwoch in der Marterwoche, den Donnerstag vor Pfingsten (Semik), an welchem auch bei den Russen eine ähnliche Zeremonie üblich ist, und den achten des Novembermonats, den sie Jubuich nennen, dazu wählen. An diesem letzteren Tage wird nicht nur bei dem Grabe ein Opfermahl gehalten, sondern auch eine hölzerne Säule an dem Kopfende des Grabes aufgerichtet. Man macht in die Erde ein Loch, und ehe man die Säule dar-

ein stellt, wird von einem jeden Anwesenden ein Bissen Fleisch hineingeworfen und etwas von dem zum Mahl bereiteten Getränk hinzugegossen, danach wird das Opfer verzehrt, getrunken und allerlei Lustbarkeiten angestellt.
Von den Heiraten der Tschuwaschen sind in den oben angeführten „Sammlungen" ausführliche Nachrichten zu finden. Das Kalün*, welches für die Braut erlegt werden muß, pflegt oft 50 bis 80, ja über hundert Rubel an Wert zu betragen. Die Braut darf am Hochzeitstage nicht zu Fuß gehen, sondern wird teils gefahren, teils auf Matten getragen. Es gehen auch wohl Ehescheidungen vor, und die Gewohnheit soll sein, daß der Mann den Schleier (Surban) der Frau, die er von sich läßt, mitten durchschneidet und davon die eine Hälfte zurückbehält, die andre aber der Frau gibt.
Weil sie starke Bienenzucht haben, so pflegen sie sich bei ihren Lustbarkeiten des Mets sowohl als des Hopfenbieres (Braga) zu bedienen; niemals aber der gesäuerten Milch, welche die Tataren vorzüglich lieben. Ihre Tänze gleichen, so wie auch die morduanischen, einigermaßen den tatarischen und bestehen in verschiedenen Bewegungen der Arme und des Leibes, wobei mit kurzen Schritten und nahe aneinander gesetzten Füßen in einem kleinen Kreis taktmäßig herumgegangen wird. Ihre musikalischen Instrumente sind hierbei der gewöhnliche Dudelsack, eine Art kleiner Geigen mit drei Saiten (Kobeß) und eine liegende halbmondförmige Harfe (Gusli) mit ungefähr sechzehn oder achtzehn Saiten.
Die tschuwaschische Art, einen Eid abzulegen, verdient auch angemerkt zu werden, und ist folgende. Wenn es angeht, so wird derjenige, welcher schwören soll, in den Keremet geführt und muß da, unter vielfältigen Verwünschungen, ein bei Tataren und Tschuwaschen gleich gewöhnliches Gericht von Mehlklößen, die mit Wasser und Butter gekocht werden (Salma), verzehren. Eine falsche Beteurung zu prüfen aber läßt man den Beklagten Salzwasser trinken; wenn er dabei hustet, so wird er schuldig erklärt. – Zum Beschluß will ich noch anmerken, daß die auf der linken Seite der Wolga, in den Steppen wohnhaften Tschuwaschen allen auf der bergigen Seite gelegenen Dorfschaften den Namen Werejal beilegen, sich selbst aber Chirdijal nennen. (...)

Den 5ten (Oktober 1768) brachte uns der Postweg, auf welchem wir von Kitschui her gereist waren, über das Dorf *Malaja Bugulma* an einem Bache gleichen Namens, nach dem Gute Spaskoje, als dem gewöhnlichen Wohnplatz des durch seine Schriften so berühmten, als durch persönliche Verdienste verehrungswürdigen Staatsrats von Rytschkow*, wo ich durch die leutseligste Aufnahme und den geselligsten und lehrreichsten Umgang ganz unvermerkt bis zum 11ten des Monats aufgehalten ward.

Das Dorf hat eine überaus anmutige Lage in einem mit Höhen, die zum Teil bewaldet sind, fast ganz umgebenen Grunde. Fast in der Mitte des Dorfes rieselt ein starker, reiner Quell aus einem weißen Mergel hervor, welcher deswegen merkwürdig ist, weil ihn das Vieh begierig frißt, ungeachtet man nichts Salzhaftes daran spüren kann. – Einige der umliegenden Höhen haben Spuren von Kupfererz gezeigt, und auf einer liegt ein geringer Eisenstein im Anbruch. Die zwischen den Bergen rieselnden Bäche, welche in den Dim fließen, und auch dieser selbst, führen nicht nur Forellen, sondern auch eine andre schmackhafte kleine Salmart (Salmo lacustris)*, welche in den uralischen Bächen nicht selten ist und Kutema genannt wird. Weil diese Gebirgswässer wegen ihres strengen Laufs nicht gern zufrieren, so halten sich auch die außer Rußland und Sibirien ziemlich seltenen Wasseramseln (Sturnus cinclus) in Menge daselbst auf. Von diesen Vögeln, welche man in Rußland Wassersperlinge (Wodjanoi Worobjej) nennt, ist es gewiß, und ich bin davon ein Augenzeuge öfters gewesen, daß sie in ziemlich tiefen Bächen, ohne sich zu benetzen, untertauchen, um kleine Wasserraupen und andere Würmer auf dem Grunde des Wassers zu sammeln. Wenn man sie auf den beeisten Ufern der Bäche schießt und nicht so trifft, daß sie das Leben augenblicklich verlieren, so pflegen sie unter das Wasser zu gehen und erst tot wieder heraufzukommen. Gleichwohl kann man nicht sagen, daß dieser Vogel schwimmt; es fehlt ihm auch an Werkzeugen dazu; sondern er fliegt gleichsam unter das Wasser und hält sich vermutlich auf dem Grunde fest, um seine Nahrung zu sammeln. Es ist ein allgemeiner Aberglaube des Landmanns, daß die Fettigkeit dieses Vogels, welche aber kaum drachmenweise gesammelt werden kann, die Glieder, welche damit einmal eingeschmiert worden sind, auf immer vor dem Frost bewahre. Andre behaupten dieses von dem Blut des Vogels. – Noch gibt es in solchen waldigen Gegenden, wo die Bäche des Winters nicht zufrieren, eine außer Rußland wenig bekannte Art von Ottern (Mustela lutreola)*, welche auch im Pelzhandel unter dem russischen Namen Norka vorkommt und sich am liebsten von Fröschen und Krebsen nährt, übrigens aber in der Lebensart mit der großen Fischotter ziemlich übereinkommt. (...)

Das nächste Dorf auf meinem Wege war das tatarische Dorf *Jermak-Aul*, welches auch von einem starken, zum Sok herabrinnenden Bach Baitugan den Namen Baituganowa bekommt. Und bis hierher werden zu beiden Seiten des Sok, längs den zwischen Bergen fließenden Bächen, hin und wieder Erzspuren gefunden, weiter hin aber sind dergleichen nicht weiter entdeckt worden. Der erste am Sok merkwürdige Asphaltquell* liegt von hier fast nördlich in der bergigen Gegend, aus welcher der Bach Baitugan seinen Ursprung nimmt. Wir hatten dahin über die zusammenhängenden, mit Birken reichlich bewachsenen Hügel, am Bache herauf einen beschwerlichen Weg und erreichten kaum in der Dämmerung (12. Oktober) das an einem der beiden Urquellen dieses Baches neuangelegte tschuwaschische Dörfchen. Der Asphaltquell ist davon nicht über ein paar Werste entfernt und befindet sich an einem Berge, welcher in der ganzen Gegend der höchste zu sein scheint und recht zwischen den Quellen des Baches liegt. Wir gingen über denselben noch heute nach einem andern, westlich gelegnen, tschuwaschischen Dorfe, von wo an ein bequemerer Weg zum Quell führt, dessen Besichtigung ich auf den folgenden Morgen versparen mußte. – Man hat hier fast die ganze Breite des Gebirges zurückgelegt, welches den Sok begleitet; denn von hier nördlich wird das Land gegen den Tscheremschan nach und nach ebner.

Der Asphaltquell befindet sich einige Werste von Semenowo südöstlich an dem westlichen steilen Abfall des obenerwähnten Berges in einem mit Birken bewachsenen und, wie die ganze umliegende Gegend, mit sehr fettem, schwarzem Erdreich überzognen Grunde, durch welchen der westliche Hauptquell des Baches Baitugan herabrieselt. Man hat den Quell etwas geräumt und am Berge eine kleine kesselförmige Vertiefung, ungefähr drei Fuß weit und tief, gemacht, in welcher sich das Wasser ohne Bewegung vermehrt und in den vorbeirinnenden kleinen Bach unvermerkt herabfließt. Obgleich also der Quell keine sprudelnde Bewegung hat, so gefriert er doch im härtesten Winter niemals, und wenn er zuweilen verschneiet, so sollen sich die von demselben aufsteigenden bitumischen Dünste, deren Geruch ziemlich weit zu spüren ist, gar bald eine Öffnung durch den Schnee machen, obwohl das Wasser keinen außerordentlichen Grad der Wärme hat, indem das Thermometer, bei dem heutigen kalten Morgen, da die Luft 160°* war, im Wasser nur 138° zeigte. – In dem kleinen Behälter des Quells bedeckt sich die Oberfläche des Wassers mit einem schwarzen, sehr zähen Asphalt, welches die Farbe und Konsistenz eines dicken Teers hat, und sooft man es wegschöpft, sich in wenigen Tagen wieder sammelt, Jetzt, da es vor ungefähr vierzehn Tagen abgeschöpft worden war, hatte sich, des Frostwetters ungeachtet, schon wieder so viel Asphalt auf dem Wasser gesammelt, daß ich, ohne was wegen der Klebrigkeit der Materie an fremden Dingen hängenblieb, gegen sechs Pfund davon abnehmen konnte. Dicht am Berge lag es mehr als fingerdick auf dem Wasser, gegen den Abfluß des Quells aber wurde diese Lage immer dünner, da dann das Wasser immer etwas mit sich fortführt. – Die ganze Höhlung des Quells ist mit diesem Asphalt überzogen und die Erdlage, worin sich derselbe befindet und welche sich vermutlich weit in den Berg erstreckt, ganz damit durchdrungen. Nachdem der Asphalt vom Wasser abgenommen ist, sieht man noch ein überaus feines, durchdringendes und starkes Bergöl* darauf treiben, welches, obwohl in geringer Quantität, sich doch auf dem mitgenommenen Wasser leicht entzünden ließ. Das Wasser selbst hat, wie die Proben zeigten, einige brennbare Teile aufgenommen, färbt die Lackmus-Solution rötlich und besitzt den Geschmack und Geruch des Asphalts im höchsten Grade. Die umher wohnenden Tschuwaschen und Tataren gebrauchen nicht nur dieses harzige Wasser zum Gurgeln und Trinken bei aphthösen und unreinen Geschwüren im Munde und Hals, sondern sammeln auch den Asphalt selbst fleißig ein und bedienen sich desselben in vielen Fällen als eines Hausmittels. Besonders wird es auf frische Wunden gelegt, welche ungemein geschwind danach heilen. Ferner wird daraus mit Butter eine Salbe gemacht, welche in allen Arten von Geschwüren ungemein dienlich sein soll. Das besonderste ist der innerliche Gebrauch: man nimmt einen mäßigen Löffel voll Asphalt und kocht es in Milch, welche davon wie ein dicker Schmant werden soll; dieses wird, bei hartnäckigen Koliken, oder wenn es sonst im Leibe wehe tut und man sich durch gewaltsame Bewegungen beschädigt zu haben glaubt, ingleichen bei heimlichen Krankheiten, warm getrunken. Der Kranke soll davon wie betaumelt werden, heftige Hitze spüren, wie man leicht denken kann, und der stark abgehende Harn bekommt einen heftigen Geruch davon. Man will sagen, daß sich einige Bauern dieses Asphalts auch statt Wagenschmiers bedienen; vielleicht geschieht es, wenn sie einen Überfluß davon haben. Allein dieses ist selten der Fall, und alle haben mich versichert, daß sie dasselbe hauptsächlich nur zum Arzneigebrauch sparten und an ihre Nachbarn überließen; ja, ich habe in den umliegenden Dörfern selbst gesehen, daß die Tschuwaschen, weil sie keinen Teer haben, die Wagenräder mit Butter oder gar mit frischem Kuhmist schmierten. – Übrigens ist der hiesige Asphalt, seiner Zähigkeit ungeachtet, so durchdringend, daß er bei mir, an einem kalten Ort aufgehoben, durch dicke hölzerne Büchsen gedrungen und zolldicke Bretter in wenig Wochen durchzogen hat. Vielleicht könnte derselbe also zu einer nützlichen Beize dienen, um Holzwerk vor der Verwesung und Schiffsplanken vor den schädlichen Seewürmern zu bewahren. (...)

Es wäre unverantwortlich gewesen, wenn ich die nur ungefähr achtzig Werste oberhalb Simbirsk, auf dem niedrigen oder linken Ufer der Wolga befindlichen berühmten Überbleibsel der ehemaligen bolgarischen Hauptstadt Brjachimow, die man jetzt Bolgari* zu nennen pflegt, bei einer so geringen Entfernung nicht hätte besuchen wollen, zumal da keine Beschreibung der noch daselbst stehenden alten und merkwürdigen Gebäude vorhanden ist. Ich ging nach diesem Ort, welcher durch den Besuch, womit ihn *Peter der Große* und dessen *Große Nachfolgerin** beehrten, noch einen Zusatz von Merkwürdigkeit erhalten hat, den 14ten Dezember ab. Weil ich aber, wegen des in der Gegend von Simbirsk noch unsichern Eises der Wolga, den nähern Weg dahin auf der linken, steppigen Seite dieses Flusses, welcher wenig über achtzig Werste betragen soll, noch nicht nehmen konnte, so mußte ich auf der bergigen Seite einen ansehnlichen Umweg über Tetjuschi reisen. Dieser ganze Strich ist sehr bergig und reich an Waldung, welche auf dieser Seite der Wolga bloß aus Laubholz besteht und allerlei kleines Wild in ziemlicher Menge hegt. Man kommt bei dem tatarischen Dorfe Tarchan erst recht in diese Waldung, welche sich längs der Wolga von dem Dorfe Undory bis über Tetjuschi hinauf erstreckt.

Tetjuschi ist ein schlechter Flecken, der von Simbirsk nach dem gewöhnlichen Wege 97 Werste entfernt und hart an dem hohen, wegen seines lehmigen Erdreichs mit tiefen Klüften durchgrabnen Ufer der Wolga liegt. Weil der Fluß hier bei weitem nicht die Breite wie bei Simbirsk hat, so war das Eis auch schon vorlängst befahren und hingegen weiter abwärts noch an vielen Stellen offen. Man rechnet aber von der Überfahrt bei Tetjuschi nach dem nordöstlich gelegnen Dorfe *Bolgari*, welches auf den Ruinen der alten Stadt erbaut ist, zwanzig Werste. Der Weg geht teils über Niederung und Heuschläge, welche die Wolga zu überschwemmen pflegt und worauf hin und wieder fischreiche kleine Seen befindlich sind; teils durch einen mit wenig Birken vermischten hohen Fichtenwald, wovon auch das Dorf selbst fast auf allen Seiten umgeben ist.

Es liegt dasselbe ziemlich hoch längs einem sumpfigen, mit Buschwerk bestreuten Grunde. Man muß sich billig wundern, daß eine so ansehnliche und wohlbewohnte Stadt, als Bolgari gewesen zu sein scheint, in Absicht des Wassers eine so schlechte Lage gehabt hat. Man kann sich dasselbe nicht anders als durch gegrabne Brunnen in diesem Grunde verschaffen, woraus sich auch gegenwärtig das Dorf versieht. Die Wolga ist von hier in der geradesten Linie wenigstens 9 Werste entfernt, und obwohl die Niederung von dem Dorfe sich nördlich gegen die Wolga zu erstrecken scheint, so ist doch nicht wahrscheinlich, daß dieser Fluß vormals seinen Lauf näher bei der Stadt vorbei sollte gehabt haben. – Das heutige Dorf besteht aus mehr als hundert Gehöften und ist nebst andern Klostergütern von der Krone eingezogen worden. Von Kasan wird dasselbe auf ungefähr 90 Werste gerechnet. Vor sich, gegen Süden, hat es eine ziemlich flache, mit Harzwald umgebne und mit etwas Birkengehölz angenehm bestreute Ebne, welche jetzt größtenteils zu fruchtbaren Äckern dient, vormals aber der Boden gewesen, worauf die Stadt gestanden hat. Dieses Feld ist ganz mit einem Wall und Graben umgeben, welcher seines Verfalls unerachtet hin und wieder noch auf drei Faden weit ist. Diese Verschanzung hat die Gestalt eines unregelmäßigen halben Ovals, welches sich an das steile Ufer der Niederung, längs welchem das Dorf erbaut ist, anschließt und wenigstens 6 Werste im Umfang beträgt. Durch den befestigten Raum sieht man noch einen tiefen trocknen Graben sich von Südwest gegen Nordost, dicht bei dem östlichen Ende des Dorfes, vorbeiziehen, welcher natürlich zu sein scheint. Die meisten Überbleibsel von alten Gebäuden befinden sich innerhalb des Walles, und ich will die merkwürdigsten davon so umständlich, als es die damalige durchdringende Kälte und der liegende Schnee erlaubt haben, beschreiben.

Am östlichen Ende des heutigen Dorfes liegt ein Klosterhof mit einigen hölzernen Gebäuden und einer schönen steinernen Kirche. Innerhalb des umzäunten Bezirkes dieses Klosters, welches den Namen Uspenskoi führt, befindet sich eine Menge dieser Überbleibsel. Das ansehnlichste ist ein Turm oder Misgir, welcher aus wohl behauenen Bruchsteinen etwas über zwölf Faden hoch, nach derjenigen Bauart und Proportion, welche die Abbildung vorstellt, aufgeführt und noch vollkommen wohl erhalten ist. Man steigt in demselben vermittels einer Wendeltreppe von 72 Staffeln, deren jede genau einen Pariser Fuß hoch ist, herauf. Diese Treppe hat man völlig ausgebessert und den Turm mit einem hölzernen Obdach versehen, an dessen Inseite sich eine neuere, arabische Aufschrift befindet. Der Eingang des Turms ist an der Südseite, und man sieht daran eine starke, eiserne Türkrampe, welche zum Einhängen einer Tür gedient hat. Hin und wieder hat der Turm kleine Scharten, durch welche die Treppe das Licht empfängt. Bei diesem Turm sieht man in einem unregelmäßigen Viereck herum Überbleibsel von einem starken Mauerwerk, mit dicken Massiven in den Ecken, welches eine Art von Feste oder vielleicht ein großes Bethaus mag vorgestellt haben. Dieses Mauerwerk besteht aus ungleichen, schlecht behauenen,

aber sehr dicht gepaßten Steinen, worunter man Kalksteine, Sandsteine, Kiesel und allerlei Gipssteinarten wahrnimmt, welche sich alle von dem bergigen Ufer der Wolga herschreiben. Der Turm steht an der nordwestlichen Ecke des Vierecks. Östlich von demselben aber ist ein kleines tatarisches Bethaus übriggeblieben, welches ebenfalls aus vermischten und ungleichen Steinen, aber sehr dauerhaft aufgeführt und ganz zugewölbt ist. Der untere Absatz desselben ist viereckig, der obere aber achteckig, und die Größe mag ungefähr fünf Faden ins Gevierte betragen. Man hat dasselbe ausgebessert und zu einer christlichen Kapelle gemacht, welche Nikolao, dem Wundertäter, geweiht ist. Der Eingang ist an der westlichen Seite und die Lichtöffnungen an der südlichen. – Noch sind in einem andern Winkel des Klosterhofes Überbleibsel eines alten Gebäudes zu sehen, woraus man den Klosterkeller gemacht hat.
Alle übrigen alten Gebäude, deren noch vier in ziemlich vollkommenem Stande zu sehen sind, liegen nebst einer Menge von alten Grundlagen, ganz verfallenen Gemäuern und Spuren von Wohnungen innerhalb des Walls zerstreut. Auch außerhalb desselben findet man an der Westseite etwas Mauerwerk von einem ziemlich ansehnlichen Gebäude, welches die Bauern, ich weiß nicht aus welcher Ursache, das Griechische Haus (Греческая Палата) nennen.
Unter den noch ziemlich ganz vorhandenen Gebäuden fällt zuerst ein Turm in die Augen, welcher von dem Kloster südwestlich über fünfzig Faden entfernt im Felde steht und in der Bauart von dem oberwähnten in nichts verschieden ist, als daß er viel dicker und nur ungefähr 9 Faden hoch ist. Nicht weit von demselben sind etwas näher gegen das Kloster die Fundamente einiger geraumer Gebäude zu sehen, unter welchen vielleicht das zu dem Turm gehörige Bethaus befindlich gewesen ist.
Ungefähr achtzig Faden weiter südwestlich steht noch ein kleines, aus starken Bruchstücken sehr dauerhaft erbautes, viereckiges Gebäude, dessen Gewölbe jedoch an einer Seite eingefallen ist. Es hat den Eingang an der westlichen Seite und ein kleines Lichtfenster an der südlichen. An der westlichen Wand befinden sich inwendig, zu beiden Seiten des Eingangs, zwei blinde Fenster oder Nischen nebeneinander und zwei dergleichen an der nördlichen sowohl als südli-

chen Wand etwas mehr voneinander entfernt. Wenn eine Mutmaßung erlaubt ist, so scheint auch dieses nichts anderes als ein Bethaus gewesen zu sein.
Viel ansehnlicher und weitläufiger ist dasjenige Gebäude gewesen, wovon man an der südlichen Seite des Dorfes und recht in der Mitte des ganzen Stadtbezirks noch jetzt das mittlere und mit vielen Fundamenten umgebene Hauptgebäude sieht. Die besondere Architektur desselben verdient in Abbildung mitgeteilt zu werden. Allein schwerlich wird man daraus bestimmen können, was für einem Endzweck oder Geschäfte dieses Gebäude gewidmet gewesen. Die Bauern nennen es das Gerichtshaus, und ich habe nicht mehr Grund als sie, es für etwas anderes zu halten. Die viereckigen Abteilungen oder Zimmer, wovon man rund um das Hauptgebäude die Grundlagen sieht, scheinen nicht anders als von außen zugänglich gewesen zu sein, mit dem mittlern aber keine Gemeinschaft gehabt, auch nicht höher als an dessen zweiten Absatz gereicht zu haben. Es sind deren drei kleine an der östlichen Seite; zwei größere an der südlichen, welche in der Mitte voneinander abstehen; und ein längliches, welches die westliche Seite beschlägt. An dessen nordwestlicher Ecke aber sieht man noch ein länglich-viereckiges Fundament, welches nur mit seiner Ecke dasselbe berührt, und die nördliche Seite des Hauptgebäudes, an welcher der Eingang befindlich ist, zeigt keine Spur von Nebenkammern.
Von diesem Gebäude etwa hundert Faden in gerader Linie südlich sieht man noch ein anderes ansehnliches und ziemlich wohl erhaltenes Gebäude, dessen Bauart noch merkwürdiger und besonders die innere Abteilung so sonderbar ist, daß ich einen Grundriß davon mitzuteilen genötigt bin, um einen Begriff davon zu geben. Der nördliche schmalere Teil desselben und gleichsam das Vorhaus ist über einem von Kalkfliesen gemauerten Fundament aus großen tatarischen Ziegeln aufgeführt, woraus auch die Aufsätze oder Zinnen des ganzen Gebäudes bestehen. Es hat dieses Vorhaus seinen Eingang an der östlichen Seite, verschiedene kleine Lichtfenster in den Seitenwänden und ist durch eine Querwand in einen viereckigen Vorsaal und ein längliches Gemach abgeteilt. Aus diesem letzteren kommt man in das Hauptgebäude, welches keinen andern Zugang als diesen

hat. Dasselbe ist, die Zinnen ausgenommen, von großen glattbehauenen Bruchstücken, die fast eine Arschin lang, mehr als eine halbe breit und eine Spanne dick sind, erbaut. Der größte Raum desselben ist durch Mauern, die von dem mit groben Fliesen gepflasterten Grund bis ans Gewölbe reichen, in vier abgesonderte Eckzimmer geteilt, zwischen welchen ein geraumer Kreuzgang übrigbleibt. Dieser Kreuzgang empfängt das Licht durch eine große gewölbte Kuppel, welche im Mittelpunkt eine achteckige Öffnung und noch an jeder Seite ein kleines Fenster hat. Um diese große Kuppel stehen vier kleinere dergleichen, gerade über den Eckzimmern, welche durch eine gleichfalls achteckige Öffnung im Mittelpunkt diese Zimmer allein erleuchten, und von innen eine etwas ovale Aushöhlung mit Spuren von Stukkaturzieraten zeigen, dergleichen auch in der großen, mittlern Kuppel zu sehen sind. Die Eckzimmer sind genau viereckig, das Besonderste daran aber ist, daß sich der Eingang dazu nicht an einer von den Seitenwänden, sondern gerade auf der Ecke, welche in den Mittelgang hervorsteht, befindet. – An dem südlichsten Ende dieses Hauptgebäudes sind drei Zimmer angebaut, wovon das östlichste und kleinste keinen Zugang oder Öffnung hat als einen Durchbruch in dem südöstlichen Eckzimmer des Mittelsaals. In das mittlere geht man durch eine Tür aus dem Kreuzgang des Mittelsaals. Das westliche aber, welches mit seiner westlichen Wand etwa einen Faden von dem Hauptgebäude hervorspringt, hat mit demselben und dem mittleren Zimmer keine Gemeinschaft, sondern einen besondern Eingang von außen, wie das bei dem khanischen Begräbnis zu Kasimow bemerkte Betzimmer. Unter dem ganzen Hauptgebäude breitet sich ein Gewölbe aus, zu welchem unter der südlichen Mauer ein Erdgang, wie an den Kasimowschen Leichenkeller angebracht gewesen. Es ist aber dieses Gewölbe besonders in dem mittlern der südlichen Nebenzimmer mit einer großen Öffnung eingestürzt und ziemlich verschüttet, so daß ich unmöglich in dasselbe hinuntergehen konnte und mich begnügen mußte, aus einigem vermoderten Holzwerk, welches darin herumlag und zu Leichengerüsten gedient zu haben schien, zu schließen, daß es zu einem Totenkeller bestimmt gewesen sei. Überhaupt glaube ich nicht zu irren, wenn ich mutmaße, daß

dieses Gebäude mit denen in der Stadt Taschkent befindlich sein sollenden alten Gebäuden, welche teils zu Begräbnissen, teils zu Schulhäusern gedient haben mögen, einerlei halte.
Man hat bei Bolgari eine Menge alter Grabsteine mehrenteils mit arabischen, jedoch auch einige mit armenischen Aufschriften gefunden, welche jetzt sämtlich teils in das Fundament der neuen Kirche des Uspenskischen Klosters mit eingemauert sind, teils bei derselben auf der Erde liegen. Diese Steine sind von verschiedener Größe und von Gestalt vollkommen wie die zu Kasimow beschriebnen, denen auch einige an Größe gleichkommen. Auf Befehl des *großen Kaisers*, dessen Liebe für die Wissenschaft keine Gelegenheit sich zu äußern vorbeiließ, sind nicht nur genaue Kopien, sondern auch Übersetzungen von allen diesen Grabschriften, soviel man deren leserlich gefunden hat, ehedem verfertigt worden. Es sind deren überhaupt 49 übersetzt vorhanden, worunter von dem einzigen Jahr Hegira 623 zweiundzwanzig befindlich sind, so daß man denken sollte, als ob eine Pest oder sonst eine tödliche Krankheit damals in der Stadt regiert habe. Die übrigen sind von verschiedenen Jahren, also daß die arabischen von dem Jahre der Hegira 619 bis zum Jahr 742 nur einen Zeitraum von hundertdreiundzwanzig Jahren, innerhalb welchem Baty-Khan* vor seinem großen im Westen getanen Einfall ungefähr daselbst geherrscht haben soll, in sich befassen. Hingegen ist unter den vorhandenen drei armenischen eine von 557 und zwei von 984 und 986, also aus der Mitte des sechzehnten Jahrhunderts, welches eine Zeit von 429 Jahren begreift. Die Inschriften enthalten nichts als einen mohammedanischen Denkspruch, welcher bei den armenischen fehlt, den Namen des Verstorbenen und dessen Abstammung oder Würde. Es sind teils vornehme Bolgaren oder Tataren beiderlei Geschlechts, teils Geistliche, teils Gemeine und vielleicht Kaufleute. Bei einigen ist gemeldet, daß sie aus der persischen Provinz Schamachie und einer auch aus Schirwan entsprossen, woraus man sieht, daß die Stadt durch den Handel aus sehr entfernten Gegenden Bewohner müsse gehabt haben. Vielleicht könnte man noch mehr von dem Handel derselben aus den silbernen und kupfernen kleinen Münzen schließen, welche daselbst noch

jetzt von den Bauernkindern auf dem Ackerfelde gesammelt werden. Es gibt unter den silbernen nicht wenige mit schön geprägter arabischer und kufischer* Schrift, die von feinem Silber und ziemlich dick, niemals aber größer als etwa der Nagel am Daumen zu sein pflegen. Man hat aber auch viele von schlechtem, sprödem Silber sehr dünn und grob geprägte, welche auf einer Seite kleine Sterne oder andere Zieraten, auf der andern aber einige erhabene Punkte, einen Kreis und darinnen ein willkürliches Zeichen darstellen, etwa so, wie noch jetzt bei den Baschkiren und andern der Schrift Unkundigen zur Unterzeichnung der Handschriften gebräuchlich zu sein pflegen. Ich habe zwei solcher Münzen in Zeichnung beigefügt; man findet aber dergleichen Zeichen auf den Kupfermünzen viel häufiger, und zwar gemeiniglich innerhalb eines dreifachen Triangelzugs.
Außer dieserlei Münzen sind auch zuweilen saubere, von feinem Silber oder Gold ausgearbeitete Kleinigkeiten, Ohrgehänge und dergleichem allhier gefunden worden; jetzt aber sind diese Reichtümer fast gänzlich erschöpft. Allerlei Klapperwerk von Messing und Eisen, auch einige, wie breite oder auch spitzige Erdhacken gestaltete Werkzeuge, die aber zum Teil nur mit einem nagelförmigen Zapfen in dem hölzernen Stiel befestigt gewesen zu sein schienen, hat man mir in Menge gebracht. Waffen habe ich nicht darunter gesehen, und man soll auch dergleichen nur höchst selten finden. Häufig aber bekommt man Platten von schlechtem Glockengut, welche rund, höchstens vier Zoll im Durchmesser groß, an einer Seite mit allerlei grobgegossenem Laubwerk verziert, an der andern aber glattgeschliffen und poliert sind; fast wie man dergleichen bei Strahlenberg* beschrieben findet. Noch viel häufiger finden sich gewisse, von Ton gedrehte oder gebrannte, wie große Knöpfe gestaltete und durchlöcherte Korallen, welche vielleicht zu tatarischen Rosenkränzen mögen gedient haben. Die meisten sind ziegelfarbig, wenige werden schwärzlich oder weißlich gefunden. Man hat aber auch kleinere aus buntgefärbtem Glase, oder auch buntglasierte Korallen, obwohl sparsam, so wie sich auch Stücken von schön glasierten, irdnen Geschirren antreffen lassen. Jemand, der sich eine geraume Zeit im Sommer allhier aufhalten wollte und teils selbst sammelte,

teils das Vertrauen der dasigcn Einwohner hätte, würde vielleicht noch einige artige Überbleibsel des Altertums an diesem Ort zusammenbringen können, wozu im Winter keine Möglichkeit war. Und obgleich ich nichts unversucht ließ, um das Landvolk treuherzig zu machen, so glaube ich dennoch, daß mir vieles und vielleicht das Beste verhüllt worden ist. Wie vieles aber von den hiesigen Merkwürdigkeiten ist nicht schon zerstreut und in unrechte Hände geraten. Die Tataren, welche des Winters von Kasan hierher zu kommen pflegen, kaufen besonders die hier gesammelten Kleinigkeiten und Münzen fleißig weg, und ich hatte von Glück zu sagen, daß ich nocht etwas auftrieb. Übrigens war es wegen der strengen Kälte und des hier ziemlich hoch liegenden Schnees unmöglich, alles aufs genaueste zu beschreiben oder die ganze Gegend in einem Grundriß zu bringen, und es verdient dieser Ort allerdings noch zur Sommerszeit besichtigt und genau aufgenommen zu werden.

Den noch übrigen Teil des Winters brachte ich in *Simbirsk* mit Betrachtung der Tiere dasiger Gegend und der Fischereien zu. Denn eine kaum 9 Werste von Simbirsk in dem Dorfe Laischowka von dem Assessor Mjasnikow angelegte Messingfabrik und eine gleichfalls im Simbirskischen Bezirk, am Flüßchen Besdna, welches zur Sura fließt, erbaute Eisenhütte, in welcher man ein dasiges Eisenerz mit schlechtem Erfolg zu schmelzen angefangen hat, verdienen beide kaum erwähnt zu werden.

Unter den merkwürdigen Tieren der hiesigen Gegend muß besonders die ganz schwarze Ausartung der in allen südlichen Steppen Rußlands so gemeinen Hamster, welchen man hier den Namen Karbusch gibt, angeführt werden. In den Steppen um Simbirsk werden die schwarzen Hamster fast häufiger als die gemeinen buntfarbigen bemerkt, mit welchen sich jene nicht selten vermischen, so daß man auch unterweilen in einer Hecke bunte und schwarze antrifft. Etwas weiter südlich, wie z. B. um Samara, findet man diese Spielart nicht, und die Ursache davon ist schwer zu bestimmen, da das Klima in einem so kleinen Abstand wohl nicht beschuldigt werden kann. – Man trifft sonst auch in den bergigen Strichen an der Wolga die russischen Murmeltiere (Surki) nicht selten und familienweise an; so wie auch die

Dachse hier herum gemein genug sind. Hermeline werden häufig gefangen und verdienen nicht, unter die schlechten gezählt zu werden: in noch größerer Menge hat man weißliche Iltisse. Das gemeine Wiesel aber, welches durch ganz Rußland und Sibirien im Winter, wie das Hermelin, schneeweiß wird, bekommt man seltner. Alle diese kleinen Tiere werden von Bauern, die der Jagd nachhängen, mit Hunden aufgesucht und mit Fallen oder Schlingen, die man vor ihre Höhlen stellt, sonst auch wohl mit einem kleinem Aas, um welches man viele Schlingen aufhängt, gefangen.

Von allen aber das gemeinste Steppentier ist die sogenannte Zieselmaus oder Suslik (Mus citellus)*, welche in allen dreien wüsten Gefilden zwischen der Wolga und dem Don bis etwa zum 53sten Grad der Breite ein überaus niedlich geflecktes Fell hat, weswegen sie in größerer Menge gefangen zu werden verdiente, da man selbe ohnehin sehr leicht erhalten kann. Es fällt aber eben dieses Tier in allen südlichern sowohl als von der Wolga östlich bis nach Sibirien liegenden Gegenden nicht nur viel größer, sondern hat auch ein ganz anderes, grausprenkliges Fell, einen buschigen Schwanz und das völlige Ansehen eines Murmeltiers, welchem es auch in seinen Sitten sich vergleicht. – Von schädlichen Feldmäusen wimmelt es in diesen Gegenden, und man bemerkt darunter zwei wenig bekannte Arten (Mus agrarius und M. minutus*), welche sich scharenweise unter den, nach russischem Landesgebrauch, im freien Felde aufgesetzten Kornhaufen einfinden.

Ein merkwürdiges Tier ist noch die in allen Seen längs der Wolga allgemeine Bisamratte (Wychuchol)*, deren Felle man um einen sehr geringen Preis kaufen kann, weil man sie zu keinem andern Gebrauch, als gemeine Pelzkleider zu verbrämen, anwendet. Gleichwohl bestehen diese Felle fast ganz aus einer feinen, weichen Wolle, welche an Glanz und Zartheit der Biberwolle nichts nachgibt und zur Verfertigung der Hutfilze, obwohl sie kürzer ist, vielleicht ebenso vortrefflich sein würde.

Von gemeinem Federwild hat man hier Birkhühner (Tetrix) und Rebhühner überschwenglich häufig; beide werden den ganzen Winter hindurch mit Schlingen und Fallnetzen gefangen. Auerhühner hat es nur selten und allein in den Fichtenwaldungen jenseits der Wolga. Das Schneehuhn

(Lagopus) aber und das Haselhuhn (T. bonasia) sind ersteres gar nicht, letzteres aber sehr selten in diesen Gegenden zu sehen. Von seltenen Vögeln habe ich hier den dreizehigen Specht (Picus tridactylus), den allerkleinsten Habicht (Falco minutus), der nicht viel größer als eine Drossel wird, eine Art grauer Stoßvögel (Falco rusticolus)*, den man hier Lunn nennt, und eine besonders schöne, von der Wolga bis nach Sibirien gemeine Art von Blaumeisen* angetroffen. Auch die Wasseramsel (Sturnus cinclus) bekommt man in verschiedenen benachbarten Bächen, welche nicht zufrieren, zum Ex. dem Flüßchen Uren, dem Bache Kamajur und andern, den ganzen Winter hindurch zu sehen. (...)

(Samara)* Den 9ten April (1769) brach das Eis in dem Samarafluß und an dessen Mündung, das Wasser fing an zu steigen, und den 11ten ging die Wolga selbst auf, so daß noch selbigen Abend mehr als zwei Drittel vom Eise frei wurden. Den 13ten brachte ein nördlicher Wind wieder einen starken Eisgang, welcher bis den 15ten unaufhörlich fortwährte, wodurch sich der Fluß völlig reinigte. Es dauert in diesen Gegenden mit dem Aufbruch der Wolga selten bis über die Hälfte des Aprils; zuweilen aber geht das Eis wohl schon im März los. Man hat aber allezeit kurz darauf eine starke nördliche Luft beobachtet, welche, wie diesmal, den Eisgang bringt.

Bei dem schönen und anhaltenden Frühlingswetter war es kein Wunder, daß sich die Mitte des Aprils schon mit Blumen schmückte. Den 14ten fingen die Palmweiden und Haseln an zu blühen; vom 15ten bis 17ten waren alle freien Höhen mit den Blumen des Ornithogali minimi* auf das angenehmste bestreuet, da dann auch Potentilla und Adonis verna, bei den Gebüschen aber die Märzviolen und eine Art Küchenschellen (Anemone patens)[2] in volle Blüte kamen. Zu gleicher Zeit schlugen die Birken und der Sperrbeer-

[2] Dieses ist die gemeinste Frühlingsblume dieser Gegenden und spielt mit allerlei Farben. Man findet sie durch alle Schattierungen des Blauen, ferner ganz weiß und etwas seltner blaßgelb. Weil man sie nie den April überleben sieht, so hat man ihr den Namen Odnomesetschnik gegeben und pflegt sie, an abgeschälte Zweige gereiht, zum Zierat in den Stuben aufzustecken. Die blauen Blumen dieser Art geben, mit etwas Färbedistel und Alaun gekocht, ein treffliches Grün zur Saftmalerei.

strauch aus, nach dem zwanzigsten aber alles übrige Gebüsch; und die wilden Mandel- und Kirschensträucher, die wilden Fritillarien (Fr. pyrenaica), Waldtulpen (Tul. sylvestris), wohlriechende Schwertel (Iris pumila) sowohl mit blauen als purpurfarbigen, gelben und ganz bleichen Blumen, ferner Valeriana bulbosa*, Pedicularis comosa, Astragalus uralensis und tragecanthoides und viele gemeine Pflanzen kamen noch vorher in völligen Flor und beblümten alle Höhen auf das anmutigste. Noch vor Ausgang des Aprils blühten auch die wilden Apfelbäume, welche um Samara fast das gemeinste Strauchwerk sind, ingleichen der kleine Erbsenbaum und der Strauchklee (Cytisus hirsutus), der alle feuchte Stellen der Steppe einzunehmen pflegt und hier Beljäk, so wie der Erbsenbaum Tschiliga oder Tscheleswik, genannt wird.

Die Zugvögel stellten sich noch viel früher ein. Den 19ten und 20sten März (1769) sah man schon wilde Schwäne und Gänse ziehen, den 25sten aber waren schon auf den offnen Stellen des Wassers allerlei Enten im Überfluß. Der Kybit* kam erst den 26sten gezogen, und noch vor Ausgang des Märzen stellte sich alles Wasserwild ein. Ich habe durchgängig bemerkt, daß dieses Geflügel in hiesiger Gegend, wie durch ganz Europa, von Westen und Nordwesten her angezogen ist. Hingegen die Kropfgänse (Onocrotalus)*, Störche (deren man hier auch die weiße Art sieht und Sterchi nennt) und Kraniche kommen, nebst den Landvögeln, aus den südlichen Gegenden herbeigeflogen. Die ersten unter den Landvögeln waren schon mitten im März die Kornkrähen, mit Ausgang des Märzen aber die wilden Tauben, Stare und Schneelerchen (Alauda alpestris)*, welche im ersten Frühling sich allhier flugweise fast so häufig als Sperlinge zeigen. Und endlich nach diesen die gleichfalls sehr gemeinen Wiedehopfe. Um eben die Zeit kamen auch auf allen Stellen, die nur vom Schnee entblößt waren, die Zieselmäuse (Citellus) oder Susliks, welche hier, wie ich schon gesagt habe, ein ganz verschiedenes Ansehen haben, in Menge hervor und paarten sich. Die Insekten wurden erst mit den Blumen sichtbar; die obgedachten Küchenschellen und Weidenblüten waren die erste Nahrung der wilden und zahmen Bienen. Die Insekten, welche sich mit diesen zuerst zeigten, waren Papilio rhamni*, cardui, Daplidice und Sinapis, Cicindela hybrida und campestris. Des warmen Wetters und der häufigen Insekten aber ungeachtet waren vor dem 16ten April noch keine Schwalben zu sehen und fingen erst von diesem Tage an, sich mit den Immenvögeln (Meropes)* zugleich einzustellen. Ein Beweis, daß selbige mit unter die Zugvögel gehören, weil sie sich sonst wenigstens so früh als die Erdtiere gezeigt haben würden. Überhaupt weiß man auch in Rußland von der Fabel des gewöhnlichen Überwinterns der Schwalben im Wasser nichts, obgleich wohl nirgends in der Welt mehr gefischt und mit Netzen, sowohl unter dem Eise als im Frühling, wenn das Wasser aufgeht, gezogen wird. Die gemeiniglich einfallenden Herbstfröste vertreiben in diesen Gegenden alle Schwalben frühzeitig, da es hingegen in dem mildern Europa leicht sein kann, daß sich einige dieser Tiere verspäten und durch den Zufall ins Wasser oder eine Erdhöhle geraten, aus welcher sie sich herauszuhelfen und einen weiten Zug anzutreten bei einer feuchten und unfreundlichen Herbstwitterung zu ohnmächtig geworden sind.

Ehe ich weitergehe, muß ich der Stadt *Samara* selbst kurz Erwähnung tun. Der Ort ist größtenteils an das Ufer der Wolga hingebaut und nimmt den Winkel ein, welchen die nördliche Mündung der Samara mit der Wolga macht. Anfänglich wurde die Stadt durch eine hölzerne Festung verteidigt, da aber selbige im Jahr 1703 abbrannte, so ist 1704 an der östlichen Seite zwischen der Wolga und Samara auf einer flachen Anhöhe, die durch Defileen* gesichert ist, eine reguläre Erdfestung angelegt worden, welche noch jetzt zu sehen ist. Die Nahrung des Orts, welcher immer mehr und mehr in Aufnahme zu kommen scheint, ist teils die Viehzucht, teils der starke Handel, welchen die Einwohner mit frischen und gesalzenen Fischen und Kaviar treiben; weswegen sie sowohl zu Ausgang des Jahres als auch im Frühling, sobald das Eis aufgeht, karawanenweise durch die Steppe an den Jaik herüberreisen und den aufgekauften Vorrat an andre, aus den nördlichen und westlichen Gegenden bei ihnen sich einfindende Kaufleute überlassen. Wegen dieses Handels pflegt im Frühling über die Samara eine Brücke geschlagen zu werden, und es ist durch die Steppe ein gerader Weg nach dem Hauptstädtchen der Jaikischen Kosaken* mit Weghäusern (Umet oder Simowje) in

gewissem Abstande angelegt, auf welchen auch über die Motscha, den Irgis und andere Steppenbäche, die man zu passieren hat, Brücken unterhalten werden. Auch die Jaikischen Kosaken reisen am meisten auf diesem Wege nach Korn und zerstreuten sich von Samara aus in die fruchtbaren Gegenden längs dem Kimel, Sok, Tscheremschan und der Wolga. – Sonst haben auch einige samarische Einwohner eigne Fischereien auf der Wolga sowohl als in den Steppenflüssen Motscha und Irgis, welche sie unter das Stadtgebiet rechnen. Außer dem eignen Vieh wird auch mit kirgisischen und kalmückischen Schafen, Häuten und Talg hierdurch ein kleiner Handel getrieben. Von Gewerben aber hat man außer einigen Gerbereien und einer außer der Stadt angelegten sehr mäßigen Juften- und Seidenfabrik nichts. Man muß übrigens anmerken, daß der bürgerliche Teil der Einwohner zwar unter ein von Kasan abhängendes Kommissariat gehört, die samarischen Kosaken aber zu dem orenburgischen Kommando gezählt werden, so wie auch der ehemalige Bezirk der Stadt fast völlig zum Orenburgischen geschlagen worden ist.
Im Winter ist Samara der Sammelplatz der kasimowschen handelnden Tataren, welche mit den am Jaik von den Kirgisen* und Kalmücken* eingetauschten Lämmerfellen (Merluschki) sich hierher begeben, selbige sortieren, durch die sich bei der Stadt einfindenden christlichen Kalmücken gerben und in Pelze (Tulupen) zusammennähen lassen, ehe sie solche nach Moskau und andern Orten verführen. Der größte Teil der feinen Lämmerpelze, welche in Rußland Vertrieb haben, kommen unstreitig von hier, so wie auch die Pfoten der Lämmer allhier von den Kalmückenweibern, denen man sie mit zur Bezahlung anrechnet, erst in Riemen und danach in Pelze zusammengesetzt und wohlfeil verkauft zu werden pflegen. Um sich dabei ein wohlfeiles und feines Nähegarn zu verschaffen, zerren diese Weiber die Fäden von ellenweise zerschnittener russischer Leinwand los und nähen damit die gemeine Ware, da sie sonst für sich gespaltne Tiersehnen nehmen, welche viel dauerhafter sind.
Sobald die Wolga vom Eise befreit ist, sieht man ziemlich häufig Schiffe, die sowohl aus den obern Gegenden nach Astrachan als den Fluß herauf nach dem Innern des Russi-

schen Reichs gehen, hier vorbeifahren und öfters bei der Stadt anlegen. Die von oben herab kommenden Schiffe führen größtenteils Bau- und andres Holz, hölzerne und sogar irdene Geschirre, Eisenwerk, ausländische Waren und allerlei Getreide. Dagegen kommen aus den untern Gegenden der Wolga, wenn man die nach allen obern Städten und Magazinen mit dem Eltonischen Salze* bestimmten Fahrzeuge ausnimmt, nur wenige mit astrachanischen Waren, Häuten, Talg und dergleichen geladne vorbei.
Die Gegend nahe um Samara ist eine hohe, ziemlich flache Steppe, welche sich nach und nach zu Hügeln erhebt. Nach dem Samarafluß ist dieselbe mit tiefen Erdklüften durchschnitten, welche das zusammenlaufende Schneegewässer ausspült. Der Boden ist überall ein mit Sand und Steinen vermischter Lehm, gegen die Wolga aber mehr sandig. In den Schneegerinnen und an den Ufern findet man viele Kiesel- und Feuersteine, worunter sich rotbunte, geflammte und mit feinen, gleichsam gefrornen Figuren bezeichnete Agate zeigen, deren vor gar nicht langer Zeit eine Menge für die katharinenburgische Steinschleiferei ist aufgelesen worden. In der Anhöhe, welche vier bis fünf Werste von der Stadt an der Samara herauf liegt, findet man unter der schwarzen Erdlage zuerst einen weißgrauen, etwas staubigen, darauf einen kreideartigen Mergel, und unter diesem folgt ein mürber, gleichsam kandierter Gipsstein, welcher je tiefer, je fester wird. Man sieht auch hier in dem Gips ansehnliche Flagen von ordentlichem Agat liegen, welcher artig gezeichnet ist. Der ganze Hügel, welcher überhaupt eine Menge schöner Pflanzen hervorbringt, ist voll tiefer und weiter Gruben, welche durch Erdfälle entstanden sind und dergleichen sich noch jetzt ereignen. Vermutlich schlemmt das Schneewasser, welches sich an manchen Orten einen unterirdischen Abfluß macht, nach und nach gewisse Strecken von weichen Erdarten, die sich zwischen den Gipsarten des Berges befinden, mit sich fort, bis endlich die unterwaschene Erdrinde einstürzt. Solche Stellen und Gruben sind mit vermischtem Gebüsch auf das angenehmste bewachsen. – Wenn man sich von Samara auf 15 bis 20 Werste entfernt, so findet man überall eine hohe Steppe mit schwarzem Boden vor sich, auf welcher das Kraut oft fast mannshoch wächst und im Frühling abge-

brannt werden muß. An solchen Orten haben die samarischen Kosaken ihre Viehhöfe oder Chutori, wie man es nennt.

Alle an der Samara herauf liegende und deren bergiges Ufer ausmachende Hügel haben eine so glückliche Lage und zum Teil ein so geschicktes Erdreich, daß man zu Versuchen im Weinbau nirgends eine vorteilhaftere Gegend im Russischen Reich finden kann. Und es würde an einem guten Erfolg nicht fehlen, wenn dergleichen Versuche durch erfahrne Winzer mit den für einen etwas lehmigen Boden geschickten Arten von Reben gemacht würden. Man könnte dieser Orten viele andere nützliche Gewächse, die ein warmes Klima erfordern und in den südlichen Teilen von Europa fortkommen, mit Nutzen kultivieren. Allein bisher hat man sich, außer den gemeinen Wassermelonen oder Arbusen und dem spanischen Pfeffer, noch auf keine Kultur gelegt. Die Arbusengärten (Bachtschy) werden von den samarischen Einwohnern häufig in der Steppe auf beiden Seiten der Samara angelegt. Man gibt sich kaum die Mühe, ein Stück Land recht zu umzäunen, man pflügt es auf, steckt die Kerne und sorgt weiter nicht dafür, als daß man es bei trockner Witterung bewässert, und wenn die Frucht reift, die Gärten durch Kinder bewachen läßt. Weil man die Wassermelonen in solcher Menge hat, so pflegt man sie wie Gurken einzusalzen; allein ich glaube nicht, etwas Ekelhafteres je geschmeckt zu haben. Andere kochen davon eine Art von Mus, welches sehr süß sein soll, aber nicht allezeit gerät.

Den spanischen Pfeffer, welcher in Astrachan häufiger gebaut und unter dem Namen von Schotenpfeffer (Strutschkowoi Perez) oder rotem Senf (Krasnaja Gortschiza) verkauft wird, säet man, wie es in Rußland mit dem Kohl gebräuchlich ist, in platten, auf Pfähle gesetzten Kästen; mit Anfang des Junius aber setzt man die jungen Pflanzen in zugerichtete Gartenbeete reihenweise auseinander und bewässert sie, bis sie Kräfte genug bekommen haben. Es geschieht sehr selten, daß die Frucht durch einen frühzeitigen Frost am Reifen gehindert wird. Die reifen Schoten werden im Ofen getrocknet, in hölzernen Mörseln gepulvert und das Pud zu 2 Rubeln und noch wohl darunter als eine bei dem gemeinen Volk bekannte Würze verkauft. – Viele dieser Pfefferpflanzungen sowohl als Arbusengärten legt man mit Ausgang des Junius erst in den Niederungen, welche das hohe Wasser verläßt, an, woselbst die Frucht fast ebenso zeitig reift. – Man hat um Samara auch angefangen, Apfelgärten zu pflanzen, welche um Simbirsk und Sysran mit gutem Erfolg und Nutzen kultiviert werden, allein die Vermehrung der Raupen und andern Ungeziefers ist hier so groß, daß man in diesem Teil des Gartenbaues nicht glücklich sein kann.

Indessen hat man an wildem Obst eine Menge von Apfelbäumen, wilde Mandelsträucher (Amygdalus nana) und ziemlich hoch strauchende wilde Kirschen (Cerasus pumila) von einem sehr gewürzhaften Geschmack. Der daraus gepreßte Saft, welcher überaus wohlfeil verkauft wird, hält sich in Eiskellern oft zwei Jahre lang und gibt ein angenehmes Sommergetränk ab. Man hat versucht, selbigen gleich mit offnem Wasser nach Moskau zu verführen, und der Versuch ist wohl gelungen. Läßt man diesen Saft gären, so bekommt man einen vortrefflichen, gewürzhaften Essig daraus, und es versteht sich ohnehin, daß er frisch, mit starken Getränken versetzt, dem besten Kirschsaft nichts nachgibt. Diese Kirschensträucher sowohl als die Mandelsträucher sind zu schönen Gartenhecken wegen ihrer frühen und schönen Blüten vortrefflich, und zu lebendigen Zäunen kann man keinen geschicktern Baum als den wilden Apfelbaum finden, welcher gleichsam von der Natur dazu gebildet ist. – Sonst gibt es noch von merkwürdigen und zur Zierde der nördlichern Gärten vortrefflichen Sträuchern in großem Überfluß den russischen Ahorn (Acer tataricum) oder Neklen, den kleinen Erbsenbaum (Robinia frutescens), die Spiraea crenata* oder Tawolga, den Strauchklee und die Lonicera tatarica*.

Außer den oben schon erwähnten schönen Frühlingspflanzen bringen die Höhen um Samara noch viele andre seltne und merkwürdige Kräuter hervor, welche den Mai und Junius hindurch nachmals blühend beobachtet worden sind. Die anmerklichsten darunter sind: Onosma echioides* und simplicissima, Dianthus prolifer, Clematis recta, welche hier nur vierblättrig zu blühen pflegt, Euphorbia segetalis; Salvia nemorosa und nutans, Phlomis tuberosa und Herba venti, Dracocephalum thymiflorum und sibiricum, Nepeta violacea; Hedysarum onobrychis, Astragalus pilosus, grandiflorus, contortuplicatus, Centaurea moschata und sibirica, Carduus cyanoides, Inula hirta und odorata. Unter diesen Pflanzen ist keine so bekannt als die Onosma echioides, welche eine lange, von außen mit einer schönen blutroten Farbe gleichsam übertünchte Wurzel hat. Diese Wurzeln werden von den jungen Dirnen gesammelt, mit Öl bestrichen und also zur Schminke gebraucht, weshalb sie auch von dem russischen Volk Rumjaniza, von den Tataren aber Krschah genannt wird.

Es wächst auch auf dem niedrigen Ufer der Samara zwischen den Steinen eine Art wilder Röte (Rubia peregrina) häufig; sie hat aber dünne Wurzeln, welche zum Färben gar nicht zu taugen scheinen; weshalb das hiesige Landvolk zum Rotfärben bloß die Wurzeln der Asperula tinctoria sammelt. In einiger Entfernung von der Stadt findet man auf den Niederungen der Samara auch das Süßholz mit rauhen Schoten (Glicirrhiza hirsuta) und sammelt dessen Wurzeln als ein Hausmittel. – Den wilden Spargel gibt es auch um Samara wie überhaupt an der Wolga häufig, aber nur selten von der Dicke eines kleinen Fingers. Der beste und eßbarste ist derjenige, welchen man in der Niederung, nachdem sich das hohe Wasser zurückgezogen hat, sammelt; allein die hiesigen Einwohner kennen dieses Naturgeschenk noch nicht oder bekümmern sich nicht darum.

Unter den merkwürdigen Tieren der samarischen Gegend verdient die Schlafratte (Sciurus glis)*, welche man in Welschland für die Tafeln mästet, erwähnt zu werden. Ich habe selbige in den Felsenhöhlen der östlichen Berge angetroffen, und sie ist auch den Einwohnern unter dem Namen Semljanaja Bjelka (Erdeichhorn) bekannt. Ich habe öfters versucht, dieses sowohl als andre Tiere, welche des Winters schlafen, wie z. B. den gemeinen Igel und die Zieselratten, auch bei Sommerszeit in Eiskellern einzuschläfern, und es ist vollkommen wohl angegangen, so daß diese Tiere in einigen Tagen ganz unempfindlich geworden sind.

Von allen hiesigen kleinen Steppentieren das artigste und besonderste ist eine Art Zwerghasen*, die nicht größer wie eine Ratte sind und doch alle Kennzeichen, auch beinahe die Farbe gemeiner Hasen, aber kürzere, runde Ohren ha-

ben. Dieses kleine Tier wohnt einzeln in buschigen und kräuterreichen Gründen, wo es sich ziemlich tiefe Löcher mit einem oder mehreren Zugängen gräbt und den ganzen Tag darin versteckt hält. In der Dämmerung geht es seiner Nahrung nach und lockt des Abends und bei Aufgang der Sonne mit einer lauten, dem Wachtelton fast ähnlichen Stimme, welche man einige Werste weit hört. Ich habe es an beiden Seiten der Wolga, an der ganzen Samara herauf, am Kinel und am Jaik überall, bis da, wo die salzige Steppe angeht, bemerkt. Wenige Landleute kennen es und wissen, von was für einem Tier die Lockstimme ist, welche man bei einbrechender Nacht in diesen Gegenden so häufig hört. Einige legen demselben von dieser Stimme den Namen Tschokuschka bei, die Tataren aber nennen es Sulgan. Es wirft zu Ausgang des Maimonats vier bis sechs Junge, welche in den ersten Tagen blind und kahl, aber schon ziemlich groß sind und geschwind zunehmen. Im Winter macht es unter dem Schnee kleine Laufgräben auf dem Rasen, um seine Nahrung zu suchen. Im Sommer aber ist sein liebstes Futter das Laub vom Strauchklee und saftige Pflanzen. Gleichwohl ist dessen Mist sehr trocken und sieht wie Schrot oder Pfefferkörner aus; man hat auch daran das beste Zeichen, um die Höhle dieses Tieres zu finden, weil es denselben an gewissen Stellen, nicht weit von seiner Wohnung, beisammen abzulegen pflegt.
Auch die Bisamratten (Sorex moschatus) sind an der Samara in den Seen der Niederung gemein. Je höher aber an diesem Flusse herauf, desto seltener werden sie, und am Jaik findet man sie gar nicht mehr, obwohl längs der Wolga nördlich bis an die Oka herauf kein gemeineres Tier ist. Die Bisamratte wird am meisten im Herbst und Frühling in den Fischreusen und Stellnetzen gefangen und gemeiniglich erstickt gefunden, obwohl sie sonst, lange unter Wasser auszuhalten, nach den innern Teilen geschickt ist. Seine Höhlen macht dieses Tier in die hohen Ufer der Seen unter Wasser, doch so, daß selbige schräg aufwärts gehen und das Nest im Trocknen bleibt. Im Winter hat es also keine andre Luft als die unterirdische in seiner Höhle. Hingegen sieht man es, sobald das Eis vergangen, fleißig auf die Oberfläche des Wassers kommen und an der Sonne spielen. Die gemeine Sage ist, daß dieses Tier, sobald es aus seinem Ele-

ment genommen ist, sterbe; ich habe es aber in Samara bei der größten Hitze einigemal mehrere Tage nacheinander in engen Gefäßen lebendig bei mir gehabt. Es nährt sich bloß von Würmern und besonders Blutegeln, welche es aus dem Schlamm mit unglaublicher Geschwindigkeit aufwühlt. Und dazu ist dessen sehr empfindlicher und nervenreicher Rüssel, welcher alle ersinnlichen Bewegungen macht, überaus geschickt. Es ist dieses auch das beste Organ dieses Tieres, denn seine Augen sind noch kleiner als bei dem Maulwurf, und die Ohrenlöcher sind mit Haaren verwachsen. Man hört es oft mit den Lippen wie eine Ente im Wasser schnattern, wobei es den Rüssel in den Mund nimmt. Wenn es aber gereizt wird, so läßt es eine geringe quitternde Stimme, wie eine Maus, von sich hören und beißt gefährlich. Die Eingeweide desselben haben, auch wenn sie frisch, einen strengen Schwefelgeruch. Der Moschusgestank aber, welchen die Materie der unter der schuppigen Haut des Schwanzes gelegnen Drüsen mitteilt, ist weit durchdringender und unvergänglicher als der vom besten Moschus selbst.

Man kann leicht denken, daß es in einer so warmen und trocknen Gegend wie der samarischen von allerlei Ungeziefer wimmeln müsse. Gemeine grüne und graue Eidechsen sind in solchem Überfluß, daß man keinen Strauch berühren kann, ohne ein solches Tierchen aufzuscheuchen, und zwischen dem hohen Grase sieht man überall ihre Höhlen, welche zwei Öffnungen zu haben pflegen. Die gemeine Viper (Col. berus)* und die Otter (Natrix) sind nicht weniger zahlreich, und bei den Mistgeschütten findet man noch eine besondere Art schwarzer giftiger Schlangen (Coluber melanis).

Unter den hier beobachteten Insekten ist das merkwürdigste eine ungeheure Art von Taranteln, welche es auch in allen südlichern Gegenden längs der Wolga und dem Jaik gibt. Um Samara ist dieselbe außerordentlich häufig. Man sah ihre Löcher auf den lehmigen Feldern und in den Regengerinnen, sobald nur der Schnee weggeschmolzen war. Sie stecken oft bis zwei Fuß tief in der Erde und graben sich diese Höhlen selbst fast ganz senkrecht in den festen Grund. Aus selbigem kommen sie nur des Nachts hervor, ihre Beute zu suchen. Ich finde selbige von der berühmten

Italienischen Tarantel, sovicl ich mir deren Gestalt und Farbe erinnern kann, im geringsten nicht verschieden, und an Größe übertreffen sie selbige öfters, so daß sie ihre Höhlen, in deren viele man ganz gemächlich den Daumen stekken kann, völlig ausfüllt. Ungeachtet dieser Ähnlichkeit mit der Tarentinischen Spinne weiß man in allen diesen südlichen und sehr heißen Gegenden von keinen schädlichen Bissen derselben. Und doch wird dieses Insekt von den Bauernkindern oft zur Lust ausgegraben, um sich mit den Fäden, welche man aus demselben ziehen kann, die Zeit zu vertreiben, da es denn nicht selten geschieht, daß sie von ihnen ziemlich schmerzhaft gebissen werden. Ich selbst bin davon gezwickt worden, und einen Kosaken, welchen ich zum Fangen und Ausgraben verschiedener Tiere gebrauchte, haben die Spinnen bis aufs Blut gebissen, wovon er zwar einige Tage eine schmerzhafte Geschwulst, aber übrigens keine gefährlichen Folgen erlitten hat. (...)

Zu den Denkwürdigkeiten der samarischen Gegend, welche ich hier zusammengefaßt habe, will ich noch hinzufügen, daß in dem Flusse Irgis der Kalmückischen Steppe, an welchem die samarischen Einwohner des Sommers Fischerei treiben, unterweilen Gebeine von Elefanten und großen Büffeln mit ausgefischt oder auch an den Ufern angetroffen werden. Ich habe unter anderem einen Kern oder Knochen eines ungeheuren Büffelhorns daher bekommen, welcher ohne die abgebrochene Spitze und das Grundstück über 6 Pfund wog und im größten Durchmesser über vier Pariser Zolle ($2^1/_2$ Werschok)* betrug. (...)

(4. Mai 1769) Fast auf dem halben Wege nach *Petscherskaja Sloboda* und schon auf den Feldern dieses Dorfes sieht man auch noch, zwischen Defileen, die Spur einer alten Verschanzung. Von diesem weitläufigen und durch eine weite Kluft geteilten Dorfe aber fangen die Höhlen und Grotten des Wolgaufers recht häufig und merkwürdig an zu werden, so daß auch die Benennung des Orts dadurch veranlasset worden. Ich habe den ganzen Teil des Ufers von hier bis Kostytschi im Dezember dieses Jahres auf der zugefrornen Wolga zu besichtigen Gelegenheit gehabt. Bei Petscherskaja sind zwar einige mäßige Grotten und Felsenklüfte im Ufer vorhanden, selbige aber sind mit den häufigen und vielstaltigen Höhlen, welche man gegen Kostytschi antrifft,

nicht zu vergleichen. Die ganze übrige Strecke ist abwechselnd halb mit Erde bedeckt und etwas buschig, bald eine ganz kahle Felsenwand; und diese Abwechslung scheint von gewissen vorspringenden Ecken des Kalkgebirges herzurühren, um welche sich der Fluß krümmt und mit starker Gewalt den Felsen entblößt hat. – Man findet übrigens das Gestein schon bei Petscherskaja mit einer schwarzen gagatischen* Materie adernweise durchflossen oder auch durchdrungen an. Der Landweg auf Kastytschi geht über kahle steppige Hügel, auf deren Höhe die Bauern von Petscherskaja ihren Acker haben. Hier und auf dieser ganzen Frühlingsreise sah ich den Landmann mit der Sommersaat beschäftigt. Einem Ausländer kommt es befremdend vor, den Landbau nach der hiesigen Art verrichten zu sehen. Der Bauer sät seinen Hafer, Hirse und Roggen auf den wilden Brachacker, der ungedüngt schon fruchtbar genug ist, aus, als wenn er die Vögel des Himmels füttern wollte; darauf nimmt er erst den Pflug oder Haken (Socha) zur Hand und reißt den Boden damit auf, ein zweites Pferd aber, welches ihm ohne Treiber mit der Egge folgt, beschließt die ganze Arbeit. Und so wird ein Acker nach dem andern von einem einzigen Menschen und mit zwei Pferden so gut wie durch viele neumodische Sämaschinen zugleich gepflügt, besät und geeggt. Um den Weizen und Spelz allein bemüht man sich etwas mehr, weil es die Festtagsspeise ist, oder vielmehr, weil diese Arten sonst nicht gedeihen würden. Wo die Äcker von dem Dorfe fern sind, da nimmt der Bauer die nötigste Speise mit und bleibt auf dem Felde so lange Tag und Nacht, bis aller Acker bestellt ist oder der Sonntag ihn nach Hause bringt. (...)

Ich kam noch den 30sten Mai (1769) nach Samara zurück. Man konnte jetzt an den Merkmalen, welche das hohe Wasser an den Weiden, womit die niedrigen Inseln bewachsen sind, zurückläßt, deutlich sehen, daß die Wolga schon über 2 Arschinen gefallen war, und in den ersten Wochen des Junius nahm das Wasser noch mehr ab, so daß den 14ten die Samara schon in ihren Ufern stand. Von einem solchen Wassermangel, welcher eine natürliche Folge des geringen Schneefalls in verwichenem Winter und der allgemeinen Dürre des heurigen Frühlings war, wußte man sich in diesen Gegenden kein Beispiel zu erinnern. Denn gemeiniglich pflegt dic Wolga erst zu Ausgang des Junius zu fallen, in diesem Jahr aber hatte der Fluß auch nicht einmal die gewöhnliche Höhe erreicht.

Die vom Wasser entblößten sandigen Inseln des Flusses fingen nunmehr auch an, sich mit Blumen zu schmücken, und zeigten mehrenteils die bei der Oka erwähnten Pflanzen, worunter auch Dianthus glaucus sehr häufig blühte. – Vor dem fliegenden Ungeziefer war jetzt sowohl in der Stadt als auf dem Felde, besonders an feuchten Orten und in Gebüschen, kaum mehr zu bleiben. Darunter taten sich besonders als Plagen der Menschen und des Viehes die allhier ungeheuer großen Bremsen (Tabanus tarandinus, bovinus, occidentalis), die gemeinen Mücken und eine Art kleiner, brauner Fliegen hervor, welche die Luft fast erfüllen, sich überall auf das verwegenste ansetzen, mit ihrem stumpfen Rüssel die Haut verwunden und einen blutigen Punkt zurücklassen (Bibio sanguinarius). Man belegt dieses kleine Ungeziefer, welches aus dem Schlamm und Unrat seinen Ursprung hat, mit dem Namen Moskara und hat kein andres Mittel, um das Gesicht dawider zu schützen, als weitläufige, wie eine Mütze gestrickte Netze, welche man mit Birkenöl eintränkt und über den ganzen Kopf zieht, da dann der starke Geruch des Juftenöls hinreichend ist, sowohl diese Fliegen als die Mücken abzuhalten, wenngleich unzählige Schwärme davon die Luft erfüllen. Mit solchen Netzen versieht sich zu dieser Zeit ein jeder, der über Feld zu gehen hat; das Mittel ist aber an sich selbst ziemlich unangenehm. Das beste ist noch dabei, daß der Biß dieser Fliege nicht schmerzhaft ist. Bei dem Vieh und den Vögeln setzt sich dieselbe zwischen die Haare oder Federn fest und läuft wie eine Laus herum. Diese Plage währt bis in die Mitte des Junius. Alsdann verschwindet die Moskara gänzlich; an deren Statt aber wimmelt es überall, besonders gegen den Abend, von kleinen, fast unsichtbaren Schnaken (Tipula solstitialis), welche zwar nicht zu stechen pflegen, aber in solcher Menge vorhanden sind, daß man nicht einen Augenblick stillstehen kann, ohne Mund, Nase und Augen davon voll zu bekommen. Dieses Insekt unterscheidet man mit dem Namen Kochra und hält es ebenfalls mit weitläufigen Netzen ab, die aber statt Birkenteers mit Schweinsfett eingesalbt werden müssen. (...)

(24. Julius 1769) *Jaizkoi Gorodok** ist der Hauptort der Jaikischen Kosaken und liegt (nach den daselbst bei meiner Anwesenheit von dem Herrn Leutnant Euler* angestellten Beobachtungen) unter dem 51°.10°.46′. nördlicher Breite an einem alten Flußbette (Stariza) des nunmehr einen östlicheren und geraderen Lauf nehmenden Jaik, etwas oberhalb der Mündung des Tschaganflusses, welcher hart an der Stadt vorbei zum Jaik fließt. Die Gegend um die Stadt ist hoch und ziemlich eben, außer daß die Steppe an der westlichen Seite mit Gründen und Hügeln ungleich wird, welche von den Kosaken Tschastye Otrogi genannt werden und der äußerste Teil des immer mehr sich westlich entfernenden Steppengebirges sind. Die Stadt ist sehr unregelmäßig, fast in Gestalt eines halben Mondes hauptsächlich längs der obgedachten Stariza hingebaut. Vom Jaik bis an den Tschagan herum ist sie mit einer irregulären Brustwehr, die mit Faschinen* gefüttert und mit Artillerie versehen ist, und einem Graben befestigt, an der Wasserseite aber offen, weil die hohen Ufer der Stariza, des Jaik und des Tschaganflusses Sicherheit genug verschaffen. Die Zahl der hölzernen Wohnhäuser, welche größtenteils nach alter russischer Art, jedoch ansehnlich und geraum erbaut sind, beläuft sich auf ungefähr dreitausend, und diese sind in unordentliche und größtenteils sehr enge Straßen verteilt und sehr dicht zusammen gebaut. Jedoch ist die Hauptstraße oder Perspektiw, welche von der orenburgischen Seite anfängt und bis an den Tschagan durch die ganze Stadt geht, zwar ebenfalls sehr krumm und unregelmäßig, aber doch geräumig und mit den besten Gebäuden verziert. An derselben liegt mit einer guten steinernen Kirche der Markt, wo allerlei Lebensmittel und Kleinigkeiten in Überfluß verkauft werden. Weiterhin, gegen die ebenfalls von Stein wohlgebaute Hauptkirche, ist eine Menge von Kramläden unter den Häusern angelegt, in welchen die fremden Kaufleute eine Menge guter Waren feilbieten. Noch höher folgt an eben dieser Straße die sogenannte tatarische Slobode, wo die Kosaken dieser Nation beisammen wohnen und eine hölzerne weiß getünchte Metsched oder Bethaus haben. Es befindet sich auch eine dritte hölzerne Kirche auf der Hauptstraße, außer welcher die Stadt zwei hölzerne Kapellen (Tschassowny) hat, welche aber alle wenig geziert sind und von

den Kosaken wie Altgläubigen (Starowjerzi), die ihre Andacht mehrenteils zu Hause halten, wenig besucht werden; sogar daß sie auch an hohen Festen gemeiniglich während der Liturgie um die Kirchen her zu sitzen oder auf den Knien zu liegen pflegen, ohne in die Kirche selbst zu kommen. Man hat es auch vermutlich diesem Vorurteil zuzuschreiben, daß diejenige steinerne Kirche, welche man seit dem vor mehr als zwanzig Jahren erlittenen großen Brand zu bauen angefangen hat, noch immer unvollendet bleibt.

Die Stadt ist übrigens sehr volkreich. Außer der großen Anzahl von fremden Kaufleuten, die sich zu allen Zeiten daselbst aufhalten, und einer noch größern Menge von Mietlingen* und Arbeitern, welche ihren Unterhalt daselbst finden, rechnet man, daß die Kosaken selbst gegen fünfzehntausend Seelen ausmachen, worunter man jetzt viertausendundzweihundert Mann an wehrhafter und zum Dienst eingezeichneter Mannschaft zählte, die zur Armee kommandierten und an der Linie dienenden nämlich mitgerechnet. Unter dieser Zahl nun befindet sich eine ziemliche Menge mohammedanischer Tataren, unbekehrter Kalmükken und sogenannter Kysilbaschen, welche teils turkmenischer, teils persischer Abkunft sind und sich hauptsächlich auf die Kultur der Melonengärten wohl verstehen. Alle, die sich von diesen Nationen nach und nach zum christlichen Glauben bekehrt haben, werden mit dem allgemeinen Namen Baldyri belegt. Es sind darunter von den Kalmücken nicht wenige, welche der Horde, von der sie sich abgesondert haben, nicht wieder überliefert zu werden, zur christlichen Kirche übergetreten sind.

Weil die Jaikischen Kosaken sich in einer völlig wüsten Gegend angebaut haben, so kann man ihrem Gebiet schwerlich eine genaue Grenze setzen. – Auf der linken, von Kirgisen bewohnten Seite des Jaik dürfen sie sich nichts mehr als die Niederung, wegen der Heuschläge, anmaßen. Auf der westlichen Seite rechnen sie die Steppe, von Jaizkoi Gorodok bis zum Kaspischen Meere, so weit zu ihrem Eigentum, als man den Fluß nur sehen kann, und diese bescheidene Anmaßung werden ihnen die ordinzischen Kalmükken, welche auf dieser Seite ihre Nachbarn sind, wohl niemals streitig machen. Die Hauptsache, worauf es den

Kosaken am meisten ankommt, ist der Fluß selbst nebst den Fischereien darauf; und hierüber sind sie völlig Meister. (...)

(1. August 1769) Es ist überflüssig, die Geschichte von der ersten Ankunft der alten Jaikischen Kosaken in diesen Gegenden und ihren ersten Begebenheiten anzuführen, da selbige in der „Orenburgischen Topographie"* so schön und ausführlich vorgetragen worden. Ich will mich aber noch bei ihrem jetzigen Zustand etwas aufhalten. – Wie in der Regierungsform also sind die Jaikischen Kosaken auch in der Lebensart frei und ungezwungen. Das junge Volk ergötzt sich fast mit beständigen Lustbarkeiten, und viele Kosaken sind dem Trunk und Müßiggang nicht wenig ergeben. Das Weibsvolk läßt es auch seinerseits an Ergötzlichkeiten nicht fehlen und scheint zur Liebe sowohl als zum Putz nicht wenig geneigt. Ihre Tracht ist von der gemeinen russischen fast in nichts als in den bunten und hohen Farben der Hemden, welche sie lieben, und in der Form der Weibermützen, die von der Stirn geradeauf gehen, gemeiniglich reich gestickt, oben aber rund und platt sind, unterschieden. Die Männer bedienen sich der gewöhnlichen kosakischen oder polnischen Kleidung. – Man findet jetzt unter ihnen Leute von Kenntnis und guten Sitten, und überhaupt trifft man am Jaik ein gesittetes Wesen und eine Reinlichkeit an, welche von dem Wohlvermögen dieses Volkes und vielen Umgang mit fremden Handelsleuten natürliche Folgen sind. Ehedem waren sie nicht so zivilisiert, sondern hatten vielmehr verschiedne, recht saporogische Gewohnheiten unter sich. So konnte zum Ex. bei ihnen ein Gläubiger seinen Schuldner mit einem Strick am linken Arm fangen und denselben so lange herumführen und mißhandeln, bis er sich durch Almosen oder Freunde zu lösen vermochte. Es war hierbei der besondere Umstand, daß, wenn der Schuldige aus Versehen am rechten Arm, welcher das gewöhnliche Zeichen des Kreuzes zu machen dient, gebunden wurde, der Gläubiger selbst straffällig und seiner Forderung verlustig gehalten war. Es soll vormals auch nicht ungewöhnlich gewesen sein, daß sie ihre Weiber, wenn sie ihnen nicht länger anstunden, in der öffentlichen Versammlung um eine Kleinigkeit verkauften und dergleichen.

An allen hohen Kirchen- und Kronsfesten ist es gewöhnlich, daß sich das Volk nach dem Gottesdienst bei der Kanzlei versammelt und mit einigen Eimern Branntwein und auf Baumrinden vorgelegten Fischen und Brot bewirtet wird. In der Kanzlei werden die Regalien weggenommen und die Tafel mit allerlei starkem Getränk, trocknen Fischen, Rogen oder Kaviar und Brot besetzt, da dann von dem Ataman* und den Starschinen* unter Abfeurung des Geschützes die hohen Gesundheiten ausgebracht und zuletzt auf das Wohlergehen der Regierung und des ganzen Kosakenvolkes herumgetrunken wird.

Zu vielen Ergötzlichkeiten unter dem jungen Volk geben die Freiereien und Hochzeiten Anlaß, welche wegen verschiedner besondrer Umstände erwähnt zu werden verdienen. Es ist gewöhnlich, daß sich bei verlobten Mädchen von dem Tage der mit vielen lächerlichen Umständen begleiteten, feierlichen Verlobung an bis zum Hochzeitstage, oft zwanzig Wochen nacheinander, alle Abend die bekannten Mädchen versammeln und sich durch Singen, Tanzen und so weiter mit den jungen Leuten belustigen. Es darf sich auch in dieser Zeit der Bräutigam in der Stille schon die Freiheiten eines Ehemannes bei der Braut herausnehmen. – Gegen den Hochzeitstag muß derselbe seiner Braut einen vollen Anzug von Weibskleidern zum Geschenk bringen, wogegen ihm von der Braut Mütze, Stiefel, Hemd und Beinkleider verehrt werden. Nach geschehener Einsegnung fährt die Braut aus der Kirche auf einem offnen Wagen (Telega) nach Hause; hinter ihr aber sitzen ihre Mutter und die Freiwerberin (Swacha), welche auf allen Fingern Ringe haben muß, und beide breiten auf den Seiten Tücher aus, um das Gesicht der Braut vor den Zuschauern zu verbergen. Vor dem Wagen geht der Bräutigam mit seinem Vater und Gefreunden zu Fuß; hinter dem Wagen aber reiten verschiedene, worunter einer ein buntgestreiftes Stück Zeug (Plachta), wie diejenigen, welche das tscherkassische Weibsvolk anstatt des Unterrocks zu tragen pflegt, an einer langen Stange wie eine Fahne wehen läßt; welches um desto sonderbarer scheint, da diese Plachta von dem hiesigen Weibsvolk nicht getragen werden. Übrigens wird von den Freunden das Hochzeitsfest mit Trinken, Tanzen, Singen und so weiter größtenteils auf der Straße begangen. Die tatarischen Tänze sind dabei sehr gewöhnlich, und man sieht viele junge Leute die unzählig abgewechselten Bewegungen bei diesen Tänzen mit einer bewunderungswürdigen Fertigkeit und Stärke der Gliedmaßen ausführen, wie sie sich denn von Kindheit an zu allerlei starken Leibesübungen gewöhnen, worunter auch noch das Bogenschießen, worinnen sie, nächst dem Gebrauch des Feuergewehrs und der Lanze, keine geringe Geschicklichkeit zu haben pflegen, im Gebrauch sind.

Ich habe schon erwähnt, daß die längs dem Jaik mit kleinen Festungen und Vorposten angelegte Linie größtenteils von den Jaikischen Kosaken besetzt wird. Dazu werden außer den in Gurjew postierten hundert Kosaken jährlich eintausend Mann Freiwillige unter ihnen angenommen und damit um die Zeit des Dreikönigsfestes die vorjährigen Besatzungen abgewechselt. Sehr viele Kosaken haben sich jetzt in den kleinen Festungen und bei einigen Vorposten niedergelassen, bleiben beständig bei dem Dienst und treiben Viehzucht, weil sie den gewissen Sold, welchen sie, über den gewöhnlichen von der hohen Landesregierung jedem Jaikischen Kosaken ausgemachten Kriegssold und Proviant, von ihren Mitbrüdern genießen und dem ungewissen und mühseligen Gewinst bei der Fischerei, von welcher sie ausgeschlossen sind, vorziehen. Das übrige wird mit Leuten besetzt, welche entweder, um einen Rang zu erdienen, oder weil sie in der Fischerei unglücklich gewesen sind, auf ein Jahr oder länger in Sold treten. Zu jeder neuen Werbung werden die Freiwilligen bei öffentlicher Versammlung angenommen und mit ihnen der Sold, so wohlfeil als man kann und als es die Umstände dieser Leute geben, ausgemacht und die zur Bestreitung desselben überhaupt nötige Summe auf die zurückbleibenden Kosaken verteilt. Eben eine solche Werbung geschieht, wenn ein Kommando zur Armee beordert wird. Zu diesen Truppen werden alsdann die erforderlichen Anführer gewählt: und zwar pflegen an der Linie allezeit ein Ataman, der in Kulagina liegt, ein Kosakenobrister, welcher unter dem Ataman steht, und verschiedene Jessaule und Sotniken, welche die übrigen Posten kommandieren und sowohl Chorunschen als Desjatniken unter sich haben, ernannt zu werden.

Ich komme nunmehr auf die Nahrungsgeschäfte der Jaikischen Kosaken. Die nötigsten Handwerker, als Schuster,

Schmiede, Zimmerleute und dergleichen, haben sie unter sich und leiden nicht, daß dergleichen fremde Arbeiter unter ihnen ansässig werden. Mit allen Manufakturwaren aber, die bei ihnen nicht verfertigt werden, wird die Stadt durch unzählige des Fischhandels wegen häufig hierherreisende Kaufleute überflüssig versorgt. Einige unter den Kosakenweibern, besonders die tatarischen, verfertigen aus ungefärbten Kamelhaaren Kamelotte von allerlei Güte, die gemeinen zu einem sehr geringen Preis und sehr dauerhaft, auch viele von so ausbündiger Schönheit und Feinheit, daß sie den Brüsseler Kamelotten nichts nachgeben, ja sie unfehlbar übertreffen würden, wenn sie nicht den Fehler der russischen Leinwand hätten, daß sie nämlich in kleinen und ganz schmalen Stücken verfertigt werden. Man nennt dieses Zeug mit dem tatarischen Namen Armak, welcher von den Kirgisen herzukommen scheint, deren Weibsvolk auch eine grobe Art solcher Kamelotte verfertigt. – Da das Kamelhaar in diesen Gegenden zu einem so wohlfeilen Preis und von so vollkommener Güte zu bekommen ist, so wäre äußerst zu wünschen, daß diese Manufaktur angefrischt und die Leute ermuntert würden, breitere und große Stücken zu verarbeiten, welche überall Liebhaber genug finden müßten. Es könnte auch eine Menge von Kamelen am Jaik selbst gehalten werden, wenn das Haar derselben mehr genutzt und diese Zucht für die Jaikischen Kosaken vorteilhafter würde. Denn jetzt werden dergleichen nur wenige wegen des sparsamen Verkaufs dieser Tiere an die asiatischen Karawanen gezogen. Indessen schickt sich kein Tier besser für die hiesigen, mit stachligen und salzhaften Kräutern ganz bewachsenen Steppen, welche die angenehmsten Weiden der Kamele sind.

Die übrige Viehzucht ist schon jetzt unter den Kosaken das vorzüglichste Nebengeschäft; allein die Russen halten hauptsächlich nur Hornvieh und Pferde. Beide gedeihen in diesem warmen Landstrich vortrefflich, gelangen zu einer schönen Größe, und die Pferde geben an Mut, Stärke, ja wohl an Schönheit keinem russischen Pferde etwas nach. Dabei sind sie gewöhnt, sich nötigenfalls Sommer und Winter auf der Trift selbst zu ernähren und bekommen Heu und besseres Futter fast nur dann, wenn man sie nach Hause nimmt und zu schwerer Arbeit bei den Fischereien gebraucht. Man pflegt hier auch kein Pferd zu beschlagen, wodurch sie auf dem trocknen Boden einen schönen und harten Huf bekommen. Der Viehzucht wegen halten viele Kosaken an entfernten Orten der Steppe, wo gutes Futter ist, Viehhöfe oder sogenannte Chuteri. Ein Teil der Tataren, welche auch viel Wollenvieh halten, ziehen mit Filzgezelten herum; die Russen aber pflegen an den Orten, wo sie das Vieh des Nachts zusammentreiben, sich Hütten von Korbwerk (Baski) zu flechten, die von außen mit Lehm oder Kot beworfen werden. Es wird vom Jaik nicht wenig Vieh nach der Wolga und weiter vertrieben, auch eine Menge Talg und Häute nach den Städten, wo Gerbereien und Seifensiedereien stark im Schwange sind, als nach Kasan, Jaroslaw, Arsamas usw. abgelassen.

Noch ein Nebengeschäft, welchem hier viele nachhängen, ist die Jagd der Steppenfüchse, Korsaken*, Wölfe, Biber und wilden Schweine, wozu am meisten die ersten Wintermonate, wenn der günstige Schneefall ist, auf welchem man die Spuren dieser Tiere leicht verfolgt, und wenn auch kein wichtiger Fischfang vorfällt, gewidmet zu sein pflegen. –

Demnach ist die Hauptnahrung und Beschäftigung der Jaikischen Kosaken der Fischfang, und diesen findet man nirgends in Rußland durch Gewohnheitsgesetze so genau und so wohl eingeschränkt und angeordnet als hier. Es wird am Jaik in allem nur viermal des Jahres gefischt, und man kann darunter drei Fänge als die hauptsächlichsten annehmen. Der erste und der allerwichtigste Fang im Jahr ist derjenige, welcher im Januar mit gewissen Haken (Bagri) geschieht und Bagrenje genannt wird. Der zweite oder der Sewrjugenfang* (Weschnjaja Plawnja) geschieht im Maimonat und dauert bis zum Junius fort. Endlich der dritte und am wenigsten beträchtliche Hauptfang ist die Herbstfischerei (Ossenjaja Plawnja), welche im Oktober mit Netzen geschieht. Zum Beschluß des Jahres pflegt noch um die Zeit des Nikolausfestes oder im Anfang des Dezembers in den Nebenflüssen und fischreichen Seen der Steppe, nicht aber im Jaik selbst, mit Netzen unter dem Eis gezogen zu werden; und dieses kann für den vierten Fischzug gelten, der aber unter allen am wenigsten zu bedeuten hat, weil man alsdann meistens nur geringe Fischsorten zum häuslichen Gebrauch fängt.

Überhaupt muß zuerst angemerkt werden, daß, nachdem von der hohen Krone die Fischereien im Jaik gegen Erlegung der auf den ehemaligen Utschjug oder Fischwehrenfang zu Gurjew geschlagenen, mäßigen Pacht, den Jaikischen Kosaken völlig zugestanden worden, gedachte Fischwehre durch diese völlig aufgebrochen und dagegen am obern Ende des Jaikischen Städtchens der ganze Fluß durch einen beständigen Utschjug gesperrt worden ist, so daß zwar die Fische aus dem Kaspischen Meere frei in den Jaik treten, aber nicht höher als bis Jaizkoi Gorodok darin heraufkommen können.

Ferner ist Verschiednes von den Fischen des Jaik zu erinnern, welches zum Teil den von der Fischerei zu erteilenden Nachrichten zur Einleitung dienen muß. Die gewöhnlichen Fischarten des Jaik sind: der Stör (Osetr), die Hause (Beluga)* und die in diesem Fluß besonders unter den Stören sehr häufige Spielart, welche Schip* genannt und an seiner Glätte und zugespitzterem Rüssel erkannt wird; ferner die sogenannten Sewrjugen, der Sterlet*, der Wels (Som), die Barbe (Sassan), der Weißlachs (Bjelaja rybiza) und endlich von kleinern und gemeinen Fischen hauptsächlich Hechte, Sandarte* (Sudaki), Zingelbarsche (Berschiki), Brassen, Urfe (Golowli), der sogenannte Tschechon* und eine Menge kleiner Schuppenfische, die es in der Wolga nicht weniger häufig gibt. Hingegen hat man hier den in der Wolga so häufigen Goldfisch (Clupea alosa, russ. Shelesniza)* und die kleine, rauhe Störart, welche in der Wolga unter dem Namen Koster vorkommt, gar nicht. So wird auch der Rotlachs im Jaik fast nie gesehen, und man gibt hier dem Namen Krasnaja Ryba, (roter oder schöner Fisch), unter welchem diese Lachsart an der Wolga und Kama bekannt ist, eine ganz andre Bedeutung, indem man alle großen und teuren Störarten darunter versteht und dagegen alle gemeinen und kleineren Fische unter einem Namen Bjelaja Ryba (Weißfisch) zusammennimmt.

Unter allen Zugfischen kommt der Weißlachs zuerst und schon im Februar den Jaik herauf. Er wird alsdann unter dem Eise mit Angelhaken, die man mit kleinen Stücken Fisch ätzt, reichlich genug gefangen. Er fällt zwar auch im Frühling und Herbst, aber viel seltner, in die Netze. Im März, April und Mai ziehen die Störarten am häufigsten aus dem Meer herauf; zuerst kommen die Belugen, ihnen folgen die Störe und Sterlete, und mit Ausgang des Aprils kommen endlich die Sewrjugen, welche die häufigsten, so wie die Belugen die selteneren sind. Alle diese Fische ziehen in Scharen; die Sewrjugen besonders aber kommen in den Jaik mit so unglaublichen Scharen, daß man, besonders bei Gurjew, das Gewimmel davon deutlich im Wasser sehen kann. Ja alle Kosaken versichern, und ich berichte es als eine Sage, daß vormals durch das mächtige Andringen der Fische an dem bei Jaizkoi Gorodok durch den Fluß gezognen Wehr Durchbrüche verursacht und man genötigt worden war, Kanonen auf das Ufer zu pflanzen, um den Fisch mit blinden Schüssen zu verjagen. Man sagt, und es ist höchst wahrscheinlich, daß alle Störfische in den Fluß kommen, um ihren Laich zu werfen, und daß die Störe sich im April, ungefähr wenn die Weide ausschlägt, auf steinigen Gründen reiben und also ihres Rogens entledigen, die Sewrjugen aber von der Mitte des Maimonats bis in den Junius damit beschäftigt sind. Gleichwohl sieht und fängt man weder im Jaik noch in der Wolga jemals die junge Brut von diesen großen Störarten, da man doch die Sterlete ungemein zart und klein in Menge bekommen kann, wenn mit engen Netzen gefischt wird. – Indessen ist dieses unter den Kosaken eine angenommene Wahrheit, daß der Stör und die Hause bis zum Winter im Fluß bleiben und überwintern, die Sewrjugen aber noch im Sommer den Rückweg zum Meere nehmen. Sie haben daher unter sich ein Gesetz, daß bei dem Sewrjugenfang, der im Mai geschieht, alle Belugen und Störe, welche ins Netz geraten, wieder ins Wasser geworfen werden müssen, weil von diesem Fisch im Winter, wenn derselbe gefroren verführt werden kann, ein viel höherer Preis zu machen und also für die Gemeinheit ein größerer Vorteil zu erwarten ist. Es wird über diesem Gesetz so streng von ihnen gehalten, daß man niemals unterläßt, denjenigen, welcher demselben zuwiderhandeln sollte, seines ganzen Fischvorrats zu berauben und noch dazu mit Schlägen zu züchtigen (бить и грабить sagt ihr Gesetz).

Es sind also am meisten die Störe und Belugen, welche man im Januar mit Haken fängt. Diese Fische legen sich zum späten Herbst, reihenweise, wie man sagt, in die tiefen Stellen des Flusses, wo sie den Winter hindurch zwar nicht ohne Empfindung und Bewegung, aber doch in einer gewissen Ruhe zubringen. Weil der Jaik wegen seines weichen Grundes durch Verschiffung des Sandes und Schlammes sehr oft, ja fast jährlich bei den Frühlingsüberschwemmungen seine Tiefe verändert, so sind die Stellen, wo die meisten Fische im Winter liegen werden, ungewiß. Daher geben viele Kosaken zum Teil im Herbst, wenn sich das Eis erst setzen will, auf die Bewegung dieser Fische acht, weil man sagt, daß sie an den Stellen, wo sie sich legen wollen, um diese Zeit an der Oberfläche spielen und oftmals springen sollen. Andre gehen, sobald sich das Eis gesetzt hat, aus, legen sich auf glatten Stellen, die von Schnee entblößt sind, mit einem über den Kopf gehängten Tuch nieder und sollen also die Fische im Grunde können liegen sehen. Solche Stellen nun merken sie sich und suchen bei der Fischerei davon Vorteil zu ziehen. Überhaupt soll der Fisch, wenn das Wasser im Herbst hoch ist, sich wohl an flache und seichte Stellen des Flusses legen, im gegenseitigen Fall aber immer tiefere wählen, und überhaupt pflegt an den tiefsten Orten die Menge der Fische allzeit am größten zu sein.

Sobald die Zeit der Hakenfischerei erschienen ist, nämlich gemeiniglich den dritten oder 4. Januar, wird eine allgemeine Versammlung des Volks mit den gewöhnlichen Umständen gehalten. Man fragt herum, ob die größte Anzahl der etwa in Geschäften verreist gewesenen Kosaken zurückgekommen sei, man erkundigt sich nach den beobachteten Gegenden, wo sich viel Fische aufhalten sollen, und endlich wird der Tag bestimmt, da die Fischerei ihren Anfang nehmen soll. Es wird bei dieser sowohl als bei den übrigen Fischereien zur Erhaltung der Ordnung unter den Starschinen ein Ataman gewählt, dem man einige Ältesten und einen Jessaul zuordnet, die gemeinen Kosaken aber tun sich in Kameradschaften (Артели) von fünf, sechs und mehr Mann zusammen. Ein jeder Kosak sucht gegen die anberaumte Zeit alles, was ihm bei der Fischerei nötig ist, in gehörigen fertigen Stand zu setzen. Die Hauptsache sind gute Fischhaken und Stangen verschiedner Länge, woran die Haken befestigt werden. Ein Fischhaken (Bagor) hat nichts Besonderes, als daß er wohl verstählt sein und ungemein scharf gehalten werden muß. Sie sind in einen halben

Zirkel gebogen, so daß die Spitze mit demjenigen breiten Teil, welcher an die Stangen vermittels eines darumgelegten Leders und starker Schnur befestigt wird, beinahe parallel steht. Ein gewöhnlicher kürzerer Fischhaken, welcher den Namen Soromnoi Bagor[3] bekommt und überhaupt nur drei bis fünf Faden lang zu sein pflegt, besteht außer dem eisernen Haken und einer mäßigen, glatt gearbeiteten Stange (Nawjas), an welcher man den Haken befestigt, nur noch aus einer langen Stange (Bagrowischtsche). Nächst diesen macht man längere Haken von sieben bis zehn Faden, Jarowy genannt, weil damit an Stellen, wo der Fluß ein steilabgerissenes Ufer (Jar) und also eine größere Tiefe hat, gefischt wird; und bei diesen wird zwischen obige beide Stangen noch eine dritte (Seredysch oder Podtschalok) eingefügt, teils weil man nicht leicht so lange Stangen findet, teils auch, weil mit solchen zusammengesetzten Stangen der Fisch auf dem Haken leichter zu fühlen sein soll. Um endlich an den tiefsten Stellen, wo man eine Stange von zwölf bis fünfzehn Faden nötig hat, zu fischen, wird an diese mittelmäßigen gemeiniglich noch eine andre lange Stange (Bagrowischtsche) angebunden und zugleich an den Stab (Nawjas), welcher den Haken trägt, ein Stück Eisen vier oder fünf Pfund schwer angehängt, damit die schwerer gewordne Stange desto weniger von dem Strom bewegt werden könne. Alle diese Stangen müssen von guten trocknen Tannenschößlingen, welche aus den nördlichen Gegenden hierher gebracht werden, und von andern geraden Bäumen glatt gearbeitet sein; sie werden an den Enden schräg abgehobelt und aneinandergepaßt, die Enden aber so wie der Haken mit starken Schnüren befestigt, welche man nachher begießt und gefrieren läßt, so daß sie unbeweglich fest halten. Man sieht auch genau darauf, daß alle Enden in einerlei Richtung und der Haken mit seiner Spitze genau in eben der Richtung und in einer geraden Linie zu stehen kommen, weil sonst nichts damit gefangen werden kann. – Außer diesen langen Haken muß jeder Kosak noch einen kurzen Haken (Podpagrennik) mit einer nur anderthalb Fa-

[3] Sarma nennen die Kosaken einen flachen Grund im Flusse, und weil mit solchen kurzen Haken nur an untiefen Stellen gefischt wird, so werden selbige Soromnyje genannt.

den langen, starken Stange, womit die gefangenen Fische auf das Eis herausgezogen werden, ein Instrument zum Aufeisen (Peschnja) und eine Schaufel, um das Eis auszuwerfen, bei der Hand haben.
Es wäre lächerlich, alle Kleinigkeiten der bei dieser Fischerei gewöhnlichen und fast matrosenähnlichen Kleidung und andre Nebenumstände weitläufig zu erwähnen. Ich will mich vielmehr zur Beschreibung der Fischerei selbst wenden. Ehe der bestimmte Tag kommt, werden an einem Nachmittag allen zum Dienst wirklich eingezeichneten und nicht auf der Linie zum Sold dienenden Kosaken gewisse Zettel mit dem Kanzleisiegel ausgeteilt. Ein abgedankter oder noch nicht dienender Kosak kann von einem andern, welcher selbst nicht fischen will oder kann, das Recht dazu auf selbiges Jahr erkaufen und sich an dessen Statt einen Zettel erteilen und einzeichnen lassen. Niemand bekommt dieser Zettel mehr als einen, die Glieder der Kanzlei allein ausgenommen, welche hierin den Vorteil haben. Dem Woiskowoi Ataman nämlich werden nach den Rechten vier Zettel, den vornehmsten Starschinen drei, allen übrigen und dem Woiskowoi Djak jedem zwei, überdem noch einer an ein jegliches Starschinenweib, desgleichen an die vornehmsten Kanzleibedienten, den Schreibern aber nur zweien ein Zettel und endlich noch den hiesigen Geistlichen einem jeden ein Zettel zugestanden, welche Zettel von diesen Personen verkauft und dadurch ebenso viele abgedankte oder noch nicht volljährige Kosaken, die das Recht zu fischen nicht haben, angestellt werden können.
Am Tage, da die Fischerei den Anfang nehmen soll, versammeln sich alle mit Zetteln versehenen Kosaken mit bespannten Schlitten und völliger Gerätschaft noch vor Aufgang der Sonne an einem gewöhnlichen Ort vor der Stadt und stellen sich nach der Ordnung, wie sie ankommen, in Reihen. Daselbst werden sie von dem zu dieser Fischerei gewählten Ataman gemustert und dahin gesehen, daß ein jeder Kosak mit Gewehr versehen sei, um im Fall eines kirgisischen Überfalls die erforderliche Gegenwehr leisten zu können. Das versammelte Volk wird alsdann durch die anwesenden beiden Woiskowy Jessauli zur Ordnung ermahnt und aus der Stadt, sobald der Tag graut, mit zwei Kanonen das Signal gegeben, worauf ein jeder so geschwind, als die

Pferde im vollen Sprunge rennen können, nach der zum Fischen festgesetzten Gegend eilt, um sich des vorteilhaftesten Platzes zu bemeistern, den er sich etwa ausersehen hat. Doch darf niemand eher das Eis aufzuhauen anfangen, bis alle an Ort und Stelle sind und durch den Fischer-Ataman mit Büchsenschüssen das Signal gegeben wird.
Nun muß man aber wissen, daß der Fluß in zwei Hälften abgeteilt wird, deren eine für den Frühlings- und Herbstfang, die andre aber für die Hakenfischerei allein bestimmt ist. Letztere pflegt gleich unterhalb der Stadt angefangen und bis zum Vorposten Antonowskoi fortgesetzt zu werden; von da an aber bis zur See bleibt der Fluß für die Netzfischerei unberührt. Von Jaizkoi Gorodok bis Antonow beträgt der Landweg 218 Werste, allein nach allen Krümmungen des Jaik mag dieser Abstand wohl gegen vierhundert Werste betragen und ist wiederum vielfältig eingeteilt. Ganz zu Anfang nämlich wird nur einen Tag gefischt, um die ärmeren Kosaken in den Stand zu setzen, Futter und was sie sonst nötig haben, mit dem Gewinst zu erkaufen. Weil bei der Stadt selbst der Fluß gar zu seicht ist, so nimmt diese erste Fischerei neun Werste davon an einem Ort (урочище), welcher Perewosnoje genannt wird, ihren Anfang und wird danach auch selbst also benannt. Fünf bis sechs Tage darauf wird die große Fischerei angefangen, welche man Kolowertnoje nennt und neun Tage zu dauern pflegt. Man macht damit den Anfang 55 Werste von der Stadt bei einem Ort, welcher unter dem Namen Oreschnoje bekannt ist, und es pflegen auf die neun Tage auch neun gewöhnliche Ziele oder Rubeshi ausgemacht zu sein, bis wie weit sich jeden Tag die Fischerei erstrecken soll. Den ersten Tag fischt man auf dreißig Werste von der Gegend Oreschnoje bis zu einem andern Ort, welcher Malaja Isgolow Malago Kolowertnago (Малая изголовь малаго Коловертнаго) genannt wird; der zweite Rubesh ist von diesem ungefähr fünfzig Werst bei dem Vorposten Kaschacharow; der dritte bei dem hohen Ufer Medweshei Krasnoi jar, von Kaschacharow nur zwanzig Werste; der vierte bei einem Bach Solenaja, welcher von der kirgisischen Seite in den Jaik fällt und gleichfalls zwanzig Werste entfernt ist; der fünfte ist nach dreißig Wersten bei dem Vorposten Mergenew; der sechste befindet sich bei der untern Mündung des Kosch-

jaik von Mergenew fünfzig Werste; der siebente pflegt zu sein bei der kleinen Festung Sacharnaja (40 Werste) und der neunte endlich bei dem Vorposten Antonow, welcher von dem vorigen, nach den Krümmungen des Jaik gleich allen übrigen hier verzeichneten Distanzen gerechnet, ungefähr fünfzig Werste abgelegen sein mag. – Endlich wird noch eine dritte Fischerei, und zwar hauptsächlich zum häuslichen Genuß nur einen oder, wenn viele Fische vorhanden sind, mehrere Tage lang, ungefähr 48 Werste von der Stadt bei dem Ort Bogdanowo Urotschischtsche angestellt und Plawnoje zugenamt; womit dieser berühmte Jaikische Winterfang sein Ende nimmt. Bei jedem dieser Ziele müssen sich alle Kosaken jeden Tag, wenn gefischt werden soll, vor Anbruch des Tages versammeln und das Signal des Atamans abwarten, worauf alle, wie am ersten Tage, mit möglichster Eil einander zuvorzukommen suchen.
Ein jeder Kosak macht an der Stelle, wo er sich zu fischen vorgenommen hat, eine mäßige, runde Öffnung ins Eis. Jedem ist erlaubt, sich so nahe bei dem andern zu postieren, als er will, niemand aber darf sich zwei Öffnungen zugleich anmaßen, sondern eine jede verlassene Öffnung kann von einem andern eingenommen werden. Durch die öftere Verwechslung und neue Versuche wird nach und nach die ganze, auf einen Tag bestimmte und viele Werste lange Strecke durchfischt. Wo flache Stellen sind, da gebraucht der Kosak die kürzeren Haken und pflegt deren in jeder Hand einen, und zwar so zu halten, daß die Spitze des Hakens gegen den Strom gerichtet ist, weil der gestörte Fisch von solchen untiefern Stellen immer abwärts zu gehen und tiefere Örter zu suchen pflegt. Man läßt aber die Haken überhaupt bis auf den Grund nieder und hebt selbige nicht mehr als ungefähr eine Handbreit, da dann die am Grunde gehenden großen Fische selbige niederdrücken, wenn sie darauf geraten. Sobald der Kosak solches spürt, zieht er den Haken auf das geschwindeste an sich und hebt den gefangenen Fisch, bis er ihn mit dem Handhaken (Podbagrennik) erreichen und auf das Eis ziehen kann. In den allertiefsten Stellen, wo die langen Haken gebraucht werden müssen, kann wegen deren Schwere nur einer geführt werden. An solchen Stellen pflegt man auch die Öffnungen ins Eis nach der Länge zu machen und den Haken, dessen Spitze hier,

weil die Fische ruhig liegen, stromabwärts gerichtet wird, immer von oben herabzuführen und wieder nach dem obern Teil der Öffnung zurückzugehen. Weil nun die Haken nach allen Seiten herumgestreckt werden, um den Fisch zu suchen, so geschieht es oft, daß zwei Kosaken einen Fisch zugleich fangen, welcher dann, nach ihren Gebräuchen, geteilt wird. – So muß auch derjenige, welcher, um einen mächtigen Fisch auf das Eis heraus zu bringen, einen andern in der Nähe Fischenden herbeiruft, den gefangnen Fisch mit selbigem teilen. – Bei dieser wunderlichen Art zu fischen hat nun oft ein Mann das Glück, an einem Tage zehn und mehr große Fische unter dem Eise hervorzuholen; mancher aber steht auch wohl den ganzen Tag, ja mehrere Tage, ohne einen Fisch zu spüren, und gewinnt zuweilen den ganzen Monat nicht so viel, um die Kosten der Ausrüstung und die oft deshalb gemachten Schulden vergüten zu können. Gemeiniglich gelobt ein jeder bei der Abreise, den ersten oder mehrere Fische der Kirche zu schenken, wenn ihm das Glück günstig sein wird. Es ist auch ein allgemeiner Aberglauben bei der Hakenfischerei, daß, wenn ein Frosch, deren es, wie unten soll erwähnt werden, ungeheure im Jaik gibt, auf den Bagor oder Haken gerät (welches wirklich zuweilen geschehen soll), derjenige Kosak, dem ein solches Abenteuer widerfährt, selbigen ganzen Winter keinen Fisch mehr fangen könne, wenn er gleich die Haken und die Stelle verwechselt. Es ist zu bewundern, daß diese geübten Leute nicht nur, wie gesagt, einen Frosch, sondern auch allerlei kleine Fische auf dem Haken spüren können, und doch sollen dergleichen zuweilen, anstatt eines guten Fanges, herausgezogen werden.

Der zweite große Fang ist der Sewrjugenfang im Frühling. Sobald im Mai aus Gurjew, von den daselbst liegenden Kosaken, welche deshalb Wacht zu halten verbunden sind, die Nachricht eingeht, daß diese Fische in der Mündung des Jaik angekommen sind, so macht man sich zum Fang derselben fertig. Die Ordnung ist dabei völlig wie bei der Winterfischerei. Es wird ebenfalls ein Ataman gewählt, welchem ein jeder zum Fischen berechtigte Kosak als seinem Befehlshaber Folge zu leisten schuldig ist. Es geschieht aber diese Fischerei von dem Vorposten Antonowa abwärts bis nach Gurjew, in welchem Abstand gleichfalls neun Ziele

(Rubeshi) festgesetzt werden. Bei selbigen pflegt der Ataman ein Seil über den Fluß spannen zu lassen, damit sie von niemandem überschritten werden können. In jeder von den obern Abteilungen pflegt man fast eine Woche lang, in den abwärts gegen Gurjew gelegnen aber nur etwa drei Tage lang zu fischen, weil die Sewrjugen alsdann schon in die See zurückzugehen anfangen. Der letzte Rubesh pflegt bei Saratschik zu sein, von wo der Zug bis zur offnen See fortgesetzt und gemeiniglich an einem Tage geendigt wird. Des Nachts gibt man dem Fisch Zeit, sich wieder in den durchfischten Teil des Flusses heraufzuziehen, und alle Kosaken finden sich vor Aufgang der Sonne bei dem obern Ziel ein, wo sie das Signal des Atamans abwarten, um wieder stromabwärts zu fischen; wobei dann ein jeder gern der vorderste sein will und dem andern vorzurudern sucht, ehe die Netze ausgeworfen sind. Die fischenden Kosaken sitzen einzeln in kleinen Kähnen (Budari), welche sie selbst rudern und auch das Netz allein regieren. Solche Kähne macht man hier am Jaik gemeiniglich aus Stämmen von schwarzen und weißen Pappeln, weil kaum ein anderer Baum von der gehörigen Dicke allhier gefunden wird. Zum Teeren derselben bedient man sich wohl desjenigen Asphalts, welches in der Ufischen Provinz am reinsten und häufigsten in einem hohen Ufer des kleinen, mit dem Sim in die Belaja fallenden Flusses Inser gefunden und nebst andern Materien aus den obern Gegenden zugeführt wird. – Die Netze, deren man sich bei dieser Fischerei bedient, sind zwanzig bis dreißig Faden lang und bestehen aus zwei Wänden, deren die eine enger gestrickt und etwa zwei Ellen länger ist, so daß sie im Wasser einen Bauch macht und die vordre Wand (Rescha) vor sich ausgebreitet hertreibt. Letztere hat Maschen, die fast anderthalb Spannen* weit sind, und ist aus dünnen Stricken gemacht. An dem einen Ende wird dieses doppelte Netz durch ein Treibholz flottgehalten, am andern Ende aber hält es der im Kahn sitzende Kosak mittels zweier längs dem obern Rande der Wände hinlaufender Seile; im Grunde aber schleppt es mit Steinen, um nicht so geschwind von dem Strom fortgeführt zu werden. Wenn dieses Netz quer über den Fluß ausgeworfen ist, so läßt der Kosak seinen Kahn ohne Ruder mit dem Strom treiben, doch so, daß sein Netz schräg voraus-

geht. Die Sewrjugen, welche stromaufwärts schwimmen, finden in dem vordern weitläufigen Netz keinen Widerstand; wenn sie aber die andre Wand spüren und zurück wollen, so hält sie jenes an ihren Floßfedern und rauhen Ecken. Der Kosak kann an den Seilen, welche er hält, spüren, wann mehrere Fische im Netz verwickelt sind. In solchem Fall nimmt er dasselbe ein und wirft es so geschwind, als er kann, zu einem neuen Fang wieder aus. Durch die viele Bewegung von unzähligen hintereinander treibenden Netzen und Kähnen wird das Wasser trübe gemacht, so daß der Fisch, welcher beständig stroman geht, die Netze nicht mehr sieht und immer häufiger dareinfällt. Doch soll eine ungeheure Menge von Fischen, durch das Rufen und Getöse der fischenden Kosaken geschreckt, bei dem untern Ziel dergestalt zusammengehäuft stehenbleiben, daß, wenn die vordersten Kosaken mit ihren Netzen etwas über das Ziel kommen, sie solche oft vor der Menge der darin verwickelten Fische kaum aus dem Wasser zu bringen vermögend sind.
Nach Endigung dieser Fischerei gehen die Kosaken andern Gewerben nach, reisen auf den Handel oder, um Brotkorn einzukaufen, an die Wolga und Samara aus und besorgen im Spätsommer ihre Heuernte. Sobald aber diese vorbei ist, nimmt in den letzten Tagen des Septembers oder mit dem ersten Oktober die Herbstfischerei ihren Anfang, welche ebenfalls in der untersten Gegend des Jaik mit großen, weitläufig gestrickten Wurfnetzen (Jerigi) geschieht und bei welcher alle Störarten sowohl als geringe Fische zu fangen erlaubt ist. Jedoch machen die Barben, Welse und kleineren Fischsorten bei diesem nicht sonderlich erheblichen Zuge die Hauptsache aus. Die Ordnung ist völlig wie bei den vorigen Fischereien; man versammelt sich alle Morgen, um das Signal abzuwarten, man sucht sich einander den Vorteil abzulaufen, um an den bequemsten Orten das Netz auswerfen zu können, und alle Abend wird der Fang bei dem ausgemachten Ziel beschlossen. – Endlich folgt nach einer Ruhe von etlichen Wochen das Fischen unter dem Eise in den Nebenwässern, dessen schon oben gedacht worden ist und wobei nichts Merkwürdiges vorfällt. Es werden nur gemeine Fische dabei gefangen, und besonders pflegt der sogenannte Tschechon (Cyprinus cultratus) alsdann häufig

vorzukommen. Noch ist anzumerken, daß nach Endigung der Herbstfischerei, auf dem Rückwege, viele Kosaken noch in den Seen und Nebenwassern in der Steppe zu fischen pflegen.
Nunmehr ist noch die gewöhnliche Nutzung und Bereitung der Fische, des Rogens und anderer Teile zu beschreiben übrig. Hauptsächlich zur Zeit der Hakenfischerei und des Sewrjugenfangs finden sich die Kaufleute auch aus den entferntesten Gegenden Rußlands am Jaik ein. Die im Winter gefangenen Störe und Hausen werden jetzt von den Kosaken sogleich und ungeöffnet nach ungefährer Schätzung übergeben und sowohl der Fisch als Rogen von den Kaufleuten zubereitet verpackt und gefroren verführt. Die Preise der Fische sind aber nicht alle Jahre einerlei und waren vormals ungleich geringer. Jetzt pflegen gemeiniglich zehn gute Störe 30, vierzig bis 45 Rubel zu gelten; große aber, wenn sie auch keinen Rogen haben, wohl zuweilen das Stück zu sechs bis sieben Rubel verkauft zu werden. Das Belugenfleisch ist dem Gewicht nach fast um die Hälfte wohlfeiler; aber die oft ungeheure Größe macht diese Fische teurer. Die größten Belugen, welche man im Jaik fängt, wiegen auf fünfundzwanzig Pud, selten darüber, und geben ungefähr fünf Pud Rogen oder Kaviar, welcher aber, wegen des vielen zähen Schleims bei diesem Fisch, für den schlechtesten gehalten und kaum das Pud gegen anderthalb Rubel geschätzt wird. – Die Störe hat man gegen einen Faden lang, und die allergrößten sollen gemeiniglich Milchner sein, die bis fünf Pud wiegen. Übrigens aber fallen insgemein die Rogner am größten und enthalten oft bis auf ein Pud an Kaviar, welcher als der beste, schon aus der ersten Hand auf zwei Rubel und drüber das Pud getrieben wird. Man hat seit etwa acht Jahren am Jaik sowohl Störe als auch Sewrjugen zu bemerken angefangen, welche äußerlich weder in Größe noch in Gestalt von den gewöhnlichen abgehen, in sich aber einen ganz weißen und nicht so häufigen Kaviar enthalten, welcher an Geschmack den gemeinen weit übertreffen soll und deshalb auch nach Hofe versandt zu werden pflegt. Noch wunderbarer ist es, wenn die Erzählung wahr ist, daß man vor einigen Jahren einen großen Teil des Rogens in einer alten Beluga versteinert soll gefunden haben; da doch sonst der sogenannte Belugenstein bei

den im Jaik gefangenen Fischen dieser Art nur höchst selten bemerkt wird.
Aller frische Rogen wird gereinigt, indem man denselben mit den Händen sanft durch ein enges, ausgespanntes Netz oder grobes Sieb arbeitet; und weil in diesem südlichen Klima nach dem Neuen Jahre öfters schon weiches Wetter einfällt, wobei der ganz ungesalzene Kaviar verderben würde, so pflegt man demselben etwas Salz zu geben. Man rechnet im Winter ungefähr ein Pfund Salz auf jedes Pud Rogen, bei dem Herbstfang aber bis auf anderthalb Pfund. Übrigens will man bemerkt haben, daß, je weiter abwärts im Jaik der Fisch gefangen wird, desto schleimiger und schlechter der Rogen sein und hingegen sich mehr und mehr bessern soll, je weiter die Fische im Fluß heraufsteigen.
Weil der Sewrjugenfang zur warmen Jahreszeit geschieht, so werden diese Fische durchgängig aufgehauen, die mittlere Gräte herausgenommen, das Fleisch streifenweise eingeschnitten und stark gesalzen, da man sie dann teils windtrocken macht, teils ungetrocknet und ungepackt bis an die Wolga verfährt, wo selbige in Schiffe geladen werden. Gleichergestalt werden die Sassanen* und andre schlechte Fischsorten gesalzen oder ungesalzen getrocknet und also verführt. Es ist hierbei höchlich zu bedauern, daß man nicht wenigstens von den Störarten einen Teil in Fässern wohl zu salzen oder zu marinieren sich befleißigt, woraus man einen viel größern Vorteil ziehen könnte; da jetzt bei der schlechten Behandlung vieles verdirbt oder wenigstens zu einer ungesunden und oft höchst ekelhaften Notspeise wird.
Der Rogen aus den Sewrjugen gibt dem von Stören an Güte wenig nach, wird auch an der Wolga, wo man diesen Fisch bis zum Winter lebendig aufzuheben weiß, mit dem Störrogen vermischt; allein am Jaik kann derselbe nicht anders als gesalzen erhalten werden und ist deswegen viel geringer im Preis, wozu noch die außerordentliche Menge dieser Fische notwendig beiträgt. – Den gesalzenen Kaviar bereitet man hier auf dreierlei Art. Die schlechteste Sorte ist die gemeine Pajusnaja Ikra (gepreßte). Der Rogen wird nur von den gröbsten Zasern gereinigt, mit ungefähr zwei Pfund Salz auf das Pud eingesalzen und also auf Matten an der Sonne

zum Trocknen aufgebreitet, worauf man ihn endlich mit Füßen tritt und zu $^{4}/_{5}$ Rubel das Pud zu schätzen pflegt.
Eine bessere Sorte ist der sogenannte körnige, aber wegen seines vielen Salzes nicht jedermann angenehme Kaviar (Sernistaja Ikra). Man salzt den gereinigten Rogen in langen Trögen mit acht bis zehn Pfund Salz aufs Pud, schaufelt alles wohl durcheinander und schüttet ihn sodann partienweise auf Siebe oder ausgespannte dichte Netze, um ihn abtriefen und dick werden zu lassen, worauf man ihn gleichfalls in Fässer preßt. Das Pud wird etwa zu 1 Rubel verkauft und ist eine der gewöhnlichsten Fastenspeisen des gemeinen Volkes.
Die reinlichste und beste, dem Ansehen nach aus ganzen Körnern bestehende, auch nicht leicht stinkend werdende Art ist diejenige, welche wegen ihrer Bereitung den Namen Mescheschnaja Ikra bekommt. Man macht nämlich zuerst eine starke Salzsole fertig. Alsdann hat man lange schmale Säcke aus starker Leinwand; diese werden bis zur Hälfte mit frischem Rogen angefüllt, danach bis oben voll Salzsole gegossen. Sobald die Sole durchgeseiht ist, werden diese zwischen gewissen Querstangen aufgehängten Säcke nacheinander mit den Händen mächtig ausgewrungen und der Rogen, nachdem man ihn noch zehn bis zwölf Stunden in den Säcken hat abtrocknen lassen, in Fässern getreten. Diesen hält man am teuersten, nämlich zum wenigsten zu $1^{1}/_{5}$ Rubel im Preise.
Man sammelt auch hauptsächlich von den Sewrjugen diejenigen Rückensehnen, welche getrocknet unter dem Namen Wesiga zur Speise genommen werden. Diese wird bei den frisch gefangenen Fischen am Halse losgemacht, mit Gewalt herausgerissen und an der Luft getrocknet. Man bindet sie gemeiniglich zu fünfundzwanzigen in Bündel zusammen und verkauft sie das Tausend zwischen drei und vier Rubel. Ja weil man an den Störfischen fast alles für eßbar hält, so wird auch der Magen, welchen man hier mit einem tatarischen Namen Tamak nennt, nicht weggeworfen, sondern fleißig verzehrt.
Ein edlerer Teil, der von allen Störarten gesammelt und zu Gelde gemacht wird, ist die Schwimmblase. Die Kaufleute, welche die ganzen Fische aufkaufen, pflegen gemeiniglich diesen Teil den Kosaken wieder zurückzuverhandeln, wel-

che den Fischleim daraus bereiten; und das geschieht hier nur auf einerlei Art: So frisch, als die Blase aus dem Fisch kommt, wird selbige gewaschen und an der Luft zum Abtrocknen hingelegt, so daß die äußere Haut zuunterst, die silberweiße innere Leimhaut aber oben zu liegen kommt. Dadurch erhält man, daß sich diese leicht absondern läßt, worauf solche in ein feuchtes Tuch geschlagen wird. Man rollt darauf eine Leimblase nach der andern auf und klemmt sie in Gestalt einer Schlange oder eines Herzens zwischen drei Pflöckchen, deren viele auf einem Brette eingeschlagen sind; und wenn sie in dieser Lage etwas trocken geworden, hängt man sie an Fäden im Schatten auf, bis sie alle Feuchtigkeit verlieren: der also bereitete Fischleim hat sehr unbestimmte Preise; der von Sewrjugen, welcher für den allerbesten gilt, wird nicht selten bis auf vierzig Rubel das Pud getrieben; der von Stören gilt zwischen zwanzig und dreißig; der von Hausen aber, von welchem Fisch diese Materie bei den Deutschen den Namen der Hausenblase empfangen hat, wird als der gröbste und schlechteste von zwölf bis 15 oder achtzehn Rubeln das Pud bezahlt. Man macht hier auch Leim von der Schwimmblase der Welse, welcher weiß genug aussieht, aber wegen seiner geringern Güte nicht viel über fünf Rubel das Pud wert ist.

Das Salz ist bei den Jaikischen Fischereien eine so unentbehrliche Sache, daß ich desselben notwendig noch gedenken muß. Die Jaikischen Kosaken haben die beträchtliche Freiheit, sich selbst damit zu versorgen, und verbrauchen jährlich, außer dem, was in der Haushaltung aufgeht, viele tausend Pud zur Einsalzung der Fische und des Rogens, die nach Rußland verführt werden. Die Steppen längs dem Jaik sind auch mit diesem Produkt von der Natur so reichlich versehen, daß es den Anwohnern nimmer daran fehlen kann. Die vornehmsten Örter, woher die Jaikischen Kosaken das Kochsalz holen und wo man es ganz fertig vor sich findet, sind zwei Seen auf der kirgisischen Seite, Grjasnoje und Inderskoje genannt, und zwei kleine Seen der Kalmükkischen Steppe, die von den Flüssen Usen, jenseits welchen sie sich befinden, den gemeinschaftlichen Namen Usenskije Soli erhalten haben. (...)

Ich habe während meines Aufenthalts in Jaizkoi Gorodok vielfältig die auf der Steppe in diesen Gegenden herumziehenden Kalmücken, deren ein Teil unter die Zahl der Jaikischen Kosaken aufgenommen ist, besucht, und weil ich bei diesen allein, zu einer Zeit, da die große Horde vom Jaik entfernt und wegen des Kubanischen Krieges* größtenteils an das westliche Ufer der Wolga übergezogen war, die meisten Nachrichten von diesem merkwürdigen Volk habe einsammeln und, was mir sonst davon kundgeworden war, berichtigen und bestätigen müssen; so will ich auch hier alles zusammenfassen, was ich von ihrer Lebensart, Gebräuchen und religiösen Meinungen Zuverlässiges mitteilen kann.

Die Kalmücken[4] sind überhaupt genommen von mittelmäßiger Größe, doch gibt es mehr kurze als merklich hohe Leute unter ihnen. Alle sind wohlgestalt, und ich erinnere mich nicht, einen einzigen Gebrechlichen unter ihnen gesehen zu haben. Die Erziehung ihrer Kinder, welche ganz allein der Natur überlassen ist, kann auch keine andren als gesunde und vollkommene Körper bilden. – Sie sind durchgängig schlank und hager von Gliedern, und ich habe nie einen fetten und korpulenten Kalmücken, wenigstens unter dem gemeinen Mannsvolk, gesehen, da es hingegen unter den Kirgisen und Baschkiren*, welche doch eine ganz ähnliche Lebensart führen, viele oft recht unbehilflich dicke Menschen gibt. Die Leibes- und Gesichtsfarbe der Kalmükken ist von Natur noch ziemlich weiß, wenigstens sind alle jungen Kinder von dieser Farbe. Allein der Gebrauch bei dem gemeinen Volk, die Kinder ganz nackend, sowohl in der heißen Sonne als in dem Rauch ihrer Filzgezelte, herumlaufen zu lassen, und daß auch die Erwachsenen im Sommer, die Unterkleider ausgenommen, ganz bloß schlafen, verursacht, daß ihre gewöhnliche Leibesfarbe gelb-

[4] Ich habe mich nach der russischen Aussprache gerichtet und diese Schreibart gebraucht; der ursprünglichen Ableitung nach hätte ich Chalmack oder Chalimack schreiben müssen. Dieses ist der Name, welchen die tatarischen Völker den Kalmücken beilegen: Chalimach aber bedeutet auf tatarisch einen Abtrünnigen. Einige Kalmücken wollen demselben eine andre Ableitung aus ihrer eignen Sprache geben und sagen, er sei von dem Wort Gal, welches auf kalmückisch und mongolisch Feuer bedeutet, und Aimak, welches eine Abteilung der Ulussen anzeigt, zusammengesetzt und sei also im Grunde fast einerlei mit der Benennung ihrer Brüder, der Mongolen, welche aus Mengal entstanden sein soll.

braun, jedoch bei dem Weibsvolk in geringerm Grad ist. Ja unter Vornehmen gibt es sehr weiße Gesichter, welche von der Schwärze des Haares noch mehr erhöht werden und sowohl hierin als in den Zügen dem chinesischen Frauenzimmer ganz ähnlich sind.
Ich habe nicht nötig, die allgemeine Gesichtsbildung der Kalmücken zu beschreiben, weil sie zum Teil auch auswärtig bekannt genug ist. Aus den Beschreibungen, welche einige Reisebeschreiber davon gegeben haben, sollte man glauben, daß alle kalmückischen Gesichter höchst ungestalt und fürchterlich sind, da man doch sowohl unter dem Manns- als Weibsvolk viele runde angenehme Gesichter, ja auch einige von so regulären Zügen antrifft, daß sie selbst in einer europäischen Stadt Anbeter finden würden. Doch sind die etwas schief laufenden Augenwinkel und Augenbrauen, eine gewisse Bildung und Breite des obern Teils der Nase, die auch gemeiniglich klein und eingedrückt ist, bei allen mehr oder weniger merklich und charakteristisch. Es hat mir übrigens geschienen, daß die Dsingoren* durchgängig größer und von Gesicht wohlgestalter sind, als die Torguten zu sein pflegen, weil vermutlich jene eine stärkere Beimischung von tatarischem Geblüt durch geraubtes Weibsvolk empfangen haben.
In Absicht der schwarzen Farbe des Haars, welches die Kinder sogar schon mit an das Licht bringen, habe ich nie unter den Kalmücken eine Ausnahme, ja auch nicht die geringste Abänderung zur braunen Farbe bemerkt. Das erwachsene Mannsvolk ist von Natur ziemlich stark mit dem Bart versehen; allein sie lassen gemeiniglich nur einen kleinen Stutzbart und etwa einen Zopf auf der Unterlippe stehen. Nur alte Leute und besonders Geistliche lassen, außer dem Zwickbart über den Mundwinkeln und auf der untern Lippe, auch das Haar unter dem Kinn am Halse herum wachsen. Das übrige wird teils durch Raufen, teils durch Scheren mit groben Messern glatt gehalten. Die Gewohnheit, auch am Leibe das Haar auf diese Art auszutilgen, haben die Kalmücken mit den tatarischen Völkern gemein.
Von ihrer Leibesgestalt komme ich auf die Gemütsbeschaffenheit, welche mir in vielen Stücken vorteilhafter vorgekommen ist, als sie von den meisten Reisebeschreibern geschildert wird. Zum wenigsten sind sie den andern

nomadischen Völkern hierin viel vorzuziehen. Man kann überhaupt die Geselligkeit, Gastfreiheit, Offenherzigkeit, Dienstfertigkeit und ein gewisses lustiges Wesen, welches die Kalmücken nie verläßt und von den mehr phlegmatischen Kirgisen unterscheidet, als ihre guten Eigenschaften, hingegen Müßiggang, Unreinlichkeit und Verschlagenheit, welche sie nur zu oft mißbrauchen, als ihre Hauptfehler nennen. Die Liebe zum Müßiggang ist allen Nationen, welche eine uneingeschränkte, sorglose, nomadische Lebensart führen, gemein und natürlich; wirklich aber ist sie bei den Kalmücken wegen ihres muntern Wesens in geringerem Grade vorhanden. Allein ihre Unreinlichkeit kann weder geleugnet noch entschuldigt werden und ist vielleicht, wie bei dem gemeinen Haufen der französischen Nation, mehr der Erziehung und dem Leichtsinne als der Faulheit zuzuschreiben; denn das kalmückische Weibsvolk verrichtet sonst alle häuslichen Geschäfte mit großer Arbeitsamkeit und wird auch deswegen von den Kirgisen sehr begierig gesucht. Ihre Gemütskräfte betreffend, so haben sie zwar sehr eingeschränkte Kenntnisse, allein doch bei aller Unwissenheit einen guten und muntern natürlichen Verstand und würden leicht zu kultivieren und zu zivilisieren sein, wenn nicht ihre Lebensart und Lebhaftigkeit Hindernisse in den Weg legten.

Obgleich sie durchgängig etwas cholerisch sind, so leben sie doch unter sich einträchtiger, als man bei ihrer ungebundnen Lebensart vermuten sollte. Sie sind unter sich gesellig und gastfrei. Sie teilen gern alles, was sich genießen läßt, und behalten nichts für sich allein. Wenn Tabak geraucht, gegessen oder getrunken wird, so nehmen alle teil daran, und ist z. E. nur eine Tabakspfeife vorhanden, so geht dieselbe von dem einen zum andern. Schenkt man dem einen Tabak, Früchte oder andre Eßware, so teilt er seinen Freunden oder wohl allen zunächst Stehenden davon mit. Hat eine Familie einen Vorrat Milch gesammelt, um Branntwein daraus machen zu können, so werden die Nachbarn dazu gerufen, um den Segen verzehren zu helfen. Doch erstreckt sich diese Freigebigkeit hauptsächlich nur auf Dinge, die genossen werden. Hingegen vergeben sie von ihrem Gut nichts. Aber auch so diebisch man sie beschrieben hat, so vergreifen sie sich doch nicht leicht an ihresgleichen; es sei denn, daß Feindschaft zwischen Ulussen obwalte. Ja, die Räubereien, deren man sie beschuldigt hat, haben mehrenteils eine Art von Rache oder Feindseligkeit zum Grunde. Auch begehen sie solche nicht gern mit öffentlicher Gewalt, sondern bedienen sich ihrer Verschlagenheit aufs beste. Man hat mir erzählt, daß diejenige Ulusse, welche vorher unter einem gewissen Nasarmamut gestanden, jetzt aber einen von dessen Nachkommen wegen seiner kriegerischen Eigenschaft bekannten Bambar zum Haupte hat, ihrer Raubsucht halber von jeher besonders berüchtigt gewesen ist, und daß man bei allen andern Ulussen, wenn man nur etwas aufmerksam sein will, seines Eigentums völlig sicher sein könne.

Ich habe noch nichts von den Kleidungen der Kalmücken gesagt. Allen gewirkten Stoff dazu müssen sie erhandeln, weil sie selbst zur Kleidung keine andre Materie als Schaf- oder Tierfelle, Filze zu Regenmänteln und dergleichen zu bereiten wissen, welche auch bei dem gemeinen Volk, besonders im Winter, die allgemeinste Tracht sind. Die Kleidung der Männer besteht ordentlich in einem Oberkleide, welches, die geschlossenen engen Ärmel ausgenommen, dem polnischen ähnlich ist, und in einem Unterkleide oder Beschmet, welches nach der Länge zugeknöpft und mit einem Bund oder Schärpe um den Leib befestigt wird. Darunter tragen die wohlhabenden ein kurzes, vorne offnes Hemd und weite, aus Leinwand oder Kitaika* verfertigte Beinkleider, welche bis in die Halbstiefel reichen. Arme behelfen sich ohne Hemd und mit einem engen Rock oder Pelz, den sie um sich schlagen, mit der Schärpe befestigen und darum nicht weniger aufgeräumt sind.

Die Tracht der Weiber ist gemeiniglich vom Oberkleide bis auf die Stiefel von jener wenig verschieden, außer daß die Kleider von leichterem und besserem Zeuge, etwas länger, zierlicher und in den Ärmeln genauer gemacht sind. Vornehme aber ziehen über den Beschmet noch eine reiche, gleichfalls lang heruntergehende Weste ohne Ärmel an und hängen das Oberkleid oder den Pelz nur auf eine oder beide Schultern. Weil nun auch bei dem weiblichen Geschlecht sowohl das Unterkleid als das Hemd vorne offen und nur zugeknöpft sind, so können sie die Brust bis an den Gürtel entblößen, und man sieht auch bei warmen

Sommertagen das junge Weibsvolk, wenn es angekleidet ist, mit ganz offner Brust herumgehen.
Man würde kaum das Weibsvolk von den Männern unterscheiden können, wenn nicht der Kopfputz ein hinlängliches Merkzeichen wäre, woran man auch die unverheirateten Mädchen leichter erkennen kann. Das Mannsvolk hat durchgängig den Kopf geschoren und läßt nur etwas hinter dem Scheitel recht in der Mitte des Haarkopfs einen Zopf wachsen, welcher gemeiniglich in einen, von vornehmern aber auch wohl in zwei oder drei Zöpfe geflochten wird. Die Torguten tragen mehrenteils sommers und winters kleine, rund bebrämte Pelzmützen, die Sjungoren* aber gemeiniglich Sommerhüte von überzognem Filz, die von den chinesischen nur durch die geringere Größe und einen platten Rand unterschieden sind; alle aber pflegen auf dem Scheitel einen ausgebreiteten Quast zu haben. Weil die Mützen bis eben an die Wurzeln der Ohren reichen, so haben alle Kalmücken, so wie man auch an den tatarischen Völkern bemerkt, weit vom Kopfe abstehende Ohren. Es ist aber dieses bei den Kalmücken desto sichtbarer, weil sie selbige durchgängig von der Natur etwas größer bekommen haben.
Den Knaben wird von Kindheit an das Haupt geschoren; hingegen verliert das weibliche Geschlecht nicht gern ein Haar vom Kopfe. Die Kinder von diesem Geschlecht laufen wie kleine Furien mit struppigen Haaren herum; aber im zehnten oder zwölften Jahre, da ein kalmückisches Frauenzimmer schon mannbar zu werden anfängt, flicht man den Dirnen das Haar in so viele Schnüre, als man will oder kann, und schlägt diese um den Kopf. Wenn aber ein Mädchen verehelicht wird, so löst man diese Haarflechten auf und macht daraus zwei große geflochtne Zöpfe, welche über beide Schultern herabhängen müssen und welche gemeine Weiber bei der Hausarbeit in einer Art von Futteral oder Scheide von Kitaika zu verwahren pflegen. Die Mütze der Weiber und Dirnen ist fast einerlei; die gemeinen Weiber aber tragen sie nur, wenn sie ihre ordentliche Kleidung anhaben oder ausgehn. Es ist eine runde, mit einem dicken Pelzrand umgebene kleine Platte von Zeug, welche nur den obersten Teil des Kopfes bedeckt. Vornehmere haben von reichem oder seidnem Zeuge etwas höhere Mützen mit ei-

nem breiten, aufgeschlagnen, vorne und hinten geschlitzten Rand, der mit schwarzem Samt gefüttert ist. Oben darauf haben sie wie die Männer einen ausgebreiteten, am liebsten roten Quast. Eine solche Mütze wird Chalban, die gemeinen aber Maihalhu genannt. Ohrengehänge sind bei allem Weibsvolk durchgängig eingeführt.

Die Wohnungen der Kalmücken sind, wie bei allen asiatischen Nomaden, diejenigen Filzhütten, welche unter dem Namen kalmückischer Kibitken in Rußland bekannt genug sind, deren wirklich sinnreiche Bauart ich aber, den Ausländern zu Gefallen, etwas umständlicher beschreiben will, als es bisher geschehen ist. Das Gerüst oder Skelett zu diesen Filzhütten besteht zuerst aus einem Hürdenwerk von sieben oder mehreren Stücken, deren jedes aus etwa dreißig Zoll dicken Weidenstäben in Gestalt eines Netzes beweglich zusammengefügt ist, so daß diese Stücken, welche auseinandergezogen ein Gatter etwa einen Faden lang und fünf Fuß breit ausmachen, dergestalt zusammengeschoben werden können, daß ein Stock dicht an den andern zu liegen kommt. Diese Stücken werden in einem Kreis, so groß als die Hütte ist, gesetzt und da, wo sie sich einander berühren, mit Haarseilen oder Bändern verbunden. Wo die Tür der Hütte sein soll, wird ein Rahmen mit einer oder zwei beweglichen Türchen eingesetzt und mit den nächsten Stücken der Hürde verbunden; auch wird von diesem Rahmen noch ein starkes härenes Seil um den ganzen Kreis der Hürde gelegt, um dieselbe fester zusammenzuhalten und in eine recht runde Form zu bringen. Alsdann wird ein hölzerner Kranz, der aus zweien, etwas voneinander abstehenden Ringen besteht, auf etwa drei der langen Weidenstäbe, woraus das Dach der Hütte bestehen soll, über die Hürde emporgehoben und darauf alle übrigen Weidenstäbe zwischen die Reifen des Kranzes eingesteckt, mit dem untern Ende auf die Gabeln der aufgerichteten Hürde gestellt und mit Schnüren gleichsam eingehängt. Alsdann ist das Gerüste, dessen Teile rot eingefärbt zu sein pflegen, fertig. Über das Dach desselben wird ein großer, danach zugeschnittener Filz wie ein Regenmantel herumgelegt und mit darübergeschlungenen Seilen befestigt. Die Seiten bleiben im Sommer offen, wenn es aber kalt ist, so werden Stücken Filz oder Schilfmatten oder auch beide darumgelegt und mit einem herumgezognen Seil befestigt, vor die Tür aber ein Vorhang von Filz gemacht. Die Öffnung des hölzernen Kranzes, welcher die Spitze der Hütte einnimmt, bleibt gemeiniglich als ein Rauchloch offen, wegen des Windes und Regens aber sind Kreuzbögen von Weidenzweigen darüber befestigt, auf welche ein Stück Filz von der Windseite oder, wenn das Feuer ausgebrannt ist, zu mehr Wärme über die ganze Öffnung gedeckt wird.

In der Mitte ihrer Hütten steht zu allen Zeiten ein großer eiserner Dreifuß, unter welchem beständig Feuer oder doch glimmende Kohlen vorhanden sind und worauf sie ihre Speisen in großen, flachen, eisernen Schalen zu kochen pflegen. Dergleichen Schalen werden in den russischen Eisenhütten in großer Menge gegossen und unter die Steppenvölker verkauft. Außer einigen solchen großen und kleinen Schalen besteht das gemeine Hausgerät in einigen hölzernen Schüsseln oder Trögen, in Trinkschalen, in großen und kleinen, aus Leder verfertigten Schläuchen und Gefäßen und endlich noch einer großen, drei bis vier Maß haltenden Teekanne, welche die Gemeinen auch wohl von Leder, Wohlhabende aber sauber von Holz gemacht und mit kupfernen oder silbernen Reifen und Blechen belegt zu haben pflegen. Das Bett pflegt der Tür gegenüber hinter dem Feuerplatz zu stehen, und sie haben gemeiniglich kleine hölzerne Gestelle dazu; Polster und Kissen aber bestehen aus Filz.

Die häusliche Arbeit liegt bloß dem weiblichen Geschlecht ob. Die Männer bemühen sich in nichts als in Ausbesserung und Verfertigung der Hütten. Ihre übrige Zeit bringen sie bei der Herde, auf der Jagd oder mit Müßiggang und Lustbarkeiten zu. Dahingegen muß das Weibsvolk für das Melken des Viehes, für die Zurichtung der Tierfelle, für das Nähwerk und alle übrigen häuslichen Geschäfte sorgen. Das Weibsvolk muß die Hütte abnehmen, alle Sachen aufpacken und auch die Hütte wieder aufstellen. Sogar muß das Weib dem Manne das Pferd satteln und vor die Hütte führen, wenn er verreisen will. Sie haben demnach überhaupt so viel Geschäfte, daß man sie selten müßig findet, ungeachtet sie auf den Putz und die Reinlichkeit gewiß keine Zeit unnütz verwenden.

Im Sommer haben die Kalmücken bei ihren zahlreichen

Herden an Milch einen Überfluß, und selbige macht alsdann auch einen Hauptteil ihrer Nahrung aus. Sie haben durchgängig mehr Pferde als Hornvieh, und die Stutenmilch ist ihnen auch die angenehmste, weil sie bloß gesäuert schon so geistig wird, daß zwei bis drei große Schalen voll hinlänglich sind, einen kleinen Rausch zuwege zu bringen. Ihre Kühe sowohl als Stuten geben nicht anders Milch, als wenn das Kalb oder Füllen gegenwärtig ist. Sie halten deswegen die jungen Tiere den ganzen Tag über nahe bei dem Gezelt, an langen ausgespannten Seilen nach der Reihe angebunden, und lassen sie nur des Nachts frei saugen. Die Mütter weiden in der Nähe und entfernen sich nicht von ihren Jungen, so daß die Eigentümerinnen nicht weit danach zu gehen haben. Die Stuten werden gemeiniglich alle Stunden gemolken und geben jedesmal auf anderthalb Nösel* oder eine mäßige Flasche voll Milch. Den Kühen aber geschieht es nur den Tag über einige Male. Man bringt das Muttervieh mit dem Ende zu seinem Jungen, und sobald dieses angesaugt hat, wird es von einem Gehilfen zurückgehalten, und das Melken geschieht wie gewöhnlich. Doch muß man Vorsicht besonders bei den Stuten gebrauchen, damit das Vieh nicht stutzig werde und die Milch versage. Bei den Kühen ist es genug, wenn man ihnen das Kalb nur zeigt, und wenn ein Kalb in der Geburt oder kurz nachher verunglückt, so ist die Milch darum nicht verloren; man stopft dessen Fell aus, so gut man kann, und bindet es bei den andern oder am Gezelt fest, um es der Kuh zu zeigen, sooft man ihr die Milch nehmen will.
Die frische Pferdemilch ist viel flüssiger als Kuhmilch, allein wegen eines geringen, lauchhaften Nebengeschmacks etwas unangenehm. Hingegen bekommt sie bei einer reinlichen Säurung einen überaus annehmlichen, weinsäuerlichen Geschmack. Sie setzt kaum einige Tropfen Schmant und kann also nicht, wie man geschrieben hat, zum Buttermachen gebraucht werden. Desto reichlicher führt sie, wie ich schon gesagt habe, gärende und berauschende Bestandteile. Im Sommer bedient man sich daher der Pferdemilch fast allein zum gemeinen Getränk und zum Branntweinmachen. Im Winter aber, wenn wenige Stuten Milch geben, behilft man sich mit der Kuhmilch, obwohl selbige nach einmütiger Versicherung der Kalmücken viel weniger Geisti-

ges enthält, auch gesäuert einen viel unangenehmeren und recht ekelhaften Geruch und Geschmack annimmt.
Die Milch wird zum Säuern nach und nach in große lederne oder andere Gefäße geschüttet, welche im Winter nahe bei dem Feuerplatz über oder in die Erde gestellt werden. Gemeiniglich sind die unreinlichen Gefäße allein hinlänglich, um die Säurung zu bewerkstelligen. Sonst befördern einige dieselbe mit getrocknetem, aus Mehl bereitetem und scharf gesalznem Sauerteig. Die Horden-Kalmücken tun entweder etwas von dem Rest einer vorigen Branntweindestillation, den sie selbst aufgehoben oder von einem Nachbar bekommen haben, oder auch etwas von der geronnenen Milch, welche im Magen geschlachteter Lämmer gefunden wird, hinzu. Man nimmt von der zu Branntwein bestimmten Milch keinen Schmant ab, sondern mischt vielmehr von Zeit zu Zeit alles mit einer Art von Butterstock wohl untereinander; und weil sie die Milch des Sommers in ledernen Schläuchen sammeln, so dürfen diese nur täglich ein paarmal wohl gerüttelt werden. Die also gesäuerte Pferdemilch wird auf kalmückisch Tschigan, die gesäuerte Kuhmilch aber Arjän[5] genannt und teils also zum Getränk verbraucht, teils zum Branntweinmachen gesammelt.
Wenn eine hinlängliche Masse solcher Milch, um sich lustig zu machen, beisammen ist und man selbige zuletzt noch im Winter einige Tage, im Sommer aber wenigstens einen Tag hat durchsäuern lassen, so wird die Übertreibung des Branntweins, welche ganz allein den Weibern überlassen ist, folgendermaßen vorgenommen: Auf den Dreifuß wird der größte vorhandne eiserne Kessel über ein kleines Feuer gesetzt, mit etwas Wasser oder zerlassenem Schnee ausgeschwenkt und mit der nochmals recht durchgearbeiteten sauren Milch bis fast auf zwei Finger breit vom Rande angefüllt. Solche Kessel halten ungefähr drei russische Eimer und drüber. Alsdann wird ein paßlicher und etwas ausgehöhlter Deckel, der aus einem oder zwei Stücken Holz besteht und zwei viereckige Öffnungen hat, daraufgesetzt und am Rande sowohl als in den Fugen mit Ton, Lehm oder frischem Kuhmist wohl verstrichen. Die stawropoli-

[5] Kumys ist das tatarische Wort. Süße Pferdemilch nennen die Kalmücken Gjuuhn-Usjun und frische Kuhmilch Ukiren-Usjun.

schen Kalmücken nehmen im Winter anstatt des Tons einen zähen Teig von grobem Mehl. Darauf wird ein kleinerer Kessel mit seinem Deckel, welcher nur eine große Öffnung und ein kleines Luftloch haben muß, versehen, wohl verschmiert und in einen Trog voll Schnee oder eine krumme hölzerne Röhre, welche aus zweien, mit einer Rinne versehenen Hälften genau zusammengepaßt und mit Leder oder Gedärm überzogen ist, mit dem einen Ende auf die Öffnung des kleinen Kessels, mit dem andern aber auf die eine Öffnung am Deckel des großen Kessels fest angeschmiert, und nachdem noch ein kleiner Deckel aus Ton oder Teig mit einer kegelförmigen Spitze verfertigt und neben die andre Öffnung des großen Kessels gestellt worden, so wird frisch Feuer gegeben. Man gibt durch die unbedeckte Öffnung des großen Kessels acht, bis man die Milch in demselben stark aufkochen und einen starkriechenden Dampf, welcher sich bei Pferdemilch mit einer blauen Flamme leicht entzündet, aufsteigen sieht. Alsdann setzt man den obgedachten kleinen Deckel auf die Öffnung, klebt ihn fest an und mindert das Feuer. Die kleine Luftöffnung hingegen in dem Deckel des Vorlagekessels bleibt offen, ungeachtet viel entzündbarer Dunst durch dieselbe verlorengeht; denn die Kalmücken sagen, ohne diese Öffnung gerate die Destillation nicht. Nach weniger als anderthalb Stunden vermindert sich der Dunst, alsdann ist der Branntwein abgetrieben, und man hat, wenn Kuhmilch abgezogen worden, ungefähr zwei Neuntel, höchstens ein Viertel von Pferdemilch, aber wohl ein Drittel der ganzen Quantität an schlechtem Branntwein oder Araka gewonnen, der aber selten, und von Kuhmilch niemals, so stark wird, daß er sich entzünden ließe, außer wenn man ihn nochmals überzieht.

Sobald kein Branntwein mehr übergeht, so wird die Röhre mit den Deckeln abgenommen und der Branntwein in eine große hölzerne Schale, mit einem Guß aus dieser aber in lederne Flaschen übergegossen. Alsdann ist das erste, daß der Inhaber des Gezelts, bei welchem sich die Nachbarschaft zum Gelage versammelt hat, etwas Branntwein in eine Schale gießt, einen Teil davon aufs Feuer schüttet und das übrige gegen das Rauchloch fliegen läßt; ferner bricht er die Spitze des kleinen tönernen Deckels ab und gießt auch auf diesen einige Tropfen. Alsdann schenkt er volle Schalen, die ungefähr eine Flasche halten, ein und gibt nach dem Alter, ohne Unterschied des Geschlechts, das noch warme Getränk herum. Die Kalmükken bezeugen, daß ihr Milchbranntwein nicht so geschwind und in so geringer Quantität als der russische rausche, wenn man aber davon trunken wird, so bleibe man zwei Tage lang närrisch und habe noch länger daran auszuschlafen.

Das ungemein saure Überbleibsel der Milch, welches die Kalmücken Busah nennen, wird darum nicht weggeworfen, sondern auf verschiedne Art genutzt: teils wird es, mit frischer Milch vermischt, sogleich verzehrt, teils zum Bereiten der Schaf- und Lämmerfelle verbraucht, oder wenn man Kuhmilch genommen hat, so läßt man diese Neige so lange kochen, bis sie dick wird, gießt die käsige Materie in Säcke und läßt sie, nachdem sie ausgedrückt worden, entweder in kleinen Brocken oder in zusammengepreßten, runden Kuchen an der Sonne trocknen. Die erste Art wird Schuurmyk, die letztere aber Thorossun genannt. Sie machen auch eine Art von kleinen Schafkäsen, die sie Esgä nennen. Alle diese Arten verzehren sie hauptsächlich im Winter, und zwar mit Butter. Von der Schafmilch haben sie, weil selbige von allen Kalmücken zur Bereitung des Milchbranntweins für völlig untüchtig erklärt wird, keinen andern Nutzen, als diese Käse und die Butter, welche sie davon sowohl als von der Kuhmilch folgendergestalt verfertigen: Sie lassen eine hinlängliche Quantität frischer Milch im Kessel lange kochen; darauf tun sie etwas von dem Schmant gesäuerter Milch Arjän hinzu, wodurch die ganze Masse in einem Tage völlig versauert. Alsdann schlagen sie diese Milch mit einer Art von Butterstock und gießen selbige endlich in einen Trog oder Schale aus, da sich dann die losgegangne Butter oben darauf setzt, welche sie abschöpfen, salzen und in ledernen Geschirren aufheben. Dünkt ihnen die Milch noch nicht alle Fettigkeit verloren zu haben, so kochen sie selbige noch einmal und verfahren wie vorher. Und diese Butter heißt bei ihnen Toasuhn. (...)

Die Waffen der Kalmücken bestehen hauptsächlich in Spießen, Pfeil und Bogen, welch letztere sie aus verschiedenem Holz, besonders Ahorn oder auch aus Horn, welches die

teuersten und besten sind, verfertigt haben. Von Pfeilen führen sie verschiedene Arten, nämlich ganz hölzerne und kurze mit einer kolbigen Spitze, womit sie kleine Tiere und Vögel schießen, leichte Pfeile mit einem schmalen Eisen, Pfeile mit einem leichten, meißelförmigen und große Kriegspfeile mit einem starken, spitzigen Eisen. Alle diese Arten sind drei- oder vierfach mit Adlerfedern befiedert, die sie nur aus dem Schwanz dieser Vögel nehmen, weil die Schwingfedern dem Pfeil eine schiefe Richtung geben würden. Die verschiedenen Arten stecken in besondern Abteilungen des Köchers, welcher auf der rechten Seite des Sattels, so wie der Bogen in seiner Scheide auf der linken Seite hängt. Wohlhabende Kalmücken führen lieber Feuergewehr. – Ein jeder wohlgerüstete Kalmück hat auch seinen Panzer, welcher nach orientalischer Art aus einem Netzwerk von eisernen oder stählernen Ringen besteht. Diese Panzer kommen hauptsächlich durch den Handel mit den Truchmeniern* unter sie. Ich habe solche Panzer von persianischer Arbeit gesehen, welche auf fünfzig und mehr Pferde geschätzt wurden und ganz aus poliertem Stahl bestanden. Man hat aber auch schlechte, die für sechs bis acht Pferde eingetauscht werden. Die volle Rüstung pflegt zu bestehen aus einem runden Helm, von welchem rings um den Hals bis auf die Schultern, vorn aber nur bis auf die Augenbrauen ein eisernes Netz herabhängt, einem Panzerhemd mit Ärmeln, welche bis an das Handgelenk gehn und noch mit einem Zipfel die Hand bedecken, welcher zwischen den Fingern eingeklemmt wird, und endlich aus zwei stählernen Armschienen, welche vom Ellenbogen bis ans Handgelenk die äußere Seite des Arms, an dem sie fest angeschnallt werden, bedecken und zum Auffangen der Hiebe im Handgemenge dienen.
Die kleine, zu den Waffen und andern Notwendigkeiten erforderliche Eisenarbeit wird unter den Kalmücken selbst verfertigt, so wie es auch eine Art von Silberschmieden unter ihnen gibt, welche kleinen Weiberschmuck verfertigen, Teekannen von Holz mit silbernen Tierfiguren und Reifen zieren und auch wohl auf Eisen nach brazkischer Art damaszieren. Das Handwerkszeug der Schmiede ist sehr einfach. Ihr Blasebalg besteht bloß in einem ledernen Sack mit einer Röhre und einer zwischen zwei glatten Hölzlein ge-

faßten Öffnung, welche sie mit der Hand ergreifen und, indem der Sack aufgehoben wird, öffnen, darauf schließen und den Sack zugleich niederdrücken.
Die Jagd wird von den Kalmücken auf verschiedne Art getrieben. Meisterlich wissen sie die wilden Tiere mit allerlei Fallen und Schlingen zu fangen. Sie schießen aber auch mit Pfeilen und Feuergewehr sehr genau. Und Vornehme belustigen sich gerne mit der Falkenjagd, wozu sie hauptsächlich den in dieser Gegend häufigen Schwemmer-Falken oder Balaban (Falco lanarius)* abrichten und sehr hoch schätzen. Sie halten auch Hunde, welche von der Rasse der gemeinen Haushunde sind, in diesen südlichen Gegenden aber sehr schlank und gemeiniglich glatt vom Leibe, mit etwas behangenen Ohren, Schenkeln und Schweif ausfallen und zur Jagd nicht ungeschickt sind.
Der Reichtum und die Subsistenz der Kalmücken sind ihre Herden. Ihr zahlreichstes Vieh sind Pferde und Schafe; Kamele und Rindvieh halten sie in geringerer Anzahl. Ihre Pferde sind nicht viel kleiner als die kirgisischen, ziemlich hoch und leicht von Gliedern, und zwar von keiner schönen, aber auch nicht von unansehnlicher Gestalt. Zu Zugpferden haben sie nicht Kräfte genug und zu viel Wildheit. An Flüchtigkeit aber geben sie, wie die kirgisischen, keiner Art von Pferden etwas nach. Da sie nie andres Futter als sommers und winters die Weide auf den Steppen gewohnt sind, so kann man sie, wie die kirgisischen und baschkirischen, überall ohne Futter fortbringen, ja sie gewöhnen sich schwer an die ordentliche Fütterung, und man läuft Gefahr, mit den Kräften auch ihre Wildheit zu vermehren. Es gibt Kalmücken, welche einige tausend Pferde besitzen und das übrige Vieh in Proportion. Den größten Teil der Hengstfüllen pflegen sie zu Wallachen zu machen, indem sie den Hodensack am Ende wegschneiden, darauf die Schnur der Samengefäße festhalten, die entblößten Hoden zwischen den Nägeln abdrehen und das abgerissene Ende der Schnur mit einem glühenden Eisen brennen. Auf eben diese Art schneiden sie Kälber und Lämmer. Die Hengste werden von den Stuten zu keiner Jahreszeit abgesondert, damit es ihnen niemals an saugenden Stuten und Milch gebreche.
Die kalmückischen Schafe sind mit den kirgisischen von ei-

nerlei Art, nämlich mit polsterförmigen, dicken Fettschwänzen oder Kurdjuk, allein ungleich kleiner und zwischen den kirgisischen und russischen gleichsam in der Mitten. Sie haben auch keinen so starken Ramskopf, kleinere, obwohl hängende Ohren, eine minder haarige Wolle und sind seltner gehörnt. Die gemeinste Farbe bei ihnen ist die weiße mit fleckigen Gesichtern. Die Rasse erhält sich auch bei den stawropolischen Kalmücken und überall, wo man bloß kalmückische Widder halten will und die Herden in voller Freiheit zu aller Jahreszeit grasen, auch im Winter ohne alle Tränke Schnee fressen läßt. – Die Kalmücken haben unter ihren Herden auch Ziegen, aber in geringer Anzahl; und diese haben ebenfalls hängende Ohren, sind oft ungehörnt, gemeiniglich buntfleckig und mit langen Haaren an den Schenkeln artig behangen.

Kamele findet man minder zahlreich, weil sich diese Tiere langsam vermehren. Es gibt aber bei den Kalmücken sowohl ein- als zweibucklige. Sie haben deren nicht nur zu ihrer Notdurft genug, sondern können auch noch davon verkaufen; und es werden aus der Herde nicht wenige nach Orenburg gebracht und an die Bucharen* vertauscht. Überhaupt gedeihen die Kamele auf der jetzt von den Kalmükken bewohnten Steppe wegen der vielen Salzkräuter vortrefflich. Man muß aber im Winter für dieselben etwas mehr Sorgfalt haben als für das übrige Vieh und sie mit Schilfmatten oder alten Filzen bedecken.

Mit diesen ihren Herden überwintern die Kalmücken in der südlichsten Gegend der Wolgischen Steppe und längs dem Kaspischen Meer, doch allezeit in einiger Entfernung vom Jaik, den alsdann die Kirgisen, ihre abgesagten Feinde, besetzt halten. Sie haben besonders an der See reichliche Feurung vom Schilf, und der Schnee fällt daselbst in so geringer Menge, daß es dem Vieh nicht schwer wird, sein kümmerliches Futter zu suchen. Mit Anbruch des Frühlings ziehen sie sich nach und nach nördlich und suchen bis zur Zeit, da die Wolga in ihre Ufer zurückgetreten ist und in ihren Niederungen reichliches Futter darbietet, die hügligen und quellenreichen Gegenden der mittleren Steppe: worunter außer dem ofterwähnten Steppengebirge besonders die unter dem Namen Rinpeski bekannte Strecke von Sandhügeln, wovon unten Erwähnung geschehen wird, und die wegen vieler Quellen von den Kalmücken Son-Chudok (hundert Brunnen) benannte Gegend berühmt ist. Die Kalmücken suchen zum Lager solche quellenreichen Stellen, welche ihnen die daselbst wachsenden Riedgräser und hauptsächlich das kleine Schilf anzeigen. Daselbst schlägt es fast niemals fehl, daß man nicht Wasser finden sollte, wenn nur einige Fuß tief gegraben wird. In den Rinpeski soll das Wasser fast bis an den Rand der Brunnen oder Gruben (Kopani) treten. Man trifft aber auch Stellen, wo man brackes oder salziges Wasser bekommt. In Gegenden, wo viele solcher alten Wassergruben schon vorhanden sind, welche die Kalmücken wohl zu finden wissen, darf man selbige nur räumen und ein weniges tiefer graben, um Wasser zu bekommen. Allein demungeachtet gibt es in der Steppe viele Orte, wo das Vieh mehr als zwanzig und dreißig Werste muß getrieben werden, ehe es einen Tropfen Wasser zu sehen bekommt.

Wenn die Kalmücken solchergestalt, um neue Futterplätze zu suchen, mit ihren Herden wandern, so sind ihnen die Kamele von ungemeinem Nutzen. Auf selbige wird nicht nur alles Zubehör der Gezelte, sondern auch alles Hausgeschirr, Kisten und Säcke mit Kleidungen und Kleinigkeiten, kurz, was sie haben, gepackt. Die einbuckligen, besonders weißen Kamele, welche sie bucharische nennen, dürfen allein zu nichts anderem als zur Fortbringung der heiligen Bücher, Götzen oder Burchanen und übrigen heiligen Gerätschaft gebraucht werden. Man setzt diese Heiligtümer eingepackt auf kleine Wagen und läßt sie von solchen weißen Kamelen fortschleppen. Sie zieren ihre bepackten Kamele auch wohl mit Schellen oder kleinen Glocken, und überhaupt ist nichts angenehmer, als wandernden kalmükkischen Familien und Gesellschaften zu begegnen. Die Weiber und Kinder, welche die Herden treiben, singen fröhliche Gesänge, und das Mannsvolk schwärmt seitwärts herum und belustigt sich mit der Jagd. In der Tat ist der größte Teil des Lebens bei diesem Volk mit Fröhlichkeit erfüllt, und so elend uns ihre Lebensart vorkommt, so glücklich halten sie sich selbst; ja so ungesund ihre Nahrungsmittel und Wohnungen scheinen könnten, so kommen doch viele zu einem überaus hohen, muntern und dauerhaften Alter. (...)

Nun komme ich auf ihre allgemeine Verfassung. Die kalmückischen Stämme sind von jeher gewissen Oberhäuptern untertan gewesen, deren Recht und Gewalt über die unterworfenen erblich fortgepflanzt wird, und noch jetzt ist die ganze Nation unter dergleichen kleinen Fürsten verteilt, welche sich den Titel Nojon beilegen lassen und dem über sie ernannten Khan wenig gehorchen. Die Haufen, über welchen sich die Herrschaft eines solchen Nojons erstreckt, wird eine Ulus genannt und ist in kleinere, nicht weit voneinander kampierende Haufen oder Aimaks abgeteilt, über welche gewisse Edle, deren Titel Saissang ist, gebieten. Jeder Aimak verteilt sich wegen der Viehweide wiederum in Gesellschaften von 10 bis zwölf Gezelten, die einen sogenannten Chatun ausmachen; Chatun aber bedeutet eigentlich einen Kessel, und der Namen zeigt also eine Gesellschaft an, die gleichsam aus einem Kessel kocht. Auch über jedem Chatun sind Aufseher, welche dem obersten Saissang ihres Aimaks, so wie dieser dem Nojon, Gehorsam schuldig sind. Ein Nojon bekommt von seinen Untertanen jährlich einen Zehnten von allem Vieh; er hat die Macht, seine Untersassen, um Verbrechens willen, nach Willkür mit schweren Leibesstrafen zu belegen; ja ihnen Nasen und Ohren abschneiden oder die Hand abhauen zu lassen, nur darf er sich nicht öffentlich an dem Leben eines Menschen vergreifen. Dieser Macht maßen sich die Nojons nur insgeheim an, um solche ihrer Untergebenen, die ihnen widerwärtig sind, aus dem Wege zu räumen. Die Kinder eines Nojons pflegen die Ulusse unter sich zu teilen, wenn nicht vom Vater eine andre Verordnung gemacht und einige von der Familie etwa in den geistlichen Stand getreten sind. Gemeiniglich pflegt die Teilung ziemlich ungleich zu geschehen. – Der Gruß, womit ein Gemeiner sich bei seinem Nojon einfindet, ist, daß er die geschlossene rechte Hand an seine Stirne hält und danach die Hüfte des Nojon damit berührt, welcher ihm etwa dagegen auf die Schulter klopft. Gemeine begrüßen sich untereinander ohne Zeremonien mit dem Worte Mendu, welches mit dem lateinischen Gruß (Salve) einerlei Bedeutung hat. – Rangordnungen und Titel gibt es unter den Kalmücken, außer obgedachten, viele, die ich nicht alle kenne und welche von den Nojons und dem Khan als eigenmächtigem Herrn seiner Ulus vergeben wer-

den. Gemeiniglich pflegt in einer Ulus wenigstens ein oberster Saissang zu sein, welcher Tarchan betitelt wird. Ein andrer Titel, der, soviel ich habe verstehen können, den Vornehmsten, welche um den Khan und die ersten Fürsten sind, zukommt, ist Taischa. Daitschin bedeutet den Anführer eines Aimaks oder eines Trupps; Argatschi ist eine Art Gehilfe oder Beisitzer oder Adjutant; Nairetschi ein Sekretär; Daraga oder Darga ein Abgeordneter entweder von einer Ulusse an die andere oder nach den russischen Städten und Befehlshabern und was dergleichen mehr sein mag.
Es ist gewiß merkwürdig, daß die kalmückischen Fürsten schon vorlängst auf Gesetze gedacht und solche Anordnungen gemacht haben, welche diejenigen von den europäischen Nationen, die sich für die gesittetsten halten und die freien asiatischen Völker mit einem affektierten Ekel Barbaren nennen, zu beschämen im Stande sind. Man hat ein Gesetzbuch in mongolischer Schrift[6], welches unter Galdan-Khan* von vierundzwanzig mongolischen und uirätschen Fürsten* in Gegenwart dreier Kutuchten oder Oberpriester genehmigt und festgesetzt worden. Man spielt darinnen nicht mit dem Leben des Menschen, man verordnet nicht die ordentliche und außerordentliche Tortur, um Unschuldige zu dem Geständnis eines Verbrechens, an welches sie doch nie gedacht haben, zu zwingen. Aber es sind auf alle bei der kalmückischen Lebensart möglichen Verbrechen Strafen am Vermögen und höchstens Leibesstrafen verordnet und Verhaltensregeln den Fürsten sowohl als Gemeinen vorgeschrieben. Es sind in diesem Gesetzbuch verschiedene merkwürdige Punkte, welche verdienen, kürzlich angeführt zu werden. Den Anfang machen die Strafen und Verräterei und Feindseligkeiten der Fürsten und Ulussen unter sich, welche mit einem völligen Verlust des Vermögens oder so schweren Bußen belegt sind, als der Reichtum der Fürsten erlaubt. Ferner auf das Ausbleiben bei gemeinschaftlichen Kriegszügen. Die Strafe für Anführer und Gemeine, welche sich in einem Scharmützel schlecht halten,

[6] Die Kalmücken bedienen sich im gemeinen Leben durchgängig der mongolischen Schrift, und ihre Sprache ist auch fast mongolisch. – Das angeführte Gesetzbuch ist nach ihrer Art im Schlangenjahr, an den fünf guten Tagen des mittelsten Herbstmonats, ratifiziert.

ist ziemlich hoch nach dem verschiedenen Vermögen der Verbrecher angesetzt und der besondre Umstand dabei, daß man ihnen die gewöhnlichen Waffen wegnehmen und sie in Weibskleidern herumführen soll. – Auf den Totschlag sind große, aber weder Leibes- noch Lebensstrafen gesetzt, nicht einmal auf die Ermordung der Eltern. Wenn Leute miteinander zanken oder kämpfen, und einer wird getötet, so sollen alle diejenigen, welche müßige Zuschauer abgegeben haben, ein Pferd zur Strafe erlegen. Wird jemand im Spiel oder als angreifende Partei getötet, so muß der Täter die Frau und Kinder des Verstorbenen zu sich nehmen. – Für Schläge und Verwundungen ist nach dem Rang der beleidigten Personen und der Heftigkeit der verübten Gewalttätigkeit die Strafe so genau bestimmt, daß man sogar festgesetzt hat, wieviel für einen Zahn, ein Ohr und einen jeden Finger an der Hand soll gutgetan werden. Eltern oder Schwieger, welche ihre Kinder ohne Ursache schlagen, sind ebenfalls straffällig angesetzt. Desgleichen sind Strafen auf Beschimpfungen, worunter die hauptsächlichste beim Mannsvolk ist, wenn man jemand am Haarzopf oder Bart zerrt, den Quast von der Mütze reißt, Sand oder Speichel ins Gesicht wirft und dergleichen, beim Weibsvolk aber an den Zöpfen zu zerren, nach den Brüsten oder sonst wohin zu greifen und dergleichen; im letztern Fall sind die Strafen nach dem Alter der Person gemäßigt. Ehebruch und Hurerei, die mit Sklavinnen freiwillig geschieht, desgleichen Bestialitäten sind mit Strafen, aber nur sehr mäßig belegt. Kleine Strafen auf die Störer der Jagd, auf diejenigen, welche auf dem Lagerplatz das Feuer auslöschen, welche ein Aas oder verlorenes Stück Vieh ohne Anzeige zu sich nehmen und auf unzählige andre kleine Fälle, wäre zu weitläufig anzuführen. Die schwersten Strafen an Leib und Gütern sind auf den Diebstahl gesetzt. Außer der Erstattung des Gestohlnen und einer Buße von Vieh ist vorgeschrieben, daß man einem Diebe auch um Kleinigkeiten an Hausgerät oder Kleidungsstücken einen Finger von der Hand hauen soll, wenn er sich nicht lieber mit fünf Stücken großen Viehs loskaufen will. Sogar auf entwendete Nadeln und Nähgarn ist eine Strafe gesetzt. Ja, in einem Anhang, welcher von Galdan-Khan allein herrührt, ist befohlen, daß nicht nur Aufseher über hundert Zelte oder einen Aimak für die Diebstähle ihrer Untergebenen haften sollen, sondern die Aufseher der Chatuns sollen, wenn sie nicht gehörige Anzeige tun, die Hand verlieren, Gemeine aber in Ketten geschlossen werden. Und wer sich dreimal eines Diebstahls schuldig gemacht hat, dem soll man alles, was er hat, wegnehmen. Die Strafen bestehen sonst größtenteils in einer nach dem Vermögen und Verbrechen eingerichteten Zahl großen und kleinen Viehes, welches teils dem Nojon, teils der Geistlichkeit, teils den Klägern zuerkannt ist; bei Vornehmen auch in einer Zahl Panzer, Helme und dergleichen. Die höchste, auf fürstliche Feindseligkeiten gesetzte Strafe ist von hundert Panzern, hundert Kamelen und tausend Pferden. Die übrigen Fürsten sollen wider einen solchen ihren Mann stehen und, wenn er ganze Ulussen oder große Aimaks zugrunde gerichtet hat, ihm alles nehmen, die Hälfte unter sich teilen und den Rest dem beleidigten Teil geben. Für einige Verbrechen soll der Täter auch von seinen Kindern eins oder mehrere einbüßen. Die geringste Strafe ist eine Ziege mit ihrem Böcklein oder eine kleine Anzahl Pfeile.

Noch ist in diesen Gesetzen stipuliert, daß ein verlobtes Mädchen nicht unter vierzehn Jahren und nicht später als im zwanzigsten ordentlich verheiratet werden soll, und nimmt sie alsdann derjenige, mit dem sie verlobt ist, nicht, so kann sie mit Vorwissen des Nojon einem andern gegeben werden. Die Zahl des Viehes, welches ein Vater für seine Tochter nehmen soll, und die Mitgift, welche er dagegen schuldig ist, wird nach dem Rang bestimmt. Es ist auch ein Gesetz darin, daß alle Jahr unter vierzig Kibitken wenigstens vier Mann heiraten sollen; man soll einem jeden aus dem gemeinen Mittel zehn Stück Vieh an dem Preise der Braut guttun und dafür schlechte Kleidungsstücke aus der Mitgift nehmen.

Ich kann nicht umhin, bei dieser Gelegenheit auch der gewöhnlichen und gerichtlichen Eidesversicherungen bei den Kalmücken zu gedenken. Der gemeine Bekräftigungseid ist, daß sie entweder die Öffnung ihres Feuergewehrs vor den Mund setzen und gleichsam küssen oder, wenn ihnen dieses fehlt, mit einem Pfeil die Zunge berühren und sich die Spitze desselben vor den Kopf setzen. In wichtigen Sachen wird die Feuerprobe gebraucht. Es wird ein Beil oder sonst

ein Eisen glühend gemacht, welches der Schuldige einige Faden weit auf den Spitzen der Finger fortzutragen genötigt ist, um sich von der Beschuldigung zu befreien. Man hat mich versichert, viele können dieses so geschickt verrichten, daß sie die geschwind bewegten Finger nicht verbrennen, welches denn von der Unschuld als die Probe angesehen wird. (...)
Ich komme nun endlich auf die mit der Religion im Zusammenhange stehenden weltlichen Gebräuche. Wenn ein gemeines Weib gebäret, so wird ein Geistlicher gerufen, welcher die gehörigen tangutischen* Gebete bei dem Zelt verlesen muß. Der Mann der Gebärerin spannt indessen um sein Zelt ein Netz auf und muß, bis das Kind geboren ist, mit einem Knüttel in der Hand ein beständiges Luftgefecht um das Zelt her machen und rufen Gart Tschetkirr (Fort Teufel), um nämlich den satanischen Boten abzuhalten. Bei Vornehmen werden so viel betende Pfaffen auf die Hut gestellt, daß diese Macht schon hinlänglich ist, um die bösen Geister zu vertreiben. Sie haben bei der Geburt nicht nur Wehemütter, sondern es gibt auch männliche Geburtshelfer, welche das Kind fangen und abwaschen. Die Wöchnerin sieht man oft schon den zweiten Tag nach der Geburt ausreiten und alle Geschäfte warten; sie darf sich aber im Anfang nicht anders als mit verhülltem Haupt zeigen und kann auch vierzig Tage lang nicht beim Gottesdienst erscheinen.
Dem Kinde geben gemeine Kalmücken zum Namen das erste denkwürdige Wort, welches sie hören, oder die Benennung des ersten Menschen oder Tiers, welches dem Vater nach der Geburt zuerst in den Wurf kommt. Bei Vornehmen und die es verlangen, studiert der Pfaff aus gewissen heiligen Büchern einen Namen hervor, der aber, falls er dem Vater nicht anständig wäre, wieder verändert werden kann. Wenn ein Knabe vier Jahre alt ist, so soll eine Art von Firmelung vorgehen, indem er zum Gellüng gebracht wird, der einige Gebete über ihn verliest und ihm etwas vom Kopfhaar abschneidet, welches die Mütter sorgfältig aufzuheben und wohl gar bei ihrem Amulett eingewickelt auf der Brust hängend zu tragen pflegen. Ich weiß aber die Bedeutung dieser Zeremonie nicht.
Von den Hochzeiten der Kalmücken weiß ich wenig Nach-

richt zu erteilen, weil ich dergleichen selbst mit anzusehen keine Gelegenheit gehabt habe. Man hat mir folgende Umstände davon erzählt. Viele Kalmücken pflegen ihre Kinder nicht nur in der ersten Kindheit, sondern sogar schon im Mutterleibe bedingungsweise zu verloben, nämlich auf den Fall, wenn von den kontrahierenden Parteien der einen ein Knabe und der andern ein Mädchen geboren werden sollte, und diese frühzeitigen Verlobungen werden heiliggehalten. Die jungen Leute werden aber gemeiniglich erst im vierzehnten Jahre oder noch später zusammengegeben. Indessen sind dem Bräutigam schon zwei Jahre vor der Verlobung kleine Freiheiten bei der Braut erlaubt, doch muß er, wenn vor der Hochzeit eine Schwängerung erfolgt, es bei den Brauteltern durch Geschenke gutmachen. – Eine Verlobung mag nun so lange vorhergegangen sein oder nicht, so muß man sich vor der Hochzeit mit den Brauteltern über die als Kalün zu liefernde Zahl von Pferden und anderm Vieh vergleichen, wogegen die Eltern zur Ausstattung der Braut mit Kleidern, Hausgerät, gezierten, mit baumwollenem und seidnem Zeug verbrämten oder überzognen Filzpolstern und Decken zum Bette, desgleichen einem neuen und gemeiniglich weißen Filzgezelt Anstalt machen. Man erkundigt sich vor der Hochzeit bei dem Gellüng nach einem dazu glücklichen Tage. Wenn die Zeremonie vorgehen soll, so reist die Braut mit ihren Eltern und Verwandten zum Bräutigam. Das neue Filzgezelt wird aufgestellt, und der Gellüng liest darinnen bei einer Versammlung der Befreundeten über das Brautpaar einige tangutische Gebete, nach welchen auf dessen Befehl die Haarflechten der Braut losgemacht und nach Weiberweise in zwei Zöpfe geflochten werden. Der Gellüng läßt sich alsdann die Mütze der Braut und des Bräutigams geben, entfernt sich mit dem Gädsüll etwas in die Steppe und räuchert selbige, unter einigen Gebetsformeln, mit Weihrauch, worauf sie den Hochzeitsschaffnerinnen oder Freiwerberinnen wiedergegeben und dem Brautpaar aufgesetzt werden. Die Gäste werden alsdann bewirtet, wozu auch der Brautvater das Vieh herzugeben pflegt; und wenn sich die Gesellschaft entfernt, so bleibt die Braut im Zelte bei dem Bräutigam zurück. Die Braut darf auch einige Zeit nicht aus dem Zelt und niemand zu ihr kommen als die Mutter und verwandte Weiber. – Bei

fürstlichen Hochzeiten sollen große Lustbarkeiten vorgehen. Es wird ein großes Gastmahl angerichtet, wobei diejenigen, welche die Speisen in großen hölzernen Geschirren auftragen, durch einen Herold oder Vorschneider angeführt werden, welcher auf einem fuchsfarbigen Pferde reitet, prächtig gekleidet ist, über die Schulter eine lange Schärpe von feiner weißer Leinwand und an der Mütze einen schwarzen Fuchs- oder Otterbalg hängen hat. An dem Hochzeitstage werden von allen Geistlichen der Ulusse Gebete verrichtet und viele Schauspiele mit Pferderennen, Ringen, Bogenschießen und dergleichen gegeben.
Nach der kalmückischen Religion ist die Vielweiberei unerlaubt. Man ist aber in Beobachtung dieses Gesetzes nicht so streng, daß nicht Vornehme und Befehlshaber zuweilen zwei, ja, wohl auch drei Frauen nehmen sollten. Doch sind diese Beispiele selten. Ebensowenig ist die Ehescheidung berechtigt, obwohl sie öfters, besonders unter den Vornehmen, geschieht. Wenn ein Kalmück Ursache hat, mit seiner Frau unzufrieden zu sein, oder diese verlangt selbst die Scheidung, so steht es ihm frei, selbige ganz auszuziehen und allenfalls fortzupeitschen. Will er aber ihrer mit Ehren los sein, so lädt er ihre Verwandten zu einem Gastmahl, gibt der Frau ein gesatteltes Pferd und so viel Vieh, als er will oder vermag, und läßt sie mit diesem Eigentum gütlich von sich.
In dem Augenblick, da ein Kranker den Geist aufgeben will, muß solches dem Gellüng angezeigt werden. Dieser urteilt alsdann, in welcher der zwölf Stunden, in die sie den Tag und die Nacht einteilen, der Kranke ungefähr gestorben ist, und nach der Todesstunde wird aus den Büchern die Art bestimmt, wie mit dem Leichnam verfahren und gegen welche Himmelsgegend vom Lager er getragen werden soll. Man schlachtet alsdann Vieh, schmauset und trinkt, und die Verwandten bringen den Toten zu seiner Bestimmung. Ihre Begräbnisarten sind sechserlei. Die eine und gemeinste ist, daß man den Leichnam in die offne Steppe, mit dem Kopf gegen Osten, ohne alle Kleider so hinlegt, daß er mit dem Kopf auf dem einen Arm gleichsam schlafend ruht. Am Kopf, zu beiden Seiten und an dem Fußende werden vier Stäbe in die Erde gesteckt, an welchen zuoberst vierekkige, mit tangutischen Gebeten schwarz beschriebene Stük-

ken von blauer Kitaika angebunden sind und wie Flaggen wehen; wovon die Meinung eben diejenige als bei den oben erwähnten Gebetsfahnen ist. Die zweite Begräbnisart ist, daß man den Körper in ein benachbartes Gehölz oder Buschwerk trägt; die dritte, daß man ihn ins Wasser wirft, oder er wird, viertens, in der Erde begraben, oder fünftens, mit einem Steinhaufen bedeckt, oder sechstens, verbrannt. In allen den fünf erstern Fällen, welches die Begräbnisarten der Gemeinen und auch der niedrigen Geistlichkeit sind, steckt man die obgedachten Fähnlein so nahe zum Leichnam als man nur kann. Außer diesen Totengebeten aber lassen die Verwandten auch durch die Geistlichen eine Art von Seelenmessen für die Abgeschiednen lesen, welche nach der Tageszeit, an welcher der Tote den Geist aufgegeben hat, eingerichtet ist. Diese Gebete pflegen ordentlicherweise 49 Tage zu dauern; und alsdann erhalten die Verwandten noch drei Gebetsflaggen von dem Pfaffen, welche sie gleichfalls bei dem Toten aufstecken und sich gemeiniglich weiter nicht um ihn bekümmern. Doch können sie die Seelenmessen auch noch länger fortsetzen lassen. Sie urteilen überhaupt aus der Todesstunde, ob der Mensch fromm oder ruchlos gewesen. Für ein sehr übles Zeichen halten sie es, wenn die bloß hingeworfenen Körper von den wilden Tieren nicht berührt werden.
Das Verbrennen der Leichname ist allein den obersten Klassen der Geistlichkeit oder Lamen, den Nojons oder Fürsten, von welchen man gleichfalls die Wiedergeburt der Seelen glaubt, und einigen wenigen heiligen Personen vorbehalten. Die Asche wird von solchen Körpern sorgfältig gesammelt, mit Weihrauch vermischt und nach dem Tibet zum Dalai-Lama abgeschickt. Man hat mir noch ein besondres Begräbnis einer kalmückischen Dame erzählt, welches ich zum Beschluß anführen will. Ein noch jetzt lebender kalmückischer Fürst Ondon hatte eine turkmenische Gemahlin. Diese bat bei ihrem Absterben, daß man sie, nach der Gewohnheit ihrer Väter, in der Erde begraben möchte. Um ihr Gesuch zu erfüllen und zugleich die kalmückischen Gebräuche zu beobachten, soll ihr Leichnam auf Befehl ihres Gemahls bis an die Schultern verscharrt worden sein, über den entblößten Kopf aber hat man ein Filzgezelt aufgeschlagen und den Körper also verlassen. Ich erzähle die-

sen sonderbaren Umstand, wie er mir am Jaik von Leuten, die davon Augenzeugen wollen gewesen sein, erzählt und von Kalmücken bestätigt worden ist. (...)

(17. August 1769) Der Tag neigte sich, da wir unsre Kirgisen erreichten, die mit großen Filzhütten in einem angenehmen Grunde gelagert standen. Die Steppenvölker zeigen gemeiniglich in der Wahl ihrer Lagerplätze einen guten Geschmack und genießen in diesem Stück die Vorteile ihrer unsteten Lebensart aufs beste. – Die Kirgisen schienen mehr Furcht vor uns als wir vor ihnen zu haben. Es war außer einigen alten Weibern und nackenden Kindern, welche bei einem kleinen Kochfeuer herumliefen, niemand bei den Zelten zu sehen, weil sich das junge Weibsvolk versteckt hatte, das Mannsvolk aber mit Zusammentreibung der zerstreuten Herden beschäftigt war. Sobald sie sich dieser versichert hatten, versammelten sich Herren und Sklaven um uns, welche, da sie uns friedfertig fanden, ganz freundliche Gesichter machten und uns mit sehr angenehm säuerlichen, aus Pferdemilch bereiteten Kumys bewirteten, dessen man gewiß nicht ein Maß ohne einen kleinen Rausch austrinken konnte, wie ich davon an einigen meiner Begleiter die Probe zu sehen Gelegenheit hatte. Bei aller dieser Freundlichkeit unsrer Wirte war es nicht ratsam, unter ihnen zu übernachten; weshalb wir bei einfallender Dunkelheit, nachdem wir das Merkwürdigste ihrer Wirtschaft betrachtet hatten, Abschied nahmen und wieder nach der Festung zurückkehrten; da ich denn zum ersten Mal den in diesem Jahr so unerwartet erschienenen Kometen zu erblicken Gelegenheit bekam, nachdem ihn die Luchsaugen der Kosaken schon drei Nächte zuvor, also den 15ten August, etwas unterhalb der Hyaden entdeckt hatten.

Ich bin noch alle bisher eingesammelten Nachrichten von den Kirgisen schuldig, und dieses verleitet mich bei dieser Gelegenheit, eine abermalige Ausschweifung zu machen. – Dieses Volk legt sich selbst den Namen Kirgis-Kasak bei, unter welchem es auch seinen Nachbarn, den Russen und Kalmücken, bekannt ist. Die Kirgisen haben mir aber von dem Ursprung dieses Namens folgenden Bescheid erteilt. Vormals hätten sie mit den Türken gemeinschaftlich gewohnt und sich bis an den Euphrat ausgebreitet; daselbst seien sie von absonderlichen Beherrschern regiert worden, unter welchen in dieser Gegend der letzte Jasyd Chan gewesen. Dieser habe sich vom türkischen Thron Meister machen wollen, weswegen er zwei Enkel Mohammeds von dessen Tochter Fatma, namens Chasan und Chussain, heimlich umgebracht.[7] Nachdem aber die Tat offenbar geworden, hätten die Türken denselben samt allen Kirgisen aus ihren Wohnsitzen mit bewaffneter Hand vertrieben. Darauf seien sie Nachbarn von den nagaischen Tataren gewesen; aber auch von diesen endlich bekriegt und aus der Steppe, welche sie jetzt innehaben, vertrieben worden. Darauf habe sich ihre Horde unter den Schutz eines gewissen Kirgis-Khan begeben, dessen Untertanen mit den Dsiongaren und Chinesen (vielleicht Mongolen) Nachbarn gewesen, und von diesem seien sie bloß zu Kriegsdiensten gebraucht worden. Aber auch ihm seien sie untreu geworden und wieder weg nach ihren jetzigen Wohnsitzen gezogen, wohin sie den Namen Kergis-Chasak mitgebracht, welcher einen Kriegsmann des Kirgis-Khans bedeuten solle; ja sie glauben, daß alle russischen Kosaken den Namen und die Kriegsart von ihnen übernommen haben.

Die Kirgisen wohnen, nach Art andrer nomadischer Völker Asiens, in Filzgezelten, welche sich von den obbeschriebnen kalmückischen in nichts unterscheiden, als daß sie viel geraumer und reinlicher zu sein pflegen, so daß in einem solchen Gezelt oft mehr als zwanzig Menschen ganz gemächlich zu sitzen Raum haben. Überhaupt sind die Kirgisen in ihrem Geschirr und am Leibe viel reinlicher als die Kalmücken. Weil sie durchgängig wohlhabend sind und viel Vieh haben, so leben sie nach ihrer Art sehr gut und sind auch ziemlich wohl bekleidet. Fast alles, was sie dazu an gewirktem Zeuge und manufakturierten Kleinigkeiten nötig haben, müssen sie von den Russen oder asiatischen Karawanen oder durch Räubereien anschaffen; doch stehen sie von letzteren immer mehr ab und fangen an, sich auf den Tauschhandel zu legen. Unter ihnen werden keine zur Bequemlichkeit und Kleidung erforderlichen Dinge verfer-

[7] Ich bin in der türkischen Historie wenig bewandert; und wenn ich es wäre, so würde ich doch diese Erzählung, wie sie ist, hersetzen; dieselbe mag nun wahr oder falsch befunden werden. Es ist eine kirgisische Urkunde.

tigt als Pelz und Lederwerk, eine Art grober Kamelotte* oder Armak, Filzdecken von Schafwolle, welche sie mit bunter Wolle artig zu belegen wissen, allerlei ledernes Geschirr und einige grobe Kleinigkeiten. – Die Tierfelle gerben sie überhaupt, wie die Kalmücken, mit saurer Milch, und daraus besteht größtenteils die Kleidung der Männer. Man sieht aber im Sommer hauptsächlich dreierlei Arten von kurzen Oberkleidern aus Fellen tragen. Die gemeinste Tracht der Sklaven und Ärmeren ist aus Sommerhäuten der Antilopen mit dem Haar auswärts zusammengesetzt, und ein solcher Rock heißt Jirgak; etwas vornehmer und sehr gewöhnlich ist die sogenannte Daka, welche aus Fellen ungeborner Füllen verschiedner Farbe dergestalt zusammengenäht wird, daß mitten auf dem Rücken und auf beiden Schultern die Mähnen zum Zierat in die Naht gesetzt sind. Endlich so tragen einige auch Sommerkleider aus sehr wohl und ohne Haar gegerbten Ziegenfellen, welche Kashan genannt und auch von den Jaikischen Kosaken, weil sie weich und auch im Regen dauerhaft sind, gebraucht werden. Die Kirgisen schneiden von den Ziegenfellen das Haar ab, feuchten dieselben mit Wasser an und lassen sie aufgerollt an einem warmen Ort liegen, bis sie zu stinken anfangen und die Haarwurzeln losgehen; diese werden alsdann mit stumpfen Messern ausgekratzt, das gereinigte Fell etwas getrocknet und darauf entweder in süße Milch oder, wenn es dicke Felle sind, in saure gelegt und darinnen vier Tage gegerbt, täglich aber nochmals aufgekratzt, um die Haut desto besser zu öffnen. Endlich werden diese Felle im Schatten getrocknet und mit Händen und Füßen durchgearbeitet, bis sie ganz weich sind. Alsdann werden sie geräuchert, wieder durchgewirkt und zum Beschluß mit einer gelbbraunen Farbe gefärbt. Solche verschaffen sich die Kirgisen, indem sie Wurzeln entweder vom Rhapontik* oder von der auf der ganzen salzigen Steppe häufigen Statice tatarica (welche sie mit den Kalmücken Tuschütt, die Russen aber Sholty koren, d. i. Gelbwurzel, nennen) in Alaunwasser kochen. Einige sollen auch Schaffett unter die Farbe sieden, um selbige beständiger zu machen. Wenn die Farbe kalt ist, so soll sie wie ein Brei sein, womit sie die Felle auf beiden Seiten einige Male bestreichen und jedesmal trocknen, endlich aber nochmals wirken und weich machen. Solche Felle können sehr oft gewaschen werden, ohne ihre angenehme gelbbraune Farbe zu verlieren. Sie brauchen eben diese Wurzeln, um Wolle zu färben; zur roten Farbe aber bedienen sie sich der rechten Färberröte, welche in einigen Niederungen am Jaik und in der Steppe wächst und von ihnen Kysil-Bujaf genannt wird. – Sie haben einige Schmiede unter sich, welche aber nichts als sehr grobe Kleinigkeiten verfertigen; und dieses ist auch von Silberschmieden zu verstehen, deren einige es unter ihnen geben soll. Diese Leute können nicht begreifen, wie die Kunst bei den Europäern so hoch gestiegen ist, um eine Nähnadel und Fingerhüte zu machen. Alle solche feine Kleinigkeiten und viele andre Waren erhandeln sie in Orenburg und andern Grenzplätzen. Weil sie keine Münzen unter sich haben, so schätzen sie alles nach Pferden oder Schafen; ihre Scheidemünzen aber sind Wölfe, Korsaken und endlich Lämmerfelle.

Die männliche Kleidung der Kirgisen besteht außer dem Oberkleide gemeiniglich in baumwollenen Unterkleidern und Hemden von blauer Leinwand oder Kitaika, welche von oben bis unten wie ein Schlafrock offen sind und mit den Unterkleidern zusammengeschlagen und um den Leib festgebunden werden. Über das Oberkleid aber gürten sie sich mit einem Riemen, woran gemeiniglich eine Pulverflasche und Beutel mit Kugeln hängen, weil jetzt die meisten wohlhabenden Kirgisen Feuergewehr zu führen pflegen.[8] Ihre Sommermützen sind teils von Filz, oft mit Zeug überzogen, bunt ausgenäht und mit Samt gefüttert, oben konisch, mit zwei breiten niederhängenden Klappen, wovon sie die eine aufzuschlagen pflegen. Wintermützen sind mit Pelzwerk gefüttert und haben vorne und hinten runde, auf den Seiten aber spitzige, niederhängende Klappen. Sie tragen sonst noch, auf tatarische Art, eine schwarze, buntgenähte Kalotte auf dem kahlgeschornen Kopf. Die Stiefel, welche die Reichen unter ihnen tragen, werden von den Bucharen verfertigt und ziemlich teuer verkauft. Sie sind

[8] Einige Kirgisen sollen selbst Pulver verfertigen. Sie sammeln dazu den Salpeter auf alten Grabstätten in der Steppe. Derselbe soll so vortrefflich sein, daß man ihn nur von der Erde waschen und hernach mit Schwefel und Kohlen vermischen darf. Den Schwefel aber bekommen sie, wie ihr meistes Pulver, von den asiatischen Karawanen.

von körniger Eselshaut sehr ungeschickt und nach einem sonderbaren Muster, mit langen verlängerten Hacken, gemacht, an den Sohlen mit Zwecken beschlagen oder gar mit Eisen eingefaßt und überhaupt so unbequem, daß gewiß kein Europäer einen Schritt damit tun könnte, ohne zu straucheln. Allein die Kirgisen treten wenig auf ihre Beine, sondern sitzen beständig zu Pferde, weshalb man nicht einen unter ihnen sieht, der gut zu Fuße wäre und nicht krumme Beine hätte.

Die gemeine Tracht der kirgisischen Weiber ist ein blaues Hemd, welches vorne zu ist und worüber sie zu Hause nichts anderes anziehen; ferner lange Beinkleider, Binden, womit sie die Füße umwickeln, platte Socken und weiße oder bunte baumwollene Tücher, womit sie den Kopf vermummen. Diese machen den beständigen Kopfputz aus, welcher Dshaulok genannt wird. Zuerst legen sie ein zwei bis drei Ellen langes Zipfeltuch über den Kopf, um welchen sie die Haare in zwei Flechten wickeln. Die Zipfel des Tuches kreuzen sie unterm Kinn und legen sie wieder über den Kopf, wodurch der Hals vorne sowie hinten von der herabhängenden Ecke des Tuchs bedeckt wird. Darauf wird noch ein 4 bis 5 Ellen langer, in der Mitte fast zwei Hände breiter, gefaltener Streifen von eben dem Zeuge wie das Tuch um den Scheitel des Kopfes also gewunden, daß fast ein zylindrischer Turban daraus entsteht. – Wenn sie sich besser angekleidet haben, so ist dieser Dshaulok von feinerem und hellgestreiftem Zeuge. Über das blaue Hemd ziehen sie alsdann noch ein anderes Hemd von seidnem und wohl gar reichem oder mit unechten Blumen gezierten bucharischem Zeug an, legen eine Schärpe von eben dem Zeuge wie der Dshaulok um den Leib und ziehen über alles noch einen weiten bucharischen Schlafrock oder Chalat an. Um auch die Brüste recht sorgfältig zu verdecken, pflegen sie ein buntes oder ausgenähtes Tuch, welches den ganzen Oberleib verdeckt, über die Brust unter das Oberhemd auszubreiten.

Sie haben aber noch einen andern Schmuck, welcher Dschadshbau genannt wird und in einem vielfachen Schweif besteht, der am Hinterkopf unter dem Dshaulok angeheftet wird. Daran ist erstlich eine mehr als drei Ellen lange Schleppe von buntgesticktem Zeuge, welche wie ein

Wimpel schmal ausläuft und dergleichen die Bucharen ganz fertige mitbringen. Diese wird unter der Leibbinde durchgesteckt. Darüber hängt bis in die Kniebeuge ein doppelter, daumendicker, mit Samt überzogener Zopf, der am Ende mit großen Quasten von schwarzer Seide verziert und bei den Weibern geteilt ist und über die Schultern nach vorne geworfen, von Mädchen aber zusammengeheftet auf dem Rücken getragen wird. Um diesen Zopf hängt noch bis in die Kniebeuge ein Schnurwerk, mit allerlei bunten Quasten, Korallen, Fingerhüten und anderem Klipwerk herunter. Dabei setzen sie auch wohl unter dem Dshaulok noch eine Schaube auf, welche am Gesicht herum mit allerlei Silberblechen oder kleinen Münzen besetzt und behängt ist.

Die Kirgisen sind mohammedanischer Religion, welche sie ihrem Vorgeben nach schon aus Turkestan mitgebracht haben; und also nehmen sie so viele Weiber, als sie bezahlen oder rauben können. Der Kalün, welcher für die Braut bezahlt werden muß, pflegt sich bei ihnen ziemlich hoch zu belaufen. Nach mohammedanischer Art kostet es Mühe, ihr Weibsvolk zu sehen zu bekommen, und die Reichen pflegen für jede Frau ein besonderes Gezelt und auch für sich ein abgesondertes zu haben. – Sie sind in ihrem Glauben eifrig genug, aber dabei äußerst unerfahren, weil sie sehr wenig mohammedanische Geistliche unter sich haben. Jetzt befindet sich gleichwohl ein Achun oder Oberpriester bei der Horde, welcher mit dem Khan herumzuziehen pflegt. – In ihrer Lebensart beobachten sie das mohammedanische Gesetz ziemlich genau. So essen sie z. E. kein unreines, verrecktes, hinkendes oder sonst fehlerhaftes Tier und von wilden Tieren nur die Antilopen, Steppenpferde und Hirscharten. Aus solchem Fleisch aber besteht ihre Hauptnahrung, obwohl sie sich nunmehr auch an Mehl und Grützwerk gewöhnen und solches von den Russen gern eintauschen. Dabei ist ihr Getränk mehrenteils saure Milch (Airän) oder gegorne, klare Pferdemolke (Kumys).

Je sparsamer bei der kirgisischen Nation die Geistlichkeit ist, desto zahlreicher und mannigfaltiger sind unter ihnen die Zauberer. Man hat mir deren fünferlei hier genannt. Eine Art, welche aus gewissen Büchern und aus den Gestirnen weissagt und solches unentgeltlich als eine Art von

Wissenschaften treiben soll, nennen sie Faltscha. Danach gibt es eine Art Weissager, Jauruntschi genannt, welche aus dem Schulterblatt eines Schafes künftige Dinge verkündigen und auf alle Fragen Antwort wissen. Man sagt, das Schulterblatt müsse bloß mit einem Messer eingeschabt und nicht mit den Zähnen berührt sein, weil es dadurch zur Zauberei untüchtig werden soll. Nachdem man dem Weissager eine Frage vorgelegt oder sich derselbe etwas in Gedanken vorgesetzt hat, legt er das Schulterblatt auf ein Feuer und wartet so lange, bis die platte Seite allerlei Risse und Spalten bekommt; und aus diesen Linien weissagt er. Diese Leute sollen so geschickt sein, daß sie die Entfernung eines abwesenden Menschen zu bestimmen unternehmen. Man erzählt, es habe einmal eine Partei Kalmücken, welche unter sich einen Weissager dieser Art hatten, einen ansehnlichen Raub an den Kirgisen begangen. Eine Partei von diesen, unter welcher ebenfalls ein Weissager war, machte sich auf, um dem Feinde nachzujagen; allein der Kalmück verstand seine Kunst so gut, daß er seine Landsleute von der Ankunft der Kirgisen zeitig benachrichtigte, und je mehr diese sich näherten, desto mehr zur Flucht antrieb. Da der kirgisische Weissager merkte, daß er seinen Zweck nicht erreichen würde, soll er folgende List gebraucht haben. Er ließ seine Kirgisen die Pferde verkehrt satteln und sich umgekehrt daraufsetzen. Dadurch ward der Kalmück irregemacht; er sah auf seinem Knochen, daß die Kirgisen umgekehrt wären, und riet also seinen Gefährten, mit der Flucht innezuhalten; dadurch wurden sie eingeholt und von den Kirgisen mit der gemachten Beute zu Gefangnen gemacht. Man hat diese Erzählung von den Kirgisen selbst, und ich stehe für deren Glaubwürdigkeit nicht ein.
Eine dritte Art Zauberer nennen sie Bakscha und setzen in dieselben ein großes Vertrauen. Wenn diese um Rat gefragt werden, so lassen sie zuerst ein Pferd, Schaf oder einen Bock hergeben, welche, als zum Opfer bestimmt, auserlesen und ohne Fehl sein müssen. Darauf fängt ein solcher Bakscha an, seine Zauberlieder anzustimmen, eine Art von Zaubertrommel, die mit Klapperringen behängt ist (Kobiz), zu rühren und allerlei Sprünge und gewaltsame Bewegungen zu machen. Wenn er dieses etwa eine halbe Stunde getrieben hat, so läßt er das Opfervieh bringen, schlachtet es

und läßt das Blut in ein besondres Gefäß laufen. Das Fell nimmt er für sich, das Fleisch wird von den Anwesenden verzehrt, und die Knochen sammelt der Zauberer, macht sie mit roter und blauer Farbe bunt und wirft sie von sich gegen Westen, wohinwärts er auch das gesammelte Blut des Tieres ausschüttet. Alsdann gehen die Beschwörungen wieder an, und nachdem dieses noch eine Weile gedauert hat, so erfolgt endlich die verlangte Antwort.

Noch ist eine Art Zauberer Ramtscha, welche Butter oder Fett ins Feuer schütten und aus der Farbe der Flamme weissagen, wobei gleichfalls ein Opfer geschlachtet und Beschwörungen gebraucht werden. Diese Art der Zauberei aber ist wenig geachtet. Endlich so gibt es noch Hexen beiderlei, am meisten aber weiblichen Geschlechts (Dshaadugar), welche die Sklaven und Gefangnen bezaubern, so daß sie gemeiniglich entweder auf der Flucht verirren und wieder in die Hände ihres Besitzers fallen oder, wenn sie auch entkommen sind, dennoch bald wieder in kirgisische Sklaverei geraten sollen. Sie raufen zu dem Ende dem Gefangenen einige Haare vom Kopf, fordern seinen Namen und stellen ihn mitten im Gezelt auf die auseinandergefegte und mit Salz bestreute Asche des Feuerplatzes. Darauf nimmt die Zauberin ihre Beschwörungen vor, während welcher sie den Gefangnen dreimal zurücktreten läßt, auf seine Fußstapfen ausspuckt und jedesmal zum Zelt herausspringt. Zum Beschluß streut sie dem Gefangnen etwas von der Asche, worauf er gestanden, auf die Zunge, und damit hat die Bannung ein Ende. Die Kosaken am Jaik glauben fest, daß, wenn ein Gefangner seinen wahren Namen sagt, diese Zauberei unfehlbar wirke.

Es lebt das zahlreiche Volk der Kirgisen in einer viel unumschränkteren Freiheit als die Kalmücken, welche so viele kleine Despoten unter sich erkennen. Ein jeder Kirgise lebt wie ein freier Herr, und deswegen sind die Kirgisen als Feinde weniger gefährlich. Doch hat ein jeder Stamm oder Aimak sein Oberhaupt, welchem die ganze Verwandtschaft einen freiwilligen Gehorsam leistet. Diejenigen, welche den stärksten Anhang haben, nehmen den Titel von Khanen und Sultanen an. Auch sind noch andre Rangstufen unter ihnen; demnach gibt es gewisse Edlen, welche Bü genannt werden; andre geehrte Leute von alter Herkunft, welche den Namen Chodsha führen, und noch andre, welche sich Mursen nennen. Der über die hier grenzende kleine kirgisische Horde von russischer Seite ernannte und besoldete Khan hat unter diesen freien Leuten wenig Gewalt und nur so viel Ansehen und Anhang, als er sich durch seinen Reichtum und Geschenke zu erwerben weiß. Es ist auch nicht er, welchen sie die Rechtshändel unter sich schlichten lassen, sondern es werden, wie man sagt, jährlich drei Versammlungen von Ältesten und Häuptern der Stämme gehalten, welche die sich ereignenden Streitigkeiten entscheiden. Wenn sie stark auf Parteien ausgehen wollen oder wirklich mit Krieg bedroht werden, so halten sie große Versammlungen, pflegen auf demokratisch Rat und wählen jemand von den Ältesten oder Häuptern zum Anführer. Kleine Räubereien begehen sie ohne soviel Umstände in kleinen Rotten, und wenn sie auf der russischen Grenze ein Pferdetabun* wegtreiben oder einzelne Menschen wegschnappen, so geschieht dieses besonders um die Zeit, wenn sie sich von selbiger Gegend mit ihren Herden weggezogen haben. Denn solange sie in der Nähe weiden, so sehen sie unter sich selbst darauf, daß keine Unordnung begangen wird, weil alsdann die Unschuldigen, welche mit ihrem Vieh so geschwind nicht flüchten können, für die Schuldigen büßen müssen. Überhaupt sehen sie zu ihren Streifereien gemeiniglich die Zeit so wohl ab, daß die Räuber fast niemals ertappt werden. Man hat wahrgenommen, daß ihre Nachbarschaft besonders in denjenigen Gegenden gefährlich sei, wo an der russischen Seite eine offne Steppe, an der kirgisischen aber Berge oder Höhen sind, wo sie sich verbergen und auf Gelegenheit lauern können. – Die asiatischen Karawanen, welche durch die unsichere, von diesem schwärmenden Gesindel bewohnte Steppe nach den russischen Handelsplätzen kommen, versichern sich der Häupter derjenigen Stämme, durch deren gewöhnlichen Aufenthalt ihr Weg geht. Diese nennen sie Karawan-Baschi und geben ihnen für das sichere Geleit, welches sie mit ihrem Anhang leisten, einen vertragsmäßigen Lohn an Waren, welcher nach Aussage der Bucharen, die ich darum befragt habe, von 10 bis 12 Rubel an Wert auf jedes Kamel betragen kann.

Sonst sind die Kirgisen an und für sich nichts weniger als

fürchterliche Leute und auch so wenig blutdürstig, daß sie viel lieber einen Sklaven machen, als einen Menschen ums Leben zu bringen suchen. Sie halten ihre Sklaven auch nicht eben grausam, solange diese getreu bleiben. In ihrem Bezeugen gegen Fremde sind sie freundlich, aber immer sehr eigennützig und verschlagen, sogar daß sie auch, wenn sie die russischen Plätze besuchen, ihre Wirte mit Kleinigkeiten beschenken, um das Recht zu bekommen, sich ein wichtigeres Gegengeschenk auszubitten. Ihr Gruß ist der tatarische, daß sie einander die rechte Hand zwischen beide Hände drücken. Alte Bekannte aber pflegen sie auf das treuherzigste zu umarmen. Ihre Sprache ist von der tatarischen ebenfalls wenig verschieden, doch sollen sie eine höhere Aussprache haben und sich vieler geblümter Redensarten zu bedienen gewohnt sein.

Der eigentümliche Reichtum der Kirgisen ist die Viehzucht. Es sind aber Pferde und Schafe ihr zahlreichstes Vieh. Kamele besitzen sie in weit geringerer Zahl, und mit Rindvieh sind sie am schlechtesten versehen, weil es sich im Winter ohne ordentliches Futter nicht wohl aus der Steppe erhalten kann. Sie gebrauchen aber das Rindvieh wie die Kamele zum Tragen des Hausgeräts, wenn sie von einem Ort zum andern ziehen. Kamele habe ich keine andren als zweibucklige bei ihnen gesehen. Soviel ich von der Zucht dieser Tiere habe erfahren können, pflegt man dieselben im Winter, und zwar im Februar, da sie am brünstigsten sind, zu belegen. Die Stute ist gewöhnt, auf das Wort Tschuk sich auf die Knie niederzulassen. Alsdann wird der Hengst dazugeführt, welcher die Stute bespringt und sich auf die hinteren Knie dabei niederläßt, mit den vorderen aber steht. Das Tier soll so ungeschickt und langsam sein, daß die Kirgisen selbst mit der Hand helfen müssen; und ein Kamel soll mehr als eine halbe Stunde mit der Begattung zubringen. Doch gibt es auch alte Kamele, welche die Stute selbst auf die Erde werfen und keinen Gehilfen brauchen. Wenn ein Kamel befruchtet ist, so läßt es den Hengst nicht mehr zu, sondern stellt sich mit einem unwilligen Gebrüll zur Wehr. Sie tragen ein volles Jahr von zwölf Monaten und säugen das Junge, welches im dritten Jahr zur Zeugung geschickt wird, bis zwei Jahr lang; daher die Vermehrung dieser Tiere sehr langsam ist. Man pflegt bei den reichen Kirgisen die Kamele auch zu melken; ihre Milch soll bläulich, dick und von Geschmack angenehm sein. Die Kirgisen halten selbige für sehr gesund; sie soll auch gesäuert noch stärker als die Pferdemilch rauschen und einen bessern Branntwein geben, aber keinen Schmant setzen. Im Winter muß für die Kamele mehr als für das übrige Vieh gesorgt werden. Man bedeckt sie mit Filzen oder Schilfdecken und spannt auch wohl, wenn scharfe Kälte ist, große Filze oder Schilfmatten zwischen den Zelten zu einem Schutz für sie aus.

Die Pferde der Kirgisen sind wenig von den kalmückischen unterschieden; doch pflegen sie etwas höher von Wuchs zu sein. An Wildheit und Flüchtigkeit sind sie jenen gleich und ebenfalls gewöhnt, ihr Futter den ganzen Winter unter dem Schnee hervorzuscharren, wovon dem übrigen Vieh zugleich das Weiden erleichtert wird. Doch pflegen die Kirgisen auch wohl, wenn tiefer Schneefall ist, für das kleine Vieh den Schnee mit Schaufeln wegzuräumen. Ihre Pferde verteilen sie in Tabunen, bei denen jeder nur ein Hengst gelassen, die überflüssigen Hengstfüllen aber geschnitten werden. Der Tabunenhengst steht den Stuten wie ein Hirt vor und hält sie beisammen. Wenn aber eine Stute sich entfernt und einen fremden Hengst zugelassen hat, so soll er dieselbe nicht mehr in seinem Trupp leiden. Die Stuten werden gemeiniglich alle so belegt, daß die Füllen vom Februar bis in den Mai fallen.

Die kirgisischen Schafe sind die größten und ungestaltesten von allem Wollenvieh. Sie sind höher als ein neugebornes Kalb und so stark und schwer, daß die ausgewachsenen gemeiniglich bei guter Jahreszeit zwischen vier und fünf Pud wiegen. Sie sehen der Gestalt nach den indianischen Schafen etwas ähnlich, haben sehr krumme Ramsköpfe, hervorragende Unterlippen, große niederhängende Ohren und öfters Warzen oder sogenannte Haarglocken einzeln oder doppelt am Halse. Anstatt des Schwanzes tragen sie ungeheure, runde, polsterförmige und von unten fast ganz kahle Fettklumpen (Kurdjuki), welche bei starken Schafen oft 30 bis 40 Pfund wiegen und 20 bis 30 Pfund Talg geben; und mit diesen unterscheiden sie sich am meisten von den indianischen Schafen. Sie haben übrigens eine filzige und ziemlich lange, aber sonderlich am Hinterteil mit Haaren sehr vermischte Wolle. Ihre Farbe ist am gewöhnlichsten braun oder braungefleckt, und nächst dieser ist die weiße die gemeinste. Die Widder sind durchgängig gehörnt, und auch unter den Hammeln gibt es mehr gehörnte als ungehörnte; ja man findet einige, welche vier, fünf bis sechs Hörner wie die isländischen bekommen. Die Widder werden zwar den ganzen Sommer in der Herde gelassen, man bindet ihnen aber vom April bis in den Oktober einen Filz um den Leib, damit sie die Schafe nicht belegen können. Im Oktober gibt man ihnen die Freiheit; und solchergestalt fallen die Lämmer alle im Frühling. Man soll sich eben dieses Mittels auch bei den Stieren bedienen. Den ganzen Winter hindurch suchen die Schafe ihr Futter unter dem Schnee selbst und fressen auch Schnee statt des Getränks, wobei sie wenig abfallen und im Frühling geschwind die vorige Feistigkeit wiedererlangen. Dazu trägt der kurze Winter und dieser Umstand viel bei, daß der Schnee auf den häufigen Salzstellen der Steppe sehr geschwind vergeht und diese Tiere durch den Genuß des salzigen Erdreichs gleichsam gemästet werden. Vielleicht ist dieser Umstand auch die Ursache, warum die orientalische Rasse von Schafen bei den Kirgisen und Kalmücken nach und nach durch überflussiges Fett ausgeartet und anstatt der Schwänze solche unbehilflichen Fettpolster bekommen hat, welche Ungestaltheit nunmehr, da sie eingewurzelt ist, sich auch in andern Gegenden erhält, wo man Widder und Schafe dieser Art allein hält und nicht vermischt. – Die kirgisischen Schafe werfen gemeiniglich zwei Lämmer, und Seuchen sind ihnen nicht bekannt, weil dieses Vieh auf der Steppe völlig der Natur überlassen lebt. Die Vermehrung des Wollenviehes ist daher bei den Kirgisen ungemein groß und ihre Herden zahlreich. Eine gewöhnliche, aber nicht tödliche Krankheit der kirgisischen Schafe ist, daß sie im letzten Magen allerlei aus Wolle oder zerkauten Pflanzenteilen zusammengewirkte Ballen erzeugen, welche sich mit einem schwarzen Lack, ja wohl gar mit einer steinartigen Rinde überziehen. Sonst pflegen die Kirgisen, wenn ein Vieh krankt, dasselbe ohne weitere Umstände zu töten.

Unter ihren Schafherden halten sich diese Nomaden auch nicht wenig Ziegen, welche sie nur der Milch und Felle wegen erziehen, und diese haben, wie ihre Schafe, ein wun-

derliches Ansehen, sind mehrenteils ungehörnt, an den Gliedern mit langen Haaren artig behangen, dabei gemeiniglich buntfleckig und haben niederhängende Ohren.
Bei ihrem mäßigen Hirtenleben ist die Jagd eine der gemeinsten Beschäftigungen der Kirgisen, wobei sie noch den Vorteil haben, daß sie die ihren Herden gefährlichen Füchse und Wölfe loswerden. Ich habe schon oben erwähnt, daß sie sich zur Jagd dieser Tiere abgerichteter Adler bedienen. Sie pflegen dieselben auch wohl zu Pferde auf der weiten Steppe zu jagen, und gewiß, man kann sich keine schönere Gelegenheit zur Parforcejagd vorstellen. Man hat mir auch eine besondre Art erzählt, wie sie die Antilopen oder Saigaken, welche sie Akik nennen, zu erlegen pflegen. Diese Tiere halten sich im Winter meistens in schilfigen Gegenden auf, und weil sie sehr zart und leicht zu verwunden sind, so stutzen die Kirgisen in einer kleinen Strecke das Schilf so hoch ab, daß die Spitzen desselben die springenden Antilopen in den Leib verwunden müssen. Alsdann jagen sie diese Tiere nach solchen Stellen und bemächtigen sich solchergestalt der Tiere gar leicht.
Die Kirgisen gelangen oft zu einem hohen Alter und sind bis in ihre spätesten Jahre munter und ohne Schwachheit. Ihre gemeinsten Krankheiten sind kalte Fieber, Husten, Engbrüstigkeit und Herzklopfen; auch die Venusseuche ist bei ihnen ziemlich stark eingerissen und unter dem Namen Kurusaslan bekannt. Von bösartigen hitzigen Fiebern habe ich nichts erfahren können, die bei den Kalmücken so gefährlich sind. Aber mit den Pocken, welche sie Tschitschak nennen, werden sie nunmehr durch die Gemeinschaft mit den Europäern zuweilen angesteckt. Sie fürchten diese Krankheit aber dergestalt, daß sie die Kranken, sobald sich Blattern äußern, verlassen und ihnen zur Not nur die Lebensmittel und Getränke von ferne hinsetzen; nähert sich aber ein solcher Kranker ihren Wohnungen, so machen sie sich kein Gewissen daraus, mit Pfeilen auf ihn zu schießen.
Zur Beerdigung ihrer Toten werden entweder kleine Gruben gemacht oder auch wohl über der Erde Pfähle eingeschlagen, mit Reisig ausgeflochten und auch, nachdem der Körper in voller Kleidung hineingelegt worden, mit Zweigen bedeckt und die Erde darübergeschaufelt. Es wird aber

dabei am Kopfende, welches gegen Mitternacht sehen muß, ein kleiner Pfahl, dessen Ende bis in die Leichenkammer reicht, so lange aufrecht gehalten, bis der ganze Grabhügel festgeschlagen ist, da dann der Pfahl herausgezogen wird und also das Grab eine Öffnung behält. In steinigen Gegenden trägt man einen Steinhaufen über dem Körper zusammen. Man darf sich daher nicht wundern, wenn man in allen Steppen eine Menge solcher Grabhügel findet, die noch täglich zunehmen muß. Sie beerdigen aber ihre Toten am liebsten und häufigsten um die Gräber gewisser, unter ihnen für Heilige gehaltner Leute, bei alten Metscheden, und überhaupt an solchen Orten, wo schon viele alte Gräber vorhanden sind. (...)

2. TEIL
PHYSIKALISCHE REISE DURCH EINIGE PROVINZEN DES RUSSISCHEN REICHS IM 1770STEN UND 1771STEN JAHRE

Vorrede

Auch bei diesem Teil meiner Nachrichten bitte ich meine Leser, sich zu erinnern, daß es die flüchtige Arbeit eines Reisenden ist. Ich fahre nämlich fort, die Befehle der Akademie, von welcher ich abhänge, zu erfüllen und die Beobachtungen des Sommers, so wie ich sie aufgezeichnet finde, nur mit Verbesserung der Schreibart, während der Muße, welche der Winter neben andern Arbeiten gibt, mitzuteilen. Ob das Publikum dieses unausgearbeitete Tagebuch seines Beifalls wert achten wird, muß der Erfolg lehren. Ich selbst weiß sehr wohl und schreibe es hier, um den Kunstrichtern eine Mühe zu ersparen, daß ich bei mehr Muße und mehr gelehrten Hilfsmitteln, als ich auf der Reise haben kann, meine Arbeit in manchen Stücken vollkommner und untadelhafter hätte machen können. In der Wahl der Bemerkungen habe ich selbige, um sie für allerlei Leser unterhaltend zu machen, nicht eingeschränkt, sondern, wie im ersten Teil, alles, was nur einiger Aufmerksamkeit würdig schien, getreulich aufgezeichnet. Diejenigen, welche darunter manches Überflüssige zu finden glauben, bitte ich zu überlegen, daß es eine kleinere Anzahl Leser geben kann, welchen meine Weitläufigkeit nicht gleichgültig sein möchte; und diesen werden sie dann dasjenige, was sie für überflüssig halten, überlassen.
Ein großer Teil meiner in den letzten zwei Jahren getanen Reise betrifft fast eben diejenigen Gegenden, welche aus dem ersten, dritten und vierten Teil der Gmelinschen Reise* schon bekannt sein können. Ich darf aber nicht befürchten, daß meine Arbeit deswegen für eine entbehrliche Wiederholung wird gehalten werden. Der Plan der Gmelinschen Reise ist von dem meinigen völlig verschieden und besonders in Absicht der Naturgeschichte unendlich eingeschränkter. Alle genauen Beobachtungen aus diesem Fach

waren in selbiger weggelassen worden, um zu besonderen Abhandlungen, das Botanische aber zur „Sibirischen Flora"* zu dienen. Hingegen habe ich überall wenigstens das Merkwürdigste von natürlichen Seltenheiten umständlich erwähnt und auch das Glück gehabt, vieles anzutreffen, was der Aufmerksamkeit der vorigen Reisenden entgangen war. Ferner so sind meine Wege großenteils von den Gmelinschen ganz verschieden gewesen, und Sibirien hat zum Teil durch Ausdehnung seiner Grenzen, neue Bevölkerung und Anlage wichtiger Berg- und Hüttenwerke eine ganz andre Gestalt gewonnen, so daß die Vergleichung meiner Nachrichten mit den Gmelinschen nicht eben unvorteilhaft ausfallen kann.

Ich habe den ersten Teil meiner Reise mit *Ufa* beschlossen und noch verschiedene Nachrichten aus der Gegend dieser Stadt versprochen. Ich muß aber gestehen, daß, wenn nicht eine noch im November und Dezember des 1769sten Jahres über Orenburg bis an die Wolga und von Stawropol zurück durch die Gegenden längs dem Kinel über Bogoroslan und Buhulma wieder nach Ufa getane Reise, deren Bemerkungen schon größtenteils am gehörigen Ort eingeschaltet worden, einen Teil des Winters weggenommen und auf den Überrest desselben verschiedene Ausarbeitungen mich genugsam beschäftigt hätten, ich mir keinen unfruchtbarern und unangenehmern Winteraufenthalt, als Ufa war, könnte gewählt haben. Unstreitig hat aber, außer den verdrießlichen Hindernissen, welche meine Hoffnung, den Winter in dieser Gegend mit Nutzen wenigstens für die Tiergeschichte zuzubringen, vereitelten, auch die schlechte, ungesunde Lage der Stadt, der diesjährige traurige Winter und die außerordentlich lang anhaltende Überschwemmung, welche mich bis in den Mai gleichsam gefangenhielt, viel beigetragen, mir den dortigen Aufenthalt widerwärtig zu machen.
Ufa ist ein an sich schlecht bebauter und nicht wenig verfallner Ort, dessen Lage nicht übler hätte können gewählt werden, wenn man nicht den wichtigen Grund der Sicherheit vor den baschkirischen und andern Überfällen bei Erbauung der Stadt dazu gehabt hätte. Die in ganz unregelmä-

ßige Linien zerstreuten Wohnungen, zwischen sechs- und siebenhundert an der Zahl, nehmen längs dem rechten Ufer der Belaja eine Art von Kessel ein, der teils durch eine Krümmung des Flusses, teils durch die von rundumher gelegnen Höhen zusammenschießenden Ströme des Schnee- und Regenwassers nach und nach gebildet zu sein scheint. Eben diese Frühlingswasser haben in das hohe und steile Ufer des Belajaflusses tiefe und mehr oder weniger weitstreckige Klüfte (Awragi) ausgewaschen, welche noch beständig und nun noch vor wenig Jahren durch einen ansehnlichen Erdfall vermehrt und vergrößert worden. Verschiedene solche Erdklüfte oder tiefe und weite Defileen, durch deren eine auch des Sommers ein geringes rinnendes Wasser, namens Sutoloka, zur Belaja herabkommt, durchschneiden die auf den Abhang gebaute Stadt, und einige andre ober- und unterhalb derselben befindliche tragen mit zur Sicherheit des Ortes bei, welche jetzt ohnehin durch die friedfertigen Gesinnungen der Baschkiren und durch die Entfernung und Befestigung der Grenzen genugsam bestätigt ist. Die vormaligen Befestigungen von Ufa sind daher größtenteils eingegangen, und auch von derjenigen mit Palisaden versehen gewesenen Linie, welche gegen sechs Werste von der Stadt, zwischen der Ufa und Belaja, die sich durch ihre Krümmungen einander auf sechs bis sieben Werste nähern, quer durch das Land gezogen war und in unruhigen Zeiten die Äcker der Stadt und die notdürftige Weide für das Vieh bedeckte, ist kaum mehr die Spur und einige Reste von einem hölzernen Wachturm zu sehen.

Die oben beschriebene Lage der Stadt, die in verschiedenen Gegenden derselben gelegenen sechs Kirchen und besonders die nebst den übrigen öffentlichen Gebäuden auf der mit Palisaden umgebnen höchsten Gegend der Stadt gleich unterhalb des Baches Sutoloka sich zeigende steinerne Hauptkirche machen die Aussicht der Stadt amphitheatralisch genug und ansehnlicher, als sie es in der Tat ist. Desto unzierlicher findet sie gar bald ein Ankömmling, der sich darin aufzuhalten hat, besonders, wenn der Frühling oder eine regnerische Witterung das Erdreich erweicht und die Wege in derselben fast unwandelbar macht. Die verderbten Sitten der Einwohner machen den dortigen Aufenthalt noch unangenehmer. Denn wenn man die zur Provinzialkanzlei und zu dem hier bestellten Orenburgischen Berg- und Hüttenamt gehörigen Hauptpersonen wegnimmt, so bleiben der Stadt wenig gesittete und wohlbemittelte Einwohner übrig, weil sich der Ort weder eines ordentlichen Handels noch auch guter Manufakturen zu rühmen hat. Außer einigen Gerbern, welche Juften bereiten und zu dem Ende kleine Lohmühlen, die ein Pferd treibt, angelegt haben, findet man hier kaum die nötigsten Handwerker. Im Handel aber ist man noch nicht viel weiter gekommen, als daß man allerlei gemeine Waren von Kasan holt, womit man die zum Einkauf oder wegen Rechtssachen nach Ufa kommenden Baschkiren aufs teuerste versorgt. Ja so wenig Bemühung wenden die Einwohner an, ihren Zustand zu bessern, daß der ansehnliche Handel, welchen sie aus der Provinz teils mit Honig und Wachs, welches die Baschkiren im Überfluß gewinnen, teils mit Pelzwerk, worunter die genugsam geschätzten ufischen Marder und die im Ural noch häufigen Bären einen nicht unwichtigen Artikel ausmachen, teils mit Pferden und anderm Vieh treiben könnten, durch die fleißigeren kasanischen Tataren, welche des Handels wegen bei den Baschkiren herumreisen, weggeschnappt wird. Diese Untätigkeit ist desto mehr zu bedauern, da Ufa durch seine Lage der Stapel aller Produkte des Orenburgischen Gouvernements, die noch sehr vermehrt werden können, sein würde, wenn es handelnde Einwohner hätte. Denn die Schiffahrt auf der Belaja kann gleich unterhalb Ufa, nachdem sich der ansehnliche Djomafluß mit jener vereinigt hat, ohne alle Schwierigkeit mit ziemlich großen Lastfahrzeugen unternommen und also der Wassertransport durch die Kama und Wolga bis ins Innerste des Reichs und bis zu den Seehäfen bewerkstelligt werden. Durch diese Wassergemeinschaft, welche die Belaja mit ihren aus dem Uralischen Gebirge entstehenden Nebenflüssen diesen Gegenden verschafft, wird schon jetzt der wichtige Transport des Iletzkischen Steinsalzes*, welches man vorher bei der an dem Flüßchen Aschkadar eingerichteten Niederlage allein, nunmehr aber auch bei Ufa einzuschiffen die Einrichtungen getroffen, desgleichen die Ausführung des Eisens, welches die an der Belaja selbst, an der Ufa, dem Sym, Jurjusen und Ai angelegten Hütten liefern, zu großem Vorteil des Reichs erhalten, und man sieht mit dem ersten offnen

Wasser eine Menge von Fahrzeugen, die zum Transport an gedachten Flüssen erbaut und mit hohem Wasser abgelassen werden, bei Ufa anlegen und ihre Fahrt nach der Kama fortsetzen.

Die Gegend von Ufa gegen Westen und Süd- wie auch Nordwesten ist größtenteils von sogenannten ufischen Tataren, welche mit den kasanischen verwandt, aber vorlängst in diesen Gegenden ansässig sind, bewohnt. Selbige machen hauptsächlich in der ganzen Gegend zwischen der Belaja und dem in die Kama fallenden Jaik-Flusse eine zahlreiche Bevölkerung aus. Diese Tataren sind von allen Einwohnern der Ufischen Provinz unstreitig die fleißigsten Ackerleute und auch größtenteils wohlbemittelt. Wie könnte es ihnen auch bei der ordentlichen Haushaltung, die man unter ihnen bemerkt, in einer Gegend, wo an fruchtbarem und ganz unberührtem Erdreich, an herrlicher Weide, an Holzungen ein Überfluß und zu allen Vorteilen, welche die Bienenzucht, der Tierfang und die Fischerei geben, Gelegenheit genug ist, an Gedeihen fehlen. Die Gewohnheit der ufischen Tataren ist, ihre Ackerfelder in der Nähe des Dorfes anzulegen, in drei Gefilde, deren jährlich eins brach gelassen wird, gemeinschaftlich abzuteilen und diese Gefilde mit leichten Zäunen einzuhegen. Auf demjenigen Felde, welches brach liegenbleibt, lassen sie das Vieh laufen, welches anstatt einer Düngung gilt. Und auf diese Weise bleiben die hiesigen trefflichen Äcker auf viele Jahre fruchtbar und auch zum Bau des Weizens, den sie nicht verabsäumen, geschickt. Nimmt die Fruchtbarkeit endlich ab, und es findet sich keine zum Acker tüchtige Steppe nahe genug, so geschieht es nicht selten, daß eine ganze Dorfschaft ihre hölzernen Häuser abbricht und an einen andern Ort versetzt. Überhaupt haben sie, teils mit aus dieser Ursach, keine umzäunten Gehöfte bei den Wohnungen; das Vieh aber halten sie des Winters in Gehegen, welche nahe um das Dorf her angelegt sind und in welche des Sommers, wenn das Vieh im Felde geht, Hanf gesät wird. Ungeachtet sie sich zum Aufackern neuer Steppen noch des tatarischen Pflugs (Saban) bedienen, so haben sie doch übrigens durchgängig den leichten, wohlfeilen und nicht so viele Pferde erfordernden russischen Haken (Socha) zum Pflügen angenommen. Aber darin unterscheiden sie sich von dem russischen Landmann, daß sie ihre Kornhaufen gern auf Pfähle setzen, um sie vor den Feldmäusen zu sichern, und daß sie die Garben zu dreschen nicht in ordentlichen Darren, sondern über offnen Gruben, worüber Stangen in Pyramidengestalt zusammengesetzt sind, bei einem darinnen angezündeten Feuer trocknen. Ihre häusliche Lebensart ist ziemlich reinlich und die Bemittelten pflegen durchgängig eine für Gäste und zur Sommerwohnung bestimmte, mit einem baschkirischen Kamin und einer breiten Bank versehene Stube neben ihrem gewöhnlichen Wohnhause zu haben, und zwar so, daß ein gebrückter und auch wohl bedeckter Gang von der einen Hütte zur andern geht. Die meisten unter ihnen begnügen sich mit einer Frau, selten findet man zwei und fast niemals darüber. Fast in allen Dörfern gibt es wenigstens geistliche Schulmeister oder Abyssen, welche die Jugend unterrichten und in Gebeten üben. – Ihre Weibertracht ist von der der kasanischen Tataren ziemlich unterschieden. Die gewöhnlichen Hauskleider sind wie bei den Tschuwaschen und Baschkiren bloß aus grober Leinwand, am Halse und den Händen leicht ausgenäht. Fast niemals sieht man die Weiber und Dirnen, ohne daß sie ihren besten Hauptschmuck auf sich hätten. Die Weiber lassen die ausgenähten Enden des Schleiers (Tastar), womit sie das Haar bedecken, auf den Rücken herabhängen. Die Mütze schließt genau um den Kopf, ist vorn auf der Stirn nach dem Gesicht ausgeschnitten, unter dem Kinn fest und mit einem Scheitelknopfe versehen. Der größte Teil derselben ist mit alten silbernen Kopeken oder Zinnblechen, die wie Kopeken länglich ausgeschnitten sind, dicht besetzt; vorne aber ist der Rand gegen das Gesicht ein paar Finger breit bloß mit hochroten Korallen besetzt, welche gegen den Backenriemen schmal ablaufen und überdies noch in einer Reihe von der Scheitelspitze zum Backenriemen hinunter gesetzt sind. Hinten hängt von der Mütze ein mehr als drei Finger breiter Riemen, der unter dem Gürtel durchgeht und bis an selbigen mit kleinen Münzen oder Blechen, weiter unten aber nur mit Korallen und Fransen geziert ist, bis in die Kniebeuge herab; zwei andre schmale und mit Münzen gleichfalls besetzte Riemen gehen von der Mütze bis an den Gürtel und sind mit ihren gefransten Enden daran befestigt. Hinter den Ohren ist an der Mütze ein mit

Silbermünzen dicht besetztes Brustgehänge (Sakal) festgeheftet, welches nach dem Reichtum der Person mehr oder weniger groß und breit ist und unter dem Kinn auf die Brust niederhängt. – Die Mütze der Dirnen ist ganz rund und nicht auf der Stirn ausgeschnitten; das Brustgehänge ist daran sehr klein und schmal, der breite Rückenriemen fehlt gänzlich, und nur die zwei schmalen Riemen sind, und auch nicht bei allen, vorhanden. Das Haar tragen sie wie die Weiber im Nacken in zwei Zöpfe geflochten, welche sie in dem Oberhemd verbergen, und noch wohl ein kleines, mit Münzen besetztes und gefranstes Schildlein darauf befestigen. Gemeiniglich ist ihr Hauptschmuck nur von Korallen, weil der Weiberschmuck erst von dem Kalün, welches der Bräutigam erlegt, angeschafft wird. Doch haben bei den Reichern auch die Dirnen mit kleinen Silbermünzen besetzte Mützen. An einigen solchen habe ich die Scheitelspitze sehr verlängert und von Holz ausgeschnitzt bemerkt. Auch habe ich ein Mädchen gesehen, welches zwei dreiekkige, mit Münzen besetzte, nach unten abgerundete Klappen, die auf der Stirn, hinten und unter dem Kinn zusammengeheftet die Seiten des Kopfs allein bedeckten und den Haarkopf bloß sehen ließen, als einen Putz trug. Außer diesen kleinen Abänderungen der Kleidertracht kann man übrigens in der Sprache und den Sitten zwischen den ufischen und kasanischen Tataren, deren jetzt in der Ufischen Provinz ebenfalls viele Dorfschaften mit jenen vermischt wohnen, keinen Unterschied bemerken.
Die Gegend um Ufa erhebt sich, wie schon erwähnt worden, nach und nach zu ansehnlichen Hügeln, welche in einer gewissen Entfernung von der Stadt mit vermischtem, niedrigem Laubholz bewaldet sind und sich auch ganz waldig an dem Flusse Ufa heraufziehen. Das gegenseitige Ufer der Belaja ist in der Nähe ganz mit dergleichen Holzung überwachsen und so flach, daß es im Frühling auf viele Werste überschwemmt wird. In der Ferne wechselt die Holzung mit freien Steppen und Hügeln ab, welche man nach geendigtem Winter abzubrennen pflegt, um besseren Graswuchs zu erhalten. – Die Berge, welche die Belaja hier begleiten und auch dem Ufastrom auf der rechten Seite ein hügliges Ufer geben, bestehen hier bloß aus Kalkschiefer oder Gipsarten, worunter hin und wieder ein schlechter

Alabaster, desgleichen Strahlgips angetroffen wird, welchen letztern das gemeine Volk gepulvert in Wunden streut und Sip nennt. Ein großer Teil der Hügel ist bloßer Kalkmergel und Letten*, worin sich die Frühlingsgewässer tiefe Gerinne graben und nicht selten Erdfälle verursachen. Erze sind in dieser Gegend gar nicht zu hoffen, obgleich man unterhalb Ufa einige geringe kupferhaltige Kalkflöze wirklich antrifft, die aber das Schmelzen nicht verlohnen. Versteinerungen sind hier in den Kalkflözen sehr sparsam; doch habe ich einige Madreporiten* an der Ufa herauf gefunden. Man hat mir in Ufa einen sehr großen Schenkelknochen von einem Elefanten* gezeigt, welcher, nebst andern Teilen des Gerippes und dem Kopfe des Tieres, in einem abgewaschenen Ufer der Belaja oberhalb Ufa gefunden worden und ziemlich wohl erhalten war. Solche unbegreiflichen Überbleibsel sind auch hin und wieder an der Djoma, welche unter Ufa in die Belaja fällt, bemerkt worden und vielleicht an vielen andern Orten noch verborgen. (...)
Der heurige Winter war zwar nicht von außerordentlicher Heftigkeit, allein wegen seiner trüben und stürmischen Beschaffenheit sehr unangenehm. Nach den noch im September gehabten Vorboten winterte es im Oktober völlig zu. Den allerheftigsten Frost hatte man in der letzten Hälfte des Novembers, und dabei fingen besonders vom 23sten heftige Stürme an zu wüten, welche in den steppigen Gegenden des orenburgischen Gebietes vielen Reisenden das Leben kosteten. Die Stürme dauerten den ganzen Dezember hindurch fast unaufhörlich, aber bei minderer Kälte fort und wehten mehrenteils zwischen Nord und West. Der Januar (1770) war mäßig und der Februar ziemlich gelind. Aber der März beschloß den Winter mit einem fast bis in die Mitte dauernden heftigern Frost und überaus tiefem und allgemeinem Schneefall, welcher an der nachmaligen großen und anhaltenden Überschwemmung am meisten Ursache war. Nach diesem fing es ernstlich an wegzutauen, und die schöne Witterung, womit der April antrat, vermochte so viel, daß schon den 9ten der Belajafluß aufbrach und sich am folgenden Tage fast völlig vom Eise reinigte, worauf die Wasser auch alsobald aus den Ufern zu treten und das flache Land zu überströmen anfingen. Jedermann

fuhr jetzt nach den durch die Überschwemmung entstandenen Inseln in Kähnen auf die Hasenjagd, deren es eine große Menge hierherum gibt und welche jetzt schon ihr Sommerhaar zeigten.
Die Zugvögel hatten sich schon mit Ausgang des Märzes eingefunden, flüchteten aber noch meist gegen Süden, von wo man nach Aufbruch der Flüsse und bis in den Mai häufige Scharen von gemeinen Gänsen und sogenannten Kasarken (Anser erythropus)* wieder nordwärts nach einem kälteren Himmelsstrich ziehen sah. Bloß die Schnepfenarten und besonders die Heisterschnepfen (Haematopus)* blieben in großer Menge, auch ehe die Wasser sich öffneten, zurück und suchten auf den von Schnee entblößten Höhen ihre Nahrung. – Weil ich einige von meinen Leuten im Februar wieder nach Gurjew an die Kaspische See geschickt hatte, um den Frühling daselbst zuzubringen, so will ich aus ihren Aufzeichnungen, in Absicht auf die Ankunft der Zugvögel in dieser soviel südlichern Gegend, verschiedene Anmerkungen, welche für die Naturgeschichte nicht ohne Nutzen sind, hier beifügen. Der Jaik ging bei Gurjew den 5ten März auf. Schon lange zuvor und in den letzten Tagen des Februars fanden sich allerlei Seemöwen, welche den ganzen Winter die Kaspische See nicht verlassen, auf dem Eise haufenweise ein. Mit dem letzten Februar kamen große Scharen von Schwänen, Gänsen, Enten und die Kropfgänse an; diese alle zogen ganz deutlich von Westen und erstere meist von Nordwesten her, die Kropfgänse aber auch von Südwesten und niemals von Nordwest. Erst mit dem offnen Wasser fanden sich die Reiherarten, und zwar einzeln, ein; am spätesten aber und erst in der Mitte des Märzmonats erschienen die Löffelreiher und Seeraben (Pelecanus carbo und pygmeus)*. Die Land- und Raubvögel waren gleichfalls mit Ausgang des Februars schon vorhanden; dahingegen sich um eben die Zeit eine schöne Art großer, schwarzer Lerchen (Alauda tatarica)* aus diesen nördlich von der Kaspischen See gelegenen Gegenden, wo sie sich den Winter über, doch nicht über den 50sten Grad hinaus, sehen läßt, verlor und ihre Heimat, welche vermutlich Persien und Indien ist, wieder suchte. Der Wanderfalke (Falco barbarus) scheint später als die übrigen Raubvögel zu ziehen; denn noch am 4ten April war ein solcher bei

Gurjew geschossen, da doch diese Vögel nicht in den dortigen platten Gegenden, sondern bloß auf dem dieserhalb berühmten hohen Gebirge der Ufischen Provinz nisten und den Sommer zubringen. Den Beschluß unter allen Zugvögeln machte eine erst mit Anfang des Maimonats ankommende schöne Art von ganz grünen Immenvögeln (Merops persicus)*, welche sich nur in den nahe um die Kaspische See gelegnen Gegenden aufhalten und höher am Jaik herauf nicht gesehen werden.

Die Schwalben hatten sich bereits den 15ten März bei einer heitern und warmen Witterung gezeigt. Da aber am 17ten der zuvor süd- und westliche Wind sich schleunig zum Norden wandte und einen scharfen, bis den 19ten nachts dauernden Frost mitbrachte, so verschwanden sie wieder, nebst vielen andern kleinen Vögeln, wurden aber den 20sten, da wiederum gelinde Witterung einfiel, alsobald wieder sichtbar. Und dieser Umstand gab zu einer merkwürdigen Beobachtung Gelegenheit. Nämlich den 18ten März wurde dem von mir nach Gurjew geschickten Ausstopfer durch einen Tataren eine Haus- oder Rauchschwalbe gebracht, welche auf dem Felde liegend gefunden und dem Ansehen nach leblos und steif vom Froste war. Kaum hatte selbige eine Viertelstunde in der mäßig erwärmten Stube gelegen, da sie zu atmen, sich zu bewegen, ja endlich in der Stube herumzufliegen anfing, wo sie auch wirklich einige Tage fortlebte, bis sie durch einen Zufall umgekommen ist. Nach dieser Begebenheit, für deren Zuverlässigkeit ich Bürge bin, wird man nicht mehr zweifeln dürfen, daß Schwalben, welche nach so vielen anderwärts erzählten Beispielen des Winters in Fischernetzen oder in Erdklüften und hohlen Bäumen gefunden worden, in der Wärme wieder aufgelebt sind; man wird aber auch Grund zu glauben haben, daß diese Schwalben nur durch einen Zufall und vielleicht durch schleunig eingefallene Herbstfröste erstarrt, in einer so außerordentlichen und mit den Naturgesetzen streitenden Verfassung überwintert haben. Und in der Tat, man würde die Schwalben, wenn nicht die größte Zahl derselben mit den übrigen Zugvögeln warme südliche Gegenden zu ihrem Winteraufenthalt wählte, im Winter weit häufiger bei uns finden müssen, als wirklich geschieht. –

Das Ausschlagen der Bäume und die Flor kamen in diesem Jahr, der anfangs günstigen Witterung ungeachtet, fast einen ganzen Monat später als im verwichnen Frühjahr um Samara und wenigstens einige Wochen nach der heurigen orenburgischen, von welcher ich Nachricht haben konnte. Überhaupt scheinen die fruchtbaren Gegenden längs dem Gebirge außer dem ergiebigsten Kornbau und der Kultur einiger Gartenfrüchte zu keinen andern Versuchen, die ein wärmeres Klima erfordern, geschickt zu sein. Der Apfelbaum, welcher in einigen Gärten um Ufa kultiviert wird, schlug erst den 26sten April aus und blühte mit Anfang des Maien; nicht viel früher kamen die wilden schwarzen Vogelkirschen (Padus) und die Eberesche (Sorbus). Viel später aber fingen nach und nach der Ahorn, die Haselstaude, der Schneeballenstrauch (Opulus), die Blutrute (Cornus sanguinea), der Ulmbaum, die Linde und Eiche an, welche die vermischte Holzung um Ufa ausmachen und worunter allein die Eiche und Haselstaude das Uralische Gebirge nicht übersteigen, sondern am Fuß desselben ihre natürliche Grenze finden. – Von blühenden Kräutern, die man erst mit Ausgang des Aprils bemerkte, waren die ersten Ornithogalum minutum*, Draba verna, eine ganz magere und schmalblättrige Zwergart von dem Alyssum montanum, Anemone ranunculoides und die hier oft mit acht- bis zwölfblättrigen großen Blumen wuchernde Anemone nemorosa, nebst dem gemeinen Erdrauch, Lungenkraut, Schlüsselblumen und Huflattich. Unter diesen Frühlingsblumen fand sich auch an den steilen, kalkigen Ufern überall die schöne Androsace maxima*. Sonst aber war außer dem an sonnigen Stellen zeitig blühenden Onosma simplex, dem nur hervorkeimenden Laserpitio trilobo, welches ich, wie den kleinen wilden Mandelstrauch, weiter östlich am Gebirge nicht mehr gesehen habe, und der sibirischen Cacalia*, die sich hin und wieder an den Bächen schon hier zeigte, bei meiner Anwesenheit von Kräutern nichts Merkwürdiges zu finden. Ebensowenig Sonderbares war unter den Insekten, die schon früher erwachten, anmerklich. Nur zwei verdienen Erwähnung; eine sehr kleine Art von Maienwurm (Meloë uralensis), welche in der Mitte des Aprils, früher als der gemeine Maienwurm, und mit selbigem zugleich auf offnen Hügeln und Feldern in Mengen herumkrochen, und ein zierlicher Erdkäfer (Carabus sericeus), den es häufig auf den Ufern der Belaja gibt. Ungewöhnlich schien es mir, daß die gewöhnlichen schädlichen Maikäfer (Melolontha) sich hier viel früher als in den wärmern Gegenden an der Wolga hervormachten; vom 25sten bis zum 30sten April nämlich war alle Abend sowohl in der Stadt als um die Stadt herum, wo nur etwas Laub auf den Bäumen sich zeigte, die Luft von diesem Ungeziefer gleichsam angefüllt; sie waren aber um ein gutes kleiner als die gewöhnlichen.

Den ersten Mai (1770) hatte man in diesen Gegenden das erste Donnerwetter, und den 3ten fingen die Gewässer an zu fallen. Den 8ten und 9ten fiel bei einem kalten Nordostwinde etwas Schnee, und darauf folgte stürmisches Wetter. Nunmehr konnte ich hoffen, daß meine Reise über das Uralische Gebirge nach der Isettischen Provinz nicht mehr durch die angelaufenen Ströme gehindert werden würde. Ich fertigte daher den 10ten einen Soldaten mit den nötigen Befehlen zur Ausbesserung der Wege und Brücken voraus ab und verließ Ufa den 16ten Mai bei einem starken nordwestlichen Sturm und bewölkten Himmel, aus welchem es abwechselnd hagelte und mit Schnee regnete, bis die Luft nachmittags stiller und gelinder ward. (...)

Sobald man sich von der Ufa entfernt, kommt man in eine höhere schöne Birkenholzung, welche den fruchtbarsten schwarzen Boden hat und mit grasigen freien Strecken abwechselt. Hier fing die Dotterblume (Trollius europaeus) an zu blühen, welche fast bis zum Anfang des Junius über das ganze Gebirge, insofern es Waldung und Schatten hat, am allerhäufigsten zu sehen war und an offnen fetten Stellen eine Spielart mit sehr großen, oraniengelben und sehr wohlriechenden Blüten hervorbringt. Auch der kleine Kirschenstrauch war in dieser schönen Ebene häufig mit Blumen zu sehen. Der Weg geht durch zwei kleine herrschaftliche Dörfer russischer Bauern und kreuzt bei dem ersten über den Bach Schachscha, der ungemein klares Wasser führt, und bei dem andern über den stärkern Bach Tahusch, welche beide zur Ufa rinnen. In der Dämmerung erreichte ich das mitten im Birkengehölz gelegne und vom Ufastrom in gerader Linie etwa zehn Werst entfernte tatarische Dorf Belekes, an einem Bach gleichen Namens, der ebenfalls der

Ufa zufließt; und hier übernachtete ich. Das Dorf besteht nur aus zehn Häusern, und dessen Einwohner gehören unter die sogenannten Tepterei*, welche nur ein geringes Kopfgeld erlegen, dafür aber Fuhren zum Transport des Iletzkischen Steinsalzes der hohen Krone leisten müssen und deren Anzahl in der Ufischen Provinz an Tataren, Tschuwaschen und Tscheremissen* sich auf mehr als dreißigtausend Köpfe beläuft. Die hiesigen Tataren stammen aus dem Kasanischen her und unterscheiden sich noch immer von den eigentlichen ufischen Tataren. Ich habe in der Ufischen Provinz hin und wieder dergleichen Dorfschaften von kasanischer Abkunft angetroffen. Ihre Weiber unterscheiden sich in der häuslichen Tracht gar sehr und tragen gemeiniglich Hemden von gefärbter Leinwand oder Baumwolle und über dem Kopfe bloß das Schleiertuch (Tastar) mit dem gleich einem Kranz um die Scheitel gelegten roten, blauen oder grünen Band (Baschkerschau), dessen sich die Weiber der kasanischen Tataren gleichfalls bedienen und den reichen Hauptschmuck (Tschashbau) nur bei feierlichen Gelegenheiten anlegen. – Man treibt hier starke Bienenzucht, so daß einige gegen vierhundert Stöcke im Walde zerstreut besitzen und jährlich vierzig oder mehr Pud Honig gewinnen. Ihre Art, mit den Bienen umzugehen, ist völlig die baschkirische. Sie höhlen die Stämme von allerlei Bäumen, am liebsten aber von solchen, welche hartes Holz haben, zu Bienenstöcken aus und suchen dazu im Walde die stärksten und geradesten aus. Das Bienenhaus wird vier, fünf und mehr Faden über der Erde, je nachdem es die Höhe des Stammes erlaubt, nach der Länge desselben ausgehauen, mit besondern kleinen und schmalen Äxten und Werkzeugen, welche die Gestalt von platten und hohlen Meißeln haben, glatt ausgearbeitet und die längliche Öffnung mit einem aus zwei oder mehr Stücken bestehenden, eingeklemmten Deckel verschlossen, in welchem nur kleine Fluglöcher für die Bienen gelassen werden. Nichts ist bequemer als die Art, wie sie zu dieser Arbeit auf die glattesten und höchsten Bäume klettern und in der Höhe die Stöcke auszimmern. Ein scharfes Beil und ein aus Riemen geflochtener Strang oder jeder andre Strick sind dazu hinlänglich. Der Arbeiter stellt sich an den Baumstamm und bindet den Strang um seinen Leib und den Stamm so weitläufig, daß er denselben am Stamme aufwärts schwingen, innerhalb desselben sich beugen, die Füße gegen den Stamm setzen und die Hände frei gebrauchen kann. Darauf haut er etwa in der Höhe seines Leibes mit der Axt die erste Höhle oder Staffel in den Baum, schwingt den fest mit den Enden zusammengeknüpften Strick am Stamm aufwärts, legt sich mit der Mitte des Leibes darein und läuft mit seinen gegen den Stamm gesetzten Füßen zwei Schritt hinauf, so daß ein Fuß in der Staffel zu stehen kommt; darauf haut er höher wieder eine Staffel, arbeitet sich hinauf und fährt so fort, bis er zur verlangten Höhe gelangt. Die Baschkiren verrichten dieses alles mit bewunderungswürdiger Fertigkeit und Geschwindigkeit. Oben, wo die Arbeit geschehen muß, bereitet er sich bequemere Staffeln und verrichtet, in dem Strick ruhend, alles, was erfordert wird, wozu er die Werkzeuge am Gürtel mit sich hinaufgenommen hat. Unter dem Bienengehäuse werden alle Zweige und Auswüchse sorgfältig weggehauen, um den Bären das Hinaufklettern schwer zu machen. Demungeachtet geschieht durch diese in den uralischen Wäldern noch ziemlich häufigen Tiere viel Schaden an den Bienenstöcken, und man bedient sich deswegen allerlei Mittel, um selbige abzuhalten und zu zerstören. Das allergewöhnlichste ist, daß man scharfe, aufwärts gekrümmte Messer oder Sicheln oder eiserne Dornen in den Stamm schlägt, entweder rundumher, wenn der Baum gerade ist, oder über der Beugung, an gekrümmten Stämmen. Im Aufklettern pflegt der Bär diese Spitzen zu vermeiden; hingegen wenn er rückwärts vom Baum heruntergleitet, so fällt er in die Zinken und verwundet sich den Wanst dergestalt, daß es ihn gemeiniglich das Leben kostet. Es geschieht aber nicht selten, daß alte Bären im Aufklettern alle solchen auf sie gerichteten Waffen vorsichtig mit den Tatzen wegschlagen. Mit mehr Erfolg bedient man sich gewisser, bei den Honigbäumen aufgespannter Geschosse, welche einige Ähnlichkeit mit den alten Katapulten haben und so eingerichtet sind, daß der Bär, wenn er aufzuklimmen anfängt, an einer Schnur zieht, durch welche der Schlagbalken des Werkzeuges abgelassen und ein davorgelegter Pfeil dem Bären in die Brust geschnellt wird. Noch andre hängen an den entferntesten Zweigen des Baumes mit langen Seilen ein Brett waagerecht dergestalt auf, daß es vor das Honiggehäuse kann gebracht und mit einem Baststrick fest an den Stamm gebunden werden. Der Bär findet diesen Sitz bequem, um den Bienenstock öffnen zu können; seine erste Arbeit ist, den Baststrick, welcher das Brett am Stamme hält, wegzureißen, und alsobald entfernt sich dieses mit dem darauf sitzenden Tiere und schwebt an den oben in den Zweigen befestigten Stricken in der Luft. Fällt der Bär nicht in der ersten Bestürzung herab, so muß er sich entweder zu einem gefährlichen Sprung entschließen oder geduldig auf dem Brette sitzen bleiben; und auf beide erste Fälle sind geschärfte hölzerne Pfähle unter dem Baum eingeschlagen, im letzten Fall aber wird er mit Pfeilen oder Kugeln erlegt. – Sonst lauert man auch auf die Bären von Bäumen herunter bei einbrechender Nacht entweder bei den Viehherden, die derselbe zu beunruhigen angefangen, oder bei einem Aas; und im Winter folgt man ihnen nach der Spur, hetzt sie mit Hunden und erlegt sie mit Spießen, wozu sich Gesellschaften zusammentun.

Ein andrer Feind der Bienenstöcke ist der Schwarzspecht, welchen man durch allerlei Dornen und Reisig, womit die Stöcke umwunden werden, soviel möglich abzuhalten sucht. Endlich, so glauben die Tataren auch, daß es Leute gibt, deren Anblick den Bienen schadet. Sie hängen deswegen besonders an die Stöcke, welche sie bei ihren Häusern halten, einen Pferdekopf oder Fuß oder andern Knochen, damit das Auge zuerst auf diese Dinge falle, wodurch nach ihrer Meinung der schädliche Einfluß der zauberischen Anblicke abgeleitet wird.

Diese ganze Gegend ist ziemlich reich an Mardern von einer guten Art, und der Preis ihrer Felle, der von sechzig und siebzig Kopeken, nach der Güte und Menge der Käufer, zuweilen bis auf einen Rubel steigt, muntert die Baschkiren und andern Einwohner zur Jagd nicht wenig auf. Man bedient sich aber keines andern Mittels dazu, als daß man bei dem ersten Schneefall die Spuren dieser Tiere fleißig aufsucht, auf Schneeschuhen verfolgt und das Tier von den Bäumen herunterschießt oder auch den Baum fällt, damit die darauf abgerichteten Hunde selbiges zu fangen Gelegenheit haben. – An den vielen kleinen Bächen hält sich auch das Wasserwiesel (Lutreola, russisch Norka) ziemlich häufig auf und wird gemeiniglich unter aufgestellten Fall-

balken, an welche man Fische oder Krebse zur Ätze macht, gefangen. Auch Eichhörner werden gelegentlich häufig genug erlegt und nebst dem übrigen Pelzwerk, worunter die ufischen Marder das edelste sind, durch die deshalb umherreisenden handelnden Tataren aufgekauft. Höchst selten, aber doch nicht ohne Beispiel soll es sein, daß auch schlechte Zobel in den uralischen Wäldern, besonders gegen die Kama zu und in den obern Gegenden des Ufastroms, gefangen werden. Elentiere* und Rehe zeigen sich nur in dem höhern Gebirge; Wölfe und Füchse aber sind wegen der dicken Waldung wenig oder gar nicht anzutreffen. (...)
(24. Mai 1770) Ich nahm von hier (Jamasetasch) einen von dem vorigen unterschiedlichen Rückweg, auf welchen wir erst zweimal durch den Sym und nachher durch den Bach Jamase, der aus einer Höhe (Jamase-Karagai) einen ziemlich entfernten Ursprung hat, reiten mußten und erst nachmittags um 5 Uhr Mindeschaul, in der Dämmerung aber das Dorf Jeral erreichten, allwo ich meine schweren Wagen hinterlassen hatte. – Dieselben fertigte ich am folgenden Morgen auf dem geraden Wege über Schiganei-aul nach der gegen 22 Werst entfernten Überfahrt über den Jurjusen, bei dem baschkirischen Dorfe Karatawl, und von da weiter nach dem meschtscherjakischen Dorfe Nissebat voraus ab, ich selbst aber reiste, um noch eine am Jurjusen befindliche Höhle zu besichtigen, südöstlich einen Nebenweg, wo die Ebene von Jeral nach etwa fünf Wersten wiederum bergig wird und mit Birken dünn bewaldet ist. Zwischen den ersten Höhen fanden wir einen Bach Kulmjak, an welchem ein kleines baschkirisches Dorf von sechs Häusern und ein Damm mit einer baschkirischen Grützmühle angelegt ist, welche ich hier zum ersten Male, nachher aber öfters zu sehen Gelegenheit gehabt habe und deren Bauart, weil sie ganz besonders eine Erfindung der Baschkiren selbst ist, ich kurz beschreiben will: Um nicht viel Mühe zu haben, suchen sie dazu die kleinsten Bäche, flechten einen Zaun von Korbwerk, den sie mit Erde bewerfen und damit oder mit einem ordentlichen kleinen Damm von Faschinen den Bach anschwellen. An dem Damm zimmern sie auf Pfählen eine kleine Hütte, in welcher auf einer Zimmerung, die wie ein Tisch in der Mitte frei steht und eine Einfassung hat,

die Mühlensteine ruhen. Niemals sind diese von Stein, sondern es sind runde, aus einer harten Wurzel oder einem Klotz gehauene Teller, in welche viele platte eiserne Nägel ohne gewisse Ordnung eingeschlagen sind, doch also, daß sie alle vom Mittelpunkt nach dem Umkreis mit der Länge ihres hervorragenden Teils gerichtet sind. Der untere hölzerne Mühlstein liegt auf der Zimmerung unbeweglich; der obere aber kann aufgehoben werden und wird durch die Achse des Mühlenrades bewegt, welche durch den Mittelpunkt der untern Scheibe hervorragt und mit einer eisernen Krücke in einen Einschnitt des durchlöcherten Mittelpunkts der obern Scheibe greift. Diese Achse ist gemeiniglich aus einem Baume also gezimmert, daß der unterste Teil aus der Wurzel wie ein Kolben rund und dick gehauen ist, so daß darin viele platte, an einer Seite etwas ausgehöhlte Flügel oder Schaufeln, wie Speichen an einem Wagenrade, können eingekeilt werden, welche das Wasserrad vorstellen. Unter dem Kolben ist eine eiserne Spindel eingeschlagen, vermittels welcher die senkrecht stehende Achse unten im Bache auf einem Balken ruht und ihren Umlauf hat. Das Wasser wird durch eine hölzerne Rinne aus einem kleinen Durchschnitt des Dammes auf die eine Hälfte dieses Rades gerichtet, so daß es an die hohle Seite der Schaufeln stürzt und also das Rad, die Achse und die oben in der Mühlenhütte befindliche obere Mühlscheibe im Kreis bewegt. Will man die Mühle hemmen, so darf nur eine lange Stange zwischen die Schaufeln des Rades eingesetzt werden. Andre leiten das Wasser durch eine bewegliche Rinne, welcher sie eine andre Richtung geben und dadurch die Mühle zum Stillstand bringen können, auf das Rad. – Das Korn, welches man zu Grütze oder grobem Mehl bereiten will, wird in einen auch sonst an Mühlen gewöhnlichen Trichter von Brettern geschüttet, dessen Öffnung unten eine kurze horizontale Rinne hat, welche auf die Mittelöffnung der obern Mühlscheibe gerichtet ist. Der Kornbehälter ist an den Querbalken des Mühlengehäuses beweglich aufgehängt, und ein daran gebundner Stecken, welcher mit einem Ende die obere Mühlscheibe berührt, teilt selbigem die nötige schütternde Bewegung mit, um das Korn zwischen die Mühlscheiben auszuschütten. Will der Baschkir etwa die Mühle auf eine kurze Zeit verlassen oder sonst verhindern, daß kein Korn auf die Mühle falle, so nimmt er nur diesen Stecken weg. – Ich zweifle, ob irgendein Maschinenkünstler eine einfachere Wassermühle zu erfinden imstande ist. Man kann sich aber davon aus der hier beigefügten Abbildung eine noch deutlichere Vorstellung machen. (...)

– Ich ging (26. Mai 1770) von dem jenseits des Flusses gelegnen Teil des Dorfes Karatawl mit frischen Pferden unverzüglich weiter nach dem vom Jurjusen etwa acht Werste entfernten meschtscherjakischen Dorfe Salichaul oder nach dem Bach, woran es liegt, *Nissebasch* genannt, wo mich die übrigen Wagen erwarteten.

Die hiesigen Meschtscherjaken* (welche, wie alle anderen dieses Namens, Kosakendienste zu leisten verbunden sind, sooft es erfordert wird) sind seit ungefähr acht Jahren von Jeldazkaja Krepost am Ufastrom in diese Gegend übergezogen und gedeihen in dem schönen Gefilde, welches sich hier zwischen umliegenden Bergen am Jurjusen ausbreitet, ungemein wohl. Sie zahlen den Baschkiren von Karatawli, in deren Gebiet sie sich niedergelassen haben, von jedem Hausgesinde 25 Kopeken jährlichen Grundzins, für so viel Land, als sie bebauen können und wollen, für Weide und Holzung, soviel sie nötig haben. – Und auf eben diesem Fuß befinden sich alle tatarischen und andren Dorfschaften, welche noch bis jetzt hin und wieder auf baschkirischem Gebiet wohnen. – Man hat hier den vortrefflichsten schwarzen Acker, auf welchem alle Saat reichlich trägt und welchen niemand düngt. Die hiesigen Meschtscherjaken hegen aber ihre Ackerfelder ein und lassen auf das Brachfeld ihr Vieh laufen, welches anstatt einer mäßigen Düngung gereicht. Eine frische Steppe ackern sie mit dem tatarischen Pflug auf, vor welchen sie bei trockner Witterung vier bis sechs Pferde spannen. Bei feuchter Zeit ist auch der russische Pflug dazu hinlänglich, dessen sie sich sonst durchgängig bedienen. In solchen frischen Acker säen sie die ersten Jahre Hanf und Spelz, welche sehr wohl geraten; Weizen aber wenig, weil die hier frühzeitigen Herbstfröste denselben gar zu oft verderben. Der Spelz und Roggen pflegt zehn- und fünfzehnfältig zu bringen. Sie wechseln aber nach zehn oder zwölf Jahren den Acker und machen frischen Raum. Im verwichenen Jahre hatte man auch hier nicht die Aussaat gewonnen; sonst haben sie nach den umliegenden Eisenhütten einen guten Absatz von Getreide. An Vieh und Bienenzucht fehlt es ihnen gleichfalls nicht; und ihr Heuland vermehren sie ohne Mühe, weil gemeiniglich, wenn sie im Frühling das trockne Gras abbrennen, die Flamme hin und wieder eine kleine Birkenholzung ergreift und aus dem Wege räumt. An der Jagd haben sie auch kleine Vorteile; denn Füchse gibt es hier genug und sehr gute; auch werden nicht wenig Marder gefangen. Ich sah hier eine besondre Erfindung, um Birkhühner des Winters in großer Menge zu bekommen, welche erwähnt zu werden verdient. Man steckt hin und wieder in dünnem Birkengehölz, wo sich diese Vögel häufig aufhalten, an den Bäumen Gabeln in die Erde, auf welche man einen Querstock, an welchen einige Büschel Kornähren gebunden sind, legt. In einem kleinen Abstand davon macht man aus dünnen Birkenstangen, welche man beisammen in die Erde steckt, eine Art von hohen und zuoberst weniger als eine Elle weiten Trichter. In die Mündung dieses Trichters wird ein aus zwei einander kreuzenden Reifen bestehendes, um eine Achse bewegliches und mit Stroh und Kornähren bewundnes Rad also befestigt, daß es sich ohne Hindernis um seine Achse drehen kann und noch etwas Raum zwischen den Reifen und den Stangen des Trichters übrigbleibt. Die Birkhühner pflegen sich zuerst auf den am Baume aufgestellten Querstock zu setzen, und wenn sie nach den an den Reifen des Rades befindlichen Ähren fliegen, so können sie sich nirgends als auf den hervorragenden Teil eines dieser Reifen setzen; augenblicklich dreht sich das Rad, und das Birkhuhn fällt mit dem Kopf voran in den Trichter, aus dessen verengertem röhrenförmigem Teil es sich nicht heraushelfen kann. Man findet zuweilen den halben Trichter voll Birkhühner, welche eins nach dem andern in diese Falle geraten. Man wird sich davon aus der Abbildung eine bessere Vorstellung machen können. Der tatarische Name derselben ist Murdsha, die Russen aber pflegen solche, wegen einer verkehrten Ähnlichkeit mit den tatarischen Korndarren, Owini zu nennen.

Ich kann die Meschtscherjaken nicht verlassen, ohne der besondern Tracht ihrer Weiber Erwähnung zu tun, worin sie allein von den Tataren, deren Sprache und Sitten sie übrigens mit der mohammedanischen Religion gemein haben, unterschieden sind. Man wird sich davon aus der beigefügten Abbildung einen deutlicheren Begriff als aus meiner weitläufigen Beschreibung machen können. Ich will nur erinnern, daß die Form der mit kleinen Silbermünzen und vornher mit Korallen besetzten Mütze fast dieselbe wie bei den ufischen Tatarinnen ist, der Schleier aber, der vom Hinterhaupt herabhängt, und die weiten Ärmel den Hauptunterschied machen.

Ich hatte schon verschiedentlich von einem brennenden Berge gehört, welcher sich in dem hier benachbarten Gebiet der mursalarskischen Baschkiren befinden sollte. Dahin ging ich den 26sten morgens bei frischem Wetter, welches schon am gestrigen Tage mit kleinem Hagel eingetreten war, ab. Wir reisten gegen den Jurjusen abwärts oder nordöstlich und kamen bald in hüglige Birkenwaldungen, nach sechs Wersten aber zu einem baschkirischen Dorfe, welches am Jurjusen, gleich oberhalb eines starken Baches Lasija, der zu einer doppelten baschkirischen Mühle angedämmt ist, liegt. Jenseits dieses Baches erhebt sich ein stärkeres, mit vermischten Birken, Pappeln, jungen Eichen, auch wohl einigen Fichten und Tannen bewaldetes Kalkgebirge, welches recht in dem Winkel, den der Bach bei seiner Vereinigung mit dem Jurjusen macht, einen hohen Felsen und in demselben einige zwanzig Faden über dem Wasser eine Höhle zeigt, welche sich nur fünf bis sechs Faden horizontal in den Felsen erstreckt und da mit Klüften verliert.

Von dem Bach Lasija, welcher die Grenze der mursalarskischen Baschkiren ist, fuhren wir über lauter bewaldete Hügel, von welchen man den auf der andern Seite am Jurjusen abwärts gelegnen hohen und finster bewaldeten Karatau sehen kann. Nach etwa acht Wersten ließen wir uns von diesen Hügeln nieder, fuhren durch zwei in steilen Ufern fließende Bäche, wovon der erstere Belekei (der kleine) Ursalle, der andre (großer) Sur-Ursalle genannt wird, und kamen einige Werste weiter zu einem flachen, am Jurjusen gelegnen Grund, welchen auf allen Seiten ein steiler Abfall des Gebirges umgibt und in welchem ein baschkirisches Winterdorf zwischen dem Jurjusen und einem langgestreckten Sumpfwasser, welches die Baschkiren Ussun-küll (langer See) nennen, angelegt ist. Das Dorf hat den Namen

Sulpa, oder nach dem jetzigen Haupt desselben Mussät-aul; das Gebirge aber, welches sich in einem großen halben Zirkel von dem ebenfalls gekrümmten Jurjusen entfernt und den Grund einschließt, nennen die Baschkiren Kargusch-Kügisch-tau. An dem nördlichen höchsten Teil dieses steilen Bergriffes fließt der Jurjusen ganz nahe vorbei und zwischen demselben und einem gegenüber gelegnen Berge Mängilschak durch. Und eben in dieser Gegend sieht man an dem steilen, gegen Süden sehenden Absturz des Berges, welcher daselbst durch tiefe Gründe zerteilt ist, auf dreien der höchsten Abteilungen große, von der Waldung, die das Gebirge übrigens bekleidet, ganz entblößte rötliche Stellen, welche eigentlich brennen und zu welchen wir auf einem ziemlich gefährlichen, an der Seite des Berges hingehenden Pfad gelangten. Es war hier alles in der schönsten Blüte und der Flor viel weiter als in andern Gegenden, wozu unstreitig der Brand des Gebirges und die davon umher verbreitete Hitze viel beigetragen hatten.

Von den drei Abteilungen des Berges, welche wirklich im Brand stehen, ist die östlichste die höchste und scheint eine senkrechte Höhe von mehr als hundert Faden zu haben. Dieselbe brennt erst seit etwa drei Jahren und minder heftig als die mittlere, deren ganze südliche Seite ausgebrannt ist und das unterirdische Feuer schon seit fast zwölf Jahren unterhalten haben soll. Es hat aber mit deren Entzündung folgende Beschaffenheit. Vor elf oder zwölf Jahren soll, nach Aussage der hier wohnenden älteren Baschkiren, das Wetter in eine hohe, westlich ganz unten am Fuß dieser mittleren Höhe gewurzelte große Fichte eingeschlagen und selbige in Brand gesetzt haben, so daß sie bis in die Wurzel verzehrt worden. Dieses Feuer nun hat den Berg ergriffen, welcher von der Zeit an in seinem Innern unaufhörlich fortgebrannt hat, doch so, daß der Brand am Fuß des Berges nunmehr verloschen ist, den Gipfel desselben aber bei weitem noch nicht erreicht hat. Die ganze, jetzt kahl gebrannte südliche Seite des Berges war zuvor mit Bäumen und Strauchwerk wie der Rest desselben bewachsen, welche das Feuer völlig verzehrt hat, so weit es sich bisher ausgebreitet, nämlich in einem Raum, dessen kleinerer Durchmesser von unten gegen den Gipfel des Berges über 70, der größere aber mehr als hundert Faden beträgt. An der westlich zunächst gelegnen Höhe hat das Feuer sich auch über einen ansehnlichen Platz ausgebreitet, ist aber jetzt daselbst verloschen, so daß allerlei Pflanzen, worunter die schöne und wohlriechende Hesperis sibirica*, Lupinaster und ein Astragalus waren, darauf blühten. Die östlichere Abteilung des Berges aber, zu welcher das Feuer vor etwa drei Jahren in einem schmalen Strich durch das mit Birken bewachsene und jetzt wiederum begrünte Tal herübergelaufen ist, brennt noch jetzt mit viel Heftigkeit und zeigt eine fast ebenso große Brandstelle als die mittlere Höhe.

Das Gestein, woraus der Berg und besonders die ausgebrannten Stellen bestehen, ist teils ein rötlicher Fliesenstein, welcher fest gebrannt und klingend, dennoch aber kalkartig ist, teils ein mürbes, ausgebranntes, in dünne Blätter zerschiefertes Gestein, zwischen dessen Lagen eine andre Materie vorhanden gewesen zu sein scheint, wovon nur eine Asche übrig ist. An der östlichern Abteilung des Berges, wo ich, so tief es die Hitze des Brandes erlaubte, schürfen ließ, war das Gestein zuoberst in gröbern Fliesen zerteilt, je tiefer aber, je feiner und loser geschiefert, und die Lagen schienen sich von Westen nach Osten zu neigen, obgleich man wegen des Einsturzes der ausgebrannten Stellen überhaupt keine rechte Ordnung bemerken kann. An vielen Stellen findet man einen rötelhaften oder ockergelben gebrannten Eisenstein oder Mulm; und am Fuß des östlichern Berges liegt zwischen dem Gestein überall eine hochrote friable Mergelerde. Die Brandstellen sind voll großer Risse und Klüfte, wegen welcher es ziemlich gefährlich darauf zu gehen ist. Hin und wieder sinkt man in die lokkergebrannte Dammerde bis an die Knie ein und kann sich kaum heraushelfen, ohne den Brand zu empfinden. Aus den offnen Klüften steigt beständig ein feiner, gegen die Sonne zitternder, brennendheißer Dunst auf, welcher an den Händen unerträglich ist und die hineingeworfenen Birkenrinden und trocknen Späne in weniger als einer Minute zu Flammen entzündet. Bei stürmischen und dunklen Nächten sieht man auch aus solchen brennenden Klüften rote dünne Flammen oder einen feurigen Dunst einige Arschinen hoch herausschlagen. Demungeachtet ist auf dem ganzen Berge kein schwefliger oder nach Steinkohlen artender Dampf zu spüren, und der Dunst, welcher aus den

Klüften aufsteigt, hat nicht mehr Körperliches und nicht mehr Geruch als der erstickende Dunst, der aus einem glühendheißen, aber völlig ausgebrannten Ofen kommt. So tief wir graben konnten, war noch immer kein Geruch zu merken, obgleich die Steine endlich so heiß waren, daß alle Feuchtigkeit darauf mit Heftigkeit verzischte und die hölzernen Schaufeln verbrannten.
Aber nicht nur im Umfang, sondern hin und wieder auch mitten auf den Brandstellen finden sich Plätze, welche völlig erkaltet sind und auf welchen schon wieder Kräuter und besonders viel gemeine Melde, die den Brand am wenigsten scheut, herauswachsen. Am Fuß des mittleren Berges ist alles mit recht wuchernd wachsendem Waid, welcher vor dem Brande, nach dem Bericht der Baschkiren, hier nicht zu sehen gewesen, bewachsen, wozwischen sich auch gemeiner Nachtschatten, Beifuß und dergleichen eingefunden. Otterschlangen sind noch jetzt am ganzen Berge häufig vorhanden und sollen schon vorher in Menge daselbst gewohnt haben. Die Baschkiren bezeugten, daß an diesen brennenden Bergen nicht nur im Winter, wie natürlich zu schließen, kein Schnee haftet, sondern daß auch deren Umfang beständig begrünt und nicht selten lange nach dem Schneefall noch blühende Pflanzen daselbst zu sehen sind. (...)
Den 28sten (Mai 1770) setzte ich die Reise fort. Man fährt von dem Ulujir auf zehn Werste längs dem Fuß des dünnbewaldeten und felsigen Berges Ulu-kukschä, welcher aus Kalkarten zu bestehen scheint und ungemein viel Quellen umher verbreitet. Ja es befinden sich auch ziemlich hoch am Berge selbst hin und wieder Quellen, welche kleine Seen verursachen. In der Waldung am Fuße des Berges, welche größtenteils aus Birken, Fichten, Espen und breitblättrigen Weiden (Caprea) besteht, hatte fünf Tage zuvor ein Orkan gewütet und eine unzählige Menge starker Bäume mit großer Gewalt teils zerbrochen, teils gewunden, teils aus der Wurzel gehoben, und die meisten lagen von Süden und Südosten her gestreckt. Ein heftiges Donnerwetter mit großen Hagelschloßen hatte diesen Sturm begleitet. An den häufig umgeworfnen Espen konnte die nützliche Samenwolle dieser Bäume jetzt in Menge gesammelt werden. Überhaupt könnte man diese Art von inländischer Baumwolle im Ural

in größtem Überfluß und sehr leicht durch die Baschkiren sammeln lassen, wenn selbige Abnehmer fände und diese Müßiggänger, welche sich doch zur Arbeit willig genug bezeigen, dadurch aufgemuntert würden. Man dürfte sie nur anweisen, eine Menge von Espenzweigen um die Zeit, wenn sie verblüht haben und ihre Wolle auszubreiten anfangen, von den Bäumen zu hauen und in ihre Winterjurten einzutragen, welche sie um eben diese Zeit verlassen, um unter Filzzelten zu wohnen. Wenn die Zweige welk sind, so kann man alle Wolle davon abschütteln und selbige also ohne Mühe sehr rein und in Menge sammeln. Ich glaube, daß man diese Materie, welche in ganz Sibirien überschwenglich häufig zu gewinnen wäre, wenigstens zu gemeinem Gebrauch mit Nutzen an die Stelle der ausländischen Baumwolle setzen könnte; ja vielleicht wäre es nicht unmöglich, selbige, entweder allein oder zur Hälfte unter Baumwolle gemischt, mit Vorteil zu spinnen und zu weben, und da sie ein viel feineres Ansehen und mehr Glanz als Baumwolle hat, so verdient sie fleißige Versuche: und solche zu veranlassen, habe ich diese Gedanken und eine Probe der Espenwolle selbst dem Hrn. Staatsrat von Rytschkow mitgeteilt, von welchem Gelehrten und Patrioten schon mit der Samenwolle des Epilobium* oder Kiprei glückliche Proben sind angestellt worden. (...)
Der erste in den Miäs fallende Bach, welchen wir an der östlichen Seite des Gebirges nach etwa zehn Wersten antrafen, wurde von den Baschkiren Jeremel genannt, und durch denselben hatten wir einige Male zu fahren. Unsre Pferde, welche von Jusupaul ohne Abwechselung gedient hatten, waren nunmehr so stumpf, daß wir uns nach frischen umsehen mußten. Aber die Baschkiren hatten eben in diesen Tagen ihre Winterdörfer verlassen und fingen ihrer Gewohnheit nach an, in kleinen Filzzelten (Kibitken) und Hütten von Rinden (Küsy, russisch Schalasch oder Balagan) mit ihren Herden herumzuziehen. Es wäre uns daher schwer gewesen, ihren Aufenthalt in dem waldigen Gebirge auszuforschen, wenn uns nicht die weidenden Pferde den Weg zu ihren Lagern gezeigt hätten. Also ließ ich aus den nächsten Jurten der Dörfer Murdak von der Karatabynischen und Japar von der Kuwakanskischen Wolost* den nötigen Vorspann betreiben. Das Oberhaupt der letztern kam mit ei-

nem Haufen bewaffneter Baschkiren zu uns, um Bedeckung zu leisten, die wir aber nicht nötig zu haben glaubten. Wegen der kirgisischen Grenzunruhen, die sich in diesem Frühjahr geäußert hatten, waren alle an dieser Seite des Urals wohnhaften Baschkiren befehligt worden, sich zu bewaffnen, und sie waren es mit Lanzen, Bogen und Pfeilen, weil ihnen kein Feuergewehr zu führen erlaubt ist. Die Baschkiren, welche östlich vom Ural und durch den größten Teil der Isettischen Provinz zerstreut wohnen, sind viel wohlhabender als diejenigen, unter welchen ich bisher gereist hatte. Die schönen kräuterreichen Steppen, die sich von hier über die südliche Strecke der Isettischen Provinz ausbreiten, geben ihnen zur Pferdezucht so vortreffliche Gelegenheit, daß es gar keine Seltenheit ist, Besitzer von einigen hundert Pferden zu finden, ja es gibt hier sogar solche, welche deren zwei- bis viertausend Stück zum Eigentum haben. Es werden in allen diesen Gegenden die besten und größten Pferde der ganzen Baschkirei gezogen; so wie auch die mittlere Kirgisenhorde, welche eine Steppe[9], die der Isettischen vollkommen ähnlich ist, besitzt, weit größere und bessere Pferde als die in trocknern und schlechtern Gegenden wohnende kleine Horde, deren ich auf meiner Reise am niedern Jaik Erwähnung getan habe, aufweisen kann. Die Baschkiren selbst kennen die guten Eigenschaften der Weide in den schönen Gefilden der Isettischen Provinz zur Genüge. Wenn sie im Junius wegen der Mücken und Bremsen, welche alsdann in diesen Gegenden die Luft fast erfüllen, mit ihren Herden nach den kühleren Gründen des Gebirges ziehen, so werden die Pferde ganz augenscheinlich magrer und kraftloser und kommen während ihres Aufenthalts daselbst ganz vom Fleisch. Kaum aber erreichen sie wieder die Steppe, wohin sich die Baschkiren mit Ausgang des Julius zurückbegeben und im August nach und nach wieder bei ihren Winterdörfern einfinden, so nehmen diese Tiere an Mut und Volleibigkeit

[9] Diese Steppe ist an gesunden und nahrhaften Futterkräutern so reich, daß, wenn in den innern Gegenden Rußlands Liebhaber sich finden sollten, die künstliche Wiesen anzulegen verlangten, man nicht ausländische Samen von Futterkräutern, sondern nur die Samen von spätgemähtem Steppenheu aus der Isettischen Provinz verschreiben dürfte. (...)

ungemein geschwind wieder zu. Eine Menge der mildesten Grasarten und Schotengewächse, womit ihre neue Weide versehen ist, die vielen Salzpfützen und salzhaften Pflanzen und die kräftigen Beifußarten (Artemisiae), welche die Isettische Provinz in unglaublicher Menge und Verschiedenheit hervorbringt, tragen dazu gleich viel bei. Diese schöne Weide würde die baschkirischen Pferde noch ungleich mehr veredeln, wenn nicht zwei Umstände, welche in der Lebensart der Baschkiren ihren Grund haben, daran hinderlich wären. Erstlich, daß sie um der Stutenmilch willen, welche sie zu ihrem Lieblingsgetränk, dem berauschenden Kumys, nötig haben, diese erste und kräftige Nahrung den jungen Füllen größtenteils entziehen und diese armen Tiere den ganzen Tag, an ein Seil gebunden, von den Mutterpferden abhalten und sich quälen lassen, wodurch notwendig ihr Wachstum erstickt werden muß. Zweitens, daß sie aus Liebe zum Müßiggang nicht einen hinlänglichen Heuvorrat für den Winter bereiten, sondern ihre Pferde größtenteils von dem Kraut, welches sie unter dem Schnee hervorscharren, leben lassen; da dann zu Zeiten, wenn nach dem ersten Schneefall ein Tauwetter eingefallen und die Felder durch dazugekommene Fröste mit einer Eisrinde überzogen worden, oder wenn gleich im Anfang des Winters ein tiefer Schneefall erfolgt, die armen Tiere fast ohne Nahrung sind und recht mitleidenswürdig mager werden; wie ich in dem diesjährigen Winter nachmals ein Beispiel hiervon gehabt habe. Bei diesen Umständen ist es fast ein Wunder, daß die Baschkiren noch so gutartige und tüchtige Pferde liefern.

In der ganzen Isettischen Provinz halten die Baschkiren hin und wieder auch Kamele, doch nur in geringer Anzahl, besonders nachdem solche seit einigen Jahren, noch vor der hier allgemein gewesenen Rindviehseuche, wegzusterben angefangen haben. Überhaupt scheint auch die hiesige Weide und die heftigen Winter für diese Tiere nicht das beste Gedeihen zu versprechen. Rindvieh hatten die hiesigen Baschkiren vordem im Überfluß, allein viele haben bei der im verwichnen Jahr grassierenden Seuche das meiste verloren. Schafe hingegen sind sie nicht gewohnt, in großer Menge zu halten.

Bei allem diesem Reichtum an Vieh treiben dennoch die

meisten auch etwas Ackerbau, säen aber nichts als Sommerkorn, Gerste oder Hafer und selten mehr, als sie neben ihrem geräucherten Käse oder Krut zu ihrem eignen Winterunterhalt nötig haben, welcher ohne diese Hilfe kümmerlich genug sein würde, weil ihr Vieh alsdann keinen Überfluß von Milch gibt, und sich also am Kumys, der im Winter zu fehlen pflegt, nicht sättigen können.[10]

Die Tracht der baschkirischen Weiber an dieser Seite des Urals hat vor der sonst gewöhnlichen einen ansehnlichen Zierat voraus. Eine beigefügte Abbildung wird die Sache deutlicher machen. Das Kleid, welches von Leinwand, am Halse und an den Händen ausgenäht zu sein pflegt, die mit kleinen Silbermünzen besetzte Mütze (Tschashbau), welche über den Schleier (Tastar) gesetzt wird und mit einem Riemen unter dem Kinn fest ist, die kleine auf dem Scheitel der vorigen mit einigen Knöpfen und einem nach der Wange herunterlaufenden Korallenstrang befestigte, runde Kappe (Tüwä), von welcher ein breiter Schweif auf den Rücken herabhängt, und endlich das unter dem Kinn ausgebreitete Brustgehänge (Sakal) haben sie mit allen übrigen Baschkirinnen gemein. Allein der breite, von vorne über die Schultern hin auf den Rücken fast wie eine Ordenskette herunterhängende Zierat, welcher teils aus Münzen, teils aus Korallen besteht und mit allerlei Kleinigkeiten behängt wird, ist bei andern Baschkiren, soviel ich deren bisher gesehen habe, nicht gewöhnlich. Hier aber sieht man die Weiber vom frühen Morgen an damit herumgehen und alle Arbeit damit verrichten, so beschwerlich und hinderlich er auch ist. Ja, ein Weib läßt sich ohne denselben nicht gern sehen. Sie geben diesem Teil ihres schweren Putzes den Namen Dilbuga, womit sie auch die Leinen, mittels welcher man angespannte Pferde regiert, belegen. Daraus aber möchte man keinen sonderlich vorteilhaften Begriff von der Ehrerbietigkeit der Baschkiren gegen das schöne Geschlecht bekommen; welche auch in der Tat nicht sehr merklich ist. (...)

[10] Die Baschkiren haben mich durchgängig versichert, daß ein Rausch in gutem, aus Stutenmilch bereitetem Kumys bis auf den dritten Tag alle Lust zum Essen benehme; daher man im Sommer dieses und allerlei Milchzubereitungen als ihre Hauptnahrung ansehen kann.

(3. Juni 1770) *Kosoturskoi* oder, wie sie eigentlich zugenamt worden, *Slatoustowskoi Sawod* ist von einem gewissen Tuljan Massalow vorlängst angelegt und vor kurzem an den Besitzer der obbeschriebenen satkischen Hütten käuflich abgetreten worden. Der ansehnliche und wasserreiche Ai ist hier zwischen dem Berge Tungurdak und dem gegenüberliegenden Urangötau gleich unterhalb des Baches Tasma angedämmt und treibt das Hüttenzeug. Die Wohnhäuser, etwa 150 an der Zahl, mit einer guten hölzernen Kirche und dem Wohnhaus des Besitzers, liegen auf der linken Seite des Flusses, am Fuß des Urangötau. Auf eben dieser Seite liegt am Damme der doppelte hohe Ofen, welcher unbrauchbar ist und erneuert werden soll. Auf dem Damme liegt eine Sägemühle, und an der andern Seite des Ai liegen die übrigen Hüttenwerke. Davon stand noch eine der alten Hammerhütten und war mit drei Stangenhämmern im Gang; die andre, nebst der Kupferhütte, welche aus sechs Krummöfen* und einigen Garherden bestanden hatte, war völlig eingerissen, und man machte mit der neuen Grundlage den Anfang. Noch stand von der Kupferhütte eine Pochmühle, mit fünf Stempeln zu Kohlengestübe und fünf andern, um Erz zu pochen, desgleichen vier gegen den Berg angebaute Röstherde, um das Kupfererz zu rösten, und dabei baute man jetzt einen kleinen Stahlofen. Der jetzige Besitzer hat überhaupt beschlossen, dieses Hüttenwerk auf einen neuen Fuß zu setzen, nach welchem es ansehnlicher als die satkischen Hütten werden wird. Es sollen daselbst nach der neuen Einrichtung zwei hohe Öfen, sechs Kupferöfen und zwanzig Stangenhämmer im Gange erhalten werden. Zu dem Ende gedenkt man gegen anstehendes Frühjahr den Damm ansehnlich zu erhöhen, um mehr Wasser halten zu können, welches der Ai in größtem Überfluß zuführt, so daß man bei regnerischer Witterung und im Frühling allezeit das wilde Fluder* weit offen lassen muß, um nicht überströmt zu werden. Mit den Kupferhütten hofft man gegen den Herbst zustande zu kommen. – Man hat aber hier zweierlei Kupfererze, deren das eine schon bei den satkischen Hütten ist erwähnt worden. Das andre fördert man aus dem unten zu beschreibenden Bergwerk Kukuschja, und dieses ist zwar reichhaltiger, aber so wild und in so festem Quarzgange, daß es nicht nur lange gerö-

stet und gepocht werden muß, sondern auch demungeachtet und obgleich man als einen Fluß* auf jede hundert Pud fünfundzwanzig Pud Mergel und zehn Pud Kalk beisetzt, doch noch dreimal langsamer durchzusetzen ist als das milde Erz von der kerjabinskischen Grube. Man hat in diesem Jahr noch andre Erze in der obersten Gegend des Jaik, desgleichen eine fadenschlagige Grüne in der Gegend des 40 Werste von hier entfernten Sees Ajusch aufgeschürft und zu bearbeiten angefangen, aber auch diese sind schwerflüssig und brechen in seifigem Hornschiefer gangweise. –
Das Eisenerz wird für die hiesigen Hütten lediglich aus den obenerwähnten Gruben am Kalajilga genommen, weil es das nächste, leicht zu gewinnen und von guter Art ist. Man setzt aber demselben auf hundert etwa 6 Pud Kalk und 10 Pud mergelhaften Sand als einen Fluß bei, welche beide Materien man gleich jenseits des Ai, kaum zehn Werste von den Hütten findet. Der Kalkstein ist sehr derb, grau von Farbe und deswegen merkwürdig, weil ich darin, obwohl sparsam, versteinte Entrochiten* und kleine Korallen eingestreut bemerkt habe, welche ich hier im hohen Gebirge nicht vermutet haben würde. – Den Sandstein für die hohen Öfen darf man auch nicht viel weiter holen. Der mächtige Berg Taganai scheint ganz daraus zu bestehen, und zwar soll der Stein in steil gestürzten Schichten liegen.
Man hat also alle Materien bei diesen Hütten; der Bezirk dazugehöriger Waldung ist ungemein ansehnlich, der Transport des bereiteten Eisens auf dem Fluß Ai selbst ist leicht, und das Werk würde überhaupt sehr vorteilhaft werden, wenn man eine hinlängliche Anzahl beständiger und guter Arbeiter dabei hätte. Allein die Zahl der Leibeigenen beläuft sich hier nicht auf zweihundert Mann; daher ist man genötigt, das meiste mit Mietlingen, die auf Pässe angenommen werden, zu bestreiten, und deren hatte man in diesem Jahr bald fünfzehnhundert in der Arbeit, teils um den neuen Bau zu beschleunigen, teils um an Holz, Kohlen und Erzen sich einen Vorrat zu schaffen, weil es bei Übernehmung der Hütten an allem gefehlt hatte. Diese gemieteten Arbeiter sind größtenteils Tschuwaschen aus dem Kasanischen Gouvernement und Permjäken*, welche nicht selten sich mit dem empfangenen Handgelde wieder aus dem

Staube machen. Unter den eigentümlichen Hüttenleuten waren viele aus der Gegend von Tula, wovon das Weibsvolk noch die besondre dortige Kopftracht, nämlich eine Art halbmondförmiger Schauben, denjenigen, wovon ich in der Gegend von Kasimow Erwähnung getan habe, nicht ungleich, aber mit den Ecken nach hinten gekehrt und zierlicher, beibehielten und an diesem Wohnplatz ganz vergnügt schienen.
Nachdem wir uns etwas getrocknet hatten, gedachten wir bei schon annahender Dämmerung an die Rückreise. Man hatte indessen durch tschuwaschische Arbeiter auf dem Ai, am gewöhnlichen Ort der Überfahrt, nämlich sieben Werste oberhalb der Hütten, eine Fähre zusammensetzen lassen, um uns über den Fluß, welcher noch immer stärker anlief, zu setzen. Aus Unwissenheit hatten die Arbeiter die Taue, mit welchen die Fähre abgelassen und übergezogen werden sollte, nicht an den beiden gegen den Strom gerichteten Ekken, sondern über Kreuz an der Fähre befestigt, und in der Dämmerung und Eil untersuchte niemand diese törichte Einrichtung. Dadurch geschah es, daß, sobald wir abstießen, der reißende Strom die freie Ecke der Fähre ergriff und selbige in eine solche Schwingung brachte, daß, wenn nicht eben die schnelle Gewalt des Flusses uns mit der Geschwindigkeit eines Pfeils auf das gegenseitige seichte Ufer geworfen hätte, wo die Ecken der Fähre auf den Grund stießen, wir mit derselben ganz unfehlbar umgewendet und von dem Strom ersäuft worden wären. Zum Glück hatten wir den Wagen auf der Fähre festgebunden und konnten uns an demselben halten; also kamen wir mit dem Schrekken und damit, daß wir abwechselnd bis an den Gürtel ins Wasser getaucht wurden, davon und legten an einem Ort an, wo wir noch einige Faden weit so tief durchs Wasser gehen und den Wagen herausziehen mußten. (...)
(4. Juni 1770) Ich säumte auch nicht, die Reise auf *Tschebarkul* fortzusetzen. Nunmehr sahen wir eine offne Steppe mit wenigen felsigen Anhöhen und zerstreutem Birkengehölz an der Ostseite vor uns. Die bisher allgemeinen Gebirgs- und Waldpflanzen, worunter die aus ruchlosen Absichten zur Abtreibung der Frucht bei dem gemeinen Volk gebräuchliche Adonis apenina*, ferner Anemone narcissiflora, Cacalia hastata, Polygonum bistorta und acidum, Orobus lu-

teus, Lathyrus pisiformis, Bupleurum longifolium und Digitalis lutea die anmerklichsten waren, verschwanden uns aus dem Gesicht, und man sah dagegen Onosma simplex*, Salvia nemorosa, die schöne großblättrige Iris sibirica (deren Früchte gekocht teils zur Heilung der Wunden, teils von verunglückten Jungfern der Brautnacht in Sibirien gebraucht zu werden pflegen), die Scorzonera purpurea*, einige Glockenblumen und Storchschnäbel blühen und vielerlei Beifußarten (Artemisiae) und andre, bisher nicht gesehene Pflanzen zum Vorschein kommen. – (...)
(25. Junius) Alle jetzt gangbaren Goldgruben sind zwischen diesem Flüßchen (Pyschma) und dem Bache Beresowka, in verschiedner Entfernung von dem Beresowschen Hüttenwerk gelegen. Die nächste befindet sich kaum ein Werst davon diesseits der Beresowka, die übrigen trifft man in einem Abstand von zwei, drei, vier bis acht Wersten, gegen den Pyschma zu, an. Es sind zwar seit dem Jahr 1745, da die ersten Bergwerke am Pyschma rege geworden, in vielen andern Gegenden des katharinenburgischen Gebiets, besonders an Isset, Pyschma, Neiwa und Tagil, ähnliche Erze entdeckt und aufgeschürft, auch ist an einigen Stellen, wie z. B. bei der unterhalb Katharinenburg am Isset gelegnen Schilowo-Issetskoi Rudnik* und in der Gegend des Dorfes und Bachs Stanowka oder Stanowaja, zwischen 15 und zwanzig Werste von der Beresowschen Hütte, viel Arbeit geschehen; weil aber unter allen keine Erze sich ergiebig angelassen als die um die obere Gegend des Pyschma bearbeiteten und die Schilowskische Grube, von welcher sich die hiesigen Bergverständigen doch viel versprochen, überdem vom Wasser belästigt wurde; so sind alle diese Arbeiten nach und nach liegengeblieben, und man beschäftigt sich bloß mit fleißiger Ausbauung der am Pyschma und der Beresowka angefangenen Grube, auf welche ich hier auch meine Beschreibung einschränke und in Absicht der übrigen goldhaltigen Erze dieser Gegenden nur erinnern will, daß die an den östlichen Vorgebirgen des Urals selbst ausfindig gemachten Erzanzeigen größtenteils in quarzhaften Gängen, von eben der Beschaffenheit als die hier zu beschreibenden, bestehen; dahingegen in allen weiter an den östlich ihren Lauf richtenden Flüssen abwärts gelegnen Gegenden, wo das Gebirge sich in die Ebne verliert und die Erdlagen

flözweise liegen, nur einige wenige eisenartige Steine und Ocker* einen geringen Goldgehalt gezeigt haben und für nichts andres als Geschübe des Ganggebirges zu halten sind.
Die sogenannten Pyschminskischen Gruben sind in dieser Gegend unter allen die ältesten und, wie schon erinnert worden, im Jahr 1745 entdeckt. Bei der ersten dieser Gruben sind in allem acht Schächte und Schürfe abgesenkt; weil aber die Erze ohne weitere Hoffnung abgesetzt haben, so ist diese Grube seit dem Jahr 1765 liegengeblieben. Die zweite Grube ist mit dem Schacht Num. 6. angefangen, nachher aber mit noch sechs Schächten vermehrt worden; bei dieser zeigen die Erze keinen Bestand in der Tiefe, und man arbeitet daselbst nur, sooft man bei den übrigen Gruben Bergleute entbehren kann, um noch die am Tage liegenden Erze wegzunehmen. Die dritte mit Num. 13. angefangene und seitdem mit noch fünf Schächten erweiterte Pyschminskische Grube ist noch jetzt ergiebig und bauhaft.
Nächst diesen sind in dem flach streichenden Gebirge gegen den Pyschma noch zwei andre wichtige Werke angelegt, deren das eine Romanowskoi, das andre Kljutschewskoi Rudnik zugenannt worden. Jene hat mit dem Schacht Num. 14. im Jahr 1762 ihren Anfang genommen, und man hat dabei, nach der Zeit, noch neun andre, teils Schächte, teils Schürfe abgesenkt. Weil daselbst die Trömmer* in der Tiefe weder Bestand noch Gehalt haben, sondern teils zusammengedrückt sich verlieren, teils in taube angeschmauchte Gänge verändern, so geschieht daselbst die meiste Arbeit an der Oberfläche. – Ganz anders ist die Kljutschewskische Grube beschaffen, welche im Jahr 1763 mit Num. 21. eröffnet worden und nun, außer fünf andern Fahr- und Förderschächten, weil das Werk tiefer geht und sehr wassernötig ist, auch ein Kunstschacht* mit zwei Roßkünsten, eine von vier und die andre mit Gestängen von 6 Sätzen, desgleichen ein Kunstrad von sechzehn Ellen Durchmesser mit vier Sätzen bekommen hat. Jedoch können auch damit die Wasser nicht mehr gehalten werden, daher man der Erlaubnis, die vorgeschlagne Wasserkunst anzulegen, um in die Tiefe gehen zu können, mit Verlangen entgegensieht. Denn bei dieser Grube hat man die stärk-

sten, beständigsten und reichhaltigsten Gänge und besonders einen, auf welchem der Kunstschacht abgesenkt ist, dessen man sich schon auf mehr als sechzig Lachter* im Streichenden versichert hat; auch die Nebengänge werden gemeiniglich von 20 bis 30 Lachter lang befunden.
Unter dem Namen der Beresowskischen werden vier in der Nähe des Baches und der Sawod dieses Namens vorhandne Bergwerke, welche seit dem Jahr 1752 im Gange sind, begriffen. Das am meisten und tiefsten bearbeitete, auch mehr als die übrigen versprechende, ist Num. 6., wozu in allem 13 Schächte und darunter auch ein Kunstschacht mit einem Rade gehören. Es war aber dieses Kunstrad im verwichnen Frühling, vermutlich auf Anstiften ruchloser Leute unter dem Arbeitsvolk, völlig abgebrannt. Die mit Num. 7. bezeichnete Grube hat in allem zehn, Num. 12. aber sechs Schächte; und bei Num. 24., welcher man den Zunamen Perdunowskoi gegeben hat, befinden sich vier Schächte. Bei diesen Gruben wird die Arbeit fleißig fortgesetzt, und überhaupt der Bau, welcher von 5 bis 15 und mehr Lachter tief geht, bei allen jetzt gangbaren Werken in der besten Ordnung und sehr regelmäßig getrieben. Die Schächte, Stollen und Gesenke sind sehr geraum, reinlich und größtenteils wohl ausgezimmert, und man arbeitet die mit Stollen und Strecken überfahrnen Gänge und Trömmer ort- und strossenweise, und wie es der bergmännische Gebrauch sonst erfordert, aus. Überhaupt scheint noch kein sibirisches Bergwerk eine so ordentliche und den Regeln des deutschen Bergbaues gemäße Beschaffenheit der Gänge gezeigt und den Grundsätzen des Hrn. Gmelins über die Unregelmäßigkeit der Erzgebirge dieses Weltteiles so sehr widersprochen zu haben als die hiesigen. Denn obgleich die meisten Gänge und Trömmer in keine große Tiefe fortgesetzt haben und auch die in der Kljutschewskischen und Beresowskischen Grube vorhandnen Hauptgänge noch nicht über die zwanzig Lachter tief gebaut sind, so geben doch diese nicht nur große Hoffnung zur Beständigkeit, sondern es haben auch überhaupt alle ein sehr ordentliches Streichen und Fallen.
Es ist aber die allgemeine Lage und Beschaffenheit der hiesigen Golderze eigentlich folgende: Die erzreichen Strekken des Gebirges sind voll kleiner, stehender Gänge und

Trömmer, die fast einerlei Streichen von Abend gegen Morgen haben und in verschiednen Winkeln von 60 bis 80 Graden, von Mitternacht gegen Mittag in die Tiefe fallen. Es ist zwar nichts Ungewöhnliches, auch Trömmer und Gänge zu finden, welche schräg oder zwerch übereinander sitzen und ein Kreuz machen; doch aber pflegen die meisten in einerlei Stunde zu streichen. Diese Erzgänge, welche aus einem kluftigen und drusigen Quarz bestehen, sind an Länge und Stärke sehr ungleich; manche findet man kaum einen Werkzoll, andre bis zwei Spannen und drüber mächtig; auch bemerkt man oft, daß ein anfänglich schmaler Gang sich weiterhin verstärkt oder ein mächtiger nach und nach abnimmt. Dem Streichen nach werden sie gemeiniglich von fünf, acht bis zehn Lachter lang gefunden, die Kljutschewskische Grube ausgenommen, wo die Gänge viel ansehnlicher befunden werden und der im Kunstschacht befindliche Hauptgang sechzig bis siebzig Lachter weit durch das Gebirge streicht, auch ebenso beständig in der Tiefe zu vermuten ist. Die gemeinen kleinen Gänge und Trumme pflegen in den ersten Lachtern am goldhaltigsten und nach sieben, acht bis zehn Lachtern in der Tiefe immer ärmer zu werden, ungeachtet sie viel tiefer gehen; eine Bemerkung, die wirklich außerordentlich scheint. Wo die Gänge aufhören, da pflegen sie sich teils zu zertrümmern, teils schmal auszukeilen. Insgemein bemerkt man bei diesem Gebirge, daß die Erzgänge in einem weißen oder weiß- und gelbgrauen, milden, etwas fadenhaften und glimmrigen Lettengebirge liegen, dessen Streichen von Mitternacht zum Mittag ist und welches von fünf bis zehn Lachter breit und in der Länge oft bis zweihundert Lachter das Gebirge einnimmt. Dieses Lettengebirge gibt seinen Gängen eine schöne Ablösung und ist leicht zu gewinnen; allein oft stehen um die Gänge auch Bergfesten von grauem, rot eingesprengtem, mit dem Gange verwachsenen Hornstein an, von welchem das Erz abzuscheiden viel Mühe macht und welcher nicht anders als mit Schießen durchbrochen werden kann. In diesem Horn- und Lettengebirge oder Salband sind die Gänge oder Trömmer oft kaum über eine halbe Elle, mehrenteils aber einige Ellen, ja bis vier und fünf Lachter voneinander entfernt. An den Seiten und in der Tiefe wird die lettige Gangart überall von einem schönen, mennigroten, weiß eingesprengten, dürren Letten abgeschnitten, den man hier durchgängig als den Räuber der Erze erkannt und mit dem Namen Krassik belegt hat, weil er zu einer guten roten Farbe dient. Sobald man an diesen merkwürdigen tauben Letten oder Mader kommt, so darf man keine weitere Erzanzeigen hoffen; gleichwie auch in der Tiefe sowohl der graue Letten oder die Gangart als auch die Gänge selbst von diesem roten Zeuge verdrückt und rein abgeschnitten werden.

Es sind aber doch in der hier beschriebnen Lage der Erzgänge einige Ausnahmen anzumerken. So brechen zum Beispiel bei den meisten Beresowskischen Gruben die Erze am gewöhnlichsten im vorgedachten Hornstein, und man hat da viel Arbeit mit dem Abschlagen und Scheiden derselben. – Ferner so dient dem obenerwähnten großen Gang im Kljutschewskischen Kunstschacht ein rötlicher, sandiger, zerbröckelnder und bunter Steinletten zur Bergart; welcher auch bei dem Schacht Num. 21. bemerkt wird. Und bei Num. 36. der nämlichen Kljutschewskischen Grube soll das goldhaltige Erz in einem Sandflöz, der mit Quarzkieseln vermischt ist und wie ein Flußsand aussieht, bestehen, in welchem jedoch die Quarzkiesel selbst nicht den geringsten Goldgehalt zeigen.

Ich komme nun auf die Beschreibung der goldhaltigen Erze und in den Gängen sonst brechenden Merkwürdigkeiten selbst. Das gemeinste Erz bei allen Gruben besteht hauptsächlich in einer dunkelbraunen oder braunschwärzlichen, bald derben und einem braunen Eisenstein ähnlichen, bald schwammigen und drusigen Art, welche mit merkwürdigen, gereiften Würfeln, die ich unten beschreiben werde, häufig durchsetzt und mit einem schönen, braungelben, reichen Ocker begleitet ist und in dem klüftigen Quarz ganz verwirrt eingewachsen und wunderbarlich eingemengt ist. In dieser braunen Materie und dem dabei befindlichen Ocker ist das Gold gemeiniglich als ein feiner Staub oder Schlich eingestreut, und nur selten findet man auf dem derbern Erz und im Quarz selbst dieses edle Metall als sichtbare, mehr oder weniger ansehnliche Blättchen und Flitschen. Aber auch die Erze, wo man die Goldstäubchen kaum mit dem Vergrößerungsglase entdecken kann, sind darum nicht ohne Goldgehalt, und mit solchen Erzen werden die Seifenwerke hauptsächlich unterhalten. Der an sich taube Quarz der Erzgänge ist durchgängig bis in die kleinsten Klüfte mit einem braungelben, oft aber taubenhalsig spielenden, schönen Anflug überflossen oder gleichsam angeschmaucht. – Der Goldgehalt der Gänge ist nicht einförmig, sondern das reichste Erz scheint vielmehr nesterweise zu brechen, obgleich in dessen Ansehen und der Beschaffenheit des Ganges keine sichtliche Veränderung wahrzunehmen ist. Allein es fallen als Nieren und Nester auch ganz besondre und merkwürdige Golderze und Nebenarten in den Gängen vor. Darunter verdient nun hauptsächlich das sogenannte Bimsstein-Erz erwähnt und beschrieben zu werden, welches hauptsächlich in den Kljutschewskischen und Perdunowschen, auch wohl in den Beresowschen, seltner oder gar nicht bei den andern Gruben vorkommt. Dieses merkwürdige Erz bricht als größere oder kleinere Kuchen oder Massen mitten in den Goldgängen, von welchen es durch seine gelbbraune, sandhafte Rinde eine ordentliche Ablösung hat. Das Innere dieser Kuchen ist dem ersten Ansehen nach einem fein lockern Weißbrot oder dem Bimsstein oder noch eigentlicher dem zarten blättrigen Gewebe schwammiger Knochen gleich und von ungemeiner Leichtigkeit. Die Materie besteht nämlich aus den allerfeinsten und zartesten Blättlein, die in allerlei Richtung einander durchkreuzen und ein zelliges Wesen bilden, dessen Höhlen bald größer, bald kleiner fallen, und wovon es nicht schwer ist, Stücke zu finden, die wie Bimsstein auf dem Wasser schwimmen. Die Farbe dieses zelligen Wesens ist weiß oder gelblich, hin und wieder braun angelaufen; zuweilen ist es grau, wie ein Bimsstein, und von ebenso dichtem Gewebe, welche Art die reichhaltigste ist. In den Zellen dieses Erzes, dessen blättriges Wesen ganz von quarzartiger Beschaffenheit zu sein scheint, ist ein häufiger, feiner Goldstaub gleichsam eingepudert und so lose, daß man vieles davon aus den zerschlagnen Stücken hervorschütteln kann. Unter allen goldhaltigen Erzen der hiesigen Gruben ist dieses in Masse seines Gewichts das allerreichhaltigste und gemeiniglich der Goldstaub sehr deutlich darin zu erkennen. Man kann auch den Schlich ohne alle Mühe und bloß im Seichertroge aus der leicht zu zermalmenden Materie des Erzes rein waschen und erhält auf solche Art gemeiniglich von einem

Pud Erz zwei bis sechs Solotnik reinen Goldstaub. Nur schade, daß selbiges nicht gar häufig und nur nesterweise vorfällt. – Von eben diesem Erze habe ich einiges gesehen, welches aus einem gröbern, hin und wieder in wahrem Quarz zusammenfließenden Gewebe bestand und einem wurmstichigen Quarz ganz ähnlich war.[11] Unter eben diesen schwammigen Drusen* kommen auch wohl einige vor, welche statt Gold mit kleinen Glimmerteilen oder mit einem tauben gelbbraunen Mader eingesintert sind.

Aber auch das gemeine braune schwärzliche Erz ist an einigen Stellen von einem ganz ähnlichen, leichten und schwammigen Gewebe, und zuweilen sind dessen Schwammdrusen mit einer Bleifarbe überlaufen, nichtsdestoweniger aber goldhaltig. Ja, die obgedachten Würfel, welche in dem Erz von verschiedner Größe und gemeiniglich einer in den andern mit den Ecken eingewachsen sitzen, bestehen innenher gemeiniglich aus einem rostbraunen, etwas schwammigen, aber härtern Wesen, obwohl sie von außen eine glänzend harte und am Stahl sogar feuerschlagende Oberfläche zeigen. Diese Würfel sind an und für sich von der regelmäßigsten kubischen Gestalt, die man nur erdenken kann, eine jede ihrer sechs Seiten ist mit parallelen Linien leicht gefurcht, und zwar so, daß die aneinanderstoßenden Seiten beständig mit ihren Strichen widersinnig oder zwerch, die sich entgegengesetzten Seiten aber in gleicher Richtung fallen. Man findet diese Würfel, welche sich gern vom Erz und der Gangart ablösen, von einem Viertelzoll und drunter, bis auf zwei und selten drei kubische Zoll groß; die gemeinste Größe aber ist von einem halben bis zum ganzen Zoll. Ich habe einige gesehen, deren Rinde hin und wieder oder auch ein Teil des ganzen Würfels aus einem wirklichen Wasserkies bestand; ja man findet unterweilen ähnlichermaßen gestreifte, ganz aus Wasserkies bestehende Würfel. Zuweilen zeigen sich auch Goldblättchen an ihrer Oberfläche und Goldstaub in ihrem Wesen selbst; ja es scheint das gemeine Erz oft ganz aus solchen schwam-

[11] Einen solchen wurmstichigen Quarz, der mit ganz feinem, kupfergelbem Kies eingestreut und von sehr verführerischem Ansehen war, haben mir die Baschkiren aus alten Schürfen, die zwischen der Koelga oder Tamakkaragai und der Uwelka liegen, als ein Golderz gebracht.

migen, durcheinandergeworfnen und zusammengeflossenen Würfeln zusammengesetzt zu sein.
Noch seltner als das Bimsstein-Erz kommt besonders im Perdunowskoi Rudnik ein bleifarbiges, körnig aussehendes und sehr bröckliges Erz vor, dessen Goldgehalt ich nur auf fremde Versuche, die bei den hiesigen Anstalten selbst gemacht sind, annehme. Dieses Erz ist ungemein selten. Man will auch einen, obwohl sehr geringen Goldgehalt in einem weißen, glimmrigen Letten bemerkt haben, womit man in der Beresowschen Grube einige runde hohle Ballen von verschiedner Größe angefüllt gefunden hat. Selbige bestanden aus einer braungelben, sandsteinartigen Rinde, waren an äußerlichem Ansehen den sogenannten Karmelsmelonen fast gleich, inwendig aber ganz mit obgedachten weichen Letten angefüllt, in welchem ich selbst bei dem sorgfältigsten Ausseichern keine Spur von Goldstaub, wohl aber eine Menge katzensilbriger Teilchen habe finden können.
Es fallen sonst in den Goldgängen nicht nur oft Quarzdrusen, sondern auch einzelne oder in Drusen beisammensitzende Topase von verschiedner Güte, oft auf einige Zoll dick, in sechsseitigen, an der Spitze ungleich abgestutzten Kristallen vor, welche teils wasserhell, teils rauchfarbig, mehr oder weniger dunkel sind. In dem Kunstschacht der Kljutschewskischen Grube soll in der Wasserteufe eine ungeheure Topasmasse liegen, die man wegen der Wasser noch nicht hat erlangen können; ich habe aber ansehnliche, mit Brechern davon abgesprengte Scherben gesehen, welche sehr klar und schön sind. Gemeiniglich pflegen sich die Gänge, da, wo Topase vorfallen, im Gehalt zu veredeln. Es bricht auch in den Goldgängen ziemlich häufig ein in Quarz sitzender und zuweilen im Bruche würfliger Wasserkies oder Mißpickel*, auch wohl ein zinnfarbiger, strahliger Wolfram im Quarz.
Außer den eigentlichen Goldgängen hat man besonders bei den Beresowskischen Gruben auch Kupfer, Blei und silberhaltige Gänge, die abgesondert, aber ganz nahe bei den goldhaltigen Gängen streichen, erbrochen. So steht in dem Wasserstollen bei dem Schacht Num. 4. der Beresowschen Grube ein auf dreiviertel Ellen mächtiger und ganz nahe neben einem kleinen Goldgange streichender Silbergang im

Anbruch, der aus einem besondern, schwarzen und reichen Glanz im Quarz, mit Kupferlasur und Grüne durchflossen, besteht. – Bei der andern Beresowskischen Grube Num. 7. brechen zwischen Sandstein, in Gängen, die aus wunderbar vermengtem und verwirrtem fettem Quarz bestehen, nicht nur nierenweise ein schöner, gediegner, grober Bleiglanz und viel Wasserkies, bei welchem schöne, mit einem trefflichen dunkelblauem Lasur angeflogne Klüfte vorkommen, sondern auch derjenige merkwürdige rote Bleispat, von welchem man eine Abhandlung des Hrn. Bergrats Lehmann im Druck hat und dergleichen vorher noch nirgends in einem Bergwerke, weder in noch außer Landes, entdeckt worden war. Dieser bald mennigfarbige, bald zinnoberrote, halbdurchsichtige, schwere Spat ist in großen und kleinen, kurzen und langen Kristallen in den Klüften sowohl des Quarzes als auch des sandsteinigen Salbandes angeschossen und hat, wo es der Raum zugelassen, eben diejenige plattvierkantige, prismatische Figur, mit ungleich abgestutzten, zweiseitigen Enden, (...) Doch findet man ihn auch in kurzen, schiefen und unregelmäßigen Pyramiden, wie kleine Rubine, auf Quarz angeschossen. Gerieben gibt derselbe eine schöne, hochgelbe Gur*, so daß man ihn im Miniaturmalen gebrauchen könnte. Nach allen im katharinenburgischen Laboratorio gemachten Proben hat man aus selbigem, nächst dem sehr reichen und fast auf die Hälfte anlaufenden Bleigehalt, auch beständig ein Silberkorn erhalten, welches der Herr Hofrat Lehmann vermutlich um deswillen nicht hat bemerken können, weil er seine Versuche mit einer allzu kleinen Quantität angestellt hat, so daß das Silber gar nicht merklich gewesen. Weil man in dem Ort, wo dieser Bleispat eigentlich bricht, nicht gewöhnlich arbeitet, weil die Wetter daselbst fehlen, so ist es vorerst schwer, gute Stufen und eine beträchtliche Quantität davon zu Proben zu erhalten. Man beschäftigte sich aber nachher im Winter mit Absinkung eines Wetterschachts bei dieser Grube. – Ich habe eine Stufe daher gesehen, welche zugleich den groben Bleiglanz und diesen Bleispat im Quarz enthielt.

Man findet sonst noch in den vermischten Quarzgängen, wo dieses seltne Mineral erzeugt wird, kleine, längliche, an beiden Enden zugespitzte, liegende Kristalle von schwefelgelber Farbe, die wie ein gediegner Schwefel aussehen, auch von den Bergleuten dafür ausgegeben werden. Sie brennen aber am Feuer nicht, zerspringen auch nicht an der Flamme, wie der rote Bleispat, und könnten vielleicht auch eine Art von metallischem Spat sein; allein schwerlich wird man davon so viel sammeln können, um damit gehörige Proben anzustellen. Man findet diese kleine Kristallisation sowohl auf Quarz als auf Sandstein. – Und dieses ist alles, was ich von den hiesigen Erzen sagen kann, an welchen man gewiß in der ganzen Gegend nicht leicht einen Mangel haben wird, wenn sich auch nicht in die Tiefe fortsetzende Gänge bestätigen sollten. Vielleicht aber hat man bei fleißig fortgesetzter Arbeit und durch neue Entdeckungen das Glück, auf edlere Geschicke zu treffen; ja vielleicht wird man die vorhandnen Hauptgänge in der Tiefe veredelt finden, wenn das Wasser durch die vorgeschlagne Kunst wird unter den Fuß gebracht sein. – Vorerst werden bei allen hiesigen Werken fünfhundert Bergleute gebraucht, welche zur Grubenarbeit, die am meisten im Winter getrieben wird, kaum hinreichen. Noch viel mehr Hände werden zu dem langwierigen Ausschlagen und Abscheiden der Erze erfordert, welches außer der Grube unter offnen Scheuern mit Scheidehämmern geschieht und wozu einige tausend Bauern angewiesen sind, welche für das Kopfgeld* arbeiten müssen und nach dem Alter und der geleisteten Arbeit ein Taglohn von drei bis sechs Kopeken erhalten. Diese werden nur zu solcher Zeit gebraucht, wenn sie keine Landarbeit zu verrichten haben; und daher fehlt es im Sommer, da die meiste Arbeit außerhalb der Grube geschehen könnte, oft an Leuten. – Das von seiner Gangart soviel möglich entledigte Erz wird von den Arbeitern in die beste und Mittelsorte geteilt, und die dritte Sorte macht das in der Grube und beim Ausschlagen abfällige Kleinerz (Podrudok) aus, welches in aufgehängten Sieben, über großen Wasserküfen gewaschen und abgelautert, danach ausgesucht wird. Diese drei Erzsorten werden also nach den Seifenwerken unter die Puche geliefert und geben, nach ungefährer Schätzung, eins ins andre gerechnet, von tausend Pud Erz dreißig, vierzig Solotnik und bis auf ein halbes Pfund reinen Schlich oder Goldstaub. Es wird aber aus diesen Gruben jährlich bis auf zweimal hunderttausend Pud Erz gewonnen, wovon das beste etwa den zehnten Teil, das Kleinerz aber am meisten ausmacht. Und an reinem Schlich kann auf den drei Seifenwerken, jährlich von fünf bis sieben Pud ausgeschlemmt werden. (...)

(30. Junius 1770) Um von hier den Weg nach Tscherno-Istotschinskoi Sawod zu gewinnen, mußten wir über die zum Koschewnoi Sawod gehörigen weitläufigen Triften und Heuschläge (Gospodskije Jelani), die mit junger Fichtenwaldung abgewechselt sind, einen großen Umweg nehmen und noch zweimal die obere Bynga passieren. Ich sah auf diesem Wege, den ich bei einfallender Nacht nicht ohne Beschwerlichkeiten zurücklegte, mit Verwunderung, wie die hungrigen Pferde im Wandern das häufig daselbst wachsende, noch blumenlose Nieswurzkraut (Veratrum, russ. Tschemeriza) vorzüglich auslasen und wegfraßen, wo sie selbiges nur erlangen konnten. Die Fuhrleute versicherten, daß dieses anderwärts dem Vieh durch seine giftige Schärfe so schädliche Kraut von ihren Pferden im Frühling ohne Nachteil genossen wird und selbige höchstens nur purgieret. Einige uns begleitende geschwätzige Bauern aus Newjansk halfen uns bei dieser Gelegenheit die unangenehme Nacht durch allerlei Gespräche über die Kräfte der wildwachsenden Kräuter dieser Gegend vertreiben, von welchen einer unter ihnen eine nicht gemeine Kenntnis besaß. Er rühmte das Polemonium*, welchem er den Namen Troizwetki (Dreifarbenblume) gab, wider die fallende Sucht; die Wurzeln der Phlomis tuberosa* als ein Mittel wider Geschwulst der Drüsen in den Weichen; das Wolfskraut (Aconitum lycoctonum) wider Sausen im Kopf und viele andre sonderbare Krankheiten, die selbigem den Namen Prikryt im Russischen verdient hatten. Das Teufelsabbißkraut (Succisa), welches in diesen nördlichen und feuchten Wäldern sehr groß wächst und jetzt seine oft mannshoch aufschießenden Blumenstengel zu treiben anfing, nannte er Pupownik (Nabelkraut) und hielt es für dienlich, um wider Leibschmerzen, Schläfrigkeit und Schwindel abgekocht gebraucht zu werden; der gemeinere Name dieser Pflanze ist sonst in Sibirien Korowje Jasyk (Ochsenzungenblatt), und der vorige wird von einigen dem Wasserwegerich (Alisma) beigelegt. Die hier in Sibirien so gemeine Ruyschiana*, welche mit vielen andern Kräutern

Sweroboi, und zwar Sinei (der blaue) benannt wird, diente, nach den Grundsätzen dieses sibirischen Landarztes, wider allerlei innerliche Gebrechen und Unpäßlichkeiten. Seine sonderbarsten und größten Geheimnisse, die er mir nicht anders als nach vielen Zureden und gegen eine Belohnung offenbarte, waren folgende zwei, die ich, so abenteuerlich sie auch sind, hier anführe. Die aus vielen dicken Fäden bestehende Wurzel der in allen diesen sumpfigen Wäldern an offnen Stellen wachsenden schönen Cineraria sibirica, die von ihm Sholty Sweroboi genannt wurde (ein Name, unter welchem sonst auch die gemeine Dotterblume oder Caltha als ein Hausmittel bei dem Landvolk bekannt ist), soll, nach seiner Erfahrung, wenn sie roh gegessen wird, die gänzlich erstorbene Mannheit, besonders bei Trunkenbolden, wiedererwecken können, wenn nur an dem Tage, da man dieses Mittel gebraucht, keine gegornen und starken Getränke genossen werden. Sein anderes, höchst schädliches und der Gesundheit nachteiliges Geheimnis soll unter dem gemeinen Weibsvolk in Rußland und Sibirien gar sehr im Schwange gehen. Es besteht darin, daß unkeusche und noch unverheiratete Personen, um einer entehrenden Schwangerschaft vorzubeugen, jedesmal, wenn die Monatszeit sich einstellt, ein bestimmtes Gewicht Bleiweiß (Belila), dessen sie sich sonst auch zur Schminke bedienen, einnehmen, wodurch die Reinigung gestopft und auf den nächstfolgenden Monat die Empfängniskraft unfehlbar vernichtet werden soll, die sich jedoch, sobald man dieses gefährliche Mittel unterläßt, wieder einstellt. (...)
(8. Julius 1770) Die Breite des Woloks zwischen der Ljäla und Lobwa beträgt von Bjelkina bis nach dem Dorfe *Koptjaki* vierzig gemessene Werste, weshalb ich für nötig hielt, mich hier mit frischen Pferden zu versehen. Ich ging darauf durch die Ljäla, welche sich hier in zwei Arme teilt, desgleichen durch einen alten Nebenkanal derselben, und nachdem ich noch über einige mit Lärchen, Fichten und Birkenbäumen bewachsene Höhen, an welchen Äcker angelegt sind, geritten war, so kam ich in einen mit Zedern vermischten Tannenwald, wo der Weg unbeschreiblich elend war. Die Pferde sanken bei jedem Schritt bis an die Brust in Morast, und so langsam man auch ritt, war man doch alle Augenblick in Gefahr, über die Baumwurzeln zu stürzen

oder die Augen an den trocknen Tannenzweigen zu verlieren. Aus politischen Ursachen läßt der Besitzer der nördlichen Hüttenwerke den Weg mit Bedacht in dem elendesten Zustand, um andern Erzsuchern oder fremden Gästen die Lust zu Spazierreisen nach seinen Erzgebirgen zu nehmen. Im Anfange zwar findet man einen schmalen Steg, auf welchem man reiten kann, mit Birken gebrückt, und es könnte dergleichen mit wenigen Kosten durch den ganzen Wald gezogen werden. Allein die morastigste Gegend desselben, wo der Kot fast grundlos ist, hat man mit Fleiß ungebrückt gelassen.

Diese sumpfigen Tannenwälder, welche dieses ganze nördliche Land bis an den Obfluß und weiter einnehmen, bringen außer grünen Torfmoosen, Moosbeerarten (den Oxycocus jedoch ausgenommen), der Linnaea stellaria cerastoides*, Moeringia und Daphne mezereum[12] kaum etwas von Pflanzen hervor. Von Sträuchern sieht man darin einige Weiden, Holunder, den weißen Kornelstrauch, Wacholder und Lonicera coerulea*. Den Wald macht fast allein die Tanne, die Pappel und die Zederfichte, welche in den grundlosesten Morasten am prächtigsten wächst, aus.

In dieser Wildnis plagten wir uns fast zwanzig Werste lang, da wir einen braunen Sumpfbach Konopljanka, welcher zur Lobwa fließt, antrafen. Jenseits desselben folgen einige flache Höhen mit Fichten und Birken, wo geschürft worden ist, und obschon danach wieder eine sumpfige Waldung und üble Morastgründe folgten, so war dieses doch gegen die vorigen erträglich. Vier Werste, ehe wir *Koptjaki* er-

[12] Im nördlichen Sibirien ist dieses Kraut und besonders dessen rote Beeren unter dem Namen des wilden Pfeffers (Dikoi Perez) sehr bekannt. Die Beeren gebraucht man zu zweierlei Absichten: einmal als eine Art Brech-Arzenei gegen Kinderhusten innerlich, danach äußerlich, um sich in der Badestube die Backen damit zu reiben, welche von dem scharfen Saft rot werden und sich gleichsam entzünden, so daß hier das gemeine Weibsvolk dadurch den Mangel an Schminke zu ersetzen weiß. Die Kerne in den Beeren werden von den Bauern, zu 30 Stück zerstoßen, als ein Purgiermittel eingenommen und erfordern gewiß dauerhafte Eingeweide. Die Wurzel endlich, welche an Schärfe die ganze Pflanze übertrifft, wird bei Zahnschmerzen gebraucht.

reichten, mußten wir noch durch einen tiefen Morastbach Lata baden, an welchem einige Werste oberhalb eine schwarze feste Gangart mit zinkfarbigen Flecken bricht. Auf dem ganzen Wege sah ich heute viele Fallen (Slopzy), welche die Bauern um Birkhühner und Hasen aufstellen und hauptsächlich nur im Winter gebrauchen, desgleichen hin und wieder zwischen Tannen aufgestellte Fallbalken, worin zur Winterszeit Zobel gefangen werden. Beide will ich hier beschreiben, um die trockne Erzählung einer verdrießlichen Reise etwas zu unterbrechen.

Um ein Slopez anzulegen, werden zwei schräge Wände von übereinanderliegenden Birkenstangen, etwa drei Spannen hoch und anderthalb Faden lang, an einer offnen Stelle des Waldes befestigt. Von der Öffnung, welche man zwischen den Wänden recht im Winkel läßt, werden abwärts zwei parallele Reihen Birkenstöcke von eben der Höhe wie der vordere Zaun eingeschlagen, in der Öffnung selbst aber zwei höhere, welche man oben durch ein Querholz verbindet. Zwischen diese zwei Reihen Pfähle wird ein aus drei oder mehr gespaltenen jungen Tannen verbundener Fallbalken eingepaßt, so daß er den ganzen Zwischenraum der Pfähle einnimmt, und am vordern Ende mit einem Ring von Bast oder Zweigen versehen. Wenn man die Falle aufstellt, so wird der Fallbalken an diesem Ring mittels eines langen Stocks (Motir), der die Stelle eines Hebels vertritt und schräg über das Querholz der vordersten Pfähle zu liegen kommt, aufgehoben, das andere Ende des Hebels aber mittels eines durch einen Faden damit verbundenen eingekerbten Hölzleins an ein mitten unter dem Fallbalken zwerch liegendes und bewegliches Querholz, gegen welches von beiden Seiten dünne Stöckerchen (Storoschi) schräg angelehnt werden, befestigt. Zwischen dieses Querholz und durch den ganzen Gang unter dem Fallbalken wie auch vor dem Eingange werden allerlei Beeren, welche die Schnee- und Birkhühner lieben, gestreut. Sobald ein solches oder mehrere unter den Fallbalken kommen und mit den Füßen die auf der Erde liegenden schrägen Stöcklein in Unordnung bringen, so geht das Kerbhölzchen von seinem Halter los, der Hebel schlägt in die Höhe und läßt den Fallbalken fallen, welcher also alles, was sich darunter befindet, erdrückt. Weil die Zobel Liebhaber von Beeren sind, so ge-

schieht es nicht selten, daß auch diese in solchen Fallen gefangen werden, und Hasen geraten oft darein. Man pflegt solche Fallen auch größer und schwerer auf Füchse und Wölfe zu machen.
Die Zobelfalle, welche eigentlich von wogulischer* Erfindung ist, wird verständlicher sein. Man sucht eine Stelle, wo die Tannen nicht dicht wachsen und zwei junge Bäume etwa zwei bis dreieinhalb Faden voneinander stehen, welche man von Zweigen untenher reinigt. An der einen dieser Tannen wird noch ein Pfahl, einen Faden hoch oder darüber, eingeschlagen und darauf eine tannene Stange in horizontaler Länge an beide Bäume also befestigt, daß sie mit dem einen Ende zwischen diesen Pfahl und den Baum zu liegen kommt. Über diese Stange wird eine andere als ein Fallbalken also befestigt, daß deren eines Ende zwischen eben diesem Pfahl und seinem Baum auf und nieder bewegt werden kann, zu welchem Ende auch der Baum etwas glatt gehauen wird. Am Ende des Fallbalkens wird ein dünner Hebel festgebunden, der, wenn man den Fallbalken aufstellt, über das eingekerbte Ende des Pfahls zu liegen kommt. Am Ende des Hebels ist ein zusammengeknüpftes Baststricklein, und ein anderes ist um die untere Querstange ganz kurz geknüpft. Beide werden aneinandergebracht und ein Stöckchen durchgesteckt, an dessen längerem Ende ein Stück von einem Birkhuhn oder Fleisch gebunden ist, dessen Übergewicht das Stöckchen nieder- und also die darum geschlungene Schnüre zusammenhält. Der Zobel oder Marder kriecht, um diese Beute zu erhaschen, auf der untern Querstange ganz behutsam, bis er die angebundene Ätzung erhaschen und zu sich auf die Querstange ziehen kann, da dann das Stöckchen, woran die Ätzung hängt und welches die Schnüre hielt, selbige losläßt, der Hebel seine Haltung verliert und folglich der Fallbalken das auf der untern Querstange sitzende Tier erschlägt.
Das Dorf Koptjaki hat den Namen von seinen alten Bewohnern, die eine starke Verwandtschaft fast unter einem Namen ausmachen und ihre Gehöfte an dem linken oder jenseitigen Ufer der Lobwa haben. Sie gehören unter die nach Nishno-Turinskoi Sawod zur Arbeit angewiesenen Bauern. Auf dem rechten Ufer des Flusses aber hat sich eine kleine Zahl werchoturischer Einwohner oder Rasnotschinzi des

Ackerbaues und am meisten der Jagd wegen angebaut. Das ganze Dorf mag aus etwa zwanzig Häusern bestehen, und fast ein jeder Bauer ist ein Wildjäger (Promyschlennik). (...)

(9. Julius 1770) Ich ritt durch den etwa zehn Faden breiten Turjastrom gleich bei einer Simowje, die von einem alten Wogulen bewohnt wird, dessen Söhnen die besten und meisten Erzentdeckungen in hiesigen Gegenden zu verdanken sind. Von der Simowje rechnet man zwei bis drei Werste bis Wassiljewskoi Rudnik, wo ich mitten in der Nacht anlangte und in der elenden Wohnung des dasigen Steigers, der von den Jekaterinburgischen Gruben hierher abgegeben ist, das Nachtquartier nahm.

Wassiljewskoi Rudnik ist schon seit mehr als zwölf Jahren im Gange. Die Entdeckung und erste Arbeit ist an dem östlichen Teil der flachen Höhe geschehen, worin sich die Grube befindet. Dieselbe liegt vom Turjastrom etwa eine halbe Werst entfernt, ist ganz mit Sumpf umgeben und war sonst mit Fichten bewaldet. Da man gewahr wurde, daß die Erze den Strich in den Berg gegen Westen nahmen, so ist man denselben in dieser Richtung nach- und mit acht Schächten niedergegangen, wovon eigentlich nur in dreien die Arbeit fortgesetzt wird. – Die tiefste Arbeit in dem Schacht, wo die Pumpen gehen, erstreckte sich gegenwärtig bis in die dreizehn Lachter; weil aber jetzt aus Mangel des Proviants und folglich auch der Arbeiter, die man hatte ablassen müssen, die Gesenke voll Wasser standen, so konnte ich so tief nicht kommen. Aus diesem (No. 7.) und dem Schacht No. 6., welche recht im Herzen des Hügels angelegt sind, hat man schon viele Arbeiten getrieben und einen unsäglichen Schatz von reichen und mehrenteils etwas silberhaltigen Kupfererzen gefördert. Man hat, wie bei der oben beschriebenen Gumeschewskoi und dem kürzlich erwähnten Rudjanskoi Rudnik, auch hier wahrgenommen, daß den Hügel ein weißes Kalkgebirge durchschneidet; an dessen südlicher Seite findet man in den Schürfen nichts als taubes und wildes Gestein, an der Nordseite aber liegen die Erze ebenfalls in einem Schmeergebirge oder teils bunten, teils weißen, mit vielem Kies in kleinen Würfeln eingesprengten Letten. Man folgt also mit der Arbeit dem weißen Gebirge, welches die Bergleute hier auch *Ural* nennen, und läßt sich auf die Erznester, die zuweilen starken Stockwerken gleichen, durch den im Letten zerstreuten Rötel, gelben Ocker, schwarze, speckhafte Lettennieren oder einer starken Kupferbräune leiten. Wo das weiße Gebirge Aushöhlungen hat, da liegen die reichsten Stockwerke. Das Erz besteht überhaupt aus folgenden Sorten: Am häufigsten sind drusige aus Ocher, silberhaltigem Lasur und etwas grüne vermengte Erze, welche in der Probe gegen vier Pfund Kupfer und nicht über ein halb Lot* Silber im Zentner geben. Nächst diesem sind schwärzliche derbe, mit gelbem Kupferkies eingesprengte Nieren am gemeinsten, welche teils mit, teils ohne Lasur dreißig bis einundvierzig Pfund Kupfer und ein bis anderthalb Lot Silber vom Zentner in den Stufenproben geben. Sehr häufig ist auch eine bald schalige, bald straußige, derbe Kupfergrüne, welche in unsäglich vielerlei drusigen Gestalten ausgebildet, oft um Ocher angesintert, zuweilen aber auch in großen traubigen Malachitnieren vorkommt und über vierzig Pfund Kupfer, aber kaum etwas Silber hält. Das silberreichste ist ein schweres, lichtgrau und grün gemengtes, auch wohl mit Spat und Quarz durchsetztes Erz, in welchem durch zuverlässige Proben über sechseinhalb Lot Silber im Zentner und bei 24 Pfund Kupfer gefunden worden sind, welches im Sortiment einen guten scheidungswürdigen Rohstein geben würde. Sonst bricht auch sehr viel eisenschüssiger schwarzer Kies und viel harter Rötel und roter Kupfermulm. Die übrigen Erze sind vermischt und fast alle etwas mit dem edlen Metall geschwängert, keins aber scheint unter anderthalb bis zwei Pfund Kupfer zu halten, ein Segen, dessen sich noch keine Kupfergrube in Sibirien hat rühmen können. Ja in dem tiefsten Stollen des Schachts No. 7., wo überhaupt die besten sibirischen Erze brechen, fand man ein ganzes Stockwerk gediegenes Kupfer, welches in großen und kleinen, drusigkraus und zinkig oder körnig gewachsenen Nieren, worunter auch einige aus schwärzlichem silberhaltigem Kies bestehende fielen, in einem dunkelbraunen Mulm lag und wovon man viele hundert Pud gefördert und verschmolzen hat. Dieses gediegne Kupfer gibt in der Probe ein ganz geringes Silberkorn und ist jetzt nur noch in einzelnen kleinen Stücken auf der Halde zu finden. – Mir ist es so vorgekommen, als ob man aus dem hiesigen Erze,

wenn das silberhaltigste durch treue und gewissenhafte Steiger ausgehalten würde, genug bekommen könnte, welches die Schmelzungs- und Scheidungskosten mit Silber, ohne den unsäglichen Gehalt an Kupfer in die Rechnung zu ziehen, reichlich lohnen müßte. Ich will mich aber gern durch Versuche und Proben von dem Gegenteil überführen lassen und schreibe meine Meinung nur aus Eifer für das gemeine Beste. Indessen wird dieses silberhaltige Erz, mit dem geringern aus derselben Grube vermischt, in besondern Öfen durchgesetzt, wobei man sich jedoch bloß auf die Gewissenhaftigkeit der Hüttenleute verläßt. Die kupferhaltigen Letten und das Kleinerz (Podrudok) bleibt hier alles bei der Grube liegen, weil man fürs erste so viel reiche Erze hat, daß man dieses nicht viel besser als Schutt achtet. – Ich habe ein Erz in kleinen Stufen zu sehen bekommen, welches einem in Quarz liegenden Glanz ähnlich ist und man ehemals bei dieser Grube gebrochen hat, die deshalb durch einen abgeschickten Steiger geschehene Untersuchung aber hat nicht den erwünschten Erfolg gehabt. –
Das übelste bei dieser Grube ist, daß sie sehr vom Wasser belästigt wird. Ferner so werden die Arbeiter, teils Mietlinge und Verlaufene, teils Bauern aus dem Tscherdynischen Bezirk, die für das Kopfgeld zu arbeiten angewiesen sind, im Winter, da man den Grubenbau am meisten treibt, auch wohl sommers mit dem Scharbock* gar sehr geplagt; wozu zwar die feuchte und kalte Gegend viel beiträgt, am meisten aber der Mangel an frischem Fleisch und Gemüsen und die schlechte Nahrung mit Salzfleisch, trocknen Fischen usw. zu beschuldigen ist. Ja vielleicht gibt auch das Grubenwasser, welches die Leute hier in Ermangelung eines nahen Baches trinken und dessen Geschmack sehr metallisch ist, eine Nebenursache ab. Kurz, es vergeht kein Winter, da nicht viele Leute allhier durch die schlechte Versorgung aufgerieben werden, und die meisten gehen, nachdem sie die schuldige Arbeit geleistet haben (die ihnen so schwer und langweilig als möglich gemacht wird, um desto mehr Hände zum Dienst beizubehalten) krank und elend nach Hause.
Es sind hier, außer dem Steigershause, verschiedene Wohnungen zum Aufenthalt der Arbeiter und einige Vorratshäuser aufgezimmert. Auch ist ein kleines Waschwerk von

einigen Schlemmgräben daselbst, wo der Herr Generalmajor von Dannenberg Bergblau, welches unter den Erzen ziemlich häufig vorkommt, zur Farbe hat schlemmen lassen (...)

(Tscheljabinsk)* Die Witterung wurde mit Anfang des Septembers wiederum so günstig und hielt selbigen ganzen Monat hindurch so schön und gelind an, daß ich wohl gewünscht hätte, Gebrauch davon machen zu können, um noch einige Gegenden der Issetskischen Provinz zu bereisen. Allein alle Versuche, die ich mit Spaziergängen und kleinen Spazierfahrten machte, bekamen meinen Augen allemal so übel, daß ich wider Willen die Stube hüten und nur durch meine Leute soviel möglich allerlei Merkwürdiges auftreiben lassen mußte. Eine angenehme Beschäftigung machten mir bei diesen Umständen die Zugvögel, welche, ungeachtet des schönen Herbstes dieser Gegenden, dennoch aus den nördlichen Gegenden, wo Schnee und Frost, wie ich durch Reisende erfuhr, mit dem September eingesetzt hatten, haufenweise ankamen und auf den unzählbaren Seen der hiesigen Steppe einen angenehmen Aufenthalt und überflüssige Nahrung fanden. Es wimmelte demnach nunmehr überall von wilden Gänsen, Enten und allerlei Wasservögeln, woran es in der Issetskischen Provinz zur Herbstzeit niemals fehlt. Im Frühling nämlich halten sich die über See ankommenden und zuerst südwärts fliegenden Schwärme dieser Vögel in den warmen südlichen Steppen, die der Schnee zeitig verläßt und wo sie an keimenden Kräutern und besonders Katzenwedel ihre Nahrung finden, nur so lange auf, bis die nördlichen Flüsse von Eise frei sind. Alsdann sieht man alles nordwärts ziehen, gemeiniglich mit Ausgang des Aprils. Einige Arten ziehen ganz weg, z. Ex. die Nordgans (Anser erythropus), die Eisente (Anas hyemalis), die großen bunten Taucher (Colymbus arcticus)*, die ganz weiße Schneegans, welche ich schon anderwärts beschrieben, und einige andere. Die meisten bleiben in mäßiger Anzahl zurück und bevölkern die hiesigen Seen, wie die große wilde Gans und alle gemeinen Enten, Taucher und Möwenarten; der graue und weiße Kranich, verschiedene Reiher, Schnepfen usw., doch zieht auch von diesen die größte Anzahl nordan. Endlich so bleiben auch verschiedene Arten gänzlich in dieser wärmern Gegend und zerstreuen sich niemals nördlicher, besonders die Bergente (Tadorna)* und die von mir auch schon anderwärts beschriebene rote Ente (Anas rutila), welche unter allen am zeitigsten ankommen, weil sie in benachbarten südlichen Gegenden und Seen der asiatischen Wüste ihren Winteraufenthalt haben, aber auch mit Anfang des Augusts, sobald ihre Jungen flügge sind, wieder dahin südwärts ihren Abzug nehmen. – Alle Vögel nun, die im Norden genistet haben, kommen im Herbst wieder südwärts geflogen und halten sich in wasserreichen Gegenden, dergleichen die hiesige vorzüglich ist, noch so lange auf, bis sie der allgemeine Winter teils weit südwärts treibt, teils den hohen Flug über das Meer, wozu gewisse Arten ein unbekannter Trieb nötigt, zu unternehmen zwingt. Zuerst kommen die gemeinen wilden Gänse und viele Entenarten; bald darauf hört man die lauten Nordgänse oder Kasarken und auch die Kraniche ziehen; am allerletzten, wenn schon alles fast verflogen und der Frost auch hier vor der Tür ist, findet sich die Eisente in großer Menge, besonders auf den Salzseen, ein. Sobald man hier die Ankunft der Gänse wahrnimmt, die in Scharen auf die Seen fallen, so geht der Fang an, wozu sich nach geendigter Ernte unter den Kosaken und Bauern Liebhaber genug finden. Es ist aber die hiesige Art des Fangs so merkwürdig, daß sie beschrieben zu werden verdient. Man fängt nämlich die Gänse fliegend in der Luft, und zwar in Netzen folgendergestalt:

Es wird dazu erfordert, daß man einen See in der Nähe habe, welcher größtenteils, wenigstens an einer Seite mit Birkenholzung umgeben ist. Solche vor den Winden bedeckten Seen lieben auch die Vögel vorzüglich und finden da gemeiniglich auch mehr Nahrung und Ruhe. Nun pflegen die wilden Gänse alle Morgen, sobald die Sonne aufgeht, nach den Ackerfeldern auf die Weide zu ziehen und abends wieder nach dem See zurückzukehren, um sich zu reinigen und zu übernachten. Nach dieser Seite also und nach dem bemerkten Strich, den die Gänse halten, wird ein für allemal eine Strecke oder breiter Gang (Plocha), etwa dreißig Ellen breit, durch das Birkengehölz, welches hier nur jung und nicht dicht zu sein pflegt, gehauen, auf welchen sich die Gänsegesellschaften hin und her zu fliegen gewöhnen, weil es ihnen schwer wird, sich hoch zu erheben. Wo Seen nahe beieinanderliegen, da pflegt man anderwärts auch solche Bahnen von einem See zum andern zu bauen, welche die Enten in der Dämmerung gern überfliegen und ebenso gefangen werden. – Fünfundzwanzig bis 30 Faden vom See läßt man an der Bahn zwei besonders hohe Birken stehen, deren Abstand voneinander geradeso groß als das Netz ist, dessen man sich bedienen will. Ein solches Netz (Perewes) wird aus starkem gedoppeltem Hanfgarn gestrickt, so daß die Maschen eine gute Spanne weit sind; man macht diese Netze von 18 bis 25, ja dreißig Ellen lang und sieben bis zehn Ellen breit. Der obere Rand und die kurzen Seiten werden mit einem Stricke besäumt, und an zwei Ecken wird ein dünnes Seil von etwa dreißig Faden (Tetiwa) angebunden. – An obgedachte beide Bäume, die man von Zweigen reinigt, wird oben eine lange, am Ende gabelförmig geteilte Stange senkrecht und fest angebunden. Wenn man das Netz gebrauchen will, so klettert in der Dämmerung jemand auf diese Bäume und legt die ans Netz gebundenen Seile (Tetiwi) über die Gabeln, und damit wird das Netz in die Höhe gezogen und ausgespannt, so daß die Ecken zehn, zwölf oder mehr Ellen über der Erde bis an die Gabel reichen, der untere Rand aber einige Ellen von der Erde entfernt ist, welcher dann, damit der Wind das Netz nicht hin und her bewege, mit fünf oder sechs Strickchen (Pottom) an Pflöcke auf der Erde befestigt wird. Nun geht der Bauer so weit hinter dem Netze zurück, als nur die Stricke reichen, legt sich, selbige in der Hand festhaltend, ins Gras und erwartet also gegen die Morgendämmerung seine Beute. Gemeiniglich erheben sich die Gänse eine Stunde vor Aufgang der Sonne von dem See, und weil sie in der Dämmerung das Netz noch nicht sehen können, so fliegen sie gerade mit den ausgestreckten Hälsen hinein, da dann das Netz augenblicklich losgelassen werden muß, welches die Gänse durch ihr eigenes Gewicht niederwerfen und, soviel ihrer angeflogen kamen, verwikkeln und gefangengeben. Mancher hat das Glück, zehn, zwanzig und mehr Stück auf einen Zug zu fangen, und fast niemals wacht man eine Nacht umsonst. Außer gemeinen großen Gänsen und Kasarken oder Nordgänsen, welche die schmackhaftesten Braten von der Welt geben, werden auf diese Art auch allerlei Enten und Taucher mitunter gefangen. Wenn man des Morgens das Netz abnimmt, so werden an die Ziehseile (Tetiwa) andere Strickchen (Peredergi) angebunden, damit man die andere Nacht nicht nötig hat, wieder auf die Bäume zu klimmen; und diese läßt man da, solange als der Fang dauert und Gänse in der Gegend vorhanden sind.

Noch in diesem Monat ließ ich eine Reise den Miäß abwärts und von demselben hinüber zum Isset tun, um die Gegend auszukundschaften, die aber mehrenteils eben und arm an Mineralien ist. Das wenige, was mir dadurch bekannt geworden ist, will ich nur kurz und summarisch anführen. Bei Miäskaja Krepost und weiter abwärts hat man zuweilen in den Ufern, die der Fluß abspült, Büffelsköpfe von riesenmäßiger Größe und andre Trümmer dieser Tiere gefunden. Weiter unterhalb, bei dem Dorfe Bjely Jar, besteht das Ufer aus Kreidemergel, dergleichen Flöze sich auf dreißig Werste abwärts bis zu dem Dorfe Karakul zeigen. Noch dreißig Werste weiter unten gegen das Dorf Krasnojarsk gibts hohe, sandige Ufer mit kieseligen Lagen, wie ein Seegrund, in welchem versteinerte Hai- und Seewolfszähne (Glossopetrae et Siliquastra) eingemischt gefunden worden sind – Nicht weit davon, bei dem Dorfe Schaulamowa, war sonst ein rötlicher Bolus* zu finden; aber der Teich einer angelegten Mühle hat jetzt die Stelle überschwemmt. Von dem Isset brachte man mir allerlei mittelmäßige Eisensteine und Mulme, woran die Gegend von Schadrinsk reich ist; dergleichen allerlei Ätiten oder Adlersteine mit Ocher und Sand gefüllt, von dem 16 Werste diesseits Schadrinsk an dem Bach Schaitanka gelegnen Dorfe Sherebenka mit zurück.

In den letzten Tagen des Septembers langte der Herr Kapitän von Rytschkow*, ein Sohn des verdienten Herrn Staatsrats und Schriftstellers dieses Namens, bei mir an. Ich hatte demselben im Frühling von Ufa aus die Bereisung der nördlichen Distrikte des Kasanischen Gouvernements aufgetragen. Weil dessen Reise, welche am meisten die Landbeschreibung und Völkergeschichte betrifft, besonders im Druck erscheinen wird, so wäre es überflüssig, hier davon mit mehr Erwähnung zu tun.

Um eben diese Zeit traf auch der von mir zu verschiedenen noch übrigen Untersuchungen in der Naturgeschichte schon im Februar in die Gegend des niedern *Jaik* und der

Kaspischen See abgefertigte Student Nicetas Sokolow* wieder bei mir ein, nachdem schon im Sommer der Ausstopfer und Jäger, welche ich ihm mitgegeben hatte, mit einem Teil der gemachten Sammlungen zurückgekommen waren. Ich hatte alle Ursache, mit der Reise dieses Studenten wohl zufrieden zu sein. Bei einem langen Aufenthalt in jenen südlichen Gegenden und bei der günstigsten Jahreszeit hatte er Gelegenheit gehabt, von Tieren, Vögeln, Insekten und Pflanzen manches zu bemerken, welches mir bei meiner Gegenwart in eben diesen Gegenden teils wegen Kürze der Zeit entwischt, teils bei der späten Jahreszeit, in welcher ich dahin gelangte, nicht mehr vorhanden gewesen war, teils auch solchen Gegenden der Steppe eigen ist, die ich nicht besucht hatte. Durch seinen lobenswürdigen Fleiß sind mir sechserlei Arten von kleinen vierfüßigen Tieren, welche bisher den Naturforschern völlig unbekannt geblieben waren, zu Gesicht gekommen,[13] worunter verschiedne sehr merkwürdig* sind. – Von Vögeln der Kaspischen See und südlichen Steppe erhielt ich, außer den bei meiner vorjährigen Reise erwähnten, viele, die teils ihrer Schönheit und Seltenheit wegen merkwürdig, teils auch ganz neu in der Naturgeschichte waren. Darunter verdienen besonders erwähnt zu werden eine Art sehr großer, schwarzer Steppenlerchen (Alauda tatarica), die sich des Sommers in der Wüstenei aufhalten, des Winters aber teils südwärts fliegen, teils um bewohnte Gegenden verweilen, welchen sie sich sonst nie nähern; ferner eine unbekannte, papageigrüne Art von Immenvögeln (Merops persica); eine ganz kleine Art von Seeraben (Pelecanus pygmeus); die größte schwarzköpfige Seemöwe (Larus ichthyaetus)*; eine Art großer Seeenten mit rotem, gehaubtem Kopfe (Anas rufina)*; ein vortrefflich schönes, gelbbraunes Reiherchen mit langen Haupt- und Nackenfedern (Ardea comata)* und viele seltne Schnepfenarten, wie Recurvirostra*, Trynga lobata, Scolopax lapponica, alpina; Charadrius asiaticus. Auch ein paar neue Schlangenarten erhielt ich, welche im Anhang kurz beschrieben sind. Ganz unerwartet und zum Teil unbekannt waren mir unter den gesammelten Insekten Scarabaeus sa-

[13] Mus tamariscinus*, meridianus, migratorius, socialis, Lagurus, subtilis.

cer*, syriacus und albus; Buprestis tenebrioides, aurata und picta, Meloë syriaca, cichorii, ocellata, fenestrata, trifascis; Cerambyx pedestris, floralis; Chrysomela longimana, Gryllus brevicornis, carinatus, salinus, tibialis; Mantis pennicornis, brachyptera; Cicada* querula und prasina; Myrmeleon longicorne, Mutilla albeola, Sphex bidens, Aranea speciosissima und mehr andere, die hier alle zu erwähnen nicht der Ort ist.

Auch von Pflanzen habe ich verschiedenes nachzuholen, welche besonders den Frühlingsflor der südlichen Jaikischen Steppe merkwürdig gemacht haben. Bei der unten zu erwähnenden Reise längs dem nördlichen Ufer der Kaspischen See, welche zur Beschreibung der daselbst blühenden wichtigen Fischerei im Anfang des Aprilmonats angestellt wurde, sammelte vorbemeldeter Student auf den hohen Vorgebirgen, welche hin und wieder an der See liegen, besonders um den Meerbusen Bogatoi Kultuk, folgende seltne Pflanzen: Plantago albicans*, Crinum caspicum, Ornithogalum bulbiferum, Bulbocodium vernum, Tulipa gesneriana, Asparagus maritimus, Hyoscyamus pusillus, Onosma orientalis, eine neue Cachrys, wovon mir nur die trocknen Stengel und ganz glatten Samen gebracht wurden, weil das Kraut selbst verlorengegangen; Cucubalus sibiricus, Androsace maxima, die man hier kaum vermuten sollte, den wunderkleinen Ranunculus falcatus, Dianthus carthusianorum, sehr klein und mager; Orobanche major und cernua, Lamium multifidum; Cheiranthus sinuatus, Cheir. chius, Lepidium perfoliatum und bonariense, Biscutella didyma; Astragalus vesicarius, caprinus, depressus; Scorzonera pusilla, Ceratocarpus, Ephedra monostachya; alles Pflanzen, welche schon im Anfang des Aprils die kaspischen Ufer mit ihren Blumen zieren und sogar zum Teil schon anfingen, Samen zu setzen; wie denn auch der auf dortigen trocknen und hohen Steppen häufige Rhapontik, mit breitrunden Blättern bereits meist verblüht, auch schon reife Samen hatte und am allerhäufigsten auf demjenigen hohen Ufer bemerkt wurde, welches etwa fünfzig Werste von der Mündung des Jaik westlich unter dem Namen Bugor Turispin an der See sich hervortut, wo auch das junge Kraut davon vormals bei dem alle Frühling sich ereignenden Skorbut von der Gurjewschen Garnison am meisten geholt wurde.

Unter den sonst noch am Jaik gesammelten Pflanzen fand ich auch verschiedene Salzkräuter, welche ich auf meiner dortigen Reise gar nicht oder doch nur unvollkommen angetroffen hatte. Darunter verdient das schon im ersten Teil beiläufig erwähnte Kraut mit Portulakblättern (Serratula caspica)* eine umständliche Beschreibung, welche ich daher im Anhang beifüge. Unter den mannigfaltigen Salsolis* beschreibe ich diesmal nur zwei, deren Unterscheidungsmerkmale am zuverlässigsten sind, und muß viele andere übergehen, welche noch einer genauern Vergleichung bedürfen. Alle Arten dieses Geschlechts fingen in der Mitte und mit dem Ausgang des Julius, nachdem fast aller übriger Flor vorbei war, an, ihre Blüten zu zeigen. Viele sehen alsdann ganz anders aus, als sie im Herbst sind, wenn sie Samen tragen. Ja es ist in Absicht vieler Arten recht sehr nötig, daß man sie in botanischen Gärten mit gehörigem Fleiß und Behutsamkeit erziehe und durch alle Grade des Alters beobachte, um einmal zu einer zuverlässigen Kenntnis dieses so seltnen als wunderbaren und zahlreichen Pflanzengeschlechts zu gelangen, um sie nach allen ihren Veränderungen zu beschreiben und zu bestimmen, die man nur allzuhäufig in den weitläufigen asiatischen Salzwüsten antrifft.

Um diese Zeit, nämlich mit Ausgang des Julius (1770), tat der Student Sokolow eine Reise westlich vom Jaik in die Kalmückische Steppe, bei welcher Gelegenheit er die gemachte Sammlung von salzliebenden Pflanzen mit verschiedenen seltenen Gattungen und Spielarten vermehrte. (...)

Ich hatte oft gedachtem Studenten unter anderem aufgetragen, nach einem vorgeschriebnen Entwurf die Fischereien in der Kaspischen See, welche gewissermaßen so wichtig für Rußland, als für einige europäische Seemächte der Herings-, Kabeljau- oder Walfischfang zu nennen sind, auf das genaueste zu beschreiben, desgleichen die östlich von Gurjew gelegnen Salzseen, wohin ich nicht gekommen war, zu bereisen. Beides hatte er geleistet, und ich liefere hier seine Nachrichten zur Vollständigmachung der von mir angefangnen Beschreibung des Jaik und seiner Nachbarschaft.

Die Fischerei längs der nördlichen Küste des *Kaspischen Meeres* ist durch astrachanische Kaufleute gepachtet, deren größter Reichtum darauf beruht. Der nächste Ort zur Jaikischen Mündung, wo diese Fischerei darf getrieben werden, ist ein auf siebzig Werste von der eigentlichen Mündung entfernter Meerbusen, der wegen seines vorzüglichen Überflusses an Fischen von alters her den Namen Bogaty Kultuk (die reiche Bucht) bekommen hat. In denselben öffnet sich derjenige Nebenarm des Jaik, welcher oberhalb des Vorpostens Saratschikowskoi unter dem Namen Mokroi Baksai südwestlich vom Hauptfluß abgeht und eigentlich mit seiner Mündung die Grenze bezeichnet, bis wohin die Jaikischen Kosaken ihre Vorrechte und Anteil an der Fischerei behaupten. Gemeiniglich reinigt sich die Kaspische See mit Ausgang des Märzmonats vom Eise, welches sich von den Ufern ziemlich weit in die See zu setzen pflegt; und darauf geht im April sogleich die Frühlingsfischerei an, welche zu beschreiben und die übrigen allgemeinen Nachrichten zu sammeln der Student Sokolow den 20sten April in einem Fahrzeuge nach gedachtem Meerbusen abreiste, weil im Sommer wegen der Seemoräste dahin kein Landweg ist. An diesem Meerbusen sind fünf sogenannte Watagen oder Fischerdörfer und Niederlagen (wie man es übersetzen könnte) angelegt, welche nach ihren Besitzern die Namen Pugina, Turkina, Wachromejewa, Meschkowa, und Birjukowa Wataga führen, und alle auf besondern Höhen oder hohen Vorgebirgen (Bugri), mit welchen die Steppe seewärts ausläuft, ihre Lage haben. So fischreich ist dieser Meerbusen, daß fünf verschiedne und ansehnliche Fischereien darin überflüssigen Unterhalt finden. Dahingegen ist von demselben westwärts auf anderthalb hundert Werste längs der Küste keine Wataga angelegt und auch keine andre Fischerei als mitten im Sommer, desgleichen im Lenz und Herbst der Wels- und Barbenfang mit Netzen, zu welchem diese Strecke allein geschickt befunden wird. Die Ursache davon ist folgende: Alle Störarten finden sich nur in solchen Meerbusen und seichten Gegenden der Küste häufig ein, wo das Seewasser in geringerm Grade gesalzen und durch den Ausfluß eines benachbarten Stroms oder süßen Wassers verdünnt ist; daselbst streichen sie ihren Rogen oder treten, um selbiges zu tun, und um zu überwintern, höher in die Flüsse selbst ein; daselbst sammelt sich auch wegen des häufigen Schilfs und Seegrases eine Menge kleiner Fische, woran die großen, räuberischen Arten häufigere

Nahrung haben und sich folglich zu allen Zeiten des Jahres häufiger einfinden. Alle diese Vorteile haben diejenigen Strecken der Küste nicht, wo die See stark gesalzen und kein süßes Wasser in der Nähe ist. Deswegen findet man die übrigen Watagen erst da, wo die mächtigen Wasser der Wolga die Salzigkeit des Meeres zu vermindern anfangen; dieses ist ungefähr auf der Hälfte des Abstandes zwischen Gurjew und Astrachan, wo längs der Küste neun Watagen bis an die Mündung der Achtuba liegen, wovon die nächste und wichtigste, dem Kaufmann Birjukow gehörige, den Namen Kasalgan, die übrigen aber die Namen der Besitzer führen und in nachstehender Ordnung aufeinanderfolgen; nach zwanzig Wersten Chlebnikowa; 15 W. weiter Kamyschowa; zehn W. Birjukowa Dolnaja; 20 W. Orewjewa; 25 W. Kolpatschki, sonst Demidowa; 5 W. Chlebnikowa Blishnaja; ferner Schestowa und Chudjakowa; der übrigen, längs der Wolga herauf bis oberhalb Tschernojar nicht zu gedenken.

Auf allen diesen Watagen nun bekümmert man sich nicht um kleine Sorten von Fischen, die im Jaik und der Wolga wohl auch gefangen und unter dem Namen Tschestikowaja Ryba gleichfalls zum Verkauf nach den innern Gegenden des Reichs gesalzen oder getrocknet verführt werden, und worunter besonders Hechte, Brassen und Sandarte die größte Zahl ausmachen. An der See werden bloß die Störarten oder sogenannte Krasnaja Ryba, nämlich Hausen, Störe und Sewrjugen, nächstdem aber noch Welse (Somi) und Barben (Sassani) gefischt. – Eine jede Wataga ist mit guten Fahrzeugen von verschiedner Größe und Bauart versehen, mit welchen man sich über See wagen kann, ohne viel Mannschaft darauf nötig zu haben. Dergleichen Fahrzeuge sind teils pramenförmige große Kähne (Rasschiwi), Boyer und Boote, worunter die größten nur mit fünf, die kleinern aber mit zwei Arbeitern oder Burlaken bemannt werden, weil sie alle mit Segeln gehn. Bei jeder Watage pflegt auch ein größeres Seefahrzeug oder Galiot zu liegen, worin von Astrachan der Proviant, das nötige Holzwerk und Gezeug, desgleichen Salz zum Einsalzen der Fische, welches aus den dortigen Kronsmagasinen muß genommen werden, zugeführt und der gesalzene oder sonst zubereitete Fischvorrat abgeschickt wird, wenn eine hinlängliche Ladung vorhanden ist. Man pflegt nicht eine ordentliche Niederlage bei den Watagen zu bauen, sondern hat nur schwimmende Brücken auf Pfählen am Ufer, die zuweilen bedeckt sind und wo die Waren aus- und eingeladen, auch die aus der See gebrachten Fische gespalten, gereinigt und gewaschen werden. Die Arbeiter oder Burlaken bei der Fischerei sind lauter Freiwillige und gedungne Leute, teils aus dem innern Rußland und den längs der Wolga gelegnen Städten, welche bald jahrweise, bald auf einen Frühling-, Herbst- oder Winterfang angenommen werden; teils sind es auch Kalmücken, von der Ulus des Bambar, welche sich gemeiniglich im Winter längs der Kaspischen See zu lagern pflegte, gewesen, ehe noch der größte Teil der kalmückischen Horde aus diesen Gegenden weggezogen war. Auf einer Watage befinden sich 50, 80 und bis 120 Mann, je nachdem der Besitzer viel oder wenig Arbeiter in Sold zu nehmen das Vermögen hat. Darunter nun sind einige als Steuerleute, andere als Ruderknechte gemietet, und überdies hat man noch Leute, welche das Salzen der Fische verstehen (Soljowschtschiki), andre, welche den Rogen und den Fischleim bereiten (Ikorniki, Klejowschtschiki) usw., welche dann ein jeder bei seiner Arbeit bleiben. Nach den verschiednen Verrichtungen, die ein jeder gelernt hat, ist auch der Lohn verschieden, doch bekommt keiner mehr als 40 bis 50 Rubel auf die Zeit, welche ein Fang zu währen pflegt; die gewöhnlichste Bezahlung aber ist von etwa zwanzig Rubeln. Unter den alten Steuerleuten, welche schon durch die lange Übung und Erfahrung von den fischreichen Gegenden und dem Fang mehr Einsicht haben, werden Atamane gewählt, welche über mehrere zugleich auslaufende Fahrzeuge befehlen und ihren Untergebnen anzuzeigen haben, an was für Stellen dieses oder jenes Fanggezeug mit dem meisten Vorteil zu gebrauchen ist, für welche Dienste auch ihr Gehalt erhöht zu werden pflegt.

Nächstdem so finden sich auch von Astrachan und Gurjew kleine Kauf- und Bürgersleute bei den Watagen ein, welche nach genommener Abrede mit dem Eigentümer auf ihr eigen Glück und mit eignem Zeug Fische fangen und selbige zu einem verabredeten Preis entweder frisch liefern oder auch selbst einsalzen, den Rogen und Fischleim bereiten und so nach geendigtem Fang auf einmal abgeben, wenn sie das Vermögen dazu haben. Frisch pflegt der Preis der Sewrjugen zu 4 bis 6 Kopeken und der Belugen zu 8 bis 12 Kopeken angesetzt zu werden, außer was an sonderlich großen Fischen vorfällt und ein Stück für zwei oder mehr Fische angerechnet wird. Diese Nebenfischer belegt man hier mit dem Namen Baigushi.

Bei einer Wataga befinden sich, außer der Kasarm*, wo das Volk einquartiert ist, viele wohlbedeckte, offne Scheuern, wo der Rogen auf allerlei Art zubereitet, der Fischleim und die Rückensehnen (Wesiga) getrocknet und alles zur Fischerei nötige Gezeug verwahrt wird. Zur Aufbewahrung der gesalzenen Fische hat man tiefe und wohlgezimmerte Eiskeller von beträchtlicher Größe unter der Erde. Dieselben haben einen Fußboden von dicht gefugten Dielen und nach der Länge große, mit Dielen gekästete Behälter, worin eine starke Salzsole gemacht wird, um den frischen Fisch darin zu pökeln; zu beiden Seiten der Solbehälter sind Abteilungen, in welche der Fisch, wenn man ihn aus der Sole nimmt, schichtweise gelegt und noch mit Salz bestreut wird; hinter den Abteilungen oder Fächern, worin die Fische aufgestapelt werden, füllt man den Raum bis an die Seitenwände des Kellers mit Eis auf, um den Fisch frischer zu halten. Zu allen diesen Gebäuden muß das Zimmerholz ziemlich teuer von Astrachan zugeführt werden, weil in der ganzen Steppe nicht einmal Brenn-, viel weniger Bauholz wächst, ja kaum Strauchwerk zu finden ist.

Man legt die Watagen allezeit an einem solchen Ort der Küste an, wo die See ein genugsam tiefes Fahrwasser für die Schiffe hat und der Boden hoch genug ist, um nicht das Anwachsen der See bei südlichen Winden befürchten zu dürfen, auch so trocken, daß obgedachte Keller ziemlich tief darin gegraben werden können. Solche Stellen nun sind gewisse hohe Vorgebirge (Bugri), bei welchen die See tiefe Busen macht, von welchen aber das trockne Land oder die Steppe noch durch weite, mit Schilf verwachsene Seemoräste abgesondert ist, durch welche man mit Kähnen kaum dahin gelangen kann. An diesen Vorgebirgen und einigen höhern Stellen der morastigen Küste findet sich auch zur Not Heuschlag genug, um so viel Pferde bei den Watagen halten zu können, als zum Winterfang erfordert werden. Der Abstand einer Watage von der andern ist unbestimmt;

wo bequeme Gegenden sind, da liegen sie einander sehr nahe, und auch die Gewässer, worin die Fischerei getrieben wird, werden unter benachbarten Watagen nicht geteilt, sondern einem jeden steht frei, in dem umliegenden Gewässer, wo er will, zu fischen; nur gibt man nicht zu, daß die an entfernteren Meerbusen angelegten Fischereien sich einer fremden Nachbarschaft nähern und daselbst ihren Fang treiben. Die Abgaben, welche die Watagen an die Krone zu erlegen haben, werden nach der Quantität des bereiteten Rogens und Fischleims eingerichtet und von jedem Pud Fischleim fünf Rubel und von einem Pud Rogen 2 Rubel achtzig Kopeken in die Kasse bezahlt.

Der Fischfang geschieht bei den Watagen nicht das ganze Jahr hindurch, sondern hauptsächlich nur im Frühling, Herbst und Winter, als zu welcher Zeit die Fische sich am meisten nach den Ufern begeben. Im Frühling wimmelt es in den Meerbusen von Belugen oder Hausen, die alsdann ohne Rogen sind und nur wegen des Fraßes angezogen kommen, desgleichen von Sewrjugen, die ihren Rogen um diese Zeit streichen und das ganze Jahr nicht wiederkommen. Im Winter aber und Herbst werden bloß Belugen gefangen, welche sich, teils um den Rogen zu streichen, teils um zu überwintern, alsdann aus der See wieder in den Meerbusen versammeln. Diese beiden Störarten suchen nämlich, um sich ihres Rogens zu entledigen, süßes oder wenigstens nur in geringem Grade gesalzenes Wasser und ziehen daher nicht alle in die Ströme, sondern auch in die Meerbusen ein, welche ihnen ein frischeres Wasser als die See und bequemere Gegenden zum Streichen des Rogens darbieten. Der rechte Stör aber zieht gerade nach den Mündungen der Ströme, ohne sich jemals in die Meerbusen zu verirren. Daher werden Störe nur auf denjenigen Watagen, zugleich mit den Belugen, gefangen, welche in den Mündungen der Wolga und im Flusse selbst angelegt sind. Dahingegen ist ein Stör auf den Fischereien, welche an Meerbusen liegen, eine solche Seltenheit, daß es schon zur Gewohnheit geworden, ihn demjenigen, welcher ihn aus der See hebt, zu lassen, der ihn dann entweder für sich zubereiten oder an den Eigentümer für Geld überlassen kann.

Der Frühlingsfang beginnt, sobald nur die See vom Eise

befreit ist, welches sich oft schon in der Mitte des Märzmonats zuträgt. Alsdann kommen erst große Scharen von kleinen Fischen nach den Ufern gezogen, worunter besonders eine Art von Schuppenfisch (Cyprinus grislagine)*, welche in der dortigen Sprache Obla heißt und etwa spannenlang ist, angemerkt zu werden verdient. Dieser Fisch ist die liebste Nahrung der Belugen und zieht in ungeheuren Schwärmen, welchen gar bald große Scharen von raubsüchtigen Belugen folgen, deren Schwärmen hier mit einem Kunstwort Beljak Beluschje genannt wird. Sobald sich die Obla im Frühling sehen läßt, wird eine Menge davon mit Zugnetzen eingefangen und lebendig in Behälter gesetzt, um während des ganzen Fangs eine hinlängliche Menge davon zur Anätzung der Angel zu haben, weil die Belugen auf nichts so gern anbeißen als auf diese Fische. Wenn die Belugen zu schwärmen und scharenweise in die Meerbusen einzuziehen anfangen, welches anderthalb und selten zwei ganze Wochen zu dauern pflegt, alsdann ist die rechte Zeit zum Fang. Wird diese versäumt, so hat der Eigentümer seinen Vorteil verloren; daher müssen die gedungenen Arbeiter alsdann Tag und Nacht mit den Fahrzeugen in Bewegung sein, und sobald sie nur eine Ladung Fische an Land gebracht haben, unverzüglich wieder absegeln. Der Fang ist um desto reichlicher, wenn zu dieser Zeit ein Seewind weht, wodurch nach der Fischer Beobachtung die Fische häufiger gegen die Ufer getrieben werden, wohingegen bei herrschenden Landwinden der Fang jederzeit ärmer ausfällt. Bei guten Jahren kann ein Fahrzeug, solang das Schwärmen dauert, in vierundzwanzig Stunden bis fünfzig und mehr große Fische aufbringen.

Der Belugenfang geschieht bei den Watagen überall auf einerlei Art und mit einem Gezeug, welches in der Fischersprache Porjadki genannt, beim Winterfang aber etwas abgeändert wird und mit dieser Abänderung alsdann Kussowaja Snast heißt. Dieses Gezeug besteht aus mittelmäßigen, aus zweiundsiebzig Ellen langen Tauen, an welche zu hundertfünfundzwanzig anderthalb Faden lange Stricke mit großen Angelhaken angeknüpft werden. Ein solches Seil mit hundertfünfundzwanzig Angelhaken wird ein Nest (Gnesdo) genannt; die Angelstricke werden nur eine halbe Elle voneinander an das Hauptseil gebunden, so daß an jedem Ende dasselbe auf anderthalb Faden frei bleibt; und diese Enden heißen mit einem Kunstwort Prjuchi, womit ein Nest an das andre geknüpft wird. Dreißig solche mit den Enden aneinandergebundenen Nester pflegen zu einem Gezeug (Snast) gerechnet zu werden, welches also einige hundert Faden in der Länge hat. Zwischen zwei Nestern wird allemal ein Stein von etlichen Pfunden fest angebunden und an denselben zugleich eine Boje von trocknem Wasserpumpenkraut, welches an einem zwei Faden langen Strick (Ottuga) treibt, befestigt. An beide Enden eines ganzen Gezeugs werden hölzerne Anker angebunden. Ein solcher Anker oder Katze (Koschka) besteht aus zwei gespaltenen Baumstücken, welche an einem Ende jeder einen starken Zweig haben, der die Stelle des Ankerarms vertritt; an dem andern Ende wird ein doppeltes Querholz wie an einem Anker befestigt, und zwischen diese Holzstücken klemmt man schwere Ziegelsteine ein, um den Anker schwer genug zu machen, welchen man, um alles zusammenzuhalten, mit Matten und Stricken fest umwindet. Jeder Anker hat ein Tau (Storosch) von etwa 25 Faden, welches mit den äußersten Enden des Gezeugs zusammengeknüpft ist. Wenn der Anker in die See geworfen wird, so greift einer von den krummen Zweigen oder Armen in den Grund und hält also das Gezeug, welches zwischen den zwei Ankern nach der Länge ausgeworfen wird, nachdem man die Angelhaken sämtlich mit obgedachten lebendigen Fischen, Obla genannt, versehen hat. An den nach obengekehrten Arm des Ankers wird eine Stange angebunden, welche mitten durch ein länglich zusammengeschnürtes Bündel von obgedachtem trocknem Seepumpenkraut (Palaschnik oder Tschakan) gesteckt wird und an ihrem obern Ende einen Wisch von trocknem Wermut hat. Der Anker zieht das eine Ende dieser Stange im Wasser niederwärts, das schwimmende Bündel Seepumpenkraut aber hält selbige senkrecht und mit dem Wermutwisch (Majak) in die Höhe, welches also beständig als ein Wahrzeichen aus dem Wasser hervorragt und sehr weit kann gesehen werden. Gemeiniglich wird ein solches Gezeug auf Stellen, wo nicht viel über oder unter drei bis vier Faden Wasser ist, ausgeworfen, so daß das Hauptseil von den daran befestigten Steinen auf den Grund gezogen wird und nur die Stangen mit Wermutwischen (Majaki) und die an das Tau befestigte Boje oben treiben, vermittels welcher man das Gezeug nesterweise ausheben kann, um die gefangenen Fische abzunehmen. Die zur Ätze an die Angelhaken gespießten Fischchen schwimmen auf dem Grunde umher und werden von den Belugen gierig aufgeschluckt, die solchergestalt an den Angeln hängenbleiben. Weil das ganze Gezeug nachgibt und doch mit einem großen Gewicht im Wasser liegt, so kann sich auch der größte Fisch nicht wieder losreißen; die Anker aber verhindern, daß das Gezeug weder durch die Bewegung der Fische noch die Wallung der See aus seiner Lage gebracht werden kann. Die ausgestellten Gezeuge werden täglich zweimal der ganzen Länge nach behutsam und nachgerade ausgehoben, und die gefangenen Fische mit Haken ins Schiff geholt. Nach Besichtigung eines Gezeugs werden die aufgebrachten Fische, damit sie von der Hitze nicht verderben, an einem Seil, welches durch die Kiefen gezogen ist, wieder ins Wasser gelassen, um sie lebendig bis ans Land führen zu können; dieses nennen die Fischer: Sashat na Kukan. Wenn sie eine genugsame Menge beisammenhaben, werfen sie das Gezeug wieder aus, nehmen die Fische ins Fahrzeug und fahren also zu Lande. Daselbst werden selbige mit Haken auf das gebrückte Ufer gezogen und nach der Reihe aufgehauen. Das erste ist, daß man den Kopf (Baschka) mit dem Beil spaltet, den Bauch (Tjuschka) vom Kopf bis an die Afterfloßfeder (Krasnoje Pero) aufschneidet und nacheinander das Eingeweide, den Rogen, die Leimblase und endlich die Rückensehne (Wesiga) ausnimmt. Der untere Teil des Magens der Belugen nebst dem Darm wird weggeworfen; den weiten und sehr fleischigen Schlund aber (Jastyk) haut man zur Speise ab, salzt und verkauft ihn in Astrachan zu sechs bis sieben Kopeken das Stück. Eine mittelmäßige Beluge hat einen Schlund und Magen, worin sie zwei junge Seekälber und noch viel kleine Fische darin beherbergen kann. Neben dem Eingeweide liegt der Rogen durch den ganzen Leib; dieser wird mit den Händen ausgerissen und in Zuber geworfen, womit ihn die Rogenbereiter (Ikorniki) in Empfang nehmen. Im Frühling aber findet sich in wenig Belugen Rogen, sondern die meisten sind Milcher. Die Fischer beteuren aber durchgängig, daß zuweilen sowohl unter den Belu-

gen als andern Störarten solche gefunden werden, welche an einer Seite Milch, an der andern Rogen haben und also wahre Hermaphroditen sind, welches in Holland schon verschiedne Male bei dem Kabeljau ist angemerkt worden. – Nach Aushebung des Rogens folgt die Schwimm- oder Leimblase, welche den ganzen Rücken einnimmt, welche darauf ausgerissen, in Eimer getan und den Leimbereitern (Klejowschtschiki) übergeben wird. Endlich wird der Rükkenknorpel aufgeschnitten, um die Rückensehne herauszuziehen, welche gewaschen, über Stangen gehängt und also an der Luft getrocknet wird.
Bei dieser Arbeit nun fällt zuweilen der so berühmte Belugenstein in den größten Fischen dieser Art vor. Man bemerkt denselben nicht eher, bis man den Rückenknorpel nach der Länge aufschneidet, da dann das Messer daran stockenbleibt. Denn er liegt in demjenigen roten drüsenhaften Fleisch verborgen, welches auf dem hintern Teil des Rückgrats anliegt und bei den Fischen die Stelle der Nieren vertritt, innerhalb eines besondern Häutchens, welches das Innere des gedachten drüsigen Teils einnimmt. Dieses ist die zuverlässigste Nachricht von dessen wahrer Lage, welche durch verschiedene alte Fischer, die den Belugenstein verschiedene Male selbst gefunden hatten, bestätigt worden ist. Außenher ist derselbe, wenn man ihn frisch ausnimmt, etwas weich und feucht, verhärtet aber bald an der Luft. Auf den Fischereien bei Astrachan soll derselbe am häufigsten, aber nie größer als ein Hühnerei vorkommen. Die Gestalt ist bald oval, bald ziemlich glatt und etwas eingebogen oder mit einer umgebogenen Ecke, womit derselbe um den Rückenknorpel angelegen hat.
Nachdem alles Eingeweide heraus ist, wird noch das Fett, welches besonders bei den Milchern um die Milch und auf den Seiten häufig angesetzt ist, mit Messern heruntergeschabt, in Eimern gesammelt und nachmals ausgesotten und abgereinigt. Dieses frische Fett ist von gutem Geschmack und kann statt Butter oder Öl als Fastenspeise gebraucht werden; daher gilt in Astrachan der Eimer zu 40 bis fünfzig Kopeken.
Der also gereinigte Fisch wird gewaschen und nach den obbeschriebnen Kellern geführt, wo man selbigen zwölf und mehr Stunden in einer starken Sole oder Salzlake pökeln

läßt, darauf in Schichten aufstapelt und mit Salz so bestreut, daß fast der ganze Fisch bedeckt wird. Die allergrößten Belugen werden auf eine besondere Art zerteilt und geben fünf Stücke, nämlich den Kopf (Baschka), den Bauch (Tjuschka), die Seiten (Boka) und den Rücken (Spina). Diese Zerteilung geschieht, damit das dicke Fleisch dieser großen Fische desto geschwinder durchsalzen könne. Die Seiten und der Rücken pflegen gemeiniglich, wenn sie aus der Salzlake kommen, in arschinenlange Riemen geschnitten und auf Stangen gedörrt zu werden; dieses gibt den sogenannten Balyk, welches in der tatarischen Sprache überhaupt Fisch bedeutet. – Man fängt auf den Watagen nicht selten Belugen von ungeheurer Größe; so war noch im Winter 1769 in den Bogaty Kultuk eine gefangen worden, deren Länge achteinhalb Ellen und das Gewicht nach Schätzung 70 Pud oder zweitausendachthundert Pfund betragen hat und woraus zwanzig Pud Rogen genommen worden sind. Die allergrößten Sewrjugen messen hingegen niemals über viereinhalb Ellen von der Spitze des Rüssels bis ans Ende der Schwanzflosse.

Im Frühling und Herbst wird zum Belugenfang außer obbeschriebnem Gezeug mit Angelhaken noch eine Art Netze (Ochannaja Snast) bei einigen Watagen gebraucht, doch sind selbige weder notwendig noch auch allgemein, weil dieselbe nur an seichten Stellen können ausgesetzt werden und nur alsdann einen guten Fang versprechen, wenn die See, durch Winde gedrängt, an den Ufern hoch anschwellt, so daß die Belugen, welche gern in vier bis fünf Faden Wasser bleiben, nahe genug kommen dürfen. Sonst fängt sich darin der eigentliche Gang- oder Zugfisch nicht, sondern nur diejenigen Belugen, welche unfruchtbar und am raubsüchtigsten sind und von den Fischern Chlopuscha genannt werden. (...)

(Januar 1771) Bis hierher (Tscheljabinsk) hatten mich größtenteils die Gegenden der Orenburgischen Statthalterschaft mit den an selbige grenzenden Provinzen beschäftigt. Es war aber dieselbe nunmehr teils durch mich, teils durch den Herrn Doktor und Adjunkt Lepechin, teils auch durch den Herrn Professor Falk* völlig durchreist und kaum mehr eine bemerkungswürdige Stelle derselben unbesichtigt. Dadurch nun war die Hauptabsicht der Kaiserlichen Akademie der Wissenschaften, welche unsere Abfertigung veranlaßt hatte, erfüllt, und das wenige im Orenburgischen noch übrige konnte teils auf der Rückreise, teils durch Nebenverschickungen geschickter Personen besichtigt werden. Weil nun aber noch vieles in der Naturgeschichte des Russischen Reiches zu tun übrigblieb und teils das weitläufige Sibirien, teils die nördlichen Gegenden des Reichs viele Entdeckungen versprachen, weil diese noch nicht bereist, in Absicht Sibiriens aber vieles von den Früchten der Gmelinschen und Stellerschen Reise* verlorengegangen war, so genehmigte die Kaiserliche Akademie der Wissenschaften den sowohl von dem Hrn. Dr. Lepechin als von mir entworfenen Plan, kraft dessen jener auf der Rückreise die nördlichsten Bezirke der Kasanischen, mitsamt der ganzen Archangelogorodischen Statthalterschaft und den Küsten des Weißen Meeres zu bereisen hatte, ich aber mich zu einer sibirischen Reise erbot, welche bis in die Gegenden hinter dem Baikal gehen sollte und auf welcher ich teils solche Gegenden, welche von dem seel. Gmelin nur flüchtig bereist oder seit dessen Dasein gar sehr verändert worden waren, besonders die entfernteren sibirischen Berg- und Hüttenwerke, desgleichen die neubestimmten und bevölkerten südlichen Grenzen mit Fleiß zu besichtigen und zu beschreiben, teils in Absicht der Pflanzen eine aufmerksame Nachlese zu leisten, teils auch in Absicht auf die Naturgeschichte des Tierreichs dasjenige zu erfüllen mich anheischig machte, was die vorigen Reisenden nur unvollkommen und als ein Nebenwerk bei ihren mehr botanischen Absichten getrieben hatten und wovon nur ein sehr kleiner Teil aus den geschriebnen Sammlungen derselben bekanntgemacht worden ist. Weil nun, diesen vorgesetzten Zweck zu erreichen, um die Reise nicht ins Lange zu ziehen, notwendig war, daß ich die geschicktesten meiner Gehilfen soviel möglich zu zerstreuen und in verschiedene Gegenden zu verteilen suchen mußte und zuförderst, besonders der zoologischen Bemerkungen wegen, auch die nördlichsten Gegenden nicht unbereist gelassen werden konnten, so fertigte ich den Studenten Basilius Sujew* nebst einem Schützen und Ausstopfer den 24sten Februar mit Erteilung einer pünktlichen und weitläufigen Instruktion über Tobolsk nach der am Ob gelegenen, nördlichen Stadt Beresow ab, von wo er im Anfang des Sommers weiter bis Obdorskoi Ostrog den Obfluß abwärts reisen und womöglich bis ans Eismeer zu gelangen suchen sollte.

In der Mitte des Märzmonats kam der Hr. Professor Falk aus Orenburg mit der letzten Schlittenbahn in Tscheljabinsk an, weil er sich gleichfalls zu einer sibirischen Reise entschlossen hatte und sich deshalb mit mir besprechen wollte. Er hatte längs der Linie* eine ziemlich gefährliche und widerwärtige Reise getan und langte deswegen fast zwei Wochen später an als sein Gehilfe, der durch seine Übersetzungen und andre Verdienste vorteilhaft bekannte Herr Georgi*, welcher auf dem geraden Wege über den Ural gereist war. Durch die Ankunft dieser Freunde wurde mein Aufenthalt in Tscheljabinsk angenehmer, als er bisher gewesen war, da ich seit meiner tobolskischen Winterreise wegen verschiedner kränklicher Zufälle wenig heitere Tage gehabt hatte. Ich mußte nur bedauern, daß mich der bald darauf eintretende schnelle Frühling an meine nahe Abreise und Trennung aus dieser Gesellschaft erinnerte.

Der Herr Kapitän von Rytschkow, welcher sich den Winter über größtenteils bei mir aufgehalten hatte, bezeigte wegen seiner schwächlichen Leibesbeschaffenheit, die vorgesetzte sibirische Reise mitzutun, keine Lust und suchte daher bei der Kaiserlichen Akademie der Wissenschaften durch mich seine Erlassung und die Erlaubnis, auf der Rückreise einige noch unbesichtigte Gegenden des Uralischen Gebirges, besonders der Flüsse Inser, Ilim und Djoma, bereisen zu dürfen, welches auch von der Akademie genehmigt wurde. Weil aber um eben diese Zeit auch der vorzunehmende Marsch eines bei der Festung Orskaja unter den Befehlen des Obristen von Traubenberg zusammengezognen Korps regulärer und leichter Reiterei in die Kirgisische Steppe zur Verfolgung der entwichnen kalmückischen Horden bekannt wurde, so war diese vortreffliche Gelegenheit, einen Teil dieser unbekannten Wüste durch ein aufmerksames und forschendes Auge besichtigen zu lassen, nicht aus der Acht zu verlieren, und da sich gedachter Hr. Kapitän freiwillig zu dieser Reise erbot, so trug ich kein Bedenken, auch ohne Vorwissen der Kaiserlichen Akademie, deren Genehmigung einzuholen keine Zeit übrig war, in dieselbe zu willigen; und also reiste derselbe, weil die oberwähnten Truppen den 10ten April von der Grenze aufbrechen sollten, ohne Zeitverlust nach Orskaja Krepost ab, nachdem ich ihn, soviel in der Eil möglich war, mit allem Notwendigen und einigen schriftlichen Erinnerungen versehen hatte. Von dem Erfolg dieser höchstbeschwerlichen Reise und den dabei gemachten Bemerkungen wird man aus dessen Tagebuch hinlängliche Kenntnis bekommen. (...)

(24. April 1771) Die Nacht hindurch fuhr ich nach *Kaminskaja Sloboda* zurück. Es fiel ein ziemlicher Frost und Reif, der uns mit dem sibirischen Frühling bekannt zu machen anfing. Die gezwungene Veränderung meiner vorgehabten Reise war nicht die einzige Widerwärtigkeit, welche von nun an den Fortgang derselben verzögerte. Der Student Sokolow wurde von einem Fieber befallen; der Ausstopfer Schumskoi, welcher schon im Winter an einer skorbutischen Gicht zu kranken angefangen, wurde durch das kalte Frühlingswetter von neuem recht elend krank. Der Zeichner, den ich bei mir hatte, ließ seit dem Winter her noch Spuren einer verdrießlichen Gemütskrankheit von sich blikken; und endlich so ward auch mein Jäger von einem wilden, kirgisischen Pferde in diesen Tagen abgeworfen und hatte so viel schwere Quetschungen erhalten, daß er kaum die Reise mit fortzusetzen imstande war. Solchergestalt behielt ich kaum einen gesunden Menschen mehr bei mir und mußte die Reise so langsam fortsetzen, als es der Zustand der Kranken erlauben wollte.

Mein Weg sollte nunmehr den Tobol abwärts bis Zarewkurgan gehen. Den 25sten also ging ich über den Gajow Istok und den Tobol, dessen schon dem Wasser gleichliegende Brücke uns kaum noch übertrug, ferner auf der Niederung zwischen dem Kriwoje osero und der Kaminskaja Kurja hindurch und nach einigen Wersten, nach Passierung eines kleinen Morastwassers Beresowoi Log, das höhere Land (Materik) hinan, welches zerstreute, teils Fichten- teils Birkengehölze hat. Hier fing Cytisus pilosus* und Spiraea crenata an auszuschlagen, und verschiedene Arten von wildem Lauch (Allium angulatum, nutans, obliquum) kamen häufig hervor. Das letzte wird hier von den Bauern in die Gärten gepflanzt und statt Knoblauch gebraucht. In den Birkengehölzen fing eine Art kleiner, grauer Schlafmäuse mit einem schwarzen Rückenstrich und sehr langem Schwanz (Mus subtilis) an, sich zu zeigen und ist auch forthin bis an den Jenissej in dünnen Birkengehölzen und auf den Steppen gar nicht selten. Dieses Tierchen wird bei der geringsten Kälte schlafsüchtig und verkriecht sich in kleine Erdritzen oder Baumhöhlen, wo es wie eine Kugel zusammengewickelt liegt, bis es durch die Wärme wieder belebt wird. (...)

Den 11ten (Mai 1771) kamen die nach weißen Kranichen ausgeschickten Jäger zurück und brachten mir einige dieser ansehnlichen Vögel, nach welchen sie sich viele Mühe hatten geben müssen (Grus leucogeranus*). Denn diese Vögel sind noch weit vorsichtiger als die Kraniche selbst, und wenn sie einen Menschen auch in der größten Ferne erblikken, so erheben sie sich sogleich mit ihrem gewöhnlichen Schwanengeschrei in die Luft. Wegen ihrer Höhe aber, die, wenn sie aufrecht stehen, fast fünf Fuß beträgt, sind sie imstande, sehr weit um sich zu schauen, und auch die geringste Bewegung im Schilfe ist ihnen verdächtig. Es ist daher notwendig, daß ein Schütze, um sie zu erlegen, sich ihnen ganz verdeckt zu nähern suche, wenn sie sich an den Ufern der Seen nach kleinen Fischen umsehen, die ihre Nahrung sind. So furchtsam sie aber sonst vor dem Menschen sind, so wenig scheuen sie hingegen die Hunde, sondern gehen, wenn sie solche am Ufer erblicken, zornig auf sie los, vergessen auch wohl darüber, vor dem nahen Schützen auf der Hut zu sein. Ebenso dreist werden sie gegen Menschen, die sich ihrem Neste nähern. Alsdann suchen sie nicht zu entfliehen, sondern verteidigen ihren Aufenthalt auf das mutigste und wegen ihrer Größe und der Schärfe ihres Schnabels ziemlich gefährlich. Sie machen ihr Nest in einsamen Schilfmorästen auf den Riedgrashügeln aus zusammengeflochtenem Schilf, und das Männchen wechselt mit dem Weibchen in der Wache ab. Sie legen nur zwei Eier, welche so groß wie Gänseeier, gelbgrünlich und braungefleckt sind. Sie hatten um diese Zeit eben zu brüten angefangen. Die Jungen erwachsen im ersten Jahre fast zur Größe der Alten, sind aber über den ganzen Leib mit ockergelben Federn bekleidet, unten etwas weißlicher und der Kopf um den Schnabel von Farbe schwärzlich. Im zweiten Jahre werden sie weiß und behalten nur die äußersten schwarzen Schwingfedern, der Kopf wird bis über die Augen, so weit

er von Federn entblößt ist, rot und hat nur kleine rote Haare, auch die Haut ist alsdann nebst Schnabel und Füßen rot, und nur am Halse bleibt noch etwas von feuergelber Farbe. Diese aber verliert sich mit fortgehendem Alter gänzlich, und der ganze Vogel wird schwanenweiß. Man findet diese Vögel vom Uralischen Gebirge an bis zum Ob, am meisten um einsame weite Seen und Moräste der Ischimischen und Barabynischen Steppe, wo sie alle Frühling vom Süden her angeflogen kommen. Über das Kaspische Meer sieht man ihn alle Frühling, aber sehr sparsam ziehen, und vermutlich zieht er einzeln und sehr hoch, weil er wenig bemerkt wird, ist auch nirgends so häufig wie der gemeine Kranich anzutreffen. Wegen der Ähnlichkeit seiner russischen Benennung (Sterch) haben ihn die vorigen sibirischen Reisenden vermutlich für den weißen Storch gehalten und ihn in der Nähe nicht betrachtet. Der weiße Storch aber ist in ganz Sibirien nirgends anzutreffen, obwohl er in der Bucharei vorhanden sein und wie in Europa auf den Dächern nisten soll, auch in Kleinreußen, wie ich weiß, unter dem Namen Botschjan wohl bekannt ist. Die Baschkiren nennen unsern weißen Kranich in ihrer Sprache ebenso (Ak-turnach), bei den sibirischen Tataren aber heißt er Keugolok. Man kann die Jungen, wie die Kraniche, erziehen, und sie leben mit den gemeinen Kranichen zusammen sehr einträchtig, wie ich selbst in Nishno-Tagilsk und in Tobolsk gesehen habe. Allein sie sind zornig und gehen gern auf Kinder los.
Indes daß man nach diesen Vögeln aus war, hatte ich auch in der benachbarten Birkenholzung nach fliegenden Eichhörnern (Sciurus volans, russisch Ljetaga)* suchen lassen. Dieses wunderbare Tierchen ist vom Uralischen Scheidegebirge an durch das ganze nördliche Asien oder Sibirien, insofern es Birkenwaldungen mit oder ohne Fichten und andern Bäumen hat, allgemein. Es hält sich allzeit in der Höhe auf und nistet in Höhlen der Bäume, aus welchen es sich nicht anders als in der Dämmerung oder des Nachts herausbegibt und auf den Birken seine Nahrung sucht. Dieselbe besteht in den sogenannten Schäfchen (Ameuta), die auf den Birken wachsen, und im Winter klein und braun, im Frühling blühend, im Sommer zum Teil mit Samen gefunden werden, folglich diesem Tier das ganze Jahr hin-

durch Futter geben. Wo Fichtenwaldungen sind, da frißt es auch die Keimblumen und Fruchtknospen dieser Bäume, und alsdann riechen dessen Eingeweide sehr harzig, die sonst den Birkengeruch haben. Auf die Erde kommt das Tierchen wenig, doch hat es die besondere Gewohnheit, daß es sich seines Unrats unten am Fuß der Bäume, auf welchen es sich aufhält und herumschwärmt, entledigt. Daher ist dessen Aufenthalt leichter ausfindig zu machen, als es ohne diese Spur schwerfallen würde. Wenn es von einem Baum auf den andern springt, so breitet es die Häute oder Verlängerung des Felles, welche von den Vorderfüßen bis an die Schenkel an beiden Seiten durch einen Knochen ausgespannt werden kann, mit allen Füßen voneinander und schwebt damit gleichsam durch die Luft, kann sich auch durch Hilfe seines wolligbreiten Schwanzes in der Luft allerlei willkürliche Richtungen geben. Aus dieser Ursache und weil es mit dieser Hilfe wohl auf zwanzig Faden weit springen kann, hat es den russischen Namen Ljetaga bekommen. Es kann aber nicht in einer horizontalen Richtung fliegen, sondern nur schräg abwärts, von dem Gipfel eines Baumes etwa nach der Mitte oder dem Stamm eines andern schweben. Wenn es an den Birken klettert, so ist es, besonders gegen Abend, wegen seiner weißgrauen Farbe von der weißen Rinde dieser Bäume schwer zu unterscheiden. Dadurch hat die Natur diese Tierchen vor den nächtlichen Raubvögeln weislich zu schützen gesucht. Eben um diese Zeit hatten die fliegenden Eichhörnchen Junge. Sie pflegen deren nur zwei, drei und höchstens vier zu gebären. Die Jungen kommen ganz kahl und blind zur Welt. Ich führte ein Nest, welches mir gebracht wurde, einige Wochen lang mit mir herum. Die Mutter saß den ganzen Tag über den Jungen und hüllte sie in ihrer Flügelhaut ein, des Nachts aber, sobald die Sonne unter dem Horizont war, bedeckte sie solche mit Moos und suchte Nahrung. Die Jungen wuchsen sehr langsam und bekamen erst nach sechs Tagen Haare und ihre Vorderzähne. Sie blieben blind bis zum dreizehnten Tag, da ich sie alle tot, auch einen schon von der Mutter angefressen fand. Wenn also diejenigen, welche mir gebracht worden sind, auch nur zwei Tage alt gewesen, welches sie wegen ihrer Größe wenigstens haben sein müssen, so bleibt dieses Tier über 14 Tage nach der Geburt blind, welches man noch bei keinem vierfüßigen Tier beobachtet hat. Die Mutter starb bald darauf, und alle Versuche, welche ich zu verschiednen Zeiten gemacht habe, dieses artige Tierchen lebendig fortzubringen, sind fruchtlos gewesen. Am tunlichsten wäre solches noch im Winter; alsdann aber ist es schwer, ein fliegendes Eichhorn lebend zu bekommen. Sie geraten aber alsdann nicht selten in die Quetschfallen, welche nach Grauwerk oder Eichhörner auf die Bäume gestellt werden.

Ich habe bisher noch anzumerken vergessen, daß in den neubewohnten Dörfern zwischen dem Tobol und Ischim noch keine Nachtschaben oder Tarakanen anzutreffen sind. Sie haben sich auch am Irtysch noch nicht viel höher als bis zur Festung Omsk ausgebreitet; obgleich sie daselbst schon vorlängst und in großer Menge wohnbar gewesen. Dahingegen haben sich die Wanzen und Hausheimen schon überall am Ischim und Irtysch eingenistet.

Den 13ten Mai (1771) reiste ich vom Bache Krutaja ab. Die Gegend bleibt unverändert. Achtzehn Werste von Krutaja ist wieder eine Poststation bei einigen Wasserpfützen angelegt und wird von den daherum wachsenden Zwerg- oder Strauchfichten Rjamki zugenamt. Ich fuhr aber, um die Pferde füttern zu lassen, zwölf Werste weiter, bis an den morastigen See *Kolmakowo.* Die Hitze war heute ziemlich groß, so daß das Thermometer über 104° nach de l'Isles Messung zeigte. Anemone sylvestris* und Pedicularis incarnata kamen auch nun in volle Blüte, auch trat Cineraria alpina* und Lathyrus pisiformis mit sparsamen Blumen hervor. Die Blumen vorgedachter Pedicularis pflegen alle nach dem Lauf der Sonne um den Stengel gleichsam gewunden zu stehn. So sparsam die Pflanzen hervorkamen, so selten waren auch noch die Insekten.

Von unserm Futterplatze hatten wir noch ungefähr zwanzig Werste bis *Tjukalinskaja Sloboda,* wo ich zwar noch früh genug ankam, aber wegen vieler Verbesserungen des Wagenwerks, die in Krutaja nicht hatten geschehen können, zum folgenden Tag verbleiben mußte. Diese Slobode ist nebst den umliegenden Dörfern und einigen benachbarten Sloboden erst seit 1763 erbaut und mit russischen Kolonisten und Verwiesenen besetzt worden. Sie hat 77 Häuser und eine kleine hölzerne Kirche; unter dem hiesigen Kommissariat aber, welches zum Tarischen Distrikt gehört, stehen noch zwölf andre um den See Ik und sonst am Abatskischen Wege, auch längs dem Osch angelegte Dörfer, welche mitsamt der Slobode 357 Gehöfte und 816 schätzungsfähige Köpfe enthalten. – Die Slobode liegt am Bache Tjukala, der 15 bis 20 Werste von hier aus einer Strecke kleiner Seen, die sich bis gegen die Kamyschlowskische Linie erstrecken soll, Saymischtsche Katai, hervorkommt und in einen nicht sehr weit entfernten See Koschari fällt, aus welchem zwei Abzugsbäche (Koscharki genannt) in den oben schon erwähnten See Tenys ihre Mündung haben. Der Bach macht, über die Slobode von Südosten kommend, eine Krümmung gegen Norden und treibt eine Mühle. Obgedachter Katai soll mehr als zwölf Tagereisen im Umfang haben und aus etwa zwanzig durch Schilfmoräste geteilten Seen bestehn.

Den 14ten (Mai 1771) konnten die Wagen wegen der eingefallenen Pfingstlustbarkeiten erst ziemlich spät vorgespannt werden, und unsere meisten Fuhrleute brachten einen guten Morgenrausch mit. Die Birkenholzung wird nun bis zum Irtysch immer geringer und steht wie in kleinen Lustwäldchen auf der Steppe zerstreut. Aus Mangel großer Birkenrinden decken auch die Bauern ihre Häuser schon mit Rasen, so wie es in den Festungen am Irtysch durch die ökonomische Veranstaltung des seel. Herrn Generalleutnants von Springer eingeführt ist. Zur Rechten läßt man viel Karaussenseen liegen, welche gegen den Katai immer häufiger werden sollen. Die erste Poststation, welche man antrifft, wird Andronkin zugenamt. Nachdem die Pferde daselbst gefüttert worden, setzte ich die Reise in einer immer freier werdenden Steppe fort und hatte wieder viele Salzgründe am Wege; ja einige Werste, ehe man die Staniz* und den See Bekischewo erreicht, war zur Linken, vor einem kleinen, mit Morast umgebnen See ein Salzgrund, wo das schönste Natron, mit Bittersalz vermischt, mehr als daumendick wie Mehl die Erde bedeckte und häufig konnte gesammelt werden. – Sonst wurde der Boden hier besser und trockner und das Peucedanum* häufig, welches am Irtysch überall das gemeinste Unkraut ist und allezeit einen etwas salzhaften Boden anzeigt. Mit diesem Kraut war denn auch wieder die Raupe des Sphynx ephialtes* gar nicht selten.

Am *See Bekischewo* werden zwanzig Pferde zur Abwechslung gehalten, und ich konnte also die aus Tjukala mitgenommenen ablassen. Die Hitze war heute noch um anderthalb Grade heftiger als am vorigen Tage, dabei wehte aus Süden ein heftiger, aber beklemmend heißer Sturm, der viel Salzstaub führte und uns allen die Augen verdarb. Gegen die Nacht erschallte in den Schilfinseln des Sees Bekischewo alles von dem ungleich lautenden Geschrei unzähliger Wasservögel; Schwäne, Enten, Reiher, Taucher, Wasserhühner usw. ließen sich bis Mitternacht um die Wette hören, und das Pfeifen der letztern machte den Beschluß. Es war dies das zweite Mal, daß uns diese Wassermusik Kälte prophezeite; denn nach Mitternacht wandte sich der Wind nach Norden und wehte den folgenden Tag so kalt, daß man wieder den Pelz hervorsuchen mußte. Doch blühten nunmehr Valeriana officinalis*, Lathyrus pisiformis, Cineraria palustris und alpina und kleine Glockenblumen, und weil wir nun merklich südlicher gingen, so fanden wir auch gegen den Irtysch die Pflanzen immer weiter und auf dessen hohen Ufern schon die Spiraea crenata*, Onosma simplex, Scorzoncra purpurea, Salvia nemorosa, Erysimum cheirantoides, Thesium linophyllum, Astragalus onobrychides, Aster alpinus, Pedicularis comosa, Crataegus oxyacantha und Holunder, teils schon in Blüte, teils im Aufbrechen. – Nordöstlich von dem kleinen See, wo die Poststation angelegt ist, liegt in einem Abstand von etwa 5 Wersten der große See Bekischewo, wohin ich mit Anbruch des Tages auf die Jagd schickte und wo sich einige Bauern des Fisch- und Vogelfangs wegen niedergelassen haben. – Nach Zurückkunft meiner Leute setzte ich die Reise fort. Keiner von diesen Seen hat einen Abfluß, obgleich sie in gerader Linie nicht über 40 Werste vom Irtysch entfernt sind.

Fünfundzwanzig Werste von Bekischewo ist wieder eine Station, Samiralowa genannt, wo nur wenig Pferde gehalten werden, an einem kleinen See oder Pfütze. Daselbst ist der Boden hoch und sandig, erniedrigt sich aber mit einem steilen Absatz auf einmal und macht ein feuchtes, salziges Tal. Auf den Salzstellen war hier, außer den bisherigen allergemeinsten Salzpflanzen, auch eine salzliebende Serratula, mit wunderlich ausgehackten Blättern, welche erst hervorkeimten, zu bemerken. – Vierzehn Werste von dieser Station erreichte ich das hohe Ufer des Irtysch, auf welchem ich in der Dämmerung noch vier Werste bis zum Dorfe *Worowskaja* zurücklegte.

Es gehört dieses Dorf, wo vor Anlegung der Kamyschlowskischen Linie ein Vorposten gewesen, zur tschernoluzkischen Slobode, die auf der andern Seite des Irtysch, welcher hier einen weiten Bogen macht, weiter unten gelegen ist. Es besteht aus 27 Höfen. Einige von den Einwohnern haben einen guten Verdienst an der Fischerei und besonders an den Stören und Sterleten, die hier mit einem besondern Gezeug, welches auch auf der Wolga und Kama in Gebrauch ist, gefangen werden. Man nennt dasselbe an der Wolga, desgleichen am Jaik, wo man sich dessen aber nur heimlich bedient, Schaschkowaja Snast, in Sibirien aber ist es unter dem Namen Samolowi bekannt. Weil ich dasselbe bei Gelegenheit der Wolgischen Fischerei nicht beschrieben habe, so will ich hier einen Begriff davon geben. Das ganze Gezeug besteht aus einem zwischen 30 und vierzig Faden langen wohlgeteerten Bastseil (Chrebtina), an welchem in dem Abstande von zwei oder, wenn's auf große Fische abgesehen ist, von vier Spannen starke Schnüre oder Stricklein (Kolenza, an der Wolga Powedok genannt), die gleichfalls geteert sind, befestigt werden. An diesen Schnüren sind starke, vier bis fünf Zoll lange Angelhaken (Udy), die sehr wohl geschärft und, um den Rost zu verhüten, mit Unschlitt eingeschmiert sein müssen, fest. An jedem Haken wird vermittels einer Schlinge von gedrehten Pferdehaaren, ein kleiner Treiber (Babaschka oder Balbirka) von Eschenrinde, die fast so leicht wie Kork ist, befestigt, und damit diese Schlinge nicht abgleitet, so ist der Bogen der Angelhaken, die besonders dazu verfertigt sind, etwas winklig gebrochen und der Widerzahn ungefähr einen Zoll von der Spitze des Hakens befindlich. An das Bastseil, welches die Haken nach der Reihe an sich hat, werden ungefähr bei jedem zehnten Haken Steine angebunden, und an das eine Ende kommt ein hölzerner, mit Steinen beschwerter Anker, an das andre aber ein Seil mit einem Korb oder andern treibenden Bojen. In solcher Verfassung wird das Gezeug an tiefen Stellen des Stroms ausgeworfen, so daß der Anker zuerst auf den Grund kommt, das Seil mit den Haken sich nach der Richtung des Stroms auf den Grund anlegt und die Boje mit dem Strom treibt. Die Angelhaken werden von ihren Treibern beständig über dem Grund erhoben gehalten und durch das Wasser, zugleich mit dem Seil, woran sie fest sind, geschwungen. Die Störe und Sterlete, welche am Grunde streichen, bleiben mit den Seiten des Leibes oder mit dem Schwanz oder mit den Kiefen an den sehr geschärften Haken hängen, und wenn sie sich bewegen und loszureißen suchen, welches sie doch, wie man sagt, selten tun, so schlagen sie sich nur noch mehr Haken in den Leib. Täglich hebt der Fischer die Seile, welche er an verschiednen Orten also in den Fluß gestellt hat, aus und nimmt die gefangenen Fische ab. Und dieser Fang dauert vom Frühling bis in den Herbst. – An der Wolga pflegt man das mit Haken versehene Seil quer über einen Flußarm oder zwischen zwei Sandbänken auszustellen, doch so, daß es an beiden Enden lange Seile hat, welche demselben im Wasser zu spielen und Schwingungen zu machen erlauben. Allein hier am Irtysch will man versucht haben, daß die überzwerch gespannten Seile viel weniger ergiebig sind. Im Winter, wenn der Fluß mit Eis belegt ist, werden nur in den obern Gegenden des Irtysch, gegen Semipalatnaja und Ustkamenogorsk, Störe gefangen, an solchen Orten, wo sie schwarenweise überwintern. Der Fang geschieht alsdann, wie am Jaik, mit Haken, die hier Lowygi genannt werden. – Überhaupt sind die Störe und Sterlete, so wie alle Fische des Irtysch, zwar sehr fett, aber zugleich schleimig, weichlich und von schlechtem Geschmack, woran der lehmige Boden schuld ist. Die hiesigen Sterlete sind, nächst den obischen, die größten im Russischen Reiche und zuweilen über anderthalb Ellen lang. Die Störe, welche hier gefangen werden, sind nur von zwei bis drei Pud. Quappen hat der Irtysch in großer Menge, und sie werden bis auf zwei Ellen lang. Welse, Belugen und Sewrjugen kennt man hier nicht und von Lachsarten nur den sibirischen Weißlachs (Nelma); alle Forellensorten sind selten. Die Störe und Sterlete scheinen hier, wegen ihrer übermäßigen Fettigkeit, ungewöhnlich kleine Köpfe zu haben. Dagegen sollen sie in der oberen Gegend auf dem steinigen Grund, großköpfig, das heißt magerer werden.

Der Irtysch hat in dieser Gegend sehr hohe lehmige Ufer, aus welchen zuweilen Langzähne und andre Gebeine von

Elefanten durch das Wasser zum Vorschein gebracht werden. Noch im verwichnen Jahr war oberhalb Worowskaja ein solcher Elfenbein- oder Langzahn, der aber schon sehr verwittert gewesen, gefunden worden; und in dem auf der andern Seite, bei der Slobode Tschernoluzkaja gelegnen, sehr hohen Ufer, welches von seinem rötlichen Ansehen Krasnoi-Jar genannt wird, sollen die Elefantengebeine gar nicht selten sein.

Gleich unterhalb des Dorfes kommt ein mit hohen Ufern versehenes und sich mit vielen Zweigen aus der westlichen Steppe her sammelndes Defilee unter dem Namen Retschka Worowskaja zum Irtysch, welches im Frühling viel Schneewasser zuführt, im Sommer aber beinahe ganz austrocknet. Um selbiges bequem zu passieren, muß man sich über eine Werst vom Irtysch entfernen, und der Weg bleibt auch bis über den Bach Kamyschlowka in einem beträchtlichen Abstand von diesem Strom. Über diesen Bach geht man bei dem Vorposten Melnischnoi, der von einer dabei angelegten Mühle den Namen hat. Es ist dieses der letzte feste Ort der sogenannten Kamyschlowskischen Linie, die eine Fortsetzung der Ischimischen ist und am Irtysch endigt. Es hat sich dabei eine starke Kolonie von abgedankten Kriegsleuten angebaut. Der Vorposten selbst besteht aus einem großen hölzernen Viereck mit Bastionen, um welches spanische Reiter* und Nadolbi gelegt sind und worin sich nur einige Kasarmen nebst der Offizierwohnung befinden. Die Zahl der Kolonistenhäuser aber beläuft sich auf fünfzig.

Die Kamyschlowka ist hier ein ziemlich starker Bach, so gering auch ihr Ursprung aus der Ischimischen Steppe sein soll. Jenseits derselben wird sogleich die Potentilla bifida* häufig und bleibt nun südwärts auf den trocknen Steppen ein sehr gemeines Kraut, welches hier schon in bester Blüte war und große Stellen am Wege bedeckte. Die Steppe wird nun ganz offen und fast ganz von Gehölz entblößt. Alle Kräuter waren da schon viel weiter, als bisher zu merken gewesen. Zugleich mit der freien Steppe bekamen wir auch wieder die schwalbenschwänzige Steppenralle (Pratincola crameri)* zu sehen; und außer den gemeinen Lerchen, die hier mit den Wachteln gleich häufig sind, flog eine Art großer, gelbköpfiger Lerchen (Calandra?), die ich auf meiner

ganzen Reise noch nicht gesehen, in den Steppen am Irtysch aber bis gegen das Gebirge überall bemerkt habe. Sie halten sich gern an den Wegen auf, fliegen einzeln und nicht hoch, haben einen schlechtern Gesang als die Feldlerche, nisten wie diese im Grase und nähren sich von Heuschrecken und andrem kleinen Gewürm.
Zwölf Werste von der Kamyschlowka läßt man zur Linken den Platz der verlaßnen Redut Irtyschnoi, wo sich abgedankte Kriegsleute angebaut haben, und nähert sich nun wieder dem Irtysch, bis zu der gleich über der Festung Omskaja angelegten Überfahrt, wo auf dem diesseitigen linken Ufer eine hölzerne Redut* wegen der Kommunikation und Handlung erbaut ist, in welcher ein Leutnant mit 6 Mann Dragoner und 25 Baschkiren liegt. Der Irtysch ist daselbst gegen dreihundert Faden breit und war jetzt im Abnehmen. Er pflegt aber im Junius von neuem zu steigen, als um welche Zeit sich erst die hohen Gebirgswässer einstellen. Zur Überfahrt sind hier sehr gute, große Pramen angelegt, und auf dem jenseitigen Ufer hat man nicht über eine halbe Werst mehr bis zur Festung zu fahren. Man landet bei den Ziegelhütten, die wegen des neuen Festungsbaues angelegt und wegen einer dabei durch den verstorbnen Hrn. Generalleutnant von Springer eingeführten, löblichen Ökonomie merkwürdig sind, da man nämlich die Ziegel, um das Holz zu schonen, bloß mit trocknem Schilf, welches aus den häufigen Seen der benachbarten Steppe angefahren wird, gar brennt.
Nach meiner Ankunft in *Omsk** (17. Mai 1771) war mein erstes Geschäft, bei dem dortigen Oberkommando der sibirischen Linien, welches nach dem Ableben des obgedachten würdigen und verdienten Herrn Generalleutnants der Herr Generalmajor Stanislawski indessen übernommen hatte, um die Mitteilung oder Besichtigung der sibirischen Spezialkarten anzuhalten, deren daselbst, wie ich wußte, eine zahlreiche Sammlung durch die Aufmerksamkeit des Herrn von Springer Exzell. war aufgehoben worden und welche mir auf meine vorhabende sibirische Reise viel Licht hätten geben können. Erst nach zwei Tagen erhielt ich den Bescheid, daß man, ohne einen ausdrücklichen *Allerhöchsten Befehl*, mir keine von den vorrätigen Karten mitteilen oder zeigen könne, und auf meine schriftlich wiederholte Vorstellung

wurden mir nur einige allgemeine Karten, die ich schon genugsam kannte, flüchtig vorgewiesen. Ich habe auch die daraus verlangten kleinen Auszüge, die mir nötig gewesen wären, nicht erhalten. Noch viel weniger schien es, daß man meiner Reise und den mir aufgetragenen Geschäften beförderlich und gewogen zu sein suchte, und ich konnte bis auf den Tag meiner Abreise nichts als einen sehr unzulänglichen Paß auf die nötigen Pferde, und zwar bloß auf Baschkiren- und Kosakenpferde, erhalten, von denen man doch in Omsk recht wohl wußte, daß ich deren nur mit genauer Not bis Shelesenka würde eine hinlängliche Zahl erhalten können, da weiterhin alle Vorposten und Festungen wegen der an der südlichen Grenze sich versammelnden Detachementer* von leichten Truppen gänzlich entblößt waren. Durch diesen Paß also wurde es der Willkür der in den Festungen befehlenden Offiziere überlassen, ob sie mir mit Dragonerpferden, welche an dieser Linie zum Kronsdienste nötigenfalls vorzuspannen der Gebrauch ist, forthelfen wollten oder nicht; und ich mußte daher notwendig wegen des ungehinderten Fortgangs meiner Reise recht sehr besorgt werden. Diese kaltsinnige Aufnahme, welche die Nebenumstände noch merklicher machten, befremdete mich desto mehr, da ich bisher auf meiner ganzen Reise von seiten der Herren Statthalter die schmeichelhaftesten Gnadenbezeugungen und allen nur erwünschten Vorschub in meinen Geschäften zu genießen das Glück gehabt hatte. Ich nahm aber dieses als einen neuen Beweis der alten Wahrheit an, daß der Kriegsgott kein Freund der Musen sei, und ich war noch glücklich genug, die gefaßte Furcht wegen der bevorstehenden Hindernisse der Reise später nicht völlig erfüllt zu sehn.

Ich hielt mich in Omsk teils wegen dieses fruchtlosen Gesuchs, teils wegen nötiger Verbesserungen und Einrichtungen bis den 22ten Mai (1771) auf und gewann dadurch so viel, daß ich den Flor bei meiner Reise längs dem Irtysch in dem vollkommensten Zustande antraf.

Die Festung *Omsk* hat ihren Namen von dem Omfluß, an dessen Mündung zum Irtysch sie ihre Lage hat und welcher aus einem Morast der Barabinischen Steppe, Tartas genannt, gemeinschaftlich mit dem Tarafluß entspringen soll. Die alte Festung war gleich oberhalb dem Omfluß am Irtysch angelegt und hatte eine hölzerne Wand mit Bastionen und einen Graben um sich. Darin war nur eine schlechte hölzerne Kirche, welcher gegenüber die von Holz gebaute alte Hauptwache, mit einer gezierten Pforte und vor dieser das Haus für den Hauptbefehlshaber aller sibirischen Grenzlinien, der jederzeit in Omsk sein Hauptquartier aufschlägt, gelegen sind. Außerdem sind um die Kirche noch verschiedene alte Offiziershäuser, das Kommandantenhaus, ein altes Haus, worin jetzt das Kommissariat der mit Tschernoluk vereinigten Omskaja Sloboda gehalten wird, sonst aber die Kirche der gefangenen Schweden war. Die Zahl aller Wohnhäuser in der alten Festung beläuft sich auf etwa zweihundert. – Gleich unterhalb des Oms lag vordem die Slobode, welche sich meist in Dorfschaften zerstreut hat; und danächst folgt am Irtysch ein schönes, über die ganze umliegende Gegend erhöhtes Terrain, welches der Herr Generalleutnant von Springer mit dem größten Grunde zur Anlegung einer neuen Festung, da die alte gänzlich in Verfall geraten war, ausersehen hat. Dieses neue Omsk, welches eine sehr vorteilhafte Lage hat, ist nach den neuen Regeln der Kriegsbaukunst sehr wohl befestigt und seit dem Jahr 1768, da man einen Anfang damit gemacht hat, unter der Aufsicht seines Stifters bereits sehr weit gekommen. Die Festung ist ein Polygon von fünf Bastionen, welches sich an den Irtysch anschließt und aus einem starken, mit Rasen gefütterten Erdwall und weiten trocknen Gräben besteht, an der Südseite aber noch nicht völlig zustande gekommen war. Darin ist schon das schöne, mit einem steinernen Fundament versehene Generalshaus, daneben ein Kriegskanzleigebäude, die Proviantkanzlei, die Hauptwache, bei welcher die Artillerie aufgepflanzt steht, das Haus des Oberpriesters und verschiedne Linien mit wohlgebauten Offizierswohnungen und Kasarmen fertig. Im Bau sind begriffen: eine schöne steinerne Kirche, wogegen die hölzerne Hauptkirche der alten Festung eingehn wird; ein Haus für die Kriegsschule, welches eine der neuern löblichen Anstalten ist und wo sowohl Dragoner als Kosakenkinder erzogen werden; ein Haus für ankommende Fremde von Rang, das Kommandantenhaus, welche zu beiden Seiten der Generalswohnung zu stehn kommen; ein Haus für den protestantischen Prediger bei der sibirischen

Division und noch die übrigen Linien mit Offiziershäusern und Kasarmen, die den Plan der Festung voll machen. Am Irtysch liegt innerhalb der Festung das Proviantmagazin, soviel davon vor dem neulichen unglücklichen Brand hatte übergebracht werden können, innerhalb einem besondern Retranchement*. Auf dem Hauptplatz der Festung sind verschiedne schöne Brunnen gegraben. Kurz, alles ist in der Anlage in acht genommen, um Omsk der glücklichen Zeiten der größten *Kaiserin* und *Allerhöchstdero* vortrefflichen Absichten würdig zu machen. – Ein Teil der alten Festung wird eingehn, auch die alte Hauptkirche abgebrochen werden und nur ein Kirchhof bleiben, wo jetzt ein Monument über dem Grabe des Hrn. Generalleutnants von Springer aufgemauert wurde. Dagegen ist die alte Kirche der Slobode herüber auf das linke Ufer des Om versetzt worden, und zu beiden Seiten dieses Flusses sollen zwei kleine Vorstädte für die Kosaken und Abgedankten kommen und mit einem bloßen Retranchement versehen werden.
Einige Merkwürdigkeiten hatte ich hier in Omsk zu betrachten Gelegenheit, die ich noch kürzlich erwähnen will. Dieses waren 1.) ein sehr großes Hüftbein von einem Elefanten, welches oberhalb Omsk in den hohen Ufern des Irtysch nebst andern Gebeinen gefunden worden und dessen Gewicht 48 russische Pfund und die Länge über 3 F. 4 Zoll beträgt; 2.) ein paar dolchförmige zweischneidige Messer, das eine von Kupfer, das andre aus einer glockengutähnlichen Materie, welche beide bei Ausstechung des neuen Festungsgrabens vielleicht aus alten Grabhügeln sind hervorgescharrt worden. Die Länge derselben ist von 11 bis 12 Zoll. (...)
Auf dem Wege von Podspusknoi bis *Kriwoserskoi Staniz* war nichts so merkwürdig als die unbeschreibliche Menge kleiner Heuschrecken, welche man auf der Steppe hin und wieder in Scharen bemerkte, so daß sie oft auf ganze Strecken von fünfzig, sechzig Faden die Erde ganz schwarz bedeckten. Sie waren jetzt noch größtenteils ungeflügelt, doch kamen auch schon geflügelte Schwärme vor, woraus man erkennen konnte, daß es diejenige, anderwärts ziemlich seltne Art mit bleichroten Flügeln war, welche beim Herrn von Linné Gryllus italicus genannt wird. Dieses Ungeziefer war auf der ganzen Strecke von trocknen, grandigen Hü-

geln, die sich hier nach und nach von der östlichen Seite zum Irtysch nähert, desgleichen auf der trocknen, salzigen Niederung so unglaublich häufig, daß besonders um Gratschewskoi Staniz außer dem harten Sandhalm, der brennendscharfen Küchenschelle (Pulsatilla) und alten Wermutstengeln alles grüne Kraut und Gras, auch selbst die Wolfsmilch, davon rein aufgezehrt war. Oberhalb Belokamenskoi sieht man dieselben wenig mehr; allein in der ganzen Strecke bis dahin soll sich diese Heuschreckenart jährlich so ungemein vermehren und auch zuweilen Züge tun, wie denn in den untern Gegenden am Irtysch zuweilen das junge Getreide durch sie vernichtet wird. Zuzeiten ist auch die Zugheuschrecke am Irtysch bemerkt worden, und noch im vorigen Jahr hat man zwischen Kriwoserskoi und Semijarskoi große Schwärme derselben von der kirgisischen Seite über den Irtysch nach der Baraba hin, auch wiederum zurück, ziehen gesehen, deren Schwärmen über eine Woche angehalten hatte; große Schwärme sollen durch Stürme in den Fluß geraten und umgekommen sein. – Außer diesen beiden Arten waren auch noch folgende Heuschrecken einzeln, doch gar nicht sparsam anzutreffen: Gryllus muricatus, salinus, flavus, obscurus und fuscus. Auch waren einige schöne Käfer (Meloë festiva, quadrimaculata; Scarabeus agricola, Spireae, Chrysomela atraphaxidis, Sphex erythraea) an verschiednen Sträuchern und Blumen zu bemerken. (...)

Den 1sten August (1771) kam der in das Gebirge abgefertigte Student von seiner mühsamen Reise zurück. Weil die mitgenommenen Wegweiser die rechten Stege nicht getroffen hatten, war er genötigt gewesen, sich längs dem steil vom Gebirge herabstürzenden Tigeräk durch einen aus Lärchen, Tannen und Zederfichten bestehenden und mit Gestrüpp verwachsenen Schwarzwald hinaufzuarbeiten, wobei sowohl er als die mit ihm waren, nicht ein Kleidungsstück ganz behielten. Anfänglich wurde der Aufgang nur durch den Wald beschwerlich gemacht, weiterhin aber kam er in ein schmales Tal, welches zu beiden Seiten zwischen ungeheuren Felsenwänden eingeschlossen war; und durch dasselbe gelangte er an den Ort, wo zwei Bäche, welche von SW und SO kommen, von steilen Felsen mit ungemeinem Geräusch zusammenstürzen und sich in den Tigeräk vereinigen. Hier wurde der Weg nun so steil, daß er mit den übrigen zu Fuß klimmen und das Pferd beim Zügel nach sich hinaufziehen mußte. Sobald er sich diesen letzten und steilsten Absatz mit viel Mühe und Gefahr hinaufgeholfen hatte, so fand er ein zwar mit hohen Koppen und Felsen besetztes und immer höher ansteigendes, aber doch mit weiten und sanften Tälern versehnes, nicht mehr so steiles und leichter zu bereisendes Gebirge vor sich, wo durch den Wald unzählige gute Fußsteige, die das Wild eingebahnt hat, die Reise erleichterten. Und hier ist man zwar noch fern von dem höchsten Schneegebirge*, sieht sich aber schon über alle nördlicher gelegnen hohen Berge weit erhaben. Das Gebirge wurde nun je höher, je wäßriger, und die geringsten und flachsten Täler waren einsinkende Moräste und gemeiniglich mit Heidelbeeren (Tschernika) überwachsen. Die Waldung bestand hier noch aus Kiefern, Pappeln und Zederfichten. In den Tälern sah man auch noch zerstreute kleine Birken. Allein je höher man kommt, desto niedriger und dünner wird alle Holzung. Aber das häufige Strauchwerk von Lonicera pyrenaica* war ihnen ungemein hinderlich und nebst dem Gestrüpp von Uva ursi* und Zwergbirken allgemein. – Zu bedauern war es, daß die Tage über, da er auf dem Gebirge war, nicht nur fast beständiges Regenwetter, sondern auch ein unaufhörlicher dicker Nebel daselbst herrschte, der kaum einige Faden weit zu sehn erlaubte. Dabei war es so kalt, als ob es schneien wollte, welches auf dem hohen Gebirge in diesen Tagen auch wirklich erfolgte. Weil auch kein Anschein zu baldiger Aufheiterung zu sein schien, so durfte er sich, besonders in Ermanglung kundiger Begleiter, nicht zu tief in ein unbekanntes Gebirge wagen. Er gelangte indessen noch über zwanzig Werste hinauf, bis in die Gegend, wo der entfernteste Urbach des Tigeräk aus vielen kleinen Wasseradern und geschmolznem Schnee zusammenfließt und bald darauf durch ein mit Schnee mehr als fünf Faden tief angefülltes Tal seinen Lauf nimmt. Daselbst ist auf der rechten Seite ein hoher, aus übereinandergetürmten Felsen bestehender Berg und an der andern Seite des Bachs ein flacher, weit gegen Osten sich erstreckender Bergrücken, welcher wie die schönste Frühlingswiese auf das zarteste mit jungen Kräutern und Moosen begrünt und mit unzähligen Blumen bestreut war. Dieser Berg war mit schwarzer Erde überdeckt und hatte eine Unterlage von Lehm mit Sand vermischt. Die merkwürdigsten Pflanzen, welche daselbst häufig wuchsen, aber zum Teil schon verblüht hatten, sind Saxifraga geum*, punctata, sibirica und crassifolia, Swertia perennis, Aquilegia alpina, Hedysarum alpinum ungemein geilwachsend und in allen Teilen vergrößert, Astragalus montanum, Vicia alpina, Pedicularis tristis, Allium altaïcum, desgleichen ein kleiner, weißblühender Lauch, welcher, die Größe ausgenommen, sich mit dem Allio lineari vergleicht, Cortusa matthioli, Ranunculus aconitifolius und alpestris, ein großes Telephium mit niederhängenden Blättern, Teucrium canadense, Gnaphalium alpinum, ein Leontodon mit saftigen zarten Blättern und eine mir unbekannte Cardamine mit fetten Blättern, welche schon in Samen gegangen war. Sonst wuchsen noch auf dem hohen Gebirge und ganz in der Nachbarschaft des Schnees Alchemilla lobata*, Valeriana sibirica, Dianthus superbus, Silena suffruticosa, Gnaphalium sylvaticum, die obgedachte kleine Scrophularia, Bistorta sehr klein und mager u. dgl. Das Merkwürdigste, welches mir vom Gebirge gebracht wurde, war eine Art von Steinhasen*, die es längs dem Tigeräk bis fast auf das höchste Gebirge in großer Menge gibt. Sie sollen auch um andre felsige Bäche des hohen Gebirges wohnen, und von der unten zu erwähnenden Sinaja Sopka hat man mir selbige in Menge gebracht, wie denn dieses Tier auch in allen östlicher gelegenen, wilden Gebirgen Sibiriens gemein ist. Diese Tiere sind nicht viel größer als ein Hamster oder die sogenannten Meerschweinchen, gelblich von Farbe, mit großen runden Ohren und haben anstatt des Schwanzes einen kleinen Fettklumpen. Sie wohnen in den Felsenklüften und sitzen bei nebligem Wetter den ganzen Tag, bei heller Luft aber nur gegen Abend auf den aus dem Grase hervorragenden Felsen und pfeifen. Sie lassen sich alsdann ziemlich nahe kommen, und schießt man auf sie, so stürzen sie sich zwar in ihre Klüfte, kommen aber bald wieder hervor. Eine bewundernswürdige Eigenschaft dieser Tiere ist, daß sie im Herbst, vom Julius an, Gras mit ihren Zähnen abmähen und zu einem Heuvorrat auf den Winter haufenweis in die Klüfte der Felsen zusammentragen, so daß man leicht an den Grashaufen erkennen kann, wo diese Tiere wohnen.

Sie werden wegen dieser Eigenschaft von einigen Sjenostawki genannt; der gewöhnlichere, von ihrem pfeifenden Laut hergenommene russische Name ist in Sibirien Pischtschucha.

Dieses Tier erinnert mich, auch der übrigen Tierarten Erwähnung zu tun, welche das wilde Grenzgebirge noch häufig hegt, obwohl sie innerhalb der Grenze sich schon größtenteils verloren haben, nachdem die Gegend bevölkert worden ist. Deswegen begeben sich die Wildschützen um die Fangzeit mit Begünstigung der auf der Linie kommandierenden Offiziere über die Grenze in unbewohnte, waldige Gegenden des Gebirges, wo die Jagd noch überaus ergiebig ist. Und in dieser Absicht ist auch dieser zur Wohnung für Menschen zu rauhe Teil des Altaischen Gebirges von wichtigem Nutzen. Den besten Vorteil haben die Jäger von den Zobeln, welche da ziemlich häufig wohnen und zwar klein und kurzhaarig, aber oft sehr schön und schwarz fallen. Wie denn die altaischen Zobel aus der höhern Gegend den kusnezischen und krasnojarskischen weit vorgezogen werden. Es gibt auch in diesem Gebirge Marder genug, die nördlicher und östlicher in Sibirien selten oder gar nicht gesehen werden und auch in der obersten Gegend des Jenissej nur sehr sparsam vorfallen. Eine dritte Art von kleinen Waldtieren, deren rötliches Fell aber von geringem Wert ist und hier kaum fünf Kopeken gilt, sind die sogenannten Kulonki, eine noch nicht beschriebne Wieselart (Mustela sibirica)*, welche am Jenissej erst recht gemein werden und außer den waldigen Teilen Sibiriens nirgends zu finden sind: der Name dieses Tieres ist tatarisch und soll einen Vielfraß bedeuten, weil man bemerkt haben will, daß dieses kleine Geschöpf alle Arten von Tieren, die in Schlingen und Fallen gefangen werden, wenn der Jäger zu spät kommt, auffressen und auf einmal eine starke Mahlzeit tun soll. Es kommt auch, wie der Iltis, bis in die Dörfer zum Rauben und holt den Bauern das Fleisch und die Butter aus den Vorratskammern. – Von Bären, Elentieren, sehr großen Hirschen (Marali) und Rehen gibt es einen Überfluß in dem ganzen Gebirge. Die an der Grenze stehenden Kosaken fangen die Hirsche und Elentiere in bedeckten Gruben, die an weit gezognen Gehegen angebracht werden und in welche oft auch Bären fallen; desgleichen mit aufgestelltem

1 Baschkirin

2 Kirgise zu Pferde

3 Meschtscherjakin

4 Tschuwaschentracht

5 Weibertracht der Meschtscherjaken (links) und der Baschkiren (rechts)

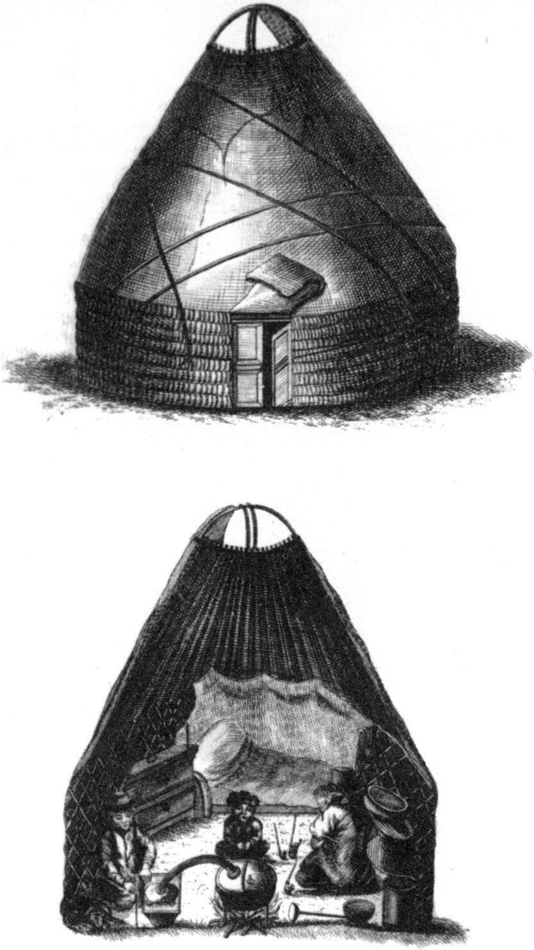

6 Kalmückisches Filzzelt (Kibitka)

7 Sagaischer (rechts) und Kamaschinzischer Zauberer (links)

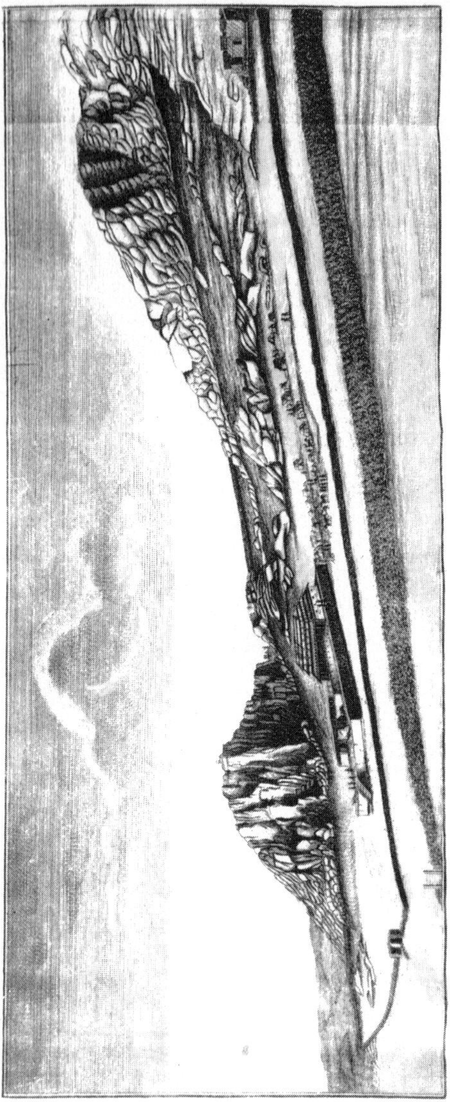

8 Ansicht von Ablaikit

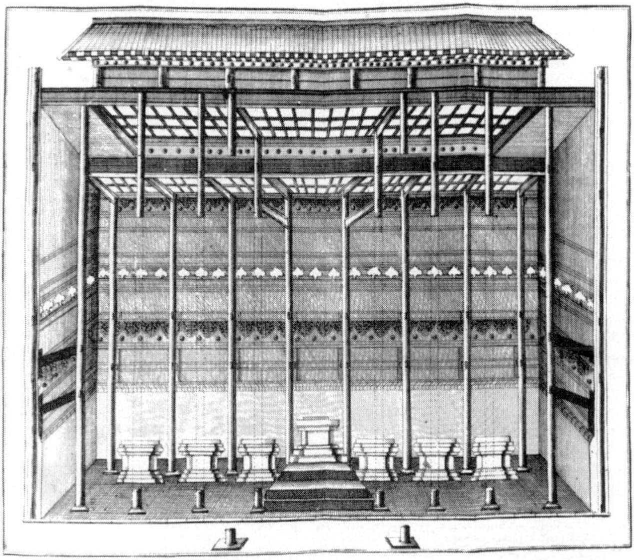

9 Tempel von Ablaikit

10 Ziegelofen der Kirgisen (rechts oben), Silberhütte (Röstofen) in Barnaulskoi Sawod (übrige Zeichnungen)

11 Bolgari: Turm oder Misgir (links unten), Bethaus (rechts unten), Gerichtshaus (oben), Silber- und Kupfermünzen

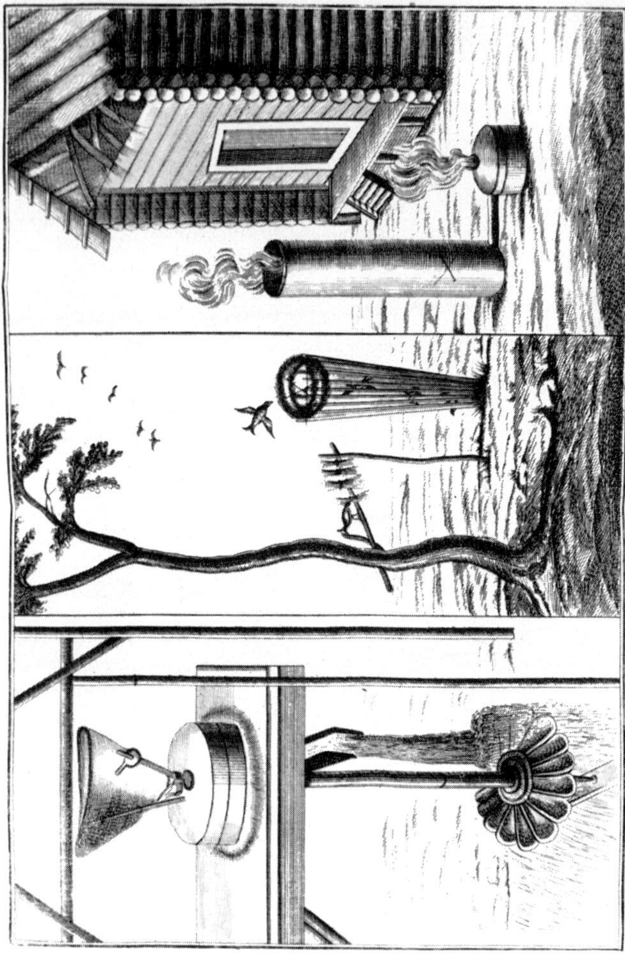

12 Baschkirische Mühle (links), Birkhuhnfang in einem meschtscherjakischen Dorf (Mitte), ausgehöhlter Baumstamm zur Fellräucherung bei den Baschkiren (rechts)

13 Bucharisches Gebäude (oben), Wallaufsicht (unten), kupfernes und glockengutartiges Messer

14 Gegenstände aus den Gräbern am Jenissej

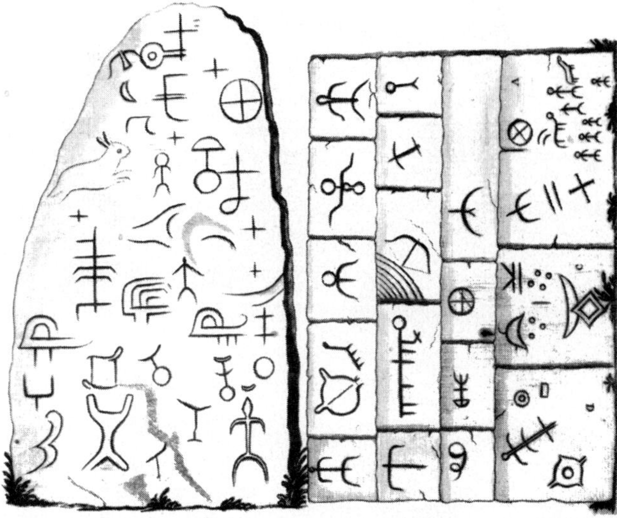

15 Grabzeichnungen

16 Kalmückische Götzen

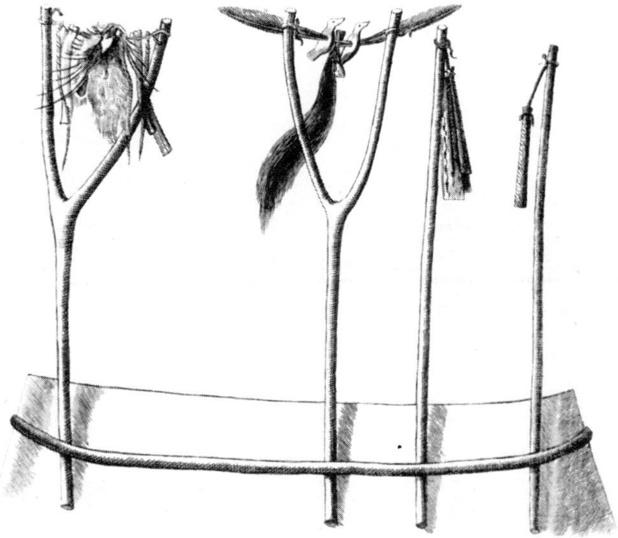

17 Hausgötzen der Katschinzischen Tataren, zum Feststecken der Filzzelte

18 Zobelfalle, auch für Hasen, Füchse und Wölfe

19 Nonnenkranich (oben rechts), Zwergscharbe (Phalacrocorax pygmeus) (oben links), Weißkopfruderente (Oxyura leucocephala) (unten)

20 Spornammer (Calcarius lapponicus) (oben), Steppenhuhn (Syrrhaptes paradoxus) (unten)

21 Mohrenlerche (Melanocorypha yeltoniensis) (oben), Blauwangenspint (Merops superciliosus) (unten)

22 Kulan (Equus hemionus)

23 Zwerghamster (Cricetulus arenarius) (oben), Dshungarischer Zwerghamster (Phodopus sungorus) (Mitte), Altai-Pfeifhase (Ochotona alpina) (unten)

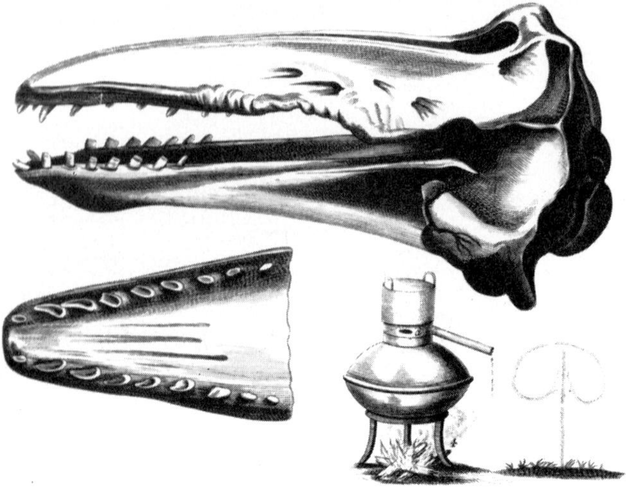

24 Weißwal (Delphinapterus leucas)

25 Kaspische Scharte

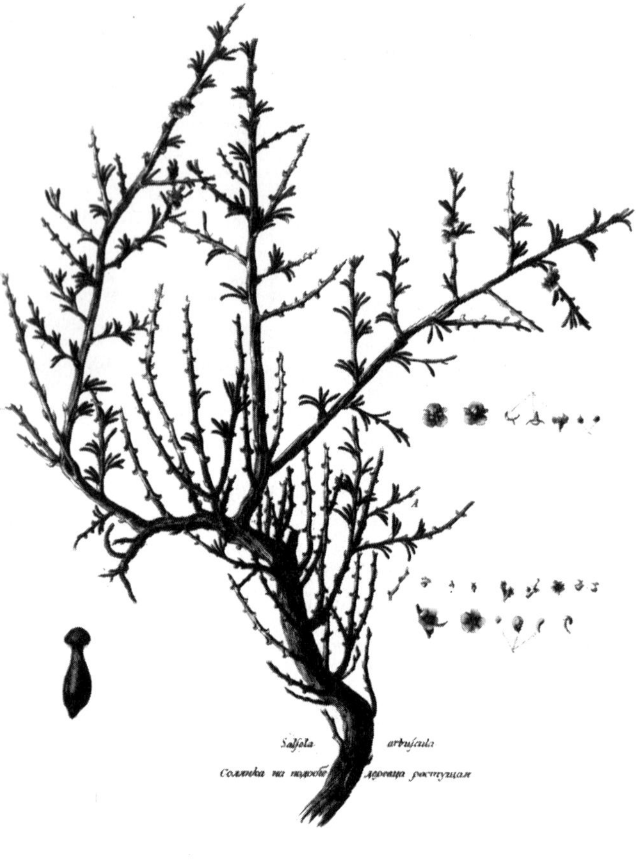

26 Baumartiges Salzkraut

27 Altai-Spierstrauch

28 Perückenstrauch

29 Tatarische Nachtviole

30 Herzblättrige Färberröte (links), Tüpfel-Enzian (rechts)

31 Echte Schwertlilie (links), Schmalblättrige Schwertlilie (rechts)

32 Kleine Schwarzwurzel (links oben), Prophetenblume (Arnebia decumbens) (Mitte), Sonnenwende (Heliotropium micranthum) (rechts)

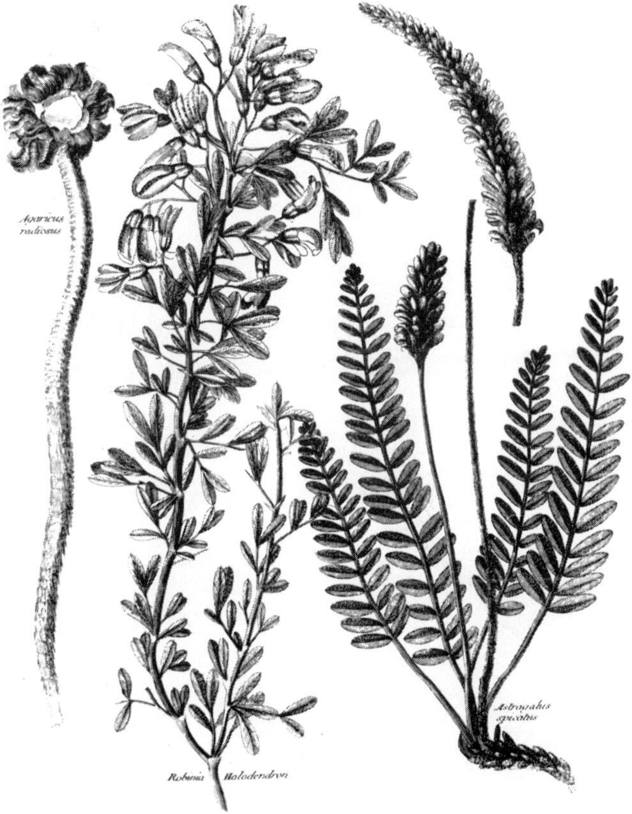

33 Scheintintenpilz (Montagnites radiosus) (links), Salzstrauch (Halimodendron halodendron) (Mitte), Ähren-Fahnenwicke (Oxytropis spicata) (rechts)

34 Krautiger (links), Kaspischer (rechts) und Arabischer Queller (Mitte)

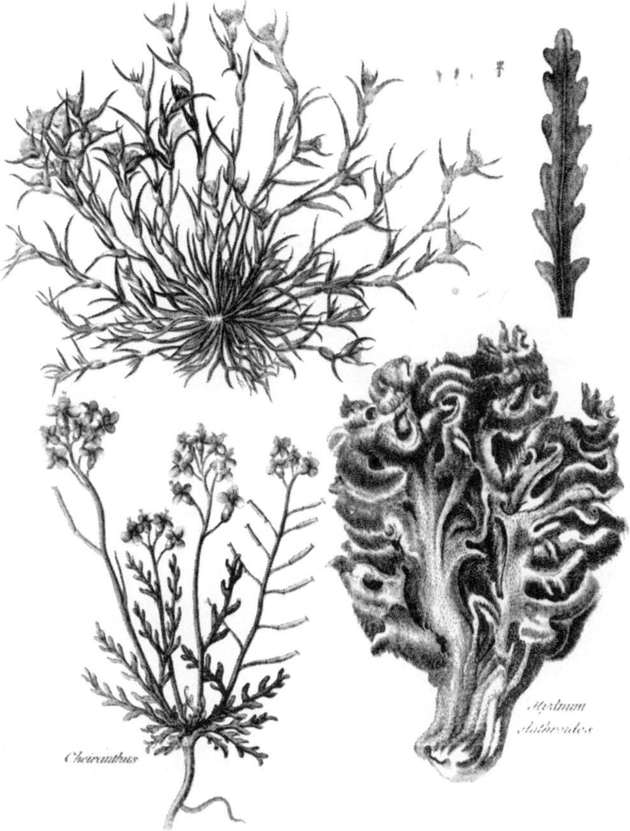

35 Goldlack (unten links), Stachelpilz (unten rechts)

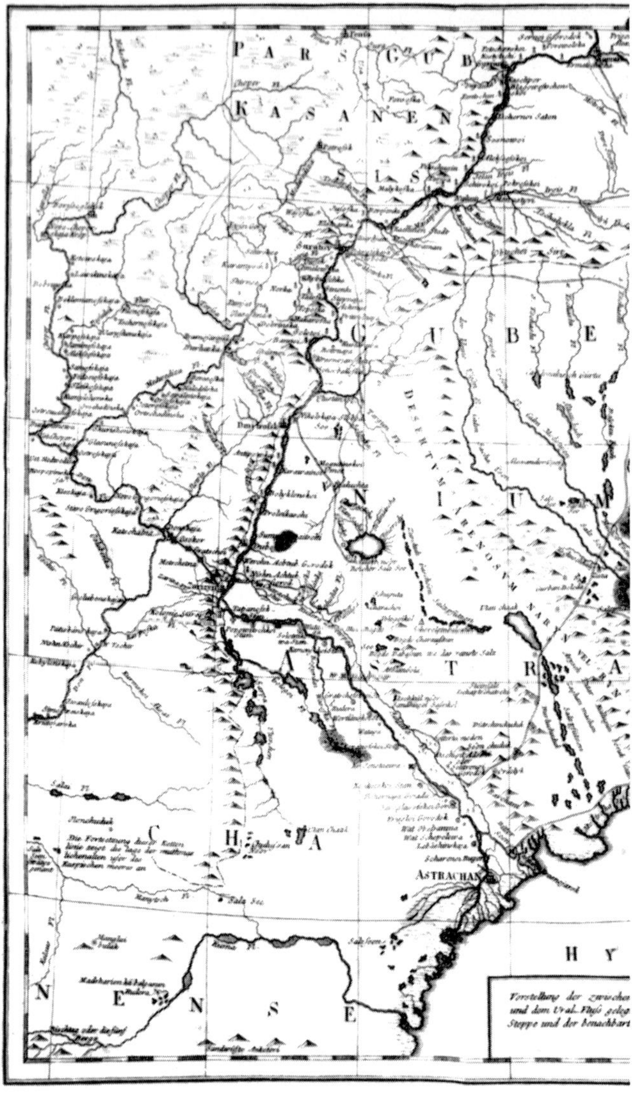

36 Steppengebiet zwischen Wolga und Uralfluß

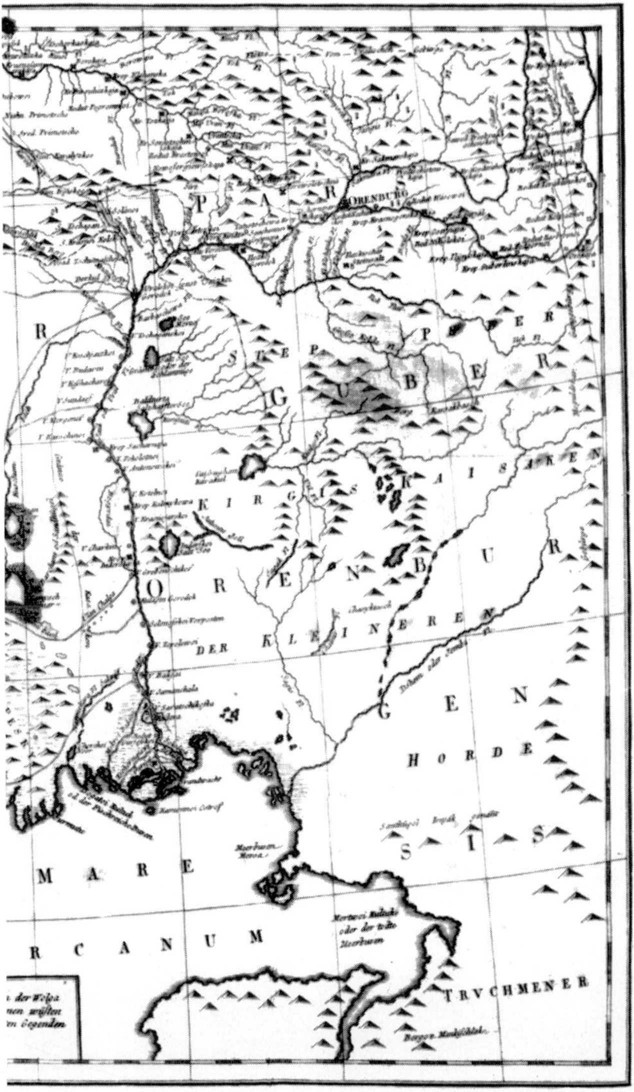
ORENBURG
P A R
S T E P
K I R G I S K A I S A K E N
O R E N B U R G
D E R K L E I N E R E N
H O R D E
M A R E
R C A N U M
Mertwoi Kultuk
oder der todte
Meerbusen
TRVCHMENER

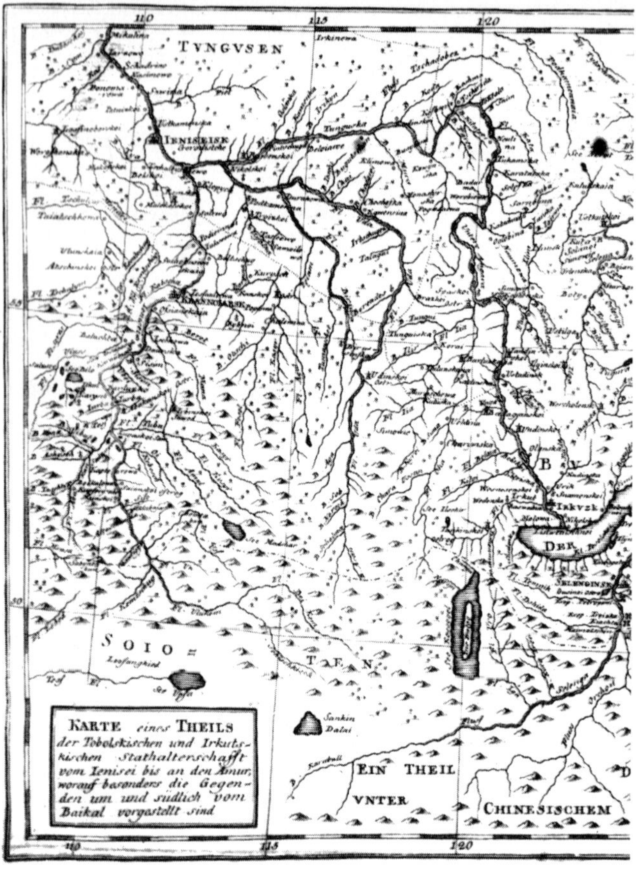

37 Gebiet um den Baikalsee (Tobolskische und Irkutskische Statthalterschaft)

125
130
135
140
I A K V T E N
T V N G V S E N
BAIKAL
DA V R I E N
MONGOLEY
SCHVZ
Amur
Nertschinsk
Dalai Noor
55
50

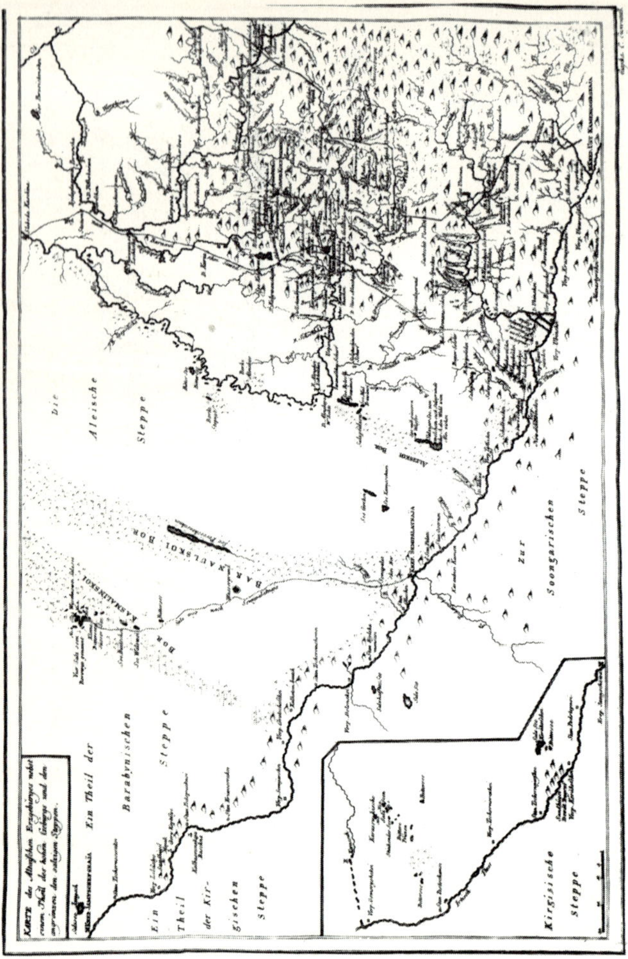

38 Altaisches Erzgebirge mit den angrenzenden Steppengebieten

Feuergewehr an den Stegen, welche das Wild macht. Das Gewehr nämlich wird auf Gabeln befestigt und an den Drücker desselben ein starker Faden gebunden, der um einen dahinter eingeschlagnen Pflock geführt und darauf quer über den Steg gespannt wird, so daß durch dessen Berührung das Gewehr losgedrückt wird und das vorbeigehende Tier sich selbst erschießen muß. Es soll auch in den sumpfigen Gegenden des hohen Gebirges wilde Schweine geben. Sonst fallen auch gute Füchse, Luchse, Vielfraße und längs den Gebirgsflüssen Ottern und Biber ziemlich häufig vor. Eichhörner sind im Überfluß vorhanden und den teleutischen an Güte gleich. Die sogenannten Steinwidder* (Musimon, russ. Kamenny Baran) halten sich nur auf den höchsten, unzugänglichsten Felsen auf und nähern sich bewohnten Gegenden niemals. Von Steinböcken weiß man zwar nichts, allein vermutlich hält sich auch dieses Tier, obwohl sparsam, im hiesigen Gebirge auf, wie ich denn am Jenissej ein Horn von demselben erhalten und auch auf dem gegossenen Kupfergezeug, welches aus den alten Gräbern hervorgewühlt wird, die Abbildung des Steinbocks häufig vorkommt.
Es trägt sich unterweilen zu, daß wegen übler Händel oder aus Lust zur Unabhängigkeit Bergleute von den hiesigen Gruben entlaufen und sich in dem waldigen Gebirge lange Zeit herumtreiben, sich mit der Jagd nähren und wohl gar bereichern. Ja man hat solche Ausreißer entdeckt, welche sich außerhalb der Grenze im wildesten Gebirge Hütten gebaut und wohnhaft niedergelassen hatten. Zur Aufsuchung solcher unbefugten Anbauer sind zuweilen Kommandos ins Gebirge bis an den Buchturma geschickt worden, bei welcher Gelegenheit man auch Einsiedler gefunden hat, welche sich aus fanatischem Eifer von ihren Dörfern entfernt und hier in unzugänglichen Gegenden angebaut hatten. (...)
(11. August 1771) Der *Schlangenberg** (Smejewskaja Gora) verdient mit Recht die Krone aller bisher aufgekommenen sibirischen Bergwerke genannt zu werden, welches recht zu durchforschen und mit hinlänglicher Genauigkeit abzuhandeln viel mehr Zeit und Muße erfordern wird, als ein Reisender darauf verwenden kann. Was mir davon teils durch den Augenschein, teils aus gesammelten Nachrichten, die

ich sonderlich dem allda die Oberaufsicht führenden Herrn Oberbergmeister Leube zu danken habe, bekannt geworden ist, will ich hier umständlich berichten.
Die Erzhaltigkeit dieses Berges, nebst den darauf befindlichen tschudischen Schürfen, sind schon vor dem Jahre 1732 bekannt gewesen; allein erst 1745 wurde durch Veranstaltung des Brigadiers Beier eine ordentliche Bergarbeit darauf unternommen. Er hat seinen Namen von der unglaublichen Menge Schlangen, die sich vormals und noch in den ersten Jahren des hier getriebnen Bergbaues daselbst aufgehalten haben sollen, die sich aber jetzt, nachdem der Ort zu einem volkreichen Wohnplatz gediehen, ziemlich verloren haben. – Seine Entfernung vom Irtysch nordwärts beträgt wenigstens 95 und von dem östlich und nördlich von hier fließenden Obfluß auf 150 Werste. Nach dem Lauf und der strengen Strömung aller benachbarten Bäche und Flüsse zu urteilen, liegt der Schlangenberg ziemlich hoch am Altaischen Gebirge und von der Ebene, an welcher sich das Ganggebirge nordwärts verliert, gegen hundert Werste entfernt, mitten unter höhern, steilen und zerrißnen Bergen, zwischen welchen der Bach Korbolicha nahe vorbei zum Alei fließt und wovon ein Teil aus Kalk und Schiefer besteht; welche letztere, so wild und unfreundlich sie auch aussehen, doch, wie aus den oben schon beschriebnen Gruben an der Korbolicha erhellt, gute und ähnliche, obwohl in der Tiefe nicht so standhafte und edle Erze als der Schlangenberg selbst aufgetan haben. (...)
Die Spuren des alten Bergbaues, welche auf dem Schlangenberge bemerkt worden, sind allzu denkwürdig, als daß ich selbige mit Stillschweigen übergehen sollte. Die obere sowohl als die untere Abteilung der Erze des Berges sind den uralten Bergleuten, deren Fleiß sich am Altaischen Erzgebirge so vorzüglich geübt hat, bekannt gewesen, und sie haben die am Tage gelegnen reichen und milden Ochererze und Letten mit tiefen Schürfen und bis in die fünf und mehr Lachter abgesenkten Schächte aufgefördert. In die festen Erze einzudringen, haben ihnen die Mittel und Werkzeuge gefehlt. Doch sieht man bei den jetzigen obern Tagearbeiten eine zugestürzte Binge*, wo sie gleichsam einen Versuch auf die derben Spaterze gemacht zu haben scheinen und wirklich eine trichterförmige Vertiefung darin zu-

wege gebracht haben. Da man bei den neuern Arbeiten allhier die von ihnen gebrauchten Werkzeuge unter den Erzen verstürzt gefunden hat, so läßt sich davon mit Gewißheit reden. Ihre Keilhauen, deren eine man noch im vorigen Jahr in einer Tiefe von zehn Lachter gefunden, und andre Berginstrumente sind aus Kupfer gegossen gewesen, so daß ihnen das Eisen ganz gewiß unbekannt gewesen, welches auch die in den ältesten tschudischen Gräbern am Gebirge und in der Steppe am Irtysch gefundnen kupfernen Messer, Dolche, Pfeilspitzen und dergleichen unwidersprechlich beweisen. Anstatt der Fäustel haben sie länglich runde, sehr harte Steine gebraucht, um welche eine Vertiefung eingegraben oder ausgeschliffen ist, damit vermutlich ein Riemen darum hat befestigt werden können, wobei der Stein gehalten wurde; solche steinernen Fäustel sind hier ebenfalls unter ihren Geschütten gefunden worden. Ja man hat sogar unter den Erzen ein ganzes menschliches, halbvererztes Gerippe von einem durch Einsturz des Schachtes verdrückten alten Bergmann und bei ihm einen ledernen Sack mit der reichsten Ocher vor wenig Jahren angetroffen. Überhaupt sieht man noch aus mehrern Umständen deutlich, daß diese Leute den Schlangenberg nur um der Ochern willen durchschürft und bei den Ochern ihr Absehen nur auf den Goldgehalt derselben gerichtet haben. Denn zwischen dem Mundloch des Stollen Nadeshda und dem obern, nunmehr aufgehobnen Pochwerk an der Smejewka sind auf mehr als hundert Lachter längs dem Ufer des Baches die alten Geschütte dieser Arbeiten gefunden, aus welchen auf das deutlichste erhellt, daß die Alten hier im Bache den Goldschlich, so gut sie vermocht, aus den Ochern und zerpochten milden Erzen gewaschen haben. Man hat dieses Geschütte noch goldhaltig genug befunden, um es von neuem durchzupochen und auf den Planherden der hier angelegten Seifenwerke zu waschen, und also ist schon ein großer Teil davon verbraucht worden, und das übrige wird nach und nach zu eben dieser Absicht angewandt werden. –

Aus diesen allen aber bekommen wir nicht mehr Licht, nun zu bestimmen, wer eigentlich diese jetzt sogenannten Tschuden* oder Tschudaki, wie sie von den Russen in Sibirien durchgängig genannt werden, gewesen sind. Vom mongolischen und tatarischen Stamm scheinen sie nicht hergekommen zu sein, weil diese Völker von uralten Zeiten her wohl das Eisen zu schmelzen gewußt und noch wissen, aber Kupfer und edlere Metalle zu schmelzen und durch Bergarbeiten zu gewinnen, nicht verstehn. Vielleicht ist diese Nation vielmehr durch die mongolischen und tatarischen Wanderungen aus ihren alten Sitzen, die sie längs den sibirischen Gebirgen hin einnahmen, vertrieben oder gar vertilgt worden. Daß in den schönen und angenehmen Gebirgen am Jenissej ihr Hauptsitz gewesen, scheint aus der Menge der daselbst vorhandnen prächtigen, mit Gold und Kostbarkeiten angefüllten Gräbern wahrscheinlich. Alle Werkzeuge und Zieraten, die am Jenissej gefunden werden, zeugen auch von größerer Kunst und Pracht; am Irtysch aber sind die gefundnen Dolche und Werkzeuge schwer und bäurisch, ohne allen Zierat und wenig reiche Gräber zu finden; auch sind dieselben hier gemeiniglich nur unordentlich zusammengeworfene Stein- oder Erdhaufen, und die mit Steinfliesen umsetzten Grabmale so selten, als sie am Jenissej gemein sind. – Allein nirgends findet man Spuren von steinernen Gebäuden oder andern Wohnungen, welche dieser Nation könnten zugeschrieben werden, die also vermutlich eine nomadische Lebensart geführt hat, wobei sie auch die beste Gelegenheit fand, Erze zu entdecken, deren wenige in diesen Gegenden ihrer Aufmerksamkeit entgangen sind. – Aber wer ist diese bergmännische Nation gewesen? Sind es vielleicht die Parther*, welche sich aus der Geschichte verloren haben? Sind die bergkundigen Deutschen vielleicht von ihnen die Abstämmlinge gewesen und deswegen als die Väter des Bergbaues berühmt? Diese Mutmaßungen sind vielleicht zu dichterisch.

Ich will zum Beschluß noch des Holzes Erwähnung tun, welches in dem alten Bau dieses Volkes drei bis vier Lachter tief in den Erzen zuweilen gefunden worden ist. Dasselbe ist sehr morsch und ganz vererzt, so daß es kupfer- und silberhaltig befunden wird. Ja es sind Stücken vorgekommen, an welchen sichtbarlich in zarten Stäubchen oder als ein Schlich erzeugtes gediegnes Kupfer und Gold, desgleichen ein schöner Kiesanflug zu sehen gewesen.

Der hier beschriebne Schlangenberg nun ist unter allen entdeckten Gruben des Altaischen Erzgebirges diejenige, aus welcher seit sechsundzwanzig Jahren die ansehnlichsten Reichtümer geflossen sind, auf welcher der Unterhalt und jetzige Segen des hiesigen Bergbaus beruht und woraus die jetzt gangbaren kaiserlichen Silberhütten am Ob hauptsächlich versorgt werden. Es ist diese Grube zugleich die erste in Rußland und Sibirien, welche bis in eine so große Tiefe bei ununterbrochenem reichem Vorrat von Erzen gebaut worden und also dem Gmelinischen Grundsatz, als wenn alle sibirischen Erze nur Tagewerk wären, der zwar in sehr vielen Fällen leider eintrifft, doch seine Allgemeinheit völlig benimmt und Hoffnung gibt, daß sich noch mehrere glückliche Ausnahmen von diesem Naturgesetz, welches gedachter Naturforscher in Sibirien durchgängig hat annehmen wollen, möchten entdecken lassen, wenn in diesen noch wilden und lange nicht völlig durchforschten Gegenden viele Erzanzeigen durch einsichtsvolle und nachdenkende Bergverständige, wie die sind, denen man den Aufgang des Schlangenberges zu danken hat, recht ausgebaut würden. – Um den Lesern eine deutliche und authentische Einsicht in die Ergiebigkeit dieser Grube zu verschaffen, will ich nur kurz anführen, daß von dem Jahr 1749 bis 1762 jährlich von zwei- bis vierhundert, von 1763 an aber zu fünf-, sechs- ja bis achthundert Pud güldischen Silbers, in allem seit dem Anfang der hiesigen Silberwerke über zehntausend Pud Bliksilber, welches über 318 Pud Gold und weit über neuntausend Pud Silber fein enthalten, von hier ausgegangen sind, wozu der Schlangenberg größtenteils die Erze hergegeben hat. Wie denn auch jetzt die Förderung und Hoffnung dieser Grube noch so beschaffen ist, daß, wenn auch jährlich über eine Million Pud Erze, wie jetzt geschieht, nach den Schmelzhütten geliefert werden, man doch mit den vorerst bekannten und umfahrnen Erzen die Hütten noch zwanzig und mehr Jahre unterhalten kann, ohne was man bei fortgesetzter Arbeit noch wird entdecken können oder was einige andre hoffnungsvolle Gruben, zum Ex. die Semenowische, versprechen. Der Transport der Erze nach den Hütten geschieht teils durch freiwillige Fuhren, teils durch Bauern, welche für ihr Kopfgeld zu arbeiten angewiesen sind. Der Fuhrlohn ist bis Barnaulskoi und Nowopawlowskoi Sawod vom Schlangenberg auf $5^1/_2$ Kopeken

vom Pud, von Semenowskoi Rudnik aber wegen der größern Entfernung und des beschwerlichen Gebirges auf 7 Kopeken festgesetzt. (...)
Zwei merkwürdige Begebenheiten habe ich noch zu erzählen, ehe ich den Schlangenberg verlasse: ein allhier in diesem Jahre verspürtes Erdbeben und die durch den hiesigen Unterwundarzt Timofej Andrejew sehr glücklich eingeführte und zu dessen Ruhm gereichende Einimpfung der Kinderblattern. Letztere war von gedachtem Unterwundarzt des Schlangenbergischen Hospitals nunmehr an vierhundertundneunundsechzig Kindern und Erwachsenen von verschiednem Stande und Alter von Einjährigen an bis auf Zwanzigjährige und drüber versucht worden, worunter ihm nicht ein einziger Patient verstorben, ungeachtet vierzehn darunter von natürlichen Kinderblattern angesteckt gewesen. Die größte Zahl ist auf dem Schlangenberge selbst, hundertunddreißig davon aber in den unter hiesigem Comptor stehenden Dörfern Kolywanskaja, Gilewa, Ustjanzowa, Korbolicha und Nowoaleiskaja, desgleichen in dem alten kolywanischen Sawod inokuliert worden. Ein so glücklich gelungener erster Versuch in Sibirien verdient gewiß belohnt zu werden.
Die Beobachtung des am Altaischen Gebirge den achtzehnten Februar (1771) des jetztlaufenden Jahres verspürten Erdbebens hat man dem Herrn Oberbergmeister Leube zu danken. Es ist an gedachtem Tage frühmorgens um acht Uhr, sowohl auf dem Schlangenberg und auf Semenowskoi Rudnik als auch, wie ich bei meiner obigen Reise längs der Kusnezischen Linie von vielen gehört habe, am ganzen Altaischen Gebirge deutlich verspürt worden. Die Bewegung ist gleichsam wallend gewesen und von Süden nach Norden gegangen. Auf dem Schlangenberge hat man selbige nur schwach gespürt. Den 17ten Februar, abends vor dem Erdbeben, ist daselbst das Quecksilber im Barometer um einen halben Zoll gefallen, die Nacht hindurch stürmte ein heftiger Südwind, und um drei Uhr nach Mitternacht fiel Schnee auf eine Spanne tief und dauerte den 18ten des Morgens bei sehr gelinder Luft fort. Darauf war bis zum 22ten gewöhnliches Winterwetter, mit trübem Himmel und abwechselnden nördlichen und südlichen Winden. Den 22ten aber setzte ein so heftiger und anhaltender Frost ein,

daß bis zum dritten März das Quecksilber nicht über 182° nach dem de l'Islischen Thermometer, aber wohl bis 196° gestanden hat. – Von dem tiefer im Gebirge gelegnen Semenowski Rudnik ging der Bericht ein, daß daselbst die Erderschütterung so stark gewesen, daß nicht nur die Leute in den Häusern, sondern auch die in der Grube arbeitenden Bergleute selbige heftig verspürt, dahingegen auf dem Schlangenberge tief unter der Erden gar nichts und nur in den obern Grubenarbeiten einige Bewegung merklich gewesen. Es ist aber weder hier noch in der Semenowschen Grube einiger Schaden dadurch verursacht worden. In den vom Gebirge abwärts gelegenen Orten hat man nichts empfunden, da doch das vorher im Jahr 1761, dem 28ten November, abends um acht Uhr vierzig Minuten am Altaischen Gebirge und in Kolywanskoi Sawod viel stärker beobachtete Erdbeben seine Wirkung bis auf die Barnaulischen Hütten deutlich geäußert hat. Damals ist die Erschütterung so stark gewesen, daß in den Häusern aufgehängte Sachen merklich hin und her geschwankt haben sollen. (...)

Neben den Hüttengebäuden liegt der seit dem Jahr 1765 angelegte *Münzhof*, wo aus dem bei den Silberhütten gewonnenen gold- und silberhaltigen Kupfer eine Courrantmünze für Sibirien geprägt wird, die von Tobolsk an durch alle östlicher gelegnen Gegenden gilt. Weil nämlich vom Anfang der hiesigen Silberarbeit über dreißigtausend Pud Kupfer aufgesammelt waren, worin noch an dreieinhalb Pud Silber und auf drei Pud Gold versteckt lagen, welches man bei der Barnaulischen Hütte wegen des weiten und kostbaren Bleitransports durch die Steigerung zu scheiden nicht vorteilhaft befand; so wurde im November 1763 durch einen namentlichen Befehl *Allerhöchst Ihro Majestät* angeordnet, das bei den hiesigen Hütten vorrätige und fortan zu erhaltende silberische Kupfer, nach seinem innern Wert und Gehalt, zu einer Sibirischen Courrantmünze, die in Griwen oder Zehnkopekenstücken, Fünfern, Zweikopekenstücken oder Groschewiki, Kopeken, halben Kopeken oder Denuschki und Viertelkopeken oder Poluschki bestehen sollte, mit dem sibirischen Wappen auszuprägen; wovon ein Teil auf Anweisungen des Kriegskollegiums an die sibirischen Regimenter ausgezahlt, das übrige aber zur Unterhaltung der Kolywano-Woskresenskischen Berg- und Hüttenwerke verwendet werden könnte. Die jährlich auszumünzende Summe wurde auf 250000 Rubel festgesetzt. Die Anstalten dazu also wurden in N. Susunskoi Sawod vorgekehrt; weil aber diese Hütte den 14ten Junius 1765 durch eine unglückliche Feuersbrunst völlig in die Asche gelegt ward, so kam die Münze nicht eher als 1766 und 1767 recht in den Gang.

Der jetzt eingerichtete Münzhof ist mit einem hohen Ostrog[14] ins Viereck umgeben und hat nur einen bewachten Zugang. Innerhalb desselben befinden sich, außer einer Zahlstube, einer Wachtstube und einem Kohlenhause: die Ankerschmiede, welche einen großen Hammer mit zwei Herden und eine Handesse enthält, allwo die große Gerätschaft verfertigt wird; die Schlosserei, wo die Stempel und Contrapunzen verfertigt werden; eine Schmelzhütte, bei welcher eine Drechselmühle (Tokarnaja), um Walzen zu drehen, angebracht ist, und endlich das große Münzgebäude, so mit der Schmiede in einer Reihe steht und verschiedne Abteilungen in sich begreift. In der Schmelzhütte sind in zwei Abteilungen vier Herde, worauf die Legatur gemacht und das Kupfer in eiserne Stückformen gegossen wird; ferner ein Ofen, wo man die Schlacken abbrennen läßt, desgleichen einer, wo man jährlich die Krätze oder den Abfall vom Kupfer zusammenschmelzt. – Das Münzgebäude hat vier Abteilungen. In der ersten (Roskowotschnaja) sind drei Plethämmer, mit zwei dazugehörigen Glühöfen, um das Kupfer zu Platten zu schlagen. In der zweiten (Ploschtschilnaja) sind drei Pletmaschinen, um den Platten zwischen Walzen die ukasenmäßige* Dicke zu geben, nebst einem bei dieser Arbeit nötigen Glühofen; desgleichen sind in diesem Raum noch zwei Reihen Handgürtmaschinen, wo die Rundstücke kordoniert werden. Es soll aber anstatt deren nach einem wohl ersonnenen Modell eine Gürtmaschine mit Wassergetriebe angelegt und dabei zugleich eine Trommel, um die Rundstücke zu polieren,

[14] Ostrog bedeutet eine hohe Wand von gerade nebeneinander stehenden Bäumen oder Balken, dergleichen vor alters zur Befestigung kleiner Örter, jetzt aber gewöhnlicherweise zur Verwahrung eines Vorrats oder zum Gefängnis angelegt zu werden pflegt.

angebracht werden, dergleichen jetzt in der dritten Abteilung mit der Hand getrieben wird. Diese Abteilung (Proresnaja) enthält acht Schmiedemaschinen, die durch ein Gestänge und Schrauben ohne Ende ihre Wirkung tun und aus den Platten Rundstücke von den erforderlichen Größen schneiden. Endlich die vierte Abteilung (Petschatnaja) hat sechs Stempelmaschinen, deren zwei zu Zehn- und Fünfkopekenstücken, die übrigen aber zur kleinen Münze dienen und die alle nebst den obigen vom Wasser getrieben werden.

Das Kupfer, welches hier vermünzt wird, muß außer dem Wert von sechzehn Rubel im Pud an Kupfer noch an edlen Metallen oder Gold und Silber den Wert von acht Rubel fünfundsechzig Kopeken oder ungefähr einunddreißig Solotnik güldischen Silbers im Pud enthalten. Auf jedes Pud wird fünfunddreißig Kopeken an Arbeitslohn und andern Kosten geschlagen, so daß also aus jedem Pud nach dem innern wahren Wert fünfundzwanzig Rubel gemünzt werden. Der Abgang wird hier beim Schmelzen nicht höher als auf ein Viertel und beim Vermünzen auf drei Viertel Pfund im Pud den Arbeitern gutgerechnet. Das Gepräge der Münze ist gleichförmig und zeigt auf der einen Seite den gekrönten, mit Lorbeeren und Palmen umgebenen Namenszug *Ihro Majestät*, der jetzt Rußland durch ihre weise Regierung beglückenden *Kaiserin* (E. II.)*, auf dem Revers aber eine gekrönte Kartusche*, welche zwei Zobel, als die sibirischen Wappenhalter, tragen, mit dem im Felde der Kartusche* ausgedruckten Wert der Münze und Jahreszahl und mit der Umschrift: Sibirskaja Moneta (Сибирская Монета). Von dieser Münze sind in den Jahren 1766 und 67 zweihundertachtundsiebzigtausendneunhundertvierundfünfzig, im Jahr 1768 hundertsiebzigtausendachthundertneunundfünfzig, im Jahr 1769 zweihunderttausendundsiebzig und endlich 1770 zweihundertfünfzigtausendsiebenundachtzig Rubel und einige Kopeken, überhaupt 899913 Rubel geprägt, und in diesem Jahr blieb die zu prägende Summe noch auf 250000 Rubel festgesetzt. Die Anstalten aber sind so, daß eine viel größere Summe geliefert werden kann, zu deren Vermehrung dann verschiedne reiche altaische Kupfererze, welche nicht viel über ein oder zwei Solotnik Silber halten, vortrefflich dienen können und immer noch an Silber reicheres Kupfer zur Münze geben werden als das, welches nach der jetzigen, von mir oben erwähnten Verfassung aus den silberhaltigen turjanskischen Erzen auf den Hütten des werchoturischen Kaufmanns Pochodjaschin geschmelzt wird; wovon man im Jahr 1765 zu einer Probe zweitausend Pud, jedes zu fünf Rubel, hierher genommen, aber weil es aus den vermischten Erzen viel ärmer als das kolywanische fällt, nicht weiter darauf gehalten hat. (...)

(9. September 1771) Die Stadt *Tomsk** liegt an dem rechten Ufer des Tomflusses, etwa vierzig Werste von dessen Ausfluß in den Ob, auf einem sehr unebenen, von Höhen und Gründen abwechselnden Boden und erstreckt sich länglich mit dem Fluß von Süden gegen Norden. Am südlichen Ende, wo die meisten Tataren wohnen, fließt ein geringes Wasser aus einem kleinen See in den Tom, und ein kleiner Bach Uscheika, der etwas außerhalb der Stadt einen andern Igumowka aufgenommen hat, scheidet diesen südlichsten Teil der Stadt nebst den meisten tatarischen Jurten von dem übrigen ansehnlichern Teil ab. Am nördlichen Ende kommt noch ein andres Gewässer, unter dem Namen Osero Wesselischnoi, zum Tom. Ungefähr mitten in der Stadt erhebt sich ein von Norden nach Süden gegen die Uscheika gestreckter, ziemlich hoher Bergrücken, auf welchem die vor mehr als 130 Jahren erbaute und also, wie man denken kann, sehr baunötige Festung oder Kreml, mit vier Türmen, zwei Toren und einem Glockenturm, innerhalb derselben aber die hölzerne Hauptkirche, die Kanzlei, ein Archiv und ein steinernes Schatzgebäude, eine Ambar, wo das zum Tribut einkommende Pelzwerk verwahrt wird, eine verfallene Hauptwacht und ein Keller gelegen sind, wo sonst den Tataren, wenn sie den Tribut brachten, Bier zur Ergötzlichkeit preisgegeben wurde. Auf diesem Berge befindet sich noch außer Privatgebäuden das Wojewodenhaus, das Gefängnis und eine Hauptwacht. Noch liegt am nordöstlichen Teil der Stadt eine Kirche zur Auferstehung Christi und gegen das Feld hinaus eine Kapelle, so wie auch hier außerhalb der Stadt die zahlreichen Salzvorratshäuser gelegen sind. Der beträchtlichste Teil der Stadt liegt unterhalb dem Berge längs dem Tom, wovon das allermeiste nebst drei Kirchen im verwichnen Jahre durch einen unglücklichen Brand ist eingeäschert worden. Man kann sich nichts Unordentliche-

res vorstellen als die schmalen, krummen und durcheinanderlaufenden Straßen, die eines vor dem andern hervorstehenden Häuser und elenden Hütten, welche, wie man noch an den Resten sieht, diesen ganzen volkreichen Ort ausgemacht haben. Es ist also ein Glück für die Stadt, daß man nach dem Brand die Einwohner gewissermaßen wider ihren verdorbnen Willen genötigt hat, die Brandstellen in regulären Straßen und auf einen neuen Fuß zu bebauen. Weil aber dieser neue Bau noch lange nicht zur Vollkommenheit gelangt ist, so sieht es in der ganzen Stadt von den Brandstellen, Kellergruben usw. sehr unaufgeräumt aus. Der Kot aber ist in dem ganzen niedern Teil der Stadt gleichsam grundlos, so daß die Wagen bis über die Achsen einsinken, welchem Übel nach Vollendung des neuen Baues hoffentlich durch gebrückte Wege oder lieber durch ein Pflaster möchte abgeholfen werden. – In diesem abgebrannten Teil der Stadt befand sich auch das Kaufhaus, worinnen das Vermögen vieler hiesigen Einwohner in Flammen aufgegangen ist. – In dem südlichen Teil der niedern Stadt, oberhalb der Uscheika, liegt ein Mönchs- und ein Nonnenkloster mit ihren Kirchen; und sonst hat dieser Teil der Stadt noch eine Kirche zur Verkündigung Mariä, und eine Kirche der Mutter Gottes liegt in dem nördlichsten Teil. – Noch ist von öffentlichen Anstalten zu erwähnen das Magistratshaus, eine Gerichtsstube und Stadtgefängnis, das von der Kolywano-Woskresenskischen Kaiserlichen Bergkanzlei gesetzte Gerichts-Kontor und ein Kontorhaus über den Branntweinverkauf, aus dessen Vorratskellern ein großer Teil von Sibirien, besonders das ganze tomskische und kusnezkische Gebiet, versorgt wird und welches seinen Vorrat aus den Branntweinhütten am Tobol und Isset zu Wasser erhält. – Die Anfahrt aller Fahrzeuge ist im niedern Teil der Stadt, bei der Mündung des Sees Weselischnoi, weil der Tom weiter oben viele Sandbänke und seichte Gründe hat. – Außerhalb der Stadt haben die Altgläubigen oder Roskolniken, deren es eine große Menge unter den hiesigen Einwohnern gibt, desgleichen die Tataren ihren besondern Kirchhof, und es ist auch noch ein Kirchhof der sonst hier gefangenen Schweden vorhanden.

Es befindet sich hier ein Kommandant mit einem Teil des tomskischen Garnisonsbataillons; und unter ihm stehen die

Kommandanten zu Krasnojarsk und Udinsk. Die Wojewodenkanzlei steht unter Tobolsk und hat ein weitläufiges und von allen sibirischen Bezirken, den tobolskischen ausgenommen, das volkreichste Gebiet unter sich. Die tomskischen Einwohner nähren sich meist vom Handel; Fabriken sind hier, außer Juftengerbereien und Buntdruckern, keine. Nie habe ich einen Ort gesehen, wo das Laster der Völlerei so allgemein und in so hohem Grade im Schwange gehen sollte als Tomsk; zwei andre herrschende und miteinander verwandte Übel sind die Unzucht und die geile Seuche, worüber man aber in allen sibirischen Städten Klagen hört und welche dem vorigen beigesetzt, in Absicht der Bevölkerung dieses Landes gewiß fürchterliche Hindernisse sind, da das letzte durch den Mangel ordentlicher Wundärzte immer allgemeiner und verderblicher wird.
Sonst hat der Ort eine gesegnete Lage, weil die Wasserkommunikation eine treffliche Gelegenheit zum Handel gibt, auch fast der ganze sibirische Handel über Tomsk getrieben wird. Zudem ist das Brot hier wohlfeil, desgleichen Fleisch und Fisch, woran der Tom und Ob gleich reich sind, in solchem Überfluß, daß auch andre Örter im Winter von hier mit Fischen versorgt werden. Es wäre nur zu wünschen, daß viel nüchterne und fleißige Einwohner sich diese Vorteile zunutze machten.
Seit etwa drei Jahren, nämlich seitdem der chinesische Handel wieder recht in den Gang gekommen, haben sich auch hier in Tomsk fast in allen Häusern die oben bei Ustkamenogorsk erwähnten kleinen gelben Hausschaben (Blatta asiatica) eingenistet und unglaublich vermehrt. Man unterscheidet sie von der gemeinen braunen Lichtschabe, welche hier nicht so häufig ist, mit dem Namen Pruskije Tarakani und weiß sehr wohl, daß sie durch die nach der chinesischen Grenze handelnden Kaufleute unter Waren mitgebracht worden.
In allen Waldungen zwischen dem Ob und Tom waren in diesem Herbst die Eichhörner in unglaublicher Menge vorhanden. Schon im Sommer hatte man bemerkt, daß sie aus dem südöstlichen Gebirge her sich in das tomskische Gebiet gezogen und gleichsam eine Wanderung vorgenommen. Am allerhäufigsten waren sie jetzt um Tomsk selbst, ja in der Stadt sogar (welches fast unglaublich scheinen

möchte) hielten sie sich jetzt in allen wüsten Gebäuden und auf den Festungstürmen auf und wurden von den Knaben lebendig gefangen und häufig feilgeboten. Man bemerkte darunter nicht nur dunkelbraune, oft sehr große, sondern auch fahlschwarze und ganz dunkelfarbige, welche gemeiniglich etwas kleiner als gewöhnlich waren und dergleichen es oben am Jenissej in den Gebirgen gibt. Es soll nicht das erstemal sein, daß man hier eine solche Wanderung der Eichhörner, die vermutlich dem Mangel der Nahrung in gewissen Gegenden zuzuschreiben ist, bemerkt hat, und man soll sie zuweilen scharenweis über den Tom schwimmend gesehen haben. (...)

3. TEIL
REISE DURCH VERSCHIEDENE PROVINZEN DES RUSSISCHEN REICHS VOM JAHR 1772 UND 1773

Vorrede

Ich liefere endlich den Beschluß meiner Reisebemerkungen mit dem gegenwärtigen *dritten Teil*, dessen Ausgabe hauptsächlich wegen einiger Landkarten hat verzögert werden müssen, welche zur Erläuterung der sowohl hier als in den vorigen Teilen vorkommenden topographischen und mineralogischen Nachrichten sonderlich nötig schienen und dem Leser nicht unwillkommen sein werden. Ich habe in diesem Teil weder die Ordnung des Vortrags ändern noch auch die Materien künstlicher bearbeiten wollen, als es in den beiden ersten von der Reise zum Druck geschickten Bänden hatte geschehen können: teils um eine gewisse Gleichförmigkeit zu beobachten, teils um bei den Originalzeichnungen genauer zu bleiben, deren Sinn, wenn erst die Sache selbst nicht mehr so frisch im Gedächtnis ist, durch Umarbeitung eher verstellt werden kann. Das ganze *erste Buch* dieses *Teils* und der Anfang des *zweiten* bis S. 637 ist sogar noch in Zarizyn* rein geschrieben und gleich nach meiner Ankunft in St. Petersburg, bis auf einige Berichtigungen botanischer Namen, unverändert unter die Presse gegeben worden.

So wie ich mich in meiner Wissenschaft von jeher der Wahrheitsliebe eifrigst (und vielleicht zu meinem Nachteil oft mit zuviel Freimütigkeit) beflissen, weil ich es, sonderlich bei Naturforschern, als ein strafbares Vergehen gegen die gelehrte Welt ansehe, irgend etwas anders vorzutragen, als man es gefunden und nach seinen besten Fähigkeiten begriffen, irgend etwas zuzusetzen oder zu verschweigen; so habe ich auch in der ganzen Erzählung meiner Reise dieses Gesetz nie aus den Augen gelassen. Wichtigkeit und Nutzbarkeit der Entdeckungen stehen nicht in der Gewalt des naturforschenden Beobachters; dieser kann mehr nicht als unermüdete Aufmerksamkeit, bei dem fleißigsten Gebrauch seiner Sinne und Einsichten, leisten. Der Zufall muß ihm, selbige mit Nutzen anzulegen, die Gelegenheit darbieten. Und wenn eine physikalische Reise an Entdekkungen noch so ergiebig ist, so wird doch der größte Teil derselben nicht gleich einen schimmernden Vorteil versprechen; viele aber, die jetzt gering scheinen, können oft zukünftigen Weltaltern wichtig werden, wovon keine Art von Kenntnissen mehr Beispiele aufweisen kann als die Naturgeschichte. Nach Abzug aller zufälligen Entdeckungen bleibt immer noch die Kenntnis der bereisten Landstriche von einer Seite, die gemeiniglich das Auge der Befehlshaber nicht an sich zieht und ihnen doch so wichtig sein sollte als ein wesentlicher Nutzen physikalischer Reisen nach. Die günstigen Urteile, welche Auswärtige, auch große Gelehrte, die ich zum Teil nur dem Namen und ihren Verdiensten nach zu kennen die Ehre hatte, über die meinige (so flüchtig auch deren Bearbcitung, nach den Umständen einer unsteten Lebensart, ausfallen mußte) öffentlich gefällt haben, machen mich so dreist zu glauben, daß ich zur Erweiterung der menschlichen Kenntnisse einen nützlichen, nicht unbeträchtlichen Beitrag geliefert und also unter den großen Absichten der *erleuchtetsten* und *größten Monarchin* unseres Jahrhunderts, auf welche die nach *Allerhöchstem Befehl* seit 1768 durch die Russisch-Kaiserliche Akademie der Wissenschaften veranstalteten gelehrten Reisen abzweckten, wenigstens diese, die wohltätigste und menschenfreundlichste unter allen, welche das Andenken der *Weisen* und *Großen Katharina* bei der Nachwelt verewigen werden, zu erfüllen nach meinem Vermögen beigetragen habe. Und dieses Glück, wenn ich mich damit schmeicheln darf, die Befriedigung, daß ich meiner Pflicht durch einen brennenden Eifer und die allergenauste Anwendung meiner Zeit und Kräfte getreu gewesen bin, und das Vergnügen, die Natur in einem ansehnlichen Teil des Weltkreises, wo sie der Mensch noch wenig verderbt hat, genauer, als sie es war, erforscht und kennengelernt zu haben, halte ich gegen meine dabei verwandte Jugend und Gesundheit für die schönste Belohnung, welche mir auch der Neid bei dem bessern Teil der erleuchteten Welt nicht streitig machen kann. (...)

Reise im östlichen Sibirien und bis nach Daurien*
1772stes Jahr

Nach meiner Ankunft in Krasnojarsk*, womit ich den zweiten Teil meiner Reise beschlossen habe, wurde die Witterung wieder außerordentlich mild und angenehm; wie man denn im südlichern Strich von Sibirien durchgängig, ja fast in allen östlichern Gebirgsländern gemeiniglich einen heitern Herbst zu genießen pflegt. Der ganze Oktober des 1771sten Jahres hatte zwar verschiedne trübe und frostige, aber größtenteils angenehme und sehr gelinde Tage. Allein die scharfen Nachtfröste dauerten fort, und daher ging der Katschafluß schon in der Mitte des Monats zu, und der Jenissej fing den 22sten an, mit Eis zu treiben. In der letzten Hälfte des Oktobers herrschten Stürme, welche auch bis den 19ten November mit unablässiger Heftigkeit zwischen NW und SW zu wüten fortfuhren. Solchen Stürmen ist die krasnojarskische Gegend jahraus, jahrein so oft ausgesetzt, daß man in Sibirien, wo doch wegen der allgemeinen gebirgigen Beschaffenheit die Winde anhaltender und stärker als irgendwo herrschen, kaum einen Ort finden wird, wo die Luft in so beständiger Bewegung ist. – Etwas Schnee, auch wohl Regen fiel bis zum 18ten November, da ein stiller Frost einsetzte, wovon der Jenissej den 20sten völlig mit Eis belegt ward. Gemeiniglich geschieht dieses, wegen der schnellen Strömung desselben, niemals eher als in der letzten Hälfte des Novembers, und der Aufbruch des Eises erfolgt im April.

Erst im Dezember und Januar ließ sich der sibirische Winter spüren, der doch hier nur selten so anhaltend heftig sein soll. Das Thermometer hat in der Nacht des siebenten zum achten Dezember 196 Grad, den 9ten des Morgens 194°, den zehnten 203°, den elften 209° und den zwölften fast 202° gezeigt. Darauf machte gelindere Schneeluft die Abwechselung. Aber mit dem Anfang des neuen Jahres bekamen wir abermals außerordentliche Kälte, so daß den fünften Januar 201°, den sechsten 206°, den achten 212° und den neunten noch 196° bemerkt wurden. Ein heftiger nordwestlicher Sturm machte am 13ten den Beschluß dieser strengen Witterung; worauf sich wieder anhaltende westliche Stürme einfanden, die den Schneefall nach und nach vermehrten. Der Winter währte sodann mäßig und einförmig fort, nur daß der Februar in der letzten Hälfte einige starke Fröste und Abwechslung von so warmem Sonnenschein hatte, daß auf dem sandigen Boden der hiesigen Berge der Schnee stark wegtaute und die Höhen ziemlich entblößt wurden.

Die Stadt *Krasnojarsk* hat sich seit dreißig Jahren wenig verändert und ist fast noch eben das, was sie zu Gmelins Zeiten war. Außer der Hauptkirche, die man von Stein auszuführen angefangen, aber noch nicht auszubauen imstande gewesen ist, hat sie an öffentlichen Gebäuden nicht zugenommen. Auch die Zahl der Stadteinwohner hat sich, ungeachtet der stärkern Bevölkerung des platten Landes, fast gar nicht vermehrt, und es sind noch immer wenig gute Kaufleute und von Handwerkern kaum die allerunentbehrlichsten vorhanden. Vielleicht ist die Sorglosigkeit und Schwelgerei des gemeinen Mannes, welche durch die außerordentlich geringen Preise des Getreides und durch den Überfluß an allen Lebensmitteln unterhalten wird, hauptsächlich an dem schlechten Aufkommen des Orts schuld. Denn sonst ist Krasnojarsk zum Handel vortrefflich gelegen; indem jetzt alles, was von russischen Kaufleuten mit Winterwegen auf den chinesischen Handel reist, den Weg hierdurch nimmt, und dieses nächst Tomsk der Ort ist, wo sich die Durchreisenden mit gemeinen Zobeln und andern nach China gangbaren Pelzereien am begierigsten versorgen. Vom November bis zum Februar sieht man viele tausend befrachtete Schlitten karawanenweise durch die Stadt gehn, welche gar nicht anzuhalten pflegen, weil der Kaufmann, dem die Karawane gehört, gemeiniglich schon vorauseilt und das, was er von Pelzwerk vorrätig findet, mehrenteils mit klingender Münze bestreiten kann. Russische Waren pflegen daher zu Krasnojarsk in viel höhern Preisen zu stehn, als sie in Irkutsk gewöhnlich sind; und auch chinesische Produkte sind in den hiesigen Kramläden nicht anders als mittelmäßig und immer über den billigen Preis zu haben, weil der Abgang nicht stark ist und nur ein paar Kaufleute sich imstande befinden, solche Waren zu führen, die also den Preis nach eignem Gutbefinden und gewiß nicht zu ihrem Nachteil ansetzen.

Desto wohlfeiler ist in Krasnojarsk alles, was die dortige Ge-

gend hervorbringt; ja ich bin versichert, daß nicht in einem Teil des Russischen Reichs die Landesprodukte so niedrig sind, obgleich dieses glückliche Reich in keiner Provinz eben über teure Preise zu klagen hat. Kaum wird man es glauben, wenn ich sage, daß bei meiner Ankunft in Krasnojarsk das Pud Roggenmehl für zwei, dreieinhalb bis drei Kopeken, Weizenmehl fünfeinhalb bis fünf Kopeken, Rindfleisch von fünfzehn bis fünfundzwanzig Kopeken ein Pud, ganze Rinder zu anderthalb, Kühe zu einem Rubel und gute taugliche Pferde zu drei, ja zwei Rubel und wohl noch drunter, Schafe von dreißig bis fünfzig Kopeken das Stück und Schweine nicht viel teurer verkauft worden sind. Weil aber eben damals starke Getreidelieferungen auf dem Tschulym und Ob teils nach den Kolywano-Woskresenskischen Berg- und Hüttenwerken, teils nach den Grenzfestungen am Irtysch veranstaltet, auch im folgenden Winter eine Branntweinbrennerei am Tschulym und in Krasnojarsk ein Magasin für Rechnung der Krone angelegt wurden, so haben sich dadurch die Getreidepreise in etwas gebessert; doch ist der Roggen nicht über fünf bis sechs Kopeken gestiegen.
Man kann hieraus auf den Überfluß und die Fruchtbarkeit des krasnojarskischen Gebiets schließen. Denn wenn man auch zugibt, daß es in Krasnojarsk selbst an Käufern fehlt, da die meisten Einwohner eignen Ackerbau und starke Viehzucht haben, so könnte doch der schon längst gewöhnliche Absatz des Getreides nach den nördlicher am Jenissej und in der Irkutskischen Statthalterschaft gelegnen kornlosen Gegenden wie auch nach Surgut und Narym stark genug gewesen sein, um die Preise zu erhöhen, wenn nicht die Fruchtbarkeit der Landschaft so außerordentlich wäre. Man hat hier von allgemeinem Mißwuchs kein Beispiel, und es ist eine ganz gewöhnliche Ernte, wenn der Sommerroggen zehnfältig, das Wintergetreide achtfältig und die Gerste zwölffach einträgt. Der Weizen pflegt das sechste Korn nur in schlechten Jahren zu geben, und der Hafer vermehrt sich selten schwächer als zwanzigfältig. Buchweizen von der gemeinen Art wird nur wenig gesät, wo es aber geschieht, da muß man ihn, wegen der außerordentlichen Güte des Erdreichs, in schon ausgehungerte Äcker bringen, weil er sonst ins Kraut wuchert, anstatt daß man auf altem Lande zwölf- und fünfzehnfältige Ernten davon hat. Eben

diese Beschaffenheit des Ackers, der auf den Höhen und in den flachen Tälern überall schwarz und leicht ist, verbietet allen Gebrauch von Dünger, der die Aussaat nur verderben würde, wie man hier aus der Erfahrung hat. Und doch bleiben die meisten Äcker, wenn man sie nur ums dritte Jahr brach läßt, zehn, fünfzehn und mehr Jahre tragbar. Nimmt alsdann die Fruchtbarkeit ab, so hat der Bauer schöne Bergflächen und Steppe genug, wo er ein neues Stück zurichten kann. Dieses pflegt gemeiniglich gleich nach der Sommersaat zu geschehn, da man das wilde Feld im Anfang des Junius zuerst aufreißt, die Wurzeln untereggt und mit Ausgang des Monats nochmals überpflügt, wodurch ein neues Land (Salog), nachdem es den Julius hindurch gelegen, schon im August zur Wintersaat geschickt ist, welche nur untergeeggt werden darf; oder man sät auch im nächstfolgenden Frühling Weizen darauf, in welchem Fall der neue Acker aber nochmals umzupflügen ist. Denn Winterweizen hat man noch in ganz Sibirien nicht, ungeachtet er im Kasanischen und an der Kama so gemein und nützlich ist. – Nach der ersten Ernte läßt man einen solchen Acker (Perelog) den Winter hindurch ungepflügt ruhen und sät gleich das folgende Jahr so wie auch im dritten Jahre irgendein Sommergetreide darauf. Erst im vierten Jahr läßt man ihn mit zweimaligem Umpflügen brachliegen und besät solche Brachäcker (Pary) erst wieder im Herbst oder auch im Frühling des folgenden Jahres; da dann fernerhin die meisten Länder zwei Jahr unter dreien, hohe, trockne und etwas sandgemischte Gegenden aber doch wenigstens ums andre Jahr tragen können und zu allerlei Getreide, auch Hanf und Erbsen taugen.

Ich bin hierin etwas umständlicher gewesen, um ein Beispiel des Ackerbaues im östlichern Sibirien zu geben, zu zeigen, wie glücklich der Landmann in diesen fruchtbaren Gegenden ist und wie sehr selbige stärker bevölkert zu werden verdienen. Das krasnojarskische Gebiet beträgt in Länge und Breite ungefähr sechshundert Werst und hat nicht mehr als etwas über fünfzehntausend männliche Seelen zur Bevölkerung, worunter noch dreitausend Tataren und andre sibirische Völker, welche größtenteils keinen Akkerbau treiben, sondern von Jagd und Viehzucht leben, mit eingerechnet sind. Und doch kann die krasnojarskische Gegend mit den noch östlichern Landschaften von Sibirien in der Zahl der Einwohner um den Vorzug streiten. Allein wer da bedenkt, daß es kaum zweihundert Jahre sind, da Sibirien noch nicht viel mehr als Nordamerika bevölkert und eben eine solche unbekannte Wildnis war, der muß schon über den jetzigen Zustand des Landes und die Menge russischer Einwohner, welche die eingebornen Völker weit übertrifft, erstaunen. Gewiß, so wie die Entdeckung und geschwinde Eroberung eines so ungeheuren, unbekannten und ganz wilden Landstrichs bis an den östlichen Ozean hin dem Genie, der Unerschrockenheit und Standhaftigkeit der russischen Nation in der Geschichte ein ewiges Ehrendenkmal bleiben muß; ebensosehr hat man die Bevölkerung desselben, welche so mächtig betrieben wird, als ein Meisterstück der Staatsklugheit zu betrachten. Und man kann sicherlich in einer Weltgegend, welche den Überfluß aller Bedürfnisse des gemeinen Mannes mit einer so gesunden, durch stetige Winde gereinigten Gebirgsluft, reinen Felsenwassern und dem vorteilhaftesten Boden verbindet, wo die Einwohner bei aller Unmäßigkeit doch gemeiniglich zu einem hohen Alter gelangen und viele Kinder erzeugen, in wenigen Jahrhunderten zu dem erwünschten Endzweck gelangen.

Außer den obenerwähnten Getreidearten bekümmert sich der sibirische Landmann wenig um die Kultur, obgleich wenigstens im Krasnojarskischen und in allen südlichen Gegenden von Sibirien allerlei Gartengewächs gut zu ziehen ist. Nur selten werden die frühen Herbstreife, öfter aber die spät im Mai gewöhnlichen Fröste den zarteren Pflanzen schädlich, und deswegen kommen nur höchstens Kürbisse und Gurken, aber nicht Melonen und Arbusen im freien Lande zur Vollkommenheit. Den Tabak hat man, wegen des starken Abgangs, den diese Ware unter den heidnischen Völkern findet, mit ziemlich gutem Erfolg zu bauen angefangen. Allein man weiß die Blätter nicht zur rechten Zeit abzunehmen und zu bereiten, daher der krasnojarskische Tabak, den man wegen seiner Grüne nur Selentschak zu nennen pflegt, nur höchstens zu fünfundzwanzig Kopeken das Pfund verkauft wird, während die gemeinen tscherkassischen Blätter oft vierzig und drüber, ja um Udinsk nicht selten bis sechzig gelten.

Die krasnojarskischen Einwohner haben einen guten Verdienst an dem auf den Inseln des Jenissej, besonders gegen Abakansk und höher, häufig wild wachsenden Hopfen, weswegen sich viele Leute im Herbst nach diesen Gegenden begeben, den Hopfen auf Flößen nach der Stadt bringen und daselbst von fünfzig Kopeken bis zum Rubel verkaufen. Mehrenteils wird derselbe nach Jenissejsk, Irkutsk und den Gegenden an der Tunguska, wo kein Hopfen wächst, mit Vorteil verführt. Dessen Überfluß aber nebst dem wohlfeilen Kornkauf verleitet auch die Krasnojarsker bei jeder Gelegenheit zu lang anhaltenden Biergelagen und Schwelgereien.

Unter den nutzbaren wilden Gewächsen des Krasnojarskischen Gebirges verdient noch der Rhapontik, der jetzt hauptsächlich von hier kommt, eine besondre Erwähnung. Wenn dergleichen vom Reichs-Medizinischen Kollegio verlangt wird, so läßt ihn die krasnojarskische Kanzlei durch Leute, die ihn zu gewissen Preisen in die Kasse zu liefern versprechen, zusammenbringen. Diese lassen ihn durch Landleute in verschiednen Gegenden des Gebirges, sonderlich oberhalb des Abakan und jenseits des Jenissej an den Bächen Salba und Sissim zur Herbstzeit graben. Der allerbeste aber kommt von Udinsk und wird im Gebirge oben um die Flüsse Uda und Birjussa gegraben. – Gemeiniglich sind es Wurzeln vom Rheo undulato und einer andern, nahe damit verwandten Art, die aber von derjenigen, welche die Kräuterkenner eigentlich Rhaponticum nennen, verschieden zu sein scheint. Ich weiß nicht, ob es der Feuchtigkeit des Bodens, in welchem der sibirische Rhapontik nahe um die Gebirgsbäche wächst, oder dem Klima und sonderlich dem feuchten Sommer muß zugeschrieben werden, daß alle alten Rhapontikpflanzen in dem Hauptknorren ihrer Wurzel, der oft sehr groß ist, verfault zu sein pflegen. Das Innere der dicken Herzwurzel wird bis auf die Schale allemal in eine gelbbraune, markige Materie verwandelt gefunden, welche einen bittern zusammenziehenden Geschmack hat. Also sind nur die zylindrischen Fortsetzungen der Wurzeln zum medizinischen Gebrauch tauglich, und daher bekommt der sibirische Rhapontik im gemeinen Leben den Namen Tscherenkowoi Rewenn von seiner Gestalt. Man hat dergleichen im Winter des 1771sten Jahres aus Krasnojarsk fünfhundertundelf Pud, zehn Pfund nach Tobolsk für das Medizinische Kollegium abgeliefert. Man könnte aber denselben ungleich besser und kräftiger haben, wenn wegen der Zubereitung der Wurzeln eine andre Verordnung erginge als diejenige, welche jetzt den Rhapontikgräbern erteilt wird. Sobald diese die frischen Wurzeln zu Hause haben, schälen sie selbige ab, zerschneiden sie in Stücken und trocknen sie also in gelinder Wärme. Davon verliert der Rhapontik seinen kräftigsten Saft und trocknet ganz schwammig auseinander, so daß er dem rechten Rhabarber so wenig dem Ansehen als den Kräften nach ähnlich ist. – Ich habe dagegen frische Rhapontikwurzeln, die ich teils von Udinsk, teils vom Sajanischen Gebirge erhielt, ganz unversehrt, in einer hängenden Lage an der Decke einer geheizten Stube trocknen lassen und erst nach völliger Ausdörrung die tauglichen Wurzeln rein geschabt; da selbige so derb und hoch von Farbe als der beste chinesische Rhabarber gewesen sind, auch an Kräften wenig unterschieden und dem nach gemeiner Weise zubereiteten Rhapontik an Geschmack und Wirkung sehr weit überlegen befunden wurden. Wäre es möglich, im sibirischen Gebirge Gegenden zu finden, wo die ältesten Rhapontikwurzeln in ihrem Hauptstamm unverrottet bleiben, so zweifle ich gar nicht, diese Wurzeln würden, auf jetzt beschriebene Art behandelt, dem chinesischen Rhabarber an Größe, Schönheit, Festigkeit und vielleicht auch an Kräften wenig oder nichts nachgeben.

An allerlei Holzung hat Krasnojarsk so wie der größte Teil von Sibirien einen Überfluß, und man kann das schönste Bauholz mit geringer Mühe von den am Jenissej liegenden steilen Gebirgen auf den Fluß schaffen und flößweise nach der Stadt bringen. Ahorn, Ulmen und Linden ausgenommen, die im östlichen Sibirien nicht sind, hat man alle gemeinen Baumarten im Überfluß, und auch Zederfichten gibt es ganz in der Nähe um den Manafluß. – Gegen Abakansk zu hat man am Jenissej die wohlriechende Balsampappel häufig, deren harzige Knospen im Winter die liebste Nahrung der Birkhühner sind und ihren Eingeweiden den angenehmsten Balsamgeruch von der Welt mitteilen. Von Unterholz findet sich sonderlich die Vogelkirsche, der Weißdorn und die Mispelbeere (Cotoneaster), welche am

Katschaflüßchen zu ziemlichen Bäumen erwächst, in großer Menge.
Im Winter wird Krasnojarsk mit Wild und allerlei Pelzwerk reichlich versorgt. Die Jagd solcher Tiere, deren Felle in beträchtlichem Preise sind, gehört eigentlich und kraft hoher Befehle den sibirischen Völkern, welche ihren Tribut damit abtragen sollen und von der Jagd ein Hauptgeschäft machen. Allein auch viele russische Landleute unterlassen nicht, den müßigen Winter der Jagd zu widmen. Teils stellen sie heimlich Fallen und Schlingen auf allerlei Wild und fangen in ihrer Nachbarschaft Hermeline, Grauwerk und was sich sonst von Tieren darstellt; teils erstehen sie von den Häuptern der tatarischen Stämme oder von der Obrigkeit Freizettel, wodurch sie auf einen Winter zur Jagd berechtigt werden. Im erstern Fall laufen sie oft genug Gefahr, von den Tataren bemerkt, ertappt und auf frischer Tat gezüchtigt oder der Obrigkeit überliefert zu werden, die sich ihre Bemühung nach sibirischer Art von Rechts wegen vergüten zu lassen, bei solchen Gelegenheiten nicht unterläßt.
Die Zobel fallen im Krasnojarskischen noch ziemlich häufig und von zweierlei Art. Einige sind sehr schlecht, den tomskischen fast gleich, langhaarig, aber ins Graue fallend; und diese kommen mehrenteils aus dem Gebirge am schwarzen Yjus und vom Tschulym her. Die bessere Sorte wird am Sajanischen Gebirge jenseits des Jenissej, besonders um den Oifluß und die zum Tuba rinnenden Gebirgsströme gefangen und ist zwar kurzhaarig, aber gemeiniglich ziemlich schwarz, nur gar zu oft mit weißen oder grauen Spitzen überlaufen. Die meisten unter diesen letztern haben am Halse gelbe Flecken, fast wie der Marder, von welchem sie sich jedoch durch die übrigen, Zobeln eigene Kennzeichen unterscheiden. Selten kommen übrigens im Krasnojarskischen Zobel von besonderm Wert vor, und die udinskischen behaupten allemal den Vorzug an Schwärze und Vollhaarigkeit.
Die Wölfe sind im Krasnojarskischen so wie in dem größten Teil von Sibirien ziemlich ausgerottet. Füchse hingegen gibt es in den freien Gegenden genug, und aus den nördlichen werden auch wohl schwarze und schwarzgraue (Tschernoburye) von beträchtlichem Wert nach Krasnojarsk gebracht.

Biber (Bobry) und Ottern (Wydri) halten sich jenseits des Jenissej in den Gebirgsflüssen noch häufig auf und werden letztere das Stück oft bis sieben Rubel verkauft und nach der chinesischen Grenze geführt. – Luchse (Ryssy) fallen seltner vor und steigen noch ohne die bunten Vorderpfoten, welche abgenommen und besonders verkauft werden, gemeiniglich zu eben dem Preis. – Etwas häufiger sind Vielfraße (Rossomaki), worunter die ganz schwarzen bis auf vier Rubel gelten. – Dachse (Barsuki) gibt es genug, aber weil ihr Fell nicht geachtet ist, so tötet man sie nur gelegentlich oder wenn sie sich als böse Nachbarn bezeigen oder auch, wenn man ihr Fett nötig hat.
Das Grauwerk (Bjelka) ist im Krasnojarskischen sehr mittelmäßig. In den Gegenden, die zwischen dem Sajanischen Gebirge und der Tunguska liegen, bemerkt man zuweilen gegen den Herbst starke Wanderungen dieser kleinen Tiere von Süden nach Norden, welche durch den Mangel von Schwämmen oder einen Mißwuchs von Zedernüssen im Gebirge verursacht werden. – Hermeline (Gornostai) werden in den Steppen nördlich von Krasnojarsk und gegen den Abakan in großer Menge und von ziemlicher Länge gefangen und haben oft, da sie noch im chinesischen Handel gangbarer waren, das Stück auf fünfundzwanzig Kopeken gegolten, da sie jetzt kaum für den vierten oder fünften Teil des Preises Liebhaber fanden. – Feuergelbe Wiesel (Kulonki) können in den waldreichen Gebirgen häufig genug gefangen werden, allein man bemüht sich wenig darum; die beiläufig in Fallen geraten, werden von durchreisenden Kaufleuten zu fünf bis sechs Kopeken das Stück und drüber bezahlt, weil sie bei den Chinesen eine sehr angenehme und wohlbezahlte Ware sind, auch deswegen in Irkutsk viel teurer gehalten und nach Rußland gar nicht verführt werden. – Den Iltis fängt und kauft hier niemand, obwohl dessen Fell in Sibirien weit schöner von Haar und von Farbe weißer und zierlicher als in Rußland ist.
An größrem jagdbarem Wildbret, zum Ex. Elen (Sochatyje), Hirschen (Synin), Rehen (Kossuli) und Moschustieren (Kabarga) hat man sonderlich im Gebirge jenseits des Jenissej einen beträchtlichen Überfluß. Die Tataren bezahlen einen guten Teil ihres Tributs in Häuten von Elen und großen Hirschen, die man in der Kasse zum Gebrauch der Kavalle-

rie, das Stück zu 60 bis 120 Kopeken, annimmt. Denn obwohl der Tribut noch gegenwärtig nach Zobeln bestimmt wird und solchergestalt nach der neuen Verfassung, da die Schätzung nicht mehr kopfweise, sondern von ganzen Stämmen abgetragen wird, von allen heidnischen Stämmen des krasnojarskischen Gebiets auf fünftausendeinhundertzweiundsechzig und einen halben Zobel festgesetzt ist, so bleibt es doch gemeiniglich bei dem Namen, und der meiste Tribut kommt in andern Pelzereien oder Häuten ein oder wird mit Geld, den Zobel zum Rubel gerechnet, vollzählig gemacht.
Rehe sind um Krasnojarsk so gemein, daß sie mit dem Fleisch kaum fünfzehn Kopeken das Stück gelten. Hauptsächlich kommen daher auch nur ihre Felle zum Verkauf, die zu gemeinen Reisepelzen verbraucht und etwa mit zehn Kopeken bezahlt werden. – Moschustiere sind manche Jahre, wie das heurige, nicht weniger häufig. Die Männchen (Kosatschki) werden wegen des Beutels (Struika) von dreißig bis fünfzig Kopeken, die Weibchen aber mit Fell und Fleisch kaum mit zehn Kopeken bezahlt. Als eine große Seltenheit habe ich später ein ganz weißes weibliches Moschustier aus der abakanskischen Gegend erhalten, woher man mir auch das Fell von einem weißen männlichen Tiere geschickt hatte.
Nur allein an Fischen ist die krasnojarskische Gegend nicht sonderlich gesegnet. Die Katscha ist seicht, wird wie viele sibirische Flüsse im Winter unterm Eise stinkend und hat also fast keine Fische. Der Jenissej hat wenig stille Nebenarme und ist an sich, wegen des felsigen Bodens und seiner heftigen Strömung, der Fischerei nicht sonderlich günstig; ja er hat auch wirklich an Fischen keinen großen Überfluß und muß hierin dem Ob, Irtysch und Tom gänzlich weichen. Gangfische kommen in selbigen wenige aus dem Eismeer herauf, und er hat wirklich außer dem sogenannten Taymen* und Lenok*, dem Charius* und Sig* keine Salmarten. Die Störe und Sterlete, welche sich nur sparsam darin aufhalten, aber auch die schmackhaftesten von der Welt sind, legen sich im Winter in so tiefe Gegenden des Flusses, wo ihnen nicht beizukommen ist. Also muß sich die Stadt zu den Winterfasten mit gefrornen und gesalznen Fischen von Tomsk aus versorgen lassen; worunter dann die

sogenannten Muxuni*, eine elende Art von Weißfischen oder Salmen, am häufigsten gebracht werden.
Das ganze krasnojarskische Gebiet, dessen Wojewodenkanzlei unter der Jenissejschen Provinz so wie hingegen der Kommandant von Krasnojarsk und das Kriegskommando unter dem tomskischen Kommandanten steht, hatte jetzt an russischen Einwohnern 9228 steuerfällige Bauern, 807 Kolonisten, 128 zu Kolonisten angesetzte Exilanten, 2023 Bürger und Handwerksleute (Posadskije und Zechowyje) und an Tataren verschiedner Völkerschaften 2994 zinsbare Köpfe, welche in sechs Gebiete (Semlizi) oder Landschaften, die katschinzische, koibalische, jarinzische, kanskische, kamaschinzische und udinskische, jede von diesen aber wieder in kleine Stämme und Völkerschaften eingeteilt sind und zusammen 5161 Rubel an Tribut eintragen. (...)

Nordische Reisebemerkungen. Wer sollte glauben, daß die Überbleibsel von Elefanten, welche in Sibirien unter dem Namen Mammontsknochen bekannt sind, bis unter den Nordpol zerstreut gefunden werden. Und doch ists gewiß, daß die Samojeden* viele Knochen von allerlei fremden Tieren auf den sumpfigen Ebenen und Sandhügeln des nördlichen Erdsaums finden und oft genug gute Elfenbeinzähne an die Tributkasse liefern oder an Russen vertauschen. Ich habe in den Abhandlungen der Kaiserlichen Akademie der Wissenschaften die sonderbaren Schädel einer ziemlich unbekannten Art von wilden Stieren beschrieben, deren einer ebenfalls aus der nördlichsten Gegend gebracht worden ist. Auch habe ich einen Rhinozerosschädel gehabt, der von den Samojeden in der Nachbarschaft des Obflusses auf der sogenannten Tundra gefunden worden war.
Ehe der Student Sujew die obdorische Gegend verließ, tat er des rauhen, nördlichen Herbstwetters ungeachtet noch zwei Reisen, deren ich kurz Erwähnung tun muß: die eine mit Rentieren an den Sobfluß, gegen das Uralische Gebirge; die andre zu Wasser nach der Obskaja Guba oder dem Busen, in welchen sich der Obfluß in den Ozean ergießt.
Erstere trat er den 18ten August (1771) an und kam den 22sten wieder nach Obdorsk zurück. Er ging den ersten Tag über das bei hohem Wasser auf vierzig Klafter breite Flüßchen Onomajugan, welches von der Linken in den Sob fällt,

aus zwei im nahen Gebirge entspringenden Bächen zusammenfließt und unbeschreiblich schnell, aber seicht strömt. Tags darauf kam er über den gleichfalls seichten Sob, dessen Bette mehr als sechzig Klafter breit ist und viele steinige Bänke (Perebori) hat. Es kommen wenig Fische in denselben; nur eine Art ganz kleiner Forellen (Salmo arcticus) war darin häufig. Eben da, wo der Sob passiert wurde, sammelt er sich aus zwei starken Bächen, die am Fuß eines hohen Berges zusammenlaufen. Dessen Ursprung ist viel näher, als er im Russischen Atlas angesetzt worden. Der jetztgedachte Berg besteht aus Graufels, untenher aber aus schwarzen Schieferschichten und versteckt seinen Gipfel in die Wolken. Er lag schon mit Schnee bedeckt, der zwischen dem Voll- und Neumond des Julius gefallen war. In derselben Nacht, da man dieses Gebirge hinan zu reisen angefangen hatte, fielen die Wölfe unter die Rentierherde und zerstreuten dieselbe dergestalt, daß man kaum so viele wieder zusammenbringen konnte, um die Rückreise zu bewerkstelligen.

Die zweite Reise nach dem Obischen Meerbusen ward den 25sten August (1771) in einem Kahn unternommen. Das Wasser war damals schon über anderthalb Klafter gefallen und noch im Abnehmen. Die erste Tagreise auf dem Ob geschah größtenteils über einer Sandbank, Eschloch genannt, die mitten im Ob wie ein Riff liegt, kaum anderthalb Ellen Wasser über sich hat und unweit der nach ihr benannten ostjakischen Jurten absetzt, wo der Strom auf einmal so tief wird, daß man mit den längsten Leinen keinen Grund gefunden hat. Der Ob hat in diesen Gegenden ziemlich schroffe, flößige Ton- und Sandufer. – Den 26sten kam man bis zu den woksarskischen Jurten, wo auf den Ufern noch Holzung, aber kaum klafterhoch wächst. Das Laub war an den Erlen und Lärchenbäumen vom Frost ganz scharlachrot. – Den 27sten erreichte man Gegenden, wo vom Ufer abwärts schon nichts als waldlose Tundra mehr ist. Gegen Abend kam man zur Obischen Mündung hinaus, welche so breit ist, daß man von dem einen Ufer das andre nur als einen wallenden Strich erblickt. Hier traf man samojedische Jurten am Ufer an. – Den 28sten fuhr man, eines heftigen Sturmes ungeachtet, im Meerbusen bis zu einer quer gegen die Obische Mündung gelegnen Insel, welche steile

Ufer hat und deswegen nur Jary genannt wird; von selbiger kehrte man wieder in den Ob zurück, weil das Wetter immer ungestümer wurde und wenig Nutzen gegen die Gefahr bei fortgesetzter Reise zu erwarten schien. – Die Ufer der Obskaja Guba bestehen so wie unterhalb Obdorsk längs des Flusses aus aufgeschütteten Sand- und Lehmhügeln, in welchen zuweilen zerstürzte Tonlagen sich ausnehmen, die keine ordentliche und gleichförmige Richtung mehr haben. Nur wenige Hügel haben Buschwerk und eine Decke von Rasen. Die grasigen Gründe hatten jetzt vom Frost eine Goldfarbe anstatt der Grüne angenommen.
Den 11ten September (1771) machte sich der Student Sujew endlich von Obdorsk auf die Rückreise nach Beresow, wobei jetzt nach Ablauf des Wassers die Ufer zu beschreiben, Gelegenheit war. Bis zur Mündung des Sob und weiter hinauf sind dieselben am Hauptstrom flach und sandig, mit großen Weiden in den Vertiefungen bewachsen. – Zwischen dem Flußarm Ryngam und den parawazkischen Jurten fängt zu beiden Seiten Nadelwaldung, sonderlich Zedern, an, häufig zu werden. In den steilen Sandlehmufern zeigen sich Klüfte in verschiedenen Richtungen, mit schwarzem Mulm ausgefüllt. An der Wasserkante sind die Ufer voll großer, brauner Tonsteinmassen, die von einem Flöz herzurühren scheinen. Darunter fanden sich ein paar kalkige Massen ganz voll versteinter Muschelschalen, die einen Überzug wie von Strahlgips hatten; auch lagen allerlei Mammontsknochen und andre Überbleibsel von fremden Gerippen am Wasser herum, die aus den Ufern hervorgespült werden. Darunter war auch ein Stück von einem Stierkopf, wie der obenerwähnte, mit Hörnern, welche sich über die ganze Stirn ausbreiten.
Gegen die Pitljarskische Mündung sind in den Ufern dünne Lagen von schwärzlichem und grauem Schiefer zu bemerken. Hier wurde auch ein sehr verwester Backenzahn vom Elefanten gefunden, welchen ich mit vielen andern dergleichen Überbleibseln erhalten habe. Am allerhäufigsten findet man dieselben ungefähr drei Werste unterhalb Kuschewazkoi Pogost, bis wohin man von Beresow über hundertundfünfzig Werste rechnet. Daselbst legen sich an dieser Seite hohe Hügel an den Ob und machen demselben steile, sandlehmige Ufer. Die Knochen liegen daselbst häu-

fig auf dem niedrigen Strand zerstreut außerhalb ihrer natürlichen Erdlage, aus welcher sie durch das hohe Wasser, welches die Hügel unterwäscht, zum Vorschein gebracht worden. Ich habe daher einen sehr großen Armknochen (Humerus) vom Elefanten nebst andern Fußgelenken, desgleichen Wirbelbeine, Rippen und Kinnladen dieses Tiers, auch einen ungeheuren Schädel von der beim gemeinen Büffel gewöhnlichen Gestalt erhalten.
Auf dem ganzen Abstand bis Beresow, wo die Wasserreise den 13ten endete, sind sonderlich am rechten Ufer häufige ostjakische Wohnplätze. Unter selbigen verdient vielleicht Langiwasch (Eichhornstadt) etwas unterhalb Kuschewat angemerkt zu werden, weil da sonst ein großer, von den Ostjaken* befestigter Flecken gewesen sein soll, wovon aber jetzt nur noch eine bewohnte Jurte übrig ist.
Den 12ten September (1771) kamen unzählige Schwärme von Gänsen, sowohl gemeinen großen als kleinen Nordgänsen oder Kasarken (A. erythropus) und Rothälsen (A. pulchricollis)* aus den nördlichern Gegenden um Beresow an, so daß erst jetzt die rechte Wanderung dieser Vögel anging, welche aber schon den 18ten August um Obdorsk südlich zu schwärmen angefangen hatten.
Von einer Winterreise, die der Student Sujew später noch auf Schlitten bis Obdorsk getan hat, ist weiter nichts zu erwähnen, als daß er auf selbiger unter anderm einen jungen Seebären erhielt, welchen er auch lebendig mit nach Krasnojarsk brachte. Ich bekam dadurch Gelegenheit, dieses seltne Tier zu beschreiben und dessen Unterschied von den sehr ähnlichen gemeinen Waldbären zu bestimmen.

Nachrichten von den Ostjaken. Nach dieser abgekürzten Erzählung der in den nördlichen obdorischen Gegenden veranstalteten Reisen komme ich nun auf die allda wohnhaften heidnischen Völker, ihre Jagd und Fischerei. Ich will mit den Ostjaken den Anfang machen, von welchen ich etwas vollständigere Nachrichten, als bisher bekannt gemacht sind, erteilen kann.
Die *Obischen Ostjaken*, eine der ersten sibirischen Nationen, welche die Russen entdeckt und unterwürfig gemacht haben, sind zwar wie fast alle sibirischen Völker seit der Eroberung des Landes hauptsächlich durch die Blattern und

die andren ihnen zuvor unbekannten Krankheiten vermindert worden, doch machen sie noch eine beträchtliche und im beresowschen Gebiet die stärkste Völkerschaft aus, erstrecken sich auch den Obfluß hinauf bis ins narymische und surgutische Gebiet.

Von Gestalt sind sie mehrenteils mittelmäßig und klein, schwach von Kräften und besonders dünn und mager von Beinen. Ihre Gesichter sind fast durchgängig unangenehm, bleich und platt, doch ohne irgendeine charakteristische Ausbildung. Das gemeiniglich rötliche oder ins Helle fallende Haar, welches den Mannern ohne Ordnung um den Kopf hängt, verunstaltet sie noch mehr. Unter dem erwachsnen Weibsvolk, sonderlich in einem reifern Alter, findet man wenig angenehme Gesichter. Die Ostjaken sind furchtsam, abergläubisch und einfältig, sonst ziemlich gutherzig, in ihrer mühsamen und schlechten Lebensart von Jugend auf arbeitsam, aber über die Notdurft auch zu nichts als zum Müßiggang geneigt, sonderlich das männliche Geschlecht, und in ihrer ganzen Haushaltung recht ekelhaft und unflätig.

Die ostjakische Manns- und Weibskleidung hat viel Eigentümliches und besteht größtenteils aus Tierhäuten und Pelzwerk, welche sie selbst bereiten. Hemden schaffen sich nur die Reichsten an, der gemeine Haufe trägt die ledernen Kleider auf der bloßen Haut. Der männliche Anzug besteht erstlich aus einem engen Unterpelz mit Ärmeln (Mawliza), der kaum bis über die halben Lenden reicht, oben mit einer Öffnung, wo man eben mit dem Kopfe durchfahren kann, hinten und vorn aber geschlossen. Dieses Stück wird gemeiniglich aus Rentierhäuten, die im Frühling fallen, gemacht und als ein Futterhemd mit dem Haar einwärts angezogen. – Der gewöhnliche Oberpelz, der auch wohl im Sommer bei kalter Luft angezogen wird, ist die sogenannte Parga oder Parka, welche aus jungen Rentierhäuten genäht und mit dem Haar auswärts getragen wird. Sie ist der Mawliza fast ähnlich, außer daß an der Öffnung, durch welche der Kopf gesteckt wird, hinten eine runde Kappe, welche anstatt der Mütze den Kopf genau einschließt, angenäht ist. Man pflegt selbige sowohl an der Kappe als am Saum mit Hundefell zu bebrämen und trägt sie im Sommer auch wohl ohne das Unterkleid. – Im Winter wird über beide noch ein größerer Pelz, ebenfalls mit einer Kappe aus langhaarigen, im Winter abgezognen Rentierfellen, Gus genannt, gleichermaßen über den Kopf angezogen. – Im Sommer machen sich die, welche Staat führen wollen, eine Mawliza aus lauter zusammengestückten, buntfarbigen Tuchlappen, ohne Futter, mit weißem Hundefell oder Schwänzen von Eisfüchsen bebrämt. Auch tragen einige oben am Ob Regenkleider von Quappenhäuten, die sie im Fall der Hungersnot allenfalls im Kessel kochen und verzehren können. – Die gewöhnlichen Beinkleider der Männer schließen genau, reichen nicht bis ans Knie und werden aus sämisch gegerbten Rentierhäuten (Rowdugi) oder aus Quappenfell getragen. – An die Füße ziehen sie kurze Strümpfe (Netowy) von jungen kurzhaarigen Rentierfellen (Pyschi) und drüber Stiefel (Pymi) aus riemenweise zusammengesetzten Rentierpfoten (Kyßi), an welchen die borstigen Haarfleckchen zwischen den Klauen des Rentiers anstatt der Sole zusammengestückelt werden, weil sie dauerhaft sind und das Gleiten auf dem Schnee durch ihre struppige Richtung verhindern. Dergleichen ostjakische Stiefel werden auch von russischen Kaufleuten verführt und sowohl in Sibirien als in Rußland auf Winterreisen getragen.

Die ostjakischen Weiber tragen auf der bloßen Haut weite, vorn herunter ganz offene Pelzschlafröcke, welche nicht außerordentlich weit, aber doch so eingerichtet sind, daß ein Vorderteil über das andre schlägt, in welcher Lage es mit Riemchen zugebunden wird. Mit diesem einzigen Kleide bedecken sie ihre Blöße und wissen sich wohl in acht zu nehmen, damit der Pelz vorn niemals aufschlägt, obgleich sie keinen Gürtel oder Leibbinde tragen dürfen. Beinkleider trägt dieses Weibsvolk nie, und weil sie sommers auch barfuß gehn, so sind sie unter diesen Pelzen ganz nackend. Im Winter tragen sie zu Hause bloße Netowen von sämischem Leder. – Das Haar flechten sie hinten in zwei Zöpfe, welche auf dem Rücken herunterhängen und durch eine Querschnur zusammengehalten werden. Außerdem befestigen Reiche hinten am Haar zwei lange Streifen von gutem Tuch, die bis in die Gegend der Kniekehlen reichen und mit messingenen oder kupfernen Blechen, die kleine Pferde, Rentiere, Fische oder andere Figuren vorstellen, besetzt sein müssen. Diejenigen, welche mit Haaren nicht

wohl versehen sind, machen um den Kopf einen Kranz von Tuch, der über den Scheitel durch zwei wie ein Kasket kreuzweis laufende Streifen gehalten wird und von welchem die Schleppen hinten herabhängen. – Mädchen tragen um den Kopf einen mit Blechen besetzten Kranz, an welchem hinten noch längere und durch ein Querband verbundne Streifen befestigt sind. – Sowohl Mädchen als Weiber haben in den Ohren lange Gehänge von bunten Korallen, die an Draht oder Schnüren gereiht sind; so wie auch die meisten Mannsleute kleine Ringe in den Ohren tragen. – Überdem bedeckt sich das Weibsvolk den ganzen Kopf mit einem Schleier (Wokscher) von Leinwand, sobald nur Fremde, selbst von der Verwandtschaft, in die Jurte kommen, und bleiben vor niemand als ihren leiblichen Müttern unbedeckt. Diese Schleier sind am Rande benäht und mit Fransen besetzt. Es scheint sich dieser Gebrauch aus einer wirklichen Schamhaftigkeit unter den ostjakischen Dirnen und Weibern zu erhalten, weshalb sie sich auch bei Ankunft eines Fremden soviel möglich aus der Jurte zu entfernen oder im Winkel zu verbergen suchen.
Als eine Zierde betrachten die ostjakischen Weiber, sich die Haut, wenigstens auf dem Rücken der Hände, dem Vorderarm und an den Schienenbeinen herunter mit allerlei bläulichen, punktierten Figuren einzuätzen. Sie machen zu dem Ende nur die Zeichnung der verlangten Figur mit Ruß auf der Haut und zerstechen selbige darauf mit Nadeln bis aufs Blut, da dann die in der Rußfigur begriffenen Stiche einen blauen Punkt nachlassen. Mannspersonen pflegen nur oben auf dem Handgelenk dasjenige Zeichen einätzen zu lassen, mit welchem sie in den Tributbüchern angeschrieben sind und welches, wie bei andern schriftunkundigen Völkern Sibiriens, auch gerichtlich als ihre Unterschrift gilt. – Gelegentlich aber lassen auch Mannsleute auf den Schultern und an andern Stellen des Leibes, wo sie um Krankheits willen sich mit Nadelstichen schröpfen, zugleich allerlei Figuren einbeizen. (...)
Ich muß auch des Aberglaubens gedenken, welchen die Ostjaken bei der Jagd haben. Wenn ein Ostjak nach Wild ausgehen will, so wünscht er den Abend vorher zu niesen und hält dies für eine glückliche Vorbedeutung. Kommt ihm aber an demselben Morgen, da er sich aufmachen will,

das Niesen an, so macht er alle nur möglichen Gebärden, um sich dessen zu enthalten. Muß er endlich niesen, so ist nichts über seinen Verdruß, weil er meint, durch jedes Niesen entgehe ihm ein gutes Wild, das ihm auf selbigen Tag bestimmt war. Ja viele geben sich in dem Falle nicht einmal die Mühe auszugehn.

Im Frühling geben die Zugvögel den Ostjaken neue Beschäftigung und Nahrung, von deren Fang unten wird umständlicher gehandelt werden.

Die Ostjaken leben bei ihrer unnatürlichen Nahrung, und da ihr Getränk (den Branntwein ausgenommen, den sie bei Russen eintauschen und gemeiniglich sogleich verzehren) nur aus Wasser besteht, dennoch gesund, und man hört unter dem jungen Volk von wenig Krankheiten. Wenn sie aber wegen Alters oder andrer Schwächlichkeiten ihren Geschäften nachzugehn nicht vermögend sind, so verfallen sie auch gemeiniglich in skorbutische, gichtische, langwierige Krankheiten, von welchen wenige wieder aufstehen. Von hitzigen Krankheiten wissen sie wenig, außer daß die Kinderblattern oft eine große Niederlage unter ihnen anrichten und das Haupthindernis an der Vermehrung dieses Volks sind. Denn bei ostjakischer Lebensart kann die Blatternkrankheit nicht anders als höchst gefährlich sein, und wenn sie in einer Jurte oder Dorfschaft einreißt, so entgehen ihr auch die Erwachsenen selten. Doch bleiben noch jetzt viele bis ins Alter davon frei. – Die geile Seuche ist heutigentages ein nicht ungewöhnliches Übel unter ihnen; doch soll es nicht sehr ansteckend sein, obgleich viele es im höchsten Grade haben und ohne die geringste Vorsicht mit andern umgehn.

Von Arzneien wissen sie wenig. Ihre gewöhnlichste und vornehmste Kur bei Gliederschmerzen, Geschwülsten und Entzündungen, die unter ihnen gemein sind, ist das Schröpfen oder auf dem leidenden Teil, nach Art der orientalischen Moxa, ein Stück Birkenschwamm (Jachani) verbrennen zu lassen. Weil aber dieses nach ihrer Meinung recht auf dem Ort, wo das Übel ist, geschehen muß, so nehmen sie zuvor eine glühende Kohle und halten sie in der Gegend des Schmerzes so lange auf verschiedne Stellen der Haut, bis sie einen Ort treffen, wo der Kranke den Brand nicht gleich fühlt; und da bringen sie denn das rechte

Brandmittel an, welches so lange wirken und von dem Kranken großmütig ertragen werden muß, bis die Haut durchgebrannt ist und aufbirst.
Verstopfungen genesen sie mit großen Kellen Fischfett oder nehmen in gefährlichen Fällen Krähenaugen (Tschilibucha) ein. Beides pflegt als eine Brech- und Purgierarznei zu wirken. – Bärengalle, sonderlich vom weißen Seebären, und Bärenherz sind bei ihnen auch als Arzneien in großem Ruf. Die getrocknete Galle wird sonderlich bei Kinderkrankheiten und Bauchbeschwerden, ja auch bei der geilen Seuche gebraucht.
Die Ostjaken, welche sonderlich unterhalb Beresow noch dem Heidentum anhängen, nehmen so viele Frauen, als es nur ihr Vermögen gestattet. Sie halten es für erlaubt, des verstorbenen Bruders Witwe, ihre Stiefmutter oder Stieftochter und andre Verwandte von der weiblichen Seite zu heiraten. Am liebsten nehmen sie Schwestern aus andern Familien und glauben, daß die Ehe mit der Schwester der Frau in ihren Nahrungsgeschäften viel Glück bringe. Ja sie haben dabei auch den Vorteil, daß sie für eine zweite Tochter dem Schwiegervater nur die Hälfte des für die erste gezahlten Kalims geben dürfen. Hingegen wird es unter ihnen für eine große Sünde und Schande gehalten, aus seiner Namensverwandtschaft zu freien. Sie rechnen nämlich nur nach dem männlichen Stamm; dahingegen wenn ein Weibsbild in einen andern Stamm heiratet und eine Tochter geboren hat, so kann der Bruder der Mutter oder dessen Kinder ohne Bedenken um dieses Mädchen freien. Kurz, alle Ehen sind rechtmäßig, wenn nur der Vater des Bräutigams und der Braut von verschiednen Stämmen sind.
Wenn ein Ostjak auf die Freierei geht, so wählt er unter seinen nächsten Verwandten und Freunden einige Spießgesellen von ungefähr gleichem Alter und sucht darunter einen Freiwerber aus. Mit diesen begibt er sich nach den Hütten, wo der Vater seiner Auserwählten wohnt, zu welchem er sich mit seinem Gefolge gerade in die Jurte begibt. Ein Vater, der eine mannbare Tochter hat und eine solche Gesellschaft bei sich ankommen sieht, muß es schon erraten, was die Ursache ihrer Ankunft ist; er fragt also danach nicht, sondern bewirtet sie mit dem, was vorrätig ist. Wenn die Gäste den Bauch gefüllt haben, so begeben sie sich in eine

andre Jurte oder Hütte, und von da schickt der Bräutigam seinen Freiwerber mit dem Antrag und der Anfrage wegen des verlangten Kalims. Da geht nun das Dingen an, und der arme Freiwerber muß so lange hin und her laufen, um die Forderung des Vaters und das niedrige Gebot des Freiers zu vergleichen, bis sie des Handels einig werden. – Wenn das geschehen ist, so kommt der Bräutigam über einige Zeit wieder und übergibt einen Teil des ausgemachten Kalims. Selten wird dasselbe auf einmal ausgezahlt, weil es nach dem Vermögen des Mädchens und des Freiers gemeiniglich so hoch als möglich gespannt ist. Ein reiches Ostjaken-Mädchen wird nicht leicht unter hundert Rentieren und einer Menge allerlei Pelzwerk verheiratet. Bei diesem Besuch und Abtragung des ersten Termins seiner Schuld kündigt der Bräutigam dem Brautvater an, daß er ihm auf die folgende Nacht in seiner Jurte ein Lager und die Tochter in der Nähe fertig halten solle. Ist der Schwiegervater dann mit dem Handel zufrieden und nimmt die Zahlung an, so kommt der Freier selbigen Abend und legt sich auf dem ihm angewiesenen Lager schlafen. Etwas später legt sich die Braut neben ihm auf ein besondres Lager und unter einem besondern Pelz, bis die Feuer erloschen sind. – Den folgenden Morgen erkundigt sich die Brautmutter nach der Zufriedenheit des Bräutigams; ist alles richtig befunden worden, so muß ihr derselbe ein Kleid und ein Rentier ohne Verweigerung schenken, und die Mütter pflegen alsdann das Rentierfell, worauf das Brautpaar gelegen, in Stückchen zu zerschneiden und gleichsam triumphierend auszustreuen. – Hat aber der Bräutigam Ursache zum Mißvergnügen gefunden, so muß die Mutter ein Rentier hergeben. Nach diesem darf sich der Bräutigam beständig seiner Freiheiten bedienen; aber es wird ihm nicht erlaubt, die Braut eher mit sich nach Hause zu nehmen, bis der Kalim rein abgezahlt ist. Zuweilen geschieht es wohl, wenn der Vater schwach oder arm ist, daß der Bräutigam noch vor Abtragung der ausgemachten Summe die Braut mit der Morgengabe heimlich entführt. In solchem Fall nimmt der Vater oft erst nach einigen Jahren die Gelegenheit wahr, die Tochter, wenn sie zum Besuch der väterlichen Jurte kommt, bei sich zu behalten und den Schwiegersohn zur Zahlung des ganzen Nachschusses zu nötigen.

Die Gewohnheit bringt es so mit sich, daß ein verehelichtes Weib sich zeitlebens nicht vor ihrem Schwiegervater, und der Bräutigam, solange er noch keine Erben hat, nicht vor der Schwiegermutter sehen lassen dürfen, sie soviel möglich vermeiden, und wenn sie ihnen begegnen, sich umkehren und das Gesicht bedecken müssen. Die Töchter pflegen in den ostjakischen Familien keine Namen zu bekommen; daher ruft der Ostjak seine Gattin nie anders als mit dem Wort Imi (Weib), wogegen die Weiber auch den Mann nicht bei seinem Namen, sondern mit dem Ehrenwort Tahe (Mann) rufen müssen.

Obgleich der rohe Ostjak seine Weiber nicht viel besser als notwendige Haustiere betrachtet und ihnen für alle schwere Arbeit kaum ein gutes Wort gönnt, so untersteht sich doch keiner, sein Weib, auch wegen der größten Fehler und Verbrechen, ohne Einwilligung des Schwiegervaters körperlich zu bestrafen. In solchem Fall würde das gereizte Weib zu ihren Eltern entlaufen und ihren Vater dahin vermögen, daß er dem Schwiegersohn das Kalim zurück- und die Tochter einem andern Freier zu geben sich entschlösse.

Von Eifersucht wissen die Ostjaken wenig. Ihre Ehen sind auch nicht sonderlich fruchtbar, obgleich man von ihnen sagt, daß sie der tierischen Liebe sehr ergeben sind. Man findet wenig Väter, die mehr als drei, höchstens vier Kinder haben. Vielleicht ist daran auch dieses schuld, daß viele Kinder wegen der groben Behandlung und Nahrung im zarten Alter wegsterben, obgleich die Mütter selbige, solange sie nur selbst wollen, oft bis ins fünfte Jahr säugen. – Die ostjakischen Weiber sollen sehr leicht gebären. Die Nachgeburt wird mit allem Weidenbast, welches bei der Geburt besudelt worden ist, in ein Kästchen von Birkenrinde getan, etwas Fisch oder Fleisch dazugelegt und das Kästchen also aus einem besondern Aberglauben an einen etwas abgelegnen Baum im Walde aufgehängt. – Man erzählt von armen Ostjaken, daß sie ihren Weibern, wenn sie auf der Reise an einem Ort niederkommen, wo sie wegen Mangels an Lebensmitteln nicht verweilen können, eine gute Portion gekochten Fischleim eingeben, wovon sich der Blutgang geschwind stopfen soll. Ich stehe aber nicht für die Wahrheit dieser Erzählung.

Zur Beerdigung ihrer Toten haben die Ostjaken eigne Begräbnisplätze unter dem Namen Chalas. Sie lassen die Leichen nicht lange über der Erde. Wer des Morgens stirbt, wird zu Mittag schon bestattet. Man macht zu dem Ende eine Grube höchstens eine Arschin tief, weil an den meisten Orten das gefrorne Erdreich tiefer zu graben schwer macht. Man zieht dem Verstorbnen seine besten Kleider an, die der Jahreszeit gemäß gewählt werden, legt ihn auf sein Lager und neben ihn alle Gerätschaft, die er zu gebrauchen pflegt, z. B. sein Messer, Beil, gefülltes Schnupftabakshorn u. dergl., bloß den Feuerstein und Stahl ausgenommen, die nur aus Holz geschnitzt dem Toten mitgegeben werden dürfen. Indessen versammeln sich die Verwandtschaft und alle Nachbarn zu dem noch in seiner Jurte liegenden Toten und beweinen ihn mit großem Geheul. Die Weiber setzen sich beisammen mit verhängten Gesichtern, und die Männer stehen klagend um den Toten her. Anstatt des Sargs wird ein kleiner Kahn herbeigebracht, an welchem die vordere und hintere Spitze abgehauen werden muß. In selbigen wird der Tote mit seiner ganzen Gerätschaft gelegt und von den Anwesenden zu Grabe getragen. Männliche Leichen werden von lauter Männern und weibliche von Weibern nach dem Begräbnisplatz gebracht, welcher auf Anhöhen ausgesucht zu sein pflegt. Im letzteren Fall gehen nur einige Männer mit, welche das Grab machen. Und so wird der Verstorbne mit großem Geheul unter die Erde gebracht, und zwar so, daß der Kopf gegen Mitternacht zu liegen kommt. Hinter männlichen Leichen führt man die drei besten und liebsten Rentiere des Verstorbnen, in vollem Geschirr und vor Schlitten gespannt, mit zu Grabe, und sobald die Leiche mit Erde beschüttet wird, bindet man einem Rentier nach dem andern an jedes Hinterbein einen Riemen, woran zwei Männer ziehn und vier andere mit spitzgemachten Stangen von allen Seiten das Rentier durchstoßen müssen. Bei Bestattung reicher Leute werden nachher noch viel mehr Rentiere niedergemacht, welchen man Schlingen um den Hals und um die Füße macht und so lange mit Stangen der Länge nach über den Rücken schlägt, bis sie tot niederfallen. Das dem Verstorbnen geopferte Vieh bleibt auf der Grabstätte liegen; das Zuggeschirr wird auf ein kleines, über dem Grabe aus Strauchwerk gemachtes Gerüst gelegt und die umgekehrten

Schlitten daran gelehnt. Indessen wird nahe beim Grabe zu einem Totenmahle gekocht, und wenn sich die Anwesenden gesättigt haben, der Rest mit nach Hause genommen und zum Gedächtnis des Verstorbnen unter die Nachbarschaft verteilt. – Später pflegen noch öfters, wenn es den nächsten Verwandten einfällt, dergleichen Gedächtnismahle begangen zu werden.

Die Ostjaken hatten, ehe sie dem russischen Zepter unterworfen wurden, kleine Fürsten oder Häupter unter sich, deren Würde erblich war. Einige von ihrer Nachkommenschaft sind noch jetzt in eben der Würde übrig, jedoch sie stehen, wenige ausgesondert, in sehr geringem Ansehn und müssen sich, wie die Gemeinen, von ihren Mitteln und Gewerbe ernähren. Wenn diese ostjakischen Häupter keine männlichen Erben nachlassen, so wird ein andrer von den Ältesten und Angesehensten zum Nachfolger gewählt.

Vorfallende Händel zu schlichten, pflegen die Ostjaken unter sich Schiedsrichter zu nehmen oder sich an ihre Fürsten zu wenden. Kommt aber eine Sache vor das russische Gericht und kann nach beider Parteien Aussage nicht geschlichtet werden, so ist folgender Eid gewöhnlich: Man läßt ein hölzernes Götzenbild bringen, erinnert den Beschuldigten an die Gefahr eines falschen Eides und nötigt ihn, dem Götzen mit einem Beil oder Messer die Nase abzuhauen oder denselben sonst zu verletzen, wobei er die gebräuchliche Eidesformel dem Dolmetscher nachsprechen muß, deren Inhalt ungefähr dieser ist: „Wenn ich in dieser Streitsache nicht die Wahrheit beteure, so mag auf eben diese Art meine Nase verlorengehn, so mag mich das Beil zerstücken, der Bär im Walde zerreißen und alles Unglück auf mich kommen." – Mit einem ähnlichen Eide pflegt man gerichtlich auch die Zeugen zu verbinden, und der ostjakische Aberglaube macht, daß dergleichen Eidschwüre sehr zuverlässig sind und ein Ostjak nach einem falschen Schwur, wovon man doch wenige Beispiele hat, aus Furcht und bösem Gewissen in allerlei Unglück verfällt, welches sie dann, wie man leicht denken kann, dem Zorn ihrer Götzen zuschreiben.

Wenn sie einem neuen Landesregenten huldigen sollen, so versammelt man sie in kleinen Kreisen, legt in die Mitte ein Beil, womit ein Bär ist zerhauen worden, oder auch eine Bärenhaut, und reicht einem jeden auf der Messerspitze einen Bissen Brot, wobei er ungefähr also den Huldigungseid leistet: „Wenn ich meiner Kaiserin bis an mein Lebensende nicht getreu verbleibe, freiwillig abfalle, meinen Tribut nicht bezahle, selbst aus meiner Gegend entweiche oder andre Untreue begehe, so zerreiße mich der Bär, so mag ich an diesem Brot, das ich genieße, ersticken, so haue mir das Beil den Kopf ab und töte mich dieses Messer." Wenn man sie um eine Bärenhaut niederknien läßt, so müssen sie nach getanem Eide ein jeder für sich in die Bärenhaut beißen, wobei viele, zur Bezeugung ihres Eifers, mit den Zähnen Haare ausraufen. – Ähnliche Eidesverpflichtungen, bei welchen das Bärenfell die Hauptrolle spielt, sind bei den meisten heidnischen Völkern in Sibirien üblich.

Die Sprache der Obischen Ostjaken ist, wie man schon aus anderm weiß, mit den finnischen oder tschudischen Sprachen und am allernächsten mit der wogulischen verwandt. Es gibt auch nach den Gegenden verschiedene Mundarten, und die oberhalb Beresow mit den Wogulen Grenzenden reden sonderlich eine sehr vermischte Sprache. – Unter den entfernten finnischen Mundarten hat keine mit der ostjakischen mehr ähnliches als die morduanische. (...)

Der blindeste und gröbste Götzendienst ist unter den Ostjaken noch immer die herrschende Religion, welcher auch viele von den Getauften insgeheim anhängen. Diejenigen, welche unter ihren Zauberern noch ungestörte Heiden sind, halten in ihrer Wohnung (ein jeder, auch die Weiber nicht ausgenommen) seinen Götzen. Das sind nun gemeiniglich aus Holz, mit einem Menschengesicht grob geschnitzte Puppen, die auch wohl mit Lappen bekleidet sind und in dem vornehmsten Winkel der Wohnung aufgestellt werden. Vor ihnen wird irgendein Kistchen hingestellt, auf welchem der Klient seinem hölzernen Gönner allerlei kleine Geschenke bringt, auch beständig ein Horn voll Schnupftabak unterhält und geschabtes Weidenbast dabeilegt, in der Meinung, daß der Götze, wenn er geschnupft hat, zu mehr Begeisterung die Nase damit auf ostjakisch verstopfen soll. Diesen Götzen wird auch fleißig das Maul mit Fischfett geschmiert und sonst alle Ehre erwiesen. – Viele Ostjaken vergöttern auch wohl kleine unbehauene Baumstücke oder Stöcker oder ein keilförmig zugehauenes

Klötzchen, ja sogar Kästchen und andere Sachen, die sie von den Russen erkauft haben. Solche Dinge zieren sie dann mit Ringen und Klapperwerk, mit allerlei Bändern und Lappen so gut auf, als sie können, und verehren sie so wie ein andrer seine Holzpuppe. – Nichts ist lächerlicher, als wenn durchreisende Russen in der Nacht, wenn alles schläft, dem Götzen heimlich das Schnupftabakshorn ausleeren und wieder hinlegen. Da wundert sich der einfältige Ostjak am Morgen, wie der Götze so viel hat schnupfen können, und glaubt, derselbe sei auf der Jagd gewesen. Kaum aber sollte man sich es vorstellen, daß ein Volk die Blindheit so weit treiben könne, die Hausgötzen, welche es sonst über alles verehrt, alsdann, wenn es ihm unglücklich geht und die Götzen nicht helfen wollen, von ihrer Stelle herunterzuwerfen, zu zerhacken und mit Schlägen oder sonst auf alle Art zu mißhandeln. Und doch ist dieses bei den Ostjaken nichts Seltnes, aber auch sonst wohl kaum bei einer heidnischen Nation in Sibirien gebräuchlich.
Eine Art von Vergötterung widerfährt auch Verstorbenen in der Verwandtschaft. Denn man macht hölzerne Bilder, die verstorbne angesehene Männer bedeuten sollen, und setzt ihnen bei den Gedächtnismahlen, welche ihnen gehalten werden, ihren Anteil vor. Ja Weiber, welche ihre verstorbnen Männer geliebt haben, legen diese Puppen bei sich zu Bett, putzen sie auf und vergessen sie bei der Mahlzeit nie zu speisen.
Sonst erzeigen die Ostjaken auch besondern Bergen oder außerordentlichen Bäumen, welche ihre Andacht gerührt haben oder von den Zauberern für heilig ausgegeben werden, eine Art von Verehrung und gehen niemals vorbei, ohne einen Pfeil auf selbige zu schießen, welches eine Art der Verehrung ist, die man solchen Gegenständen erweist.
Aber die wichtigste Anbetung und große gemeinschaftliche Opfer gehn nur gewisse vornehme, von den Zauberern geweihte Götzen an, welche die Ostjaken vormals an vielen Orten verehrt haben sollen. Zu diesen nimmt man in außerordentlichen Unglücksfällen oder Gefahren seine Zuflucht mit Opfern, wobei die Zauberer ihre Hauptrolle spielen und das arme Volk alsdann durch ihre Betrügereien am meisten in seinem blinden Gehorsam fesseln.

Gegenwärtig ist der von allen Obischen Ostjaken und auch von benachbarten Samojeden vorzüglich verehrte Götze in der Gegend der woksarskischen Jurten, siebzig Werste unterhalb Obdorsk befindlich. Er steht in einem waldigen Tal, wo ihn die Ostjaken sorgfältig bewachen und alle Zugänge dahin vor den Russen zu verbergen suchen. Sie versammeln sich zu demselben oft in großen Gemeinden, um ihre Opfer darzubringen. Es sollen zwei Götzenfiguren vorhanden sein, deren eine männlich, die andre weiblich gekleidet ist. Beide sind nach ostjakischer Weise so prächtig als möglich geziert und weder Tuch noch gutes Pelzwerk daran gespart. Die Kleider sind mit Messing und Eisenblechen in der Gestalt allerlei Tiere reichlich besetzt, und auf dem Kopf haben sie silberne Kränze. Jeder steht an einem ausgesuchten Baum unter einer besonderen Hütte. Die Bäume aber sind am Stamm mit Tuch und anderm Zeuge überzogen, oben mit weißem Blech beschlagen und ein Glöckchen darangehängt, welches der Wind bewegt. Auch sind Köcher und Bogen an den Baum des männlichen Götzen und an allen umstehenden Bäumen unzählige Rentierhäute von den geschlachteten Opfern, desgleichen allerlei Pelzereien aufgehängt. Rund um die Götzen liegt eine Menge von allerlei ostjakischem Hausgerät, Kessel, Löffel, Schalen, geopferte Tabakshörner u. dergl. Die Männer bringen allein dem männlichen Götzen ihre Opfer und Andacht; die Weiber aber versammeln sich unterweilen unter Anführung einer Zauberin bei dem weiblichen Götzen und bringen diesem Opfer und Geschenke.

Sonst hatten die Ostjaken an vielen Orten Bäume im Walde, welche sie verehrten und mit Pelzwerk und Opferfellen reichlich beschenkten. Weil sie aber erfahren mußten, daß die vorbeireisenden Kosaken das in den Wind aufgehängte, gute Pelzwerk von der Verwesung zu retten und zu besserm Gebrauch anzuwenden sich kein Gewissen machten, so haben sie angefangen, aus solchen Bäumen große Klötze oder Stammstücke zu hauen, selbige auszuzieren, zu beschenken und an sichern Orten zu verwahren.

Alle Gegenden, deren Umfang einem Götzen geweiht ist und wovon die Ostjaken die Grenze genau nach Flüssen, Bächen und andern Wahrzeichen zu bestimmen wissen, werden von ihnen so geschont, daß sie weder Gras noch

Holz darin abzuhauen noch zu jagen oder zu fischen, ja nicht einmal einen Trunk Wasser innerhalb derselben zu nehmen sich unterstehen, um nicht die Götzen zu erzürnen. Sie hüten sich, wenn sie durch solche Gegenden reisen müssen, mit dem Kahn nicht zu nahe am Ufer hin zu fahren, noch das Land mit dem Ruder zu berühren, und wenn der Weg dadurch weit ist, so versehen sie sich, ehe sie das Gebiet des Götzen erreichen, mit Wasser; denn sonst würden sie lieber den äußersten Durst leiden, als aus dem Wasser, auf welchem sie fahren, einen Trunk zu wagen.
Alle Gegenden, wo auch sonst Götzendienst gehalten wurde, sind noch jetzt der Nachkommenschaft ziemlich genau bekannt, und die Wahl neuer Örter kommt auf die Grille ihrer angesehenen Zauberer an. Eine Gegend, wo einmal außerordentlich gute Jagd ist, kann zu der Ehre kommen, einem Götzen geweiht zu werden, und der Baum, wo ein Adler einige Jahre nacheinander nistet, wird sogleich für heilig gehalten, auch der Adler sorgfältig geschont. Keine größere Beleidigung, als wenn Vorbeireisende einen solchen Adler töten oder dessen Nest zerstören. (…)

Beschreibung der Obischen Fischerei: Ein guter Fang geht mitten im Winter an, wenn sich die Fische aus dem stinkenden Flußwasser um die Quellen und Bachmündungen versammeln. Da befestigt man gegen solche Stellen zwischen zwei Bretterwänden einen kurzen Damm im Flusse und legt an beide Flügel Fischreusen, in welchen die Fische, wenn sie nach dem frischen Wasser wollen, häufig einfallen.
Durch alle diese Mittel wissen die Ostjaken jahraus, jahrein sich und ihre Nachbarn, die Russen, mit Fischen zu versorgen. Im Sommer haben sie an Stören allein, die oft zehn Spannen lang sind, einen solchen Überfluß, daß sie die geringen Fischsorten oft wegwerfen. Der Stör gilt daher in Beresow nie das Pud über vierzig Kopeken und das Fischfett oft kaum fünfzig Kopeken und nie über einen Rubel.
Zum Beschluß des Obischen Fischfangs muß ich noch einer Art von Delphinen Erwähnung tun, die im Obischen Meerbusen nicht selten gesehen werden und sich sogar bisweilen den Strom ziemlich weit hinaufwagen, um die Zugfische zu verfolgen. Es sind die von den Russen so genannten Belu-

gen*, von welchen schon Gmelin einige Berichte gesammelt und bekanntgemacht hatte, die von dem verehrungswürdigen Herrn Kollegienrat Müller in vielen Stücken verbessert und berichtigt worden sind. Auch in des Professors Krascheninnikows* Naturgeschichte von Kamtschatka ist dieses Seetieres Meldung geschehn. – Nichts ist richtiger als die in den vortrefflichen Müllerschen Sammlungen geäußerte Mutmaßung, daß die See-Beluge vielleicht nichts anderes als der bei den Grönlandfahrern bekannte Weißfisch sein möchte. – Der Student Sujew fand sechs Werste unterhalb Obdorsk auf einem heidnischen Opferplatz sieben Köpfe von solchen Seetieren, welche die benachbarten Samojeden und Ostjaken im verwichnen Jahr außerhalb der Obischen Mündung auf den Strand gejagt und deren Köpfe hier für den Götzen auf Pfählen ausgesetzt hatten. Aus den gesammelten mündlichen Nachrichten dieser Heiden, welchen die See-Beluge sehr wohl bekannt ist, aus einem dieser sieben Köpfe, welchen ich ziemlich ganz erhalten habe, und aus dem, was in Tobolsk über eine junge Beluge angemerkt worden ist, bin ich imstande, die bisherigen Zweifel über dieses Seetier völlig zu heben.

Wenn ich sage, daß die See-Beluge oder der Weißfisch zum Geschlecht der Delphine gehört, welche wie die Walfische zwei Herzkammern, Lungen, warmes Blut, äußerliche Zeugungsglieder und Milchzitzen haben, so wird man schon schließen können, daß sie mit der Hause oder Beluge des Kaspischen und Schwarzen Meeres, welche eine Art knorpliger Störfische ist, nichts als den Namen, die Fischgestalt und die weiße Farbe, worauf sich der Name bezieht, gemein haben kann. Man sollte sie also im Russischen zum Unterschied immer die See-Beluge (Morskaja Beluga) nennen, weil sie dem Ozean eigen ist und nur zufälligerweise, nicht aber aus einem natürlichen Triebe in die Flüsse kommt, auch selbige nie bis zu einer beträchtlichen Entfernung von der See hinaufsteigt.

Der Weißfisch hat obgedachtermaßen nach den innern Teilen mit vierfüßigen Tieren und sonderlich mit dem Seehund so viel Ähnliches, daß auch die Samojeden ihn mehr für ein Wassertier als für einen Fisch halten. Er wird nicht über drei Klafter lang gefunden. Sein Kopf ist länglich, in Betrachtung des Körpers ziemlich klein, mit einer kegelförmigen, etwas platten, am Ende stumpfen und ganz gelinde abwärts gesenkten Schnauze. Die Augen sind klein, rund und liegen aus dem Kopf hervor. Auf dem Rüssel befinden sich keine Nasenlöcher; deren Stelle vertritt das auf der Stirn befindliche Blasloch, welches auswendig einfach, am Gaumen aber durch eine Knochenscheidung geteilt ist und woraus das Tier, wenn es an der Wasserfläche schwimmt, einen ziemlich hohen Wassersprudel auswerfen soll. Die Ohrlöcher sind äußerlich sehr kenntlich. Das Maul ist mit den Lippen nicht viel weiter als ein Rentiermaul, wenn aber das Tier beißen will, so reißt es einen weiten Rachen auf. Beide Kinnladen haben auf jeder Seite eine Reihe von neun kurzen und ziemlich stumpfen Zähnen, wovon die obersten etwas nach vorwärts liegen und eine Aushöhlung haben, in welche die untern, mehr aufgerichteten und abgeschliffnen Zähne passen. Der zweite und dritte Zahn von der Spitze ist im obern Kinnbacken etwas länger als die übrigen und fast wie ein Schweinszahn zugeschärft. Man wird sich davon aus der hier mitgeteilten Abbildung der Kopfknochen, welche ich von Obdorsk erhalten habe, eine deutlichere Vorstellung machen können. – Der Körper ist fischförmig, in der Mitte dick, gegen den Kopf zusammengezogen und fast wie durch einen Hals, aber kaum merklich abgesondert; gegen den Schwanz verdünnt er sich allmählich und hat auf dem Rücken keine Spur von Finne, wodurch sich diese Delphinart von allen andern bekannten Delphinen unterscheidet. Die Brustfinnen sind am Körper eine gute Hand dick, weiterhin schaufelförmig ausgebreitet, platt und fettreich, doch kann man fünf Fingerknochen darin deutlich fühlen, und der Rand hat auch fünf sichtbare Hervorragungen. Der Schwanz ist knorplig, in zwei Lappen geteilt und steht waagrecht. Wenn das Tier schwimmt, so krümmt es den Schwanz wie ein Krebs unter sich und schlägt das Wasser mit viel Gewalt rückwärts, auf welche Art es wie ein Pfeil schnell fortschießt. Die Haut ist am ganzen Leibe so glatt wie Menschenhaut, schlüpfrig, von Farbe weiß und ohne alle Haare, welche diesem Tiere aus mündlichen Nachrichten mit Unrecht zugeeignet worden sind. Unter dem Bauch ist die weibliche Schamöffnung sehr deutlich, und nahe dabei stehen zwei Euter fast wie Kuhzitzen, die voll weißer Milch sind, aber von den Samojeden mit dem

Geburtsgliede abgeschnitten und weggeworfen werden. Das männliche Glied ist auf drei Spannen lang, so dick wie der Arm, am Ende aber wie beim Stier zugespitzt und ohne Knorpel oder Knochen. – Die Samojeden sagen, das Fleisch dieses Tieres sei so schwarz wie ein Kessel und der ganze Körper mit einer weißen Schwarte überzogen, woraus sehr reines Fett bereitet werden kann. Die Jungen sollen schwärzlicher oder grauer als die Mutter sein und mit derselben schwimmen. Überhaupt halten sich die Weißfische in kleinen Herden zusammen, zu deren Jagd, wenn sie sich im Obischen Meerbusen sehen lassen, die Samojeden sich in zahlreichen Gesellschaften versammeln und sie auf seichte Stellen treiben, wo sie selbige harpunieren und töten können.

In Tobolsk hatte man im Jahr 1768 ein junges Tier bei Winterszeit aus der obdorischen Gegend erhalten. Die Länge desselben betrug nur zwei Klafter, und die Farbe soll aschgrau gewesen sein, vielleicht weil sie an der Luft viel von ihrer Weiße verloren hatte. Ich bekam die Kopfknochen davon, an welchen die Zähne kaum aus den Kinnladen hervorzubrechen anfingen. Es war auch noch die ausgestopfte Haut und das in Weingeist aufbehaltne männliche Glied davon vorhanden. Der Herr Statthalter Tschitscherin hatte eine Zeichnung davon besorgen lassen, welche, wie alle vorhandnen Teile, mit obiger Beschreibung völlig übereinstimmte. Der bei dortiger Statthalterschaft bestellte Herr Doktor Baden, welcher das Tier zergliedert hatte, verglich dessen innere Teile mit den Eingeweiden eines Kalbes, welches mir auch von den andern bestätigt worden ist.

Die Jagd ist in allen nördlich von Beresow gelegnen Gegenden noch ziemlich ergiebig. In den nördlichsten, waldlosen Wildnissen gegen den Ozean sind die häufigsten Tiere die blauen und weißen Eisfüchse (Peszi), rote Füchse, weiße und graue Wölfe, Vielfraße und Rentiere. In den nähern waldigen Gegenden gibts Elentiere, Luchse, Zobel, Hermeline, Grauwerk, an den Flüssen Otter und Biber und nur sparsam schwarze Bären, so wie auch an der Seekante die weißen Bären in diesem Strich nicht sehr häufig fallen, weil sie sich nur auf den äußersten Landspitzen gegen Norden und auf den Eisfeldern des Ozeans aufhalten. Um Obdorsk werden selbige sehr selten gesehen, da sie doch im Jenissej bis gegen Mangasea nicht so ungewöhnlich sein sollen. – Von Eisfüchsen ist der Fang im beresowschen Gebiet nicht alle Jahre ergiebig, weil man bemerkt haben will, daß diese Tiere in gewissen Jahren den Mäusen gegen Osten nachziehn und alsdann im Mangaseischen viel häufiger bemerkt worden sind, wenn am Ob die Jagd am schlechtesten gewesen.

Die meisten Arten, diese Tiere zu fangen, deren sich die Ostjaken und Samojeden bedienen, sind von den an andern Orten Sibiriens und auch zum Teil in Rußland gebräuchlichen wenig unterschieden. – Außer dem Geschoß sind Fangklemmen (Kapkani) und selbstschießende Bogen (Samostrjeli) auf Bären, Wölfe, Luchse und Vielfraße die gewöhnlichsten Jagdarten. Wölfe und Füchse werden auch mit Giftbissen von Krähenaugen oder Sublimat und mit Fallbalken (Slopzy) erlegt. Von letztern machen die Ostjaken eine Art unter dem Namen Kuromseß, welches bloß mit einem Pflock, woran das Aas festgebunden ist, aufgestellt wird und das Tier, welches das Aas mit dem Pflock wegrückt, in einem von Splinten gemachten Gange erschlägt. Diejenigen Klemmfallen, welche man in Rußland hauptsächlich vor die Hermelin- und Iltishöhlen stellt, werden von den Samojeden auch größer auf Eisfüchse gebraucht und am Ob Tscherkan genannt. – Auf Füchse stellt man selbstschießende Bogen im tiefen Schnee gegen Schneehügel, in welche man Fischbrocken vergräbt und an welchen man zuvor bemerkt haben muß, wo der Fuchs den Hügel aufgräbt, um die Fischbrocken zu langen, da man dann auf eben die Stelle das Geschoß richtet.

Zobel, welche in dieser Gegend von sehr geringem Wert sind, werden teils mit Bolzenpfeilen von den Bäumen geschossen oder in Stellnetze gejagt. Spürt man sie in ihren Höhlen schlafend auf, so wird ein Sacknetz (Saip) vor die Höhle gestellt und von hinten im Schnee gewühlt, wodurch der Zobel ins Netz gescheucht wird und sich verwickelt.

Biber halten sich an einigen unbewohnten Flüssen noch in Gesellschaften zusammen, mehrenteils aber wohnen sie einzeln an waldigen Ufern. Man sucht ihre Höhlen sonderlich zur Winterszeit auf, verrammt den Eingang von der Wasserseite mit Pfählen, erweitert das am Lande befindliche Luftloch und läßt durch selbiges einen Hund hinein, welcher so abgerichtet ist, daß er den Biber mit den Zähnen hält und sich mit demselben an den Hinterfüßen herausziehn läßt. – Otter werden auch teils mit Hunden verfolgt, teils mit Selbstgeschoß, welches man an den Ufern aufstellt, getötet.

Verhacke (Sasseki) werden in waldigen Gegenden gemacht und an deren Öffnungen entweder Selbstgeschoß oder starke Schlingen gestellt, in welchen sich Elen- und Rentiere, desgleichen Rehe fangen. – Aber in den freien Moosebenen gegen das Meer, wo dieses Mittel nicht angewendet werden kann, haben die Samojeden andre Arten ersonnen, um den wilden Rentieren beizukommen, welche auch des Winters dort in Herden von zehn bis hundert, ja zweihundert Stück gehn. – Wenn sie in ziemlich zahlreichen Gesellschaften beisammen sind und eine wilde Rentierherde erblicken, so stellen sie ihre zahmen Rentiere und Schlitten von fern auf eine flache Anhöhe an der Windseite und stekken von selbigen gegen die wilde Herde, so nahe sie nur kommen dürfen, ohne sich durch die Witterung zu verraten, lange Stecken mit daran gebundnen Gänseflügeln, die der Wind frei bewegen kann, anfänglich nur fünf, weiterhin aber bis auf zehn Faden voneinander in den Schnee aus. Danach fangen sie auf der andern Seite unterm Winde, etwa fünfzig Faden von den Schlitten, an, eben dergleichen Fittiche aufzupflanzen, womit sie so lange fortfahren, bis die wilde Herde fast vorbei ist. Weil die Rentiere das Moos unterm Schnee weiden müssen und auch sonst wegen der Geweihe nicht weit um sich sehn, sondern sich mehr auf die Witterung trügen, so merken sie von allen diesen Anstalten nicht leicht etwas. – Wenn alles fertig ist, so teilen sich die Samojeden; ein Teil versteckt sich nicht weit von den Schneeschanzen, andre, die den Namen Wardan bekommen, legen sich mit Bogen und Gewehren in die Öffnung unterm Winde; und einige entfernen sich und treiben durch einen Umschweif das Wild zwischen die Schreckflügel. Aus Furcht vor diesen laufen die wilden Rentiere gerade auf die zahmen, welche bei den Schlitten sind, zu; da aber werden sie von den versteckten Leuten gescheucht und den Wardanen zugetrieben, welche eine große Niederlage unter ihnen anrichten.

Fügt es sich, daß eine wilde Herde in der Nähe eines Berges weidet, so hängen die Samojeden alles, was sie von Kleidern und andrem Plunder haben, rund um den Fuß des Berges an Stangen aus und machen mit aufgepflanzten Fittichen eine weite Straße gegen den Berg an, in welche sie die wilden Rentiere von fern zusammentreiben. Sobald sich diese zwischen den Fittichen befinden, so fahren die Weiber mit den Schlitten vor die Öffnung und schließen das Wild auch von dieser Seite ein. Die Rentiere, welche keine Ausflucht sehn, fangen darauf an, rund um den Berg zu laufen, und werden bei jedem Umlauf von den versteckten Schützen bewillkommt, so daß selten eins davonkommt.

Weil aber zu solchen Jagden viel Leute gehören, die sich nicht allemal beisammen befinden, so haben die Samojeden noch andre Erfindungen, um die Vorsichtigkeit der wilden Rentiere zu täuschen. Sie richten vier bis fünf von ihren zahmen Rentieren ab, daß sie in einer gewissen Ordnung um den Schützen beisammen gehn. Eins geht an einem viele Klafter langen Strick voraus, die andern gehen dem Schützen zur Seite, welcher von allen die Stricke am Gürtel festmacht, um die etwa in Unordnung geratenen Tiere, wenn es durch einen Blick nicht gelingen will, vermittels dieser Stricke wieder in ihre Ordnung zu leiten. Gemeiniglich hat man weibliche Rentiere abgerichtet, bei welchen dann die Jungen noch nebenher laufen. Mit einer solchen Begleitung kann der selbst in Rentierfellen gekleidete und gebückt gehende Schütze der wilden Herde ganz nahe kommen und sich das beste Stück zum Schuß aussuchen.

Zur Herbstzeit, wenn die Rentiere brünstig sind, wählen die Samojeden unter ihren Rentieren einen starken, ungeschnittnen Bock (Char) und suchen damit wilde Herden auf. Wenn sie dergleichen antreffen, so machen sie dem zahmen Bock Schlingen an dem Geweih fest, breiten sie an den Enden gehörig aus und befestigen sie mit ganz losem Bast in dieser Lage. Damit geht das hitzige Tier auf die wilde Herde los. Der wilde Hirsch geht, sobald er einen fremden Mitbuhler ansprengen sieht, demselben zum Kampf entgegen. Während des Streits verwickelt er sein Geweih in den Schlingen, welche der zahme Hirsch trägt, und wenn er den Jäger ankommen sieht und entfliehen will, so sträubt dieser sein Geweih gegen die Erde und hält den

Widersacher so lange fest, bis ihm der Jäger den Rest geben kann. Die Samojeden suchen zu diesem Dienst starke und hitzige Hirsche aus und zerkneifen ihnen die eine Hode mit den Zähnen, damit sie besser bei Kräften bleiben.
Sonst ist auch den wilden Rentieren im Sommer, wenn sie sich in die kühlen Bäche begeben, und bei tiefem Schnee mit Schneeschuhen gut beizukommen.
Wenn die Samojeden nahe an der Seeküste stehn, so suchen sie auch den Walrossen und Seekälbern, die sich nahe am Ufer auf die Klippen oder aufs Eis begeben, beizukommen. Es gibt im Eismeer mehr als eine Art von Seehunden, wenigstens sind diejenigen, welche man am Ob, Jenissej und Lenastrom unter dem russischen Namen Morskoi Sajez (Seehase) kennt, von der gemeinen Art völlig unterschieden. Die jungen Seehasen, wovon ich Felle gehabt habe, sind schneeweiß, glänzend wie Silber und haben ein längeres, wolligeres Haar als andre Seehunde, so daß man sie, wenn nicht der Kopf und die Füße daran sind, leicht für Felle von jungen Seebären halten kann. Die Samojeden lauern den Seehunden am meisten zur Frühlingszeit auf, wenn sich diese Tiere an den Flußmündungen durch Öffnungen, welche sie mit ihrem Atem im Eise unterhalten, aus dem Wasser begeben. Da legen die Samojeden bei den Öffnungen Bretter hin, an welchen ein Seil befestigt ist, und verbergen sich hinter einer Eisscholle, bis der Seehund aufs Eis kommt, da sie dann das Brett über die Öffnung ziehn und das Tier, welchem der Rückweg versperrt ist, so gut sie können niedermachen. (...)
(*Irkutsk*, 14. März 1772) Viele Merkwürdigkeiten, die ich hier zu sehn Gelegenheit hatte, nützliche Nachrichten, welche ich über die mir noch größtenteils unbekannten Gegenden jenseits des Baikals einsammeln konnte, und die vielen Gnadenbezeigungen des dortigen Statthalters, Herrn Generalleutnants und Ritters von Bril, Exzell., unterhielten mich eine Woche lang so geschäftig, daß ich an die Beschreibung der Stadt selbst nicht denken konnte, welche ich also nebst der ganzen umliegenden Gegend dem hier zurückbleibenden Herrn Georgi, welcher bis zur Befreiung des Baikals vom Eise wenigstens einige Monate in Irkutsk zu verweilen hatte, auftrug und demselben alle mir bekannt gewordnen Nachrichten von Merkwürdigkeiten, die sich um den Baikal

befinden, zu seiner vorhabenden Reise längs den Küsten dieser See mitteilte.
Eine höchst außerordentliche Seltenheit, welche mir in Irkutsk durch die Gunst des Herrn Statthalters zuteil ward, verdient hier erwähnt zu werden. Es war diesen Winter am Wiljuifluß von den dort auf die Jagd gehenden Jakuten der Körper eines unbekannten großen Tieres gefunden worden, wovon der Amtmann (Uprawitel) in Wiljuiskoje Simowje, namens Iwan Argunow, den Kopf nebst einem Hinter- und Vorderfuß durch die Jakutskische Kanzlei wohlbehalten nach Irkutsk überschickt hatte. In dem dabeigefügten Bericht, der vom 17ten Januar dieses Jahres datiert war, wurde gemeldet, daß man dieses tote und schon sehr verweste Tier im Dezembermonat etwa vierzig Werste oberhalb Wiljuiskoje Sim. auf dem Sande des Ufers, etwa ein Klafter vom Wasser und vier Klafter von einem höhern steilen Ufer, halb im Sande vergraben, angetroffen hätte. Man habe es auf der Stelle gemessen und $3^3/_4$ russische Ellen lang befunden, die Höhe aber sei auf dreieinhalb Ellen geschätzt worden. Der ganze Körper des Tieres habe noch die natürliche dicke und lederhafte Haut gehabt, sei aber so verwest gewesen, daß man nichts Ganzes, als die Füße und den Kopf, hätte davon bringen können, welche zur Seltenheit nach Irkutsk, ein dritter Fuß aber an die Jakutskische Kanzlei überschickt worden waren. – Die nach Irkutsk gelieferten Teile zeigten beim ersten Anblick, daß sie zu einem erwachsnen Rhinozeros gehört haben mußten. Der Kopf war noch ganz mit dem natürlichen Leder bekleidet und daher desto kenntlicher. Auf der Haut hatten sich noch an der einen Seite kurze Haare und fast überall die äußere Organisation der Haut sehr wohl erhalten. Sogar die Augenlider schienen nicht völlig ausgefault zu sein. Unter der Haut lag hin und wieder um die Knochen, desgleichen in der Hirnhöhle ein lehmiges Wesen, welches von verwesten weichen Teilen übrig schien. Aber an den Füßen waren außer der Haut noch starke Überbleibsel von den Gelenkbändern und Sehnen sichtbar. Das Horn vom Rüssel und die Hufe der Füße fehlten; aber die Stelle des erstern und der Rand der Haut, welche sich um selbige ansetzte, waren, so wie die Spaltung des Vorderfußes sowohl als des Hinterfußes, unzweifelhafte Kennzeichen dieses Tiers. Ich habe von dieser

wunderbaren Entdeckung in einer besondern Abhandlung, welche den Schriften der Kaiserlichen Akademie der Wissenschaften einverleibt ist, gehandelt und will also hier nicht wiederholen, was ich von der Ursache, welche ein Rhinozeros bis in die nördlichsten Gegenden an der Lena und so viel andre Überbleibsel fremder Tiere über ganz Sibirien gebracht haben kann, vorgetragen habe. Ich will hier nur einige Umstände hinzufügen, welche mir erst nach dem Druck der obgedachten Abhandlung auf einige an den wiljuischen Amtmann Argunow schriftlich gerichtete Fragen sind mitgeteilt worden und uns die Gegend, wo obgedachte seltne Überbleibsel entdeckt wurden, nebst der Ursache ihrer langen Erhaltung kennen lehren. – Das Land ist am Wiljui bergig; es sind aber lauter Flözgebirge, welche teils sand- oder kalkhaltige Schiefer, teils weiche Tonlagen mit vielen Kiesen enthalten; auch findet man am Ufer zerbrochne Steinkohlen, deren es höher am Wiljui irgendwo einen Flöz geben muß. Der Bach Kemtendoi (oder wie er bei Herrn Gmelin geschrieben ist, Kaptendei), an welchem sich ein ganzer Berg von Selenit und Steinsalz in der Nachbarschaft eines Alabasterberges befindet, liegt von der Stelle, wo das Tier entdeckt worden ist, noch über dreihundert Werste den Wiljui aufwärts. – Rechts gegen diese Stelle liegt am Wiljui ein sandiger, aber Fliesensteinlagen zeigender Berg, dessen Höhe auf etwa fünfzehn Faden geschätzt wird und an welchem der Körper des Tieres ziemlich tief in grobem Grießsande muß gelegen und durch den Erdfrost sich erhalten haben. – Denn das Erdreich taut am Wiljui nie in einer beträchtlichen Tiefe auf. Die wärmsten, sandigen, hochgelegnen Strecken erweicht das Sonnenfeuer bis auf zwei Ellen unter der Oberfläche; aber in den Tälern, wo der Boden von Ton und Sand vermischt ist, findet man am Ende des Sommers höchstens eine halbe Elle tief alles noch gefroren. Ohne eine solche Beschaffenheit wäre es freilich unmöglich gewesen, daß sich die Haut eines Tiers, mit andern weichen Teilen, in der Erde hätte erhalten können, dessen Versetzung aus seinem südlichen Vaterlande in die gefrornen Nordländer wohl nicht später als bei der Sintflut auf eine so schleunige Art kann geschehen sein, weil die ältesten Geschichtsbücher der Menschen keiner neuern Erdveränderung Erwähnung tun, welcher man mit einiger

Wahrscheinlichkeit diese Überbleibsel des Rhinozeros, ja auch nur die über ganz Sibirien zerstreuten Elefantengebeine zuschreiben könnte.

Wegen der eingetretnen warmen Witterung sah man jetzt um Irkutsk die letzten Schwärme der Schneelerchen (Alauda alpestris) und schwarzen Sperlinge (Fringilla flavirostris)* nordwärts flüchten; wohingegen eine Art diesen Gegenden eigner bunter Dohlen (Corvus dauricus)*, welche den Winter in den wärmern Gegenden der Mongolei und vielleicht in China zubringen, jetzt schon ankam und sich in Städten und Dorfern häufig zeigte. Vom 20sten zum 21sten März (1772) fiel zwar wieder ein starker Schnee; allein er taute darauf so geschwind weg, daß ich auf Beschleunigung meiner weitern Reise denken mußte, wenn ich nicht die Winterbahn verlieren wollte. Also verließ ich Irkutsk den 22sten.

Schon achtzehn Werste von der Stadt hatte die Angara, auf welcher der Winterweg geht, große offne Stellen; ja oberhalb Paschkowa oder Chromowa Staniz war eine Strecke dieses Flusses schon größtenteils vom Eise rein, und es wimmelte darauf von Enten und Tauchern, worunter ich zum ersten Mal die schöne Anas histrionica* erblickte. Wir mußten hier längs dem steinigen Ufer fahren, welches, weil kein Schnee mehr darauf vorhanden war, höchst langsam und schwer vonstatten ging. – Je näher man dem Baikal kommt, desto höher und wilder wird das Gebirge, welches in der irkutskischen Gegend ziemlich sanfte streicht und flözartig ist. Auch die Mündung der Angara ist zu beiden Seiten mit hohen Felsen eingeschlossen, zwischen welchen man wie durch eine Pforte den weiten Umfang des Sees und das denselben auf der andern Seite begrenzende hohe Gebirge ansichtig wird. – Gleich an der Angarischen Mündung ist die zweite Poststation bei der am Seeufer gelegnen Listwenischnoje Simowje angelegt, von welcher ich noch heute längs dem Ufer bis Goloustnoje Simowje hätte kommen können, wenn nicht alle Pferde von der Station abwesend und die meinigen schon abgetrieben gewesen wären. Es stehen nämlich auf den von Irkutsk bis Selenginsk angelegten Stationen nicht mehr als sechs Postpferde; die Menge aber der auf diesem Wege in allerlei Geschäften mit Postpferden reisenden Leute ist dagegen so groß, daß man

auf den Simowjen am See zur Winterszeit selten Pferde zu Hause antrifft. – Ich mußte also hier übernachten und brachte den Rest des Nachmittags mit Spaziergängen auf den Bergen und längs dem Seeufer zu. An jenen war kaum etwas von Pflanzen kenntlich als die schöne wintergrüne Saxifraga bronchialis* und Androsace lactea. Aber die vom Schnee schon entblößten flachen Seeufer vergnügten mich mit einer unerwarteten Neuigkeit, nämlich einem vortrefflich zarten, im See wachsenden Schwamm (Spongia baikalensis), der von allen bisher bekannten Arten unterschieden und von ansehnlicher Größe ist. Er wird unter dem Namen Morskaja Guba (Seeschwamm) gelegentlich aufgesammelt und in Irkutsk von Silberschmieden zur Reinigung und gröbern Politur an Kupfer, Messing und Silbergeschirr gebraucht.
Den folgenden Morgen fuhr ich auf Goloustnoje Simowje; man reist auf dem Eise ziemlich gerade und daher oft weit vom Ufer entfernt. Solchergestalt beträgt dieser Weg fünfzig Werste, dahingegen längs des Ufers nach allen Buchten über einundsiebzig Werste gemessen sind. (...) – Wir hatten kaum die Hälfte dieses Weges zurückgelegt, da ein über alle Maßen heftiger und kalter Sturm hinter uns her blies, welcher oft die neben den Schlitten herlaufenden Fuhrleute viele Faden weit auf dem glatten Eise fortführte, so daß sie sich nicht anders als mit Hilfe ihrer Messer aufhalten konnten. Die Gefahr, bei solchen Stürmen zu erfrieren oder in die Spalten, welche das Eis hier und dort bekommt, geführt zu werden, ist nicht gering, und niemand wagt sich bei solchem Wetter die Reise quer über den See anzutreten. Weil nun das ungestüme Wetter immer zunahm, so wollte ich nicht einen Waghals abgeben und verschob die Überfahrt, wozu heute sonst noch Zeit genug übrig gewesen wäre, obwohl ungern, bis auf den folgenden Tag, der uns auch mit der günstigsten Witterung erfreute. In der Simowje fanden sich heute verschiedne Leute ein, welche auf den Seehundsfang ausgingen. Dieser ist auf dem Baikal besonders verpachtet, und der Pächter nimmt Freiwillige an, die er mit Munition versieht und welche ihm jede Haut mit Speck für einen mäßigen Preis liefern. Der Fang ist am meisten im April. Die Seehunde, welche sich des Winters zu solchen Stellen des Ufers am häufigsten versammeln, wo schnelle

Bäche oder warme Quellen Öffnungen im Eise unterhalten, begeben sich um diese Zeit häufig aufs Eis, um die Sonne zu genießen und zu schlafen. Solche Gegenden nun, dergleichen es besonders um die Mündung des Bargusin und Turkabachs gibt, sind den Schützen bekannt, welche sich mit kleinen Schlitten, vor welchen ein schneeweißes Segel ausgespannt ist, dem Seehunde, der das Segel für eine Eisscholle ansieht, nähern und ihn mit Kugeln töten.
Die Fahrt über den *Baikal* geschah geschwind und glücklich. Von der Mündung des Bachs Goloustna, der noch 2 Werste und 300 Klafter von der Simowje entfernt liegt, sind über das Eis bis Posolskoi Kloster zweiundfünfzig und eine halbe Werst gemessen; man zahlt aber gemeiniglich für sechzig Werst. Gegenwärtig war das Eis noch ohne alle Gefahr; nur eine auf anderthalb Ellen weite Spalte nötigte uns, einen beträchtlichen Umweg zu nehmen. Das Eis hatte sich im heurigen Winter auf dem ganzen See so glatt wie ein Spiegel gesetzt; man sah kaum längs den Ufern hin und wieder hervorragende Eisschollen (Torossy). Aber nicht alle Jahre ist die Bahn so eben. Der Schnee haftet auf dieser weiten Eisebene sehr wenig, und also kann der See, wenigstens im Anfang, nicht anders als mit wohlbeschlagnen und geschärften Pferden befahren werden; dadurch wird nach und nach eine Bahn (Sakma) gehauen, auf welcher denn auch unbeschlagne Pferde zur Not laufen können. Gemeiniglich bleibt das Eis auf dem Baikal, der erst im Januar, sehr selten mit Ausgang des Septembers zufriert, bis spät im April noch sehr fest. Wenn es im Frühling längs den Ufern durch die Quellen gefährlich zu werden anfängt, so nimmt man den Weg von Listwenischnoje Simowje schräg über den See nach dem Posolskischen Kloster, welcher Abstand, wie der gewöhnliche Weg, für $94^1/_2$ Werste bezahlt wird, nach Messungen aber nicht 70 W. betragen soll. Wenn schon das Eis große Spalten gewinnt, so führt man Bretter mit sich, auf welchen man Pferde und Schlitten so gut man kann über diese Klüfte bringt. Ja in höchstnötigen Verschickungen wagen sich Leute noch alsdann über das Eis, wenn die Eisfelder schon viele Faden voneinander stehen, aber nur zu Fuß und mit Beihilfe kleiner Kähne, welche sie über das Eis schleppen und von einer Scholle auf die andre rudern. Denn im ersten Frühling ist der Landweg,

welchen man im Sommer den Irkut aufwärts nach Tunkinskoi Ostrog und von da längs den Gebirgsflüssen Dshonmurin und Dshida nach Selenginsk zur Not zu Pferde machen kann, wegen der Schneewässer im hohen Gebirge nicht zu gebrauchen. (...)

Ich will nun eine Beschreibung des gegen *Kjachta** angelegten chinesischen Grenz- und Handelsstädtchens geben, insofern ich solches sowohl jetzt als nachmals bei der im Sommer wiederholten Reise nach Kjachta habe kennengelernt. Dieser Ort hat eigentlich keinen eigentümlichen Namen. Die Russen nennen ihn nur den *Chinesischen Flecken* (Kitaiskaja Sloboda) oder auch Naimatschin. Die chinesische Benennung, aus welcher diese verderbte auch bei Mongolen gebräuchliche entstanden, ist eigentlich Maimatschin* und soll aus den beiden nikanischen und mandshurischen Worten Maima und Tschin oder Tschen zusammengesetzt sein, deren jenes soviel als Handel, letzteres aber einen jeden mit Mauern umgebnen Ort bedeuten soll. Der eigentliche mongolische Namen ist Dai-Oergö, und ein mandshurischer, gleichfalls unter den Mongolen gebräuchlicher soll Chadaldatschin sein. – Der Ort liegt nicht viel über sechzig Faden von der südlichen Wand der Festung Kjachta, selbiger ungefähr parallel, auf einem schönen ebnen Platz vom Bache Kjachta völlig abgesondert und scheint ungefähr zweihundert dicht aneinander gebaute Gehöfte zu enthalten. – In dem mittlern Abstande zwischen demselben und der russischen Festung stehen zwei auf zehn Fuß hohe Grenzpfähle nebeneinander, deren einer mit russischer, der andre mit mandshurischer Aufschrift geziert ist. – Der Chinesische Flecken hat keine andre Befestigung als eine ins Viereck um die äußersten Linien der Häuser gezogne Bretterwand, um welche im Jahr 1756, zur Zeit des letzten Kalmückischen Krieges mit dem choitischen Fürsten Amursanan*, da dieser Grenzort von den unter ihrem Fürsten Schadir-Wang sich empörenden Mongolen mit Feuer und Schwert bedroht wurde, in der Eil ein kleiner, kaum drei Fuß breiter Graben gezogen worden ist. Diese Befestigung beschlägt einen viereckigen, von Osten nach Westen etwas verlängerten Raum, dessen größte Seiten dreihundertundfünfzig, die kleinern aber etwa zweihundert Faden lang sein mögen.

Jede Wand hat in der Mitte ein Haupttor auf die Hauptstraßen, die nördliche aber überdies zwei Nebenpforten, welche auf Nebenstraßen sich öffnen, und eine solche Nebenpforte ist auch in der südlichen Wand gegen die am Kjachtabach angelegten Gärten. Über einem jeden Haupttor ist ein hölzernes Wachthäuschen gezimmert, wo die chinesische Besatzung, welche aus zerlumpten Mongolen mit Knütteln besteht, hauptsächlich des Nachts Wache hält. Außen vor den Toren, an der russischen Seite sind nach chinesischer Gewohnheit, Schutzwände oder Schirme von Brettern, etwas breiter als die Tore und etwa vier Klafter davon angebracht, um zu verhindern, daß man nicht durch die offnen Tore gerade auf die Straßen hinuntersehen könne. Die Häuser sind in regelmäßige schnurgerade Linien verteilt, welche zwei im Mittelpunkt des Orts sich kreuzende, drei bis vier Klafter breite Hauptstraßen und noch zwei von Norden nach Süden laufende, der mittleren parallele Nebenstraßen ausmachen. Sie sind ungepflastert, aber mit Grand beschüttet, in der Mitte zum Ablauf des Regens ausgetieft und werden sehr reinlich gehalten.
Die Gehöfte sind geraum und nehmen jedes einen zehn bis zwölf Klafter großen, länglichen Platz ein, der mit Grand beschüttet und überaus sauber gehalten ist. An der Straße hat jedes einen großen bedeckten Torweg, mit oder ohne Nebenpforte und daneben Warenkammern, welche den Eingang vom Hofe, außen aber ein hervorschießendes Dach und darunter durch eingesetzte, starke hölzerne Traillen* einen Vorraum, etwa wie ein Viehkoben ist, zu haben pflegen. Die übrigen, das Gehöft umgebenden Gebäude sind teils mit der Wohnstube zusammenhängende Warenkammern, teils abgesonderte Vorratsräume und eine Küche. Alle Gebäude sind sehr einförmig, nicht viel über zwei Klafter hoch, ohne Stockwerke, von Holz oder schwachem Fachwerk erbaut, mit Lehm beworfen und weiß getüncht. Die Dächer sind platt, oft weit hervorschießend mit untergesetzten Säulen, mehrenteils von Brettern, bei gemeinen Häusern aber auch wohl über einem Rostwerk von Stangen mit Rasen gedeckt. An allen Gebäuden sind die Fenster groß und nach europäischer Art gemacht, aber wegen Teuerung des Glases und Fraueneises nur von Papier, einige Scheiben in den Wohnstuben zur Aussicht ausgenom-

men. – Die Wohnstube liegt selten an der Straße. Sie ist zugleich ein Laden, wo von allen Waren etwas zur Probe in Wandschaften aufgesetzt ist. Die Papierfenster derselben sind gemeiniglich mit kleinen Gemälden geziert. Der Fußboden ist ein von Ton geschlagner Estrich, die Wände sind gemeiniglich zur Zierde mit buntem Papier bekleidet; aber das meiste nehmen die Wandschreine ein, welche auch zum Teil mit papiernen Türen vor dem Staub verwahrt werden. – Fast über die Hälfte der Stube ist ein etwa zehn Fuß erhöhter, getäfelter Absatz, auf welchem gesessen und geschlafen wird. An diesem Absatz ist von gleicher Höhe oder etwas höher ein von Ziegeln aufgemauerter viereckiger Ofen mit einer senkrechten zylindrischen Aushöhlung angebracht, in welche von oben klein gehauenes und kurzes Holz hineingesteckt und angezündet wird. Obgleich nun die Öffnung des Ofens gar nicht bedeckt wird und man das Feuer, welches auch zum Teekochen dient und daher sogar zur Sommerszeit öfters angezündet wird, in der Stube sieht, so wird doch kein Rauch gespürt, welcher die Waren verderben möchte, sondern alles zieht abwärts in eine Röhre, welche vom Fuß des Ofens unter der Schlafbank hin und her geführt ist und sich endlich an der Straße in einen gerade aufgerichteten Schornstein, der nicht über das Dach hervorragen muß, endigt. – Dadurch wird die Schlafbank oder der erhöhte Absatz der Stube zur Winterszeit, wenn fleißig gefeuert worden ist, dergestalt erwärmt, daß man darauf nicht mit dem Kopf gegen die Wand schlafen kann. In den Stuben sieht man keine Mobilien als etwa einen Tisch und ein paar auf dem Absatz stehende, niedrige lackierte Tischchen, auf deren einem beständig ein Becken mit glühenden Kohlen, welche so gut geschwelt sind, daß sie keinen Dunst geben, zur Anzündung der Tabakspfeifen unterhalten wird. – In einer besondern, mit seidnen Vorhängen versehenen Nische findet man in allen Stuben einige auf Papier sauber geschilderte Götzenbilder, vor welchen Lampen und Lichter, die an Festtagen brennen, und ein besondres, aus Metallen oder Stein zierlich verfertigtes Aschengefäß, worin die Überbleibsel der Räucherkerzen gesammelt werden, auch wohl allerlei kleine Zieraten und Blumenwerk aufgestellt sind. Diesen Bilderschrank sieht man ohne Unterschied bald an dieser, bald an jener Wand der Wohnstuben,

und es wird dabei nicht auf die Himmelsgegend gesehn. Die Chinesen lassen auch einen Fremden ohne Umstände den Vorhang aufheben und ihre Götzen beschauen.
Die Küchen übertreffen fast die besten europäischen an Reinlichkeit und Ordnung und haben außer dem Absatz, worauf die Hausbedienten schlafen, und dem zum Heizen bestimmten Ofen gemeiniglich noch zwei nebeneinander gemauerte, ebenso niedrige Öfen, worauf eiserne Kessel oder Schalen eingemauert sind. Unter dem Küchengerät ist nichts so besonders als gewisse breite Küchenmesser, womit das Fleisch, ehe man es aufträgt, in Mulden zu kleinen Bissen zerschnitten wird. Sie sind über eine Hand breit, eine Spanne lang, ungefähr viereckig, von poliertem Stahl, mit einem hölzernen Handgriff; die untere Schneide ist fast wie an Schermessern ausgeschliffen. Der Koch nimmt deren in jede Hand eins und zerschneidet also das Fleisch so klein er will, ohne es zu berühren.
Soviel von den Häusern der Chinesen; ich komme nun auf die in dem Grenzflecken befindlichen *Götzentempel* oder *Pagoden*, außer welchen von öffentlichen Gebäuden nur noch das für den Vorgesetzten der dasigen Kaufmannschaft oder Surgutschei bestimmte Wohnhaus und eine kleine mohammedanische Metschet in dem für die Bucharen bestimmten Quartier darin vorhanden sind, wovon zuletzt gehandelt werden soll.
Die eine Pagode ist in der Mitte des Orts, da, wo sich die beiden Hauptstraßen durchkreuzen, in Gestalt eines chinesischen Turms von zwei Aufsätzen, unter welchem man mittels eines Kreuzportals durchgehn kann, von Holz erbaut und mit Säulen, Malerei und eisernen Glocken an den hervorstehenden Ecken der Dächer verziert. Das Dach über den Portalen und am ersten Aufsatz ist viereckig, der obere Aufsatz aber ist mit seinem Dach achteckig, und danach richtet sich auch die Zahl der Glocken. An allen hat das hervorragende Ende des Klöppels vier rechtwinklig stehende Flügel, so daß der geringste Wind denselben bewegt und ein Geläut macht. Beide Aufsätze sind mit einer Galerie umgeben, welche von den auf Säulen ruhenden Dächern bedeckt wird und auf welcher sich die Tür eines jeden Aufsatzes an der Südseite befindet. In dem untern Aufsatz ist das Bild des Gottes Tien oder (nach dem Ausdruck der Chi-

nesen, die am meisten Kenntnis haben) des höchsten Gottes, der über die zweiunddreißig Himmel herrscht, aufgestellt. Die Mandschuren sollen denselben Abcho und die Mongolen Tingerü (Himmel oder Gott des Himmels) nennen. Er ist sitzend mit behaartem, entblößtem und von einem Schein, fast wie ein Christusbild, umgebnen Haupt, ein gerades Schwert in der rechten Hand ruhend, die linke aber wie zum Segen aufgehoben haltend, vorgestellt. Neben ihm stehn auf der einen Seite zwei Jünglinge, auf der andern ein junges Mädchen und ein alter Greis geschildert. – In dem obern Aufsatz zeigt sich ein andres Götzenbild, in einer schwarz und weiß gewürfelten Mütze, gleichfalls mit einem kleinen Greis und drei jungen Personen begleitet. Weder in dieser noch der vorigen Abteilung sieht man außer der Einfassung der Götzen und dabei angebrachten Verzierungen nichts Anmerkliches, auch keine Altäre oder andre Aufsätze. Diese Tempel werden auch nur an Festtagen geöffnet, und Fremde können selbige nicht ohne Erlaubnis besehn. Jedoch bezeigen die Chinesen darin nicht mehr Ehrerbietigkeit gegen die Bilder als in der großen Pagode.

Diese ist viel prächtiger und weitläufiger und liegt bei dem südlichen Haupttor, vor dem Hause des Surgutschei. Fremde können selbige, von einem der Götzendiener, welche im Vorhofe allzeit zugegen sind, begleitet, täglich und fast zu allen Zeiten besichtigen. Der Zugang zum Vorhof des Tempels ist gegen die südliche Stadtwand gerichtet und mit spanischen Reitern verwahrt. Man geht durch zwei zierliche, vermittels eines kleinen Gebäudes abgesonderte Pforten in den Vorhof; und diesen Pforten gegenüber ist an der Stadtwand ein kleines, mit Farben angestrichnes Theater, fast in der Form unsrer Marktschreierbuden oder noch eigentlicher einem Gewächshause ähnlich, aber zierlicher erbaut, neben welchem zwei hohe angestrichne Mastbäume errichtet sind, an welchen bei festlichen Gelegenheiten große Flaggen mit einigen chinesischen Zeichen aufgezogen werden; so wie an besondern Festen das Theater dient, um kleine burleske Lustspiele den Götzen zu Ehren aufzuführen, wobei Kaufmannsbediente die Lustspieler sind und den Zuschauern die Straße zum Parterre dienen muß.

Auf dem ersten Vorhof des Tempels ist zuerst das kleine

Gebäude zwischen den Pforten merkwürdig, welches die Tür gegen Norden oder gegen den Vorhof hat. Darin stehen innerhalb besonderer Gatter zwei gegen Süden gerichtete gesattelte Pferde, die aus Ton ziemlich unförmig in Lebensgröße modelliert sind; das zur Rechten ist ein Fuchs und springend vorgestellt; das andre ist isabelfarbig mit schwarzer Mähne und Schweif und steht im Schritt. Jedes wird von zwei bekleideten menschlichen Figuren, welche Stallknechte vorstellen, geführt; und diese sind, wie auch alle Götzenbilder im Tempel, mit viel Kunst ausgearbeitet; weil es die Stärke des nun verstorbenen Künstlers war, menschliche Figuren zu bilden. Bei jedem dieser Pferde steht auch noch eine gelbe, mit silbernen Drachen bemalte, seidne Fahne, sonst aber von Aufzierungen nichts.

Gleich gegen die Pforten des Vorhofs sind innerhalb desselben zwei bedeckte und mit einer Galerie umgebene Gerüste; auf dem östlichen hängt eine große Glocke von Gußeisen, welche mit einem hölzernen Handschlägel gerührt wird, und auf dem östlichen zwei ungeheure Pauken von Gestalt der beim kalmückischen Gottesdienst gebräuchlichen. Noch sind an diesem Vorhof zwei Seitengebäude, welche den beim Tempel bestellten Götzendienern zur Wohnung und Küche dienen.

Aus diesem äußern Vorhof geht man durch eine große und zwei kleine, mit vielem Schnitzwerk gezierte und bemalte Pforten in den innern Vorhof, der zu beiden Seiten mit schmalen Gebäuden versehen ist. Diese Gebäude sind in Kammern abgeteilt, welche gleich Sommerhäusern fast in ihrer ganzen Breite Gattertüren haben und innenher an den Wänden mit Gemälden, welche die Taten der Götter vorzustellen scheinen, ausgeziert sind.

Zwischen diesen Flügelgebäuden geht man zum Vorsaal des Tempels, welcher wie der Tempel selbst rundumher mit Säulen, lackiertem und vergoldetem Schnitzwerk, einem zierlichen chinesischen Dach und daran hängenden eisernen Glöckchen verziert, auch von einer Galerie umgeben ist. Dieser Vorsaal stellt eine Art von Waffenkammer vor; es sind darin längs den Wänden auf Gerüsten allerlei riesenmäßige, uralte Arten von Waffen und Kriegszeichen, Speere, Sicheln und breite Klingen, die auf langen Speerstangen befestigt sind, Morgensterne, Wappenschilder, Paniere, welche Hände, Drachenköpfe und dergleichen Bilder, alles sehr zierlich und vergoldet, vorstellen, nach der Reihe geordnet. Der Vordertür gegenüber oder vor der Hintertür ist eine ungeheure gelbe, mit silbernen Drachen und Laubwerk durchwirkte Standarte aufgesteckt, unter welcher auf einer Art von Altar, der mit Schränken umgeben ist, eine Reihe kleiner, auf Fußgestellen stehender, länglicher Tafeln mit chinesischen Inschriften ausgesetzt steht.

Aus der Hintertür dieses Rüsthauses, welches etwa zehn Klafter lang und fünf breit ist, kommt man über eine kurze, unbedeckte, mit Blumentöpfen besetzte Galerie zum Tempel selbst. Auf der Galerie, welche vor demselben mit einer Reihe Säulen angebracht ist, stehen zur Rechten und Linken des Eingangs in einiger Entfernung von der Tür klafterhohe eingcfaßte Tafeln von schwarzem Schiefer, worin man eine weitläufige Schrift von der Stifung des Tempels eingegraben hat. Vor dem Fußgestell der westlichen Tafel erblickt man in einem kleinen Gehäuse ein gräßliches Götzenbild, dessen Höhe kaum eine Spanne beträgt. – Der Tempel ist innenher ungemein wohl ausgeziert und an den Wänden mit einer Menge von Kriegsbegebenheiten und Heerzügen des Hauptgötzen beschildert. – Die Götzen, welche alle in Riesengröße mit viel Kunst aus Ton geformt sind, sitzen in drei Vertiefungen, welche die ganze nördliche Wand einnehmen, auf vier Fuß erhöhten Absätzen. Die Vertiefungen sind mit vielem vergüldeten Schnitzwerk und Zieraten fast in Gestalt eines Baldachins geziert. Der vornehmste Götze, welcher die mittlere, zwischen zwei besondern, mit vergüldeten Drachen umwundnen Säulen befindliche Vertiefung einnimmt, ist Gedsür oder Gessür-Chan, der von den Chinesen Lou-je oder der Erste und Älteste, auf mandshurisch Guan-loe (der oberste Götze) genannt wird und auf dessen Geschichte sich die beiden Pferde im Vorgebäude beziehn. Seine kolossalische, mehr als vierfach die Menschengröße übertreffende Figur ist sitzend, in prächtiger chinesischer Tracht, mit einem goldglänzenden, bärtigen Gesicht und gekrönten Haupt vorgestellt. Seine Kleider sind nicht, wie bei den übrigen Figuren, aus Ton gebildet, sondern aus seidnem Zeug verfertigt und sehr künstlich angelegt. Er hält vor sich in beiden Händen ein

Brettchen, als ob er begierig darauf läse. Ihm zur Rechten und zur Linken stehen, auf demselben Absatz oder Theater, zwei kleine weibliche Figuren, etwa vierzehnjährigen Kindern gleich, deren die eine in den Händen eine zierliche Papierrolle trägt. Vor ihm liegen auf kleinen Gerüsten zur Rechten sieben güldne Pfeile und zur Linken der Bogen, außer welchen man an der ganzen Figur nichts Kriegerisches, sondern mehr einen friedlichen Fürsten und Richter erkennt. Vor dem Götzen ist ein geraumer Platz mit Schranken umgeben; darin steht der Götzentisch oder Altar, und über demselben hängen von oben schmale seidne Streifen wie in mongolischen Tempeln herab, welche die Vertiefung, worin der Götze sitzt, etwas verdunkeln. Um den Altar befinden sich vier stehende, paarweise mit den Gesichtern gegeneinander gerichtete Figuren, welche die vormaligen vornehmsten Rats- und Kriegsmandarins* des vergötterten Gessür vorzustellen scheinen. Alle diese Figuren sind kolossalisch, aber kleiner als der Götze selbst. Die dem Götzen zunächst Stehenden sind wie Richter bekleidet und halten, so wie Gessür-Chan selbst, Brettchen vor sich, wovon der eine, sehr lebhaft mit einem weißen Bart vorgestellte, etwas laut herzusingen scheint. – Von den andern beiden Figuren ist die zur Linken geharnischt, hat eine Art von Tulband* auf und trägt ein großes Schwert in seiner Scheide auf der linken Schulter, mit dem Gefäß aufwärts. Die andre Figur ist ebenfalls kriegerisch geharnischt, sehr volleibig, mit einem fürchterlichen, rotbraunen Gesicht und hält eine Speerstange mit einer breiten Klinge am Ende in der rechten Hand.

In einer jeden der Seitenabteilungen haben zwei Götzenbilder, ein kriegerisches, das andre in Mandarinskleidern, ihren Sitz. Alle vier sind kleiner als Gessür-Chan, aber doch von ziemlicher Riesenstatur.

Die kriegerische Figur zur Rechten soll den Gott Maouang oder den Otschirbanni der Mongolen vorstellen. Sie sieht sehr fürchterlich aus, ist geharnischt, mit einem Spiegel auf der Brust, einem Auge auf dem Nabel und am Kopf drei dunkelbraunen, fast schwarzen Gesichtern. Er hat sechs Arme, wovon zwei krumme Säbel über den Kopf kreuzweis halten, von den nächsten hält die rechte einen Spiegel, die linke etwas Viereckiges, welches ein Stück Elfenbein vor-

stellen soll; mit den beiden vordern Armen aber hält dieser Götze einen gespannten Bogen mit aufgelegtem Pfeil, gleichsam im Begriff zu schießen.
Den neben ihm sitzenden Götzen nennen die Chinesen Zäusching oder den güldnen und silbernen Gott, die Mongolen aber Zagan-Dsambala. Er hat eine schwarze Mütze mit zwei stumpfen Ecken auf dem Kopf, ein Kästlein voll Kleinodien in der Hand und sonst gewöhnliche chinesische, sehr reiche Staatskleider an. – Ihm zur Seite stehen zwei kleine Figuren, deren eine mit einem abgestumpften Zweig vorgestellt ist. Eben dergleichen zwei Figuren begleiten den erstern, wovon die eine einen Pfeil, die andre ein Tier auf der Hand trägt.
In der Abteilung zur Linken ist der eine Götze Chuscho der Chua-schan auf mandshurisch, im Mongolischen Galdi genannt oder der Feuergott, mit einem gräßlichen, feurig rötlichen Gesicht, ganz geharnischt, ein gezücktes Schwert in der Hand, zwar sitzend, aber gleichsam im Begriff aufzuspringen, gebildet. Von seinen kleinen Trabanten ist der eine schreiend vorgestellt, der andre trägt auf der Hand einen Vogel, welcher einer Spießente ähnlich sieht.
Der andre Götze an dieser Seite ist der Ochsengott Nju-o, welcher friedlich sitzend in Madarinskleidung, mit einer Krone auf dem Haupt und, wie alle vorigen, einen runden Spiegel auf der Brust, vorgestellt ist. Die Chinesen halten ihn mit dem Jamandaga der Mongolen einerlei, und sein mandshurischer Name soll Chain-killowa, der mongolische aber, auf die Heldengeschichte des Gessür sich beziehende Bars-Batir (der Tigerheld) sein.[15] Die kleinen Figuren neben ihm sind mit einem Tier auf der Hand und mit einem vergoldeten Ring vorgestellt.
Auch vor diesen Götzen befinden sich Tische, auf welchen an Fest- und Bettagen einem jeden allerlei Backwerk, trockne Früchte und andre Leckereien, auch andre Speisen, ja sogar Fleischwerk und ganze geschlachtete Schafe vorgesetzt werden. Vorneher sind Aschengefäße, Räucherkerzen,

[15] Die Chinesen sind so argwöhnisch, daß auch die freundschaftlichsten unter ihnen die Namen der Götzen nicht sagen, sobald sie merken, daß man etwas aufschreibt, oder sie sagen auch falsche Namen. Ich will daher nicht für die Richtigkeit aller, sonderlich dieser letzten Benennungen gut sein.

Lichte und Lampen, deren einige für den Hauptgötzen Tag und Nacht brennend unterhalten werden, nach der Reihe aufgestellt. Unter anderem bemerkt man ein Gefäß, wie einen Köcher, mit vielen langen, aus Rohr gespaltnen, platten Stäblein, worauf kleine chinesische Denksprüche geschrieben sind, welche am Neujahrstage jedem, der ein solches Hölzchen aus dem Glücksköcher zieht, sein Schicksal auf selbiges Jahr verkünden sollen. – Desgleichen liegt am östlichen Ende des Tisches ein hohler, hölzerner, schwarzlakkierter Helm, auf welchen die zur Andacht in den Tempel Ankommenden mit einem Schlegel pochen sollen. – Auf diesen Helm zu klopfen wird keinem Fremden erlaubt, obgleich man sonst alles im Tempel berühren und die Götzen ganz nahe beschauen kann.
Von den übrigen öffentlichen Gebäuden ist wenig zu sagen. – Das Haus des Surgutschei oder obersten Befehlshabers über die Kaufmannschaft hat außer seiner Größe und innern saubern Ausmöblierung nichts besonders als zwei an der Pforte zum Wahrzeichen aufgerichtete Flaggenbäume und den im Vorsaal stehenden feierlichen Richterstuhl. Das bucharische Quartier ist im südwestlichen Winkel des Orts. Ihre kleine, von Holz ohne alle Zieraten erbaute Metschet hat so wenig Erhebliches, daß man nur ihr Dasein erwähnen darf. Die Bucharen selbst, deren viele die chinesische Tracht nachahmen, wohnen in ihren Häusern viel unreinlicher und schlechter als die Chinesen; obgleich die meisten sehr einträglichen Handel haben und sogar der Einkauf für den Pekingschen Hof durch Bucharen, welche zu dem Ende jährlich hierher kommen, mit solchem Ansehn besorgt wird, daß alle Waren, welche ein solcher Hoflieferant gehandelt hat, bei schwerer Strafe von keinem chinesischen Kaufmann dürfen überboten werden, bis jener seinen Einkauf geendigt hat.
Ich komme nun auf die *Chinesen* selbst und auf den Handel, welcher mit ihnen getrieben wird. Die Kaufleute, welche sich hier aufhalten, sind sämtlich Nikaner oder Eingeborne aus den nördlichen Provinzen von China, hauptsächlich aus Peking, der Stadt Santschue und einigen andern Städten. Sie halten sich hier als Reisende, ohne Familie, auf, und es darf in dem ganzen Chinesischen Flecken keine Weibsperson vorhanden sein. Weil aber die Chinesen das orientali-

sche Blut so gut als andre fühlen, so hat das kjachtische Weibsvolk, welches nicht spröde sein soll, aber zum Nachteil der Ehre der Nation, von ihnen manchen Gewinst. Man will auch einige Chinesen unnatürlicher Neigungen beschuldigen; wenigstens bemerkt man, daß sie gern junge, wohlgebildete Ladendiener halten und sehr vertraut mit ihnen sind. Auch sollen einige in dem mongolischen Hauptlager, wovon ich unten reden werde, viel Geld mit mongolischen Weibsbildern vertun. – Alle hiesigen Chinesen handeln kompanienweise, nämlich zwei und mehr Konsorten gemeinschaftlich, welche sich einander ablösen, so daß der eine in Kjachta den Handel besorgt, bis der andre mit einem frischen Vorrat ankommt, da sich dann jener auf ein Jahr nach Hause begibt und die eingetauschten Waren mitführt. – Über die auf der Stelle wohnende Kaufmannschaft hat der obgedachte Surgutschei die Oberaufsicht und obrigkeitliche Gewalt. Nicht nur die Polizei wird von ihm aufs strengste ausgeübt, sondern er dirigiert auch den Handel und gibt dahin abzielende Befehle, um den Vorteil seiner Nation nicht zu verlieren. Es pflegt eine Person von Rang und Kopf zu sein, und oft werden Mandarins, die sich an andern Orten nicht zum besten verhalten haben, zu einer Art von Strafe und zur Besserung hierher geschickt. Der Kristallknopf auf der Mütze und eine hinten überliegende Pfauenfeder sind die Zeichen seines Rangs, den man nach russischer Art mit dem geringern Stabsoffiziersrang vergleicht. Die Chinesen aber legen ihm den Ehrennamen Amban (Oberbefehlshaber) bei, und keiner erscheint vor ihm anders als mit Beugung des linken Knies, in welcher Positur ein jeder, der einiges Anbringen hat, während der ganzen Zeit seines Vortrags und der erteilten Antwort verbleiben muß. – Der Surgutschei hat zwar ein gewisses Gehalt; es kommt aber bei weitem den Geschenken nicht gleich, welche ihm seine Kaufmannschaft machen soll. – In China ist mit vier Rädern zu fahren nur das Vorrecht der Großen und eines vornehmen Rangs; der Surgutschei fährt nur in einem bedeckten Karren auf zwei Rädern.

Das Ansehn der Chinesen ist bekannt genug. Sie sind wohlgestaltet, und viele junge Leute haben recht angenehme, weiße Gesichter, welchen die kleinen schwarzen Augen mit ausgefüllten Winkeln nebst dem rabenschwarzen Haar gut stehn. Man sieht aber mehr auf mandshurisch artende, breite Larven mit hohen Backenbeinen, Nasen, die an den Augenwinkeln breit sind, und außerordentlich großen Ohren, die bei ihnen fast national zu sein scheinen. Nur ältere Leute lassen den Bart wachsen, den sie sehr dünn und schwarz haben. Das Kopfhaar, welches alle sehr lang und recht gleißend schwarz besitzen, scheren sie jetzt nach mandshurischer Art, wie sie selbst mit Unwillen bekennen, bis auf einen Scheitelschopf ab, den sie einflechten. Dadurch haben die Barbierer unter ihnen guten Verdienst, deren Wohnungen an einem über der Tür ausgesteckten Fähnlein kenntlich sind.

Ihre Kleider sind sehr einförmig und nach den Jahreszeiten eingerichtet, so daß sie besondre Kleider für den Winter, besondre für den Sommer und noch andre für die Mittelzeiten haben. Vorzüglich ist dieser Unterschied an den Mützen oder Hüten zu bemerken. Im Frühling und Herbst tragen sie kleine runde Deckel, die nur eben den Scheitel bedecken, mit einem abgeschrägten Rand, der mit Seehund- oder Seebärenfell oder auch mit Samt überzogen ist, oben mit einem Knöpfchen und rotem, aus Seide gedrehtem Quast, der die ganze Platte bedeckt. – Im Sommer gehen sie mit weiten, das Gesicht beschattenden, stürzenförmigen Strohhüten, welche sehr sauber geflochten und oft zu vier bis sechs Rubel das Stück bezahlt werden, mit einem zierlichen Quast aus langen, rot gefärbten, glänzenden Haaren, die von wilden Tangutischen Kühen* genommen sind. – Im Winter endlich bedienen sie sich platter, mit Fuchs bebrämter Mützen, welche aber die Ohren nicht bedecken, und wiederum seidner Quäste. – Nach chinesischem Gebrauch ist es eine Unhöflichkeit, bei einem Vornehmern die Mütze abzunehmen.

Die Kleider unterscheiden sich zu verschiednen Jahreszeiten nur in der Dicke des Unterfutters und der Materie. Vornehme und geringere Kaufleute sind gleichförmig gekleidet, und zwar vom Frühling bis in den Herbst meist im baumwollnen Glanzzeug (Kitaika), welches sie sogar fast alle von ähnlicher Farbe, nämlich schwarz oder seltner dunkelblau wählen. Der chinesische Anzug besteht aus einem bis an die Knöchel reichenden Rock, mit engen Ärmeln, der hinten bis ans Gesäß aufgeschlitzt, vorn aber in der ganzen

Länge mit Knöpfen versehen ist; darüber tragen sie ein Gewand, wie eine lange Weiberjacke, welches keine Ärmel, sondern nur Spalten hat, durch welche die Ärmel gesteckt werden. Und über alles tragen sie noch ein Koller oder kurzes Kamisol*, mit Ärmeln, die nicht weiter als zum Ellenbogen reichen, welches entweder von Seidenzeug und durchnäht oder mit Pelz gefüttert oder auch aus Zobelpfoten, Fuchspfoten, Seebärenfell und bei ganz gemeinen aus Reh- oder Pferdefell, das Rauche auswärts gekehrt, genäht wird. Vornehme tragen solche Koller von ausgesuchten krausen und schwarzen Schaffellen, Zobel oder von kamtschatkischen Seebiberfellen, von welchen auch um deswillen ein so starker Absatz nach China ist, weil der ganze Pekingsche Hof sich vorzüglich damit kleidet. – Die Stiefel der Chinesen sind weit, mit schwarzem Seidenzeug überzogen und mit mehr als fingerdicken, schweren Sohlen versehen, welche aus zusammengeklebtem, grobem Baumwollenzeug (Daba) verfertigt werden und einige Jahre dauern sollen. Am Leibgürtel, womit sie nur das Unterkleide befestigen, tragen sie beständig lange seidne, wohlausgenähte Tabaksbeutel mit Pfeifen und auch wohl ein Futteral, worin Messer und die Stöckchen, deren sie sich zum Essen bedienen, befindlich sind. Und in dieser ganzen Kleidung sieht man sie im Hause so wie auf der Straße.

Am Leibe sowohl als in ihren Häusern sind sie überaus reinlich, welches um desto mehr zu bewundern ist, da sie zur Aufwartung und Verrichtung der häuslichen Arbeiten nichts als Mannsvolk um sich haben: Die Kälte zu vertragen sind sie nicht zärtlich und heizen ihre Wohnzimmer im Winter so wenig, daß einen Europäer darin frieren würde. Viele, besonders Kaufherren, welche sich nicht mit dem Umpacken der Waren beschäftigen, lassen die Nägel an den Händen lang wachsen, so daß sie bei einigen mehr als einen halben Zoll über die Finger hervorstechen. Bei einigen habe ich selbige aufgerollt oder krumm ins Fleisch eingewachsen gesehn. Ein Europäer würde diese wunderliche und etwas anstößige Gewohnheit nicht ohne Beschwerlichkeit nachahmen können und gewiß die Nägel oft verlieren, ehe sie zur rechten Größe und Stärke erwachsen können.

Ihre Speisen sind reinlich, gesund und sehr diätisch, sogar richten sie sich darin auch nach den Jahreszeiten. Von allerlei Gartenfrüchten und Küchengewächsen wie auch von Süßigkeiten sind sie große Liebhaber. Sie essen auch gern Knoblauch und Steinlauch, welches sie hier in ihren Gärten vermehren; so wie sie im Sommer auch mit ihrem Kohl, Gurken, Rettich und Bohnen Kjachta am meisten versorgen und für sich noch überdies Spinat, Sellerie, Petersilien, Möhren, Beten und einen wie Endivien zerschlitzten Kohl bauen. Weil andre Gartengewächse ihres Landes hier nicht zur Reife kommen, so bringen sie Reis, verschiedne Erbsenarten und allerlei trockne, auch zur Winterszeit gefrorne Früchte mit sich hierher. Unter den Erbsenarten ist besonders eine längliche, kleine, grüne Art, Lodou genannt, merkwürdig, welche sie zur Winterszeit in oft abgewechseltem Wasser auswachsen lassen und roh anstatt eines Salats genießen. – Von frischen Früchten, die man von den Chinesen erhält, sind Arbusen, Äpfel (Pinsa), grünen Renetten gleich, Birnen, eine Art großer länglicher Quitten (Mugha), Zitronen, saure und süße Pomeranzen, kleine Kastanien (Lidsa), welsche Nüsse und kleine, rote, fünfeckige Mispeln[16], die im nördlichen China wild wachsen sollen, desgleichen eine Frucht Alema, welche nichts andres als ein Akaschu-Apfel zu sein scheint und aus den südlichsten Provinzen kommt, die bekanntesten. Ganz besonders ist noch eine Art Zitronen oder Pampelmus (Fuischu) anzumerken, welche wie ein Lilienstein in zwölf Finger zerspalten, ohne Fleisch und Kern und über die Maßen angenehm von Geruch sind, aber nur als Geschenke von dem Surgutschei ausgeteilt werden. Von trocknen Früchten sieht man bei den Chinesen lange Rosinen mit einem großen Kern; kleine, schwarze, säuerliche Rosinen; kleine Früchte von einer Art Elaeagnus*, mit einem besondern Kern (auf bucharisch Dshigdä, mongolisch Zagda, chinesisch Sazusa), eine Art rötlicher, zum Teil geräucherter Pflaumen (Schuptuga) mit einem vollrunden Kern; schwarze, kleine Pflaumen, trockne Äpfel; in Zucker gekochte und gepreßte Pomeranzen; in Zucker eingelegten Ingwer; schwarze süßliche Früchte mit

[16] Mespilus fructu obtuse pentagono, ruberrimo. Die Chinesen bringen einen sehr wohlfeilen, aus dieser Frucht mit Zucker gekochten Gallert in Tafeln, welchen die russischen Kaufleute Postila nennen.

vielen platten Kernen (Chodsor), dergleichen auch aus Persien unter dem Namen Gorokum gebracht werden; eine schalige Frucht mit einem großen runden Kern, welchen ein süßes, latwergenhaft* schmeckendes Mark umgibt;[17] noch andre schotenähnliche Früchte mit einem oder zwei nußhaft schmeckenden Kernen von der Arachis curassavica*; weiße, glattschalige Nüsse, fast in Gestalt eines Aprikosenkerns mit einem bitterlichen, etwas purgierhaften Kern (Lansü auch Boigo); gemeine Mandeln, Spanischen Pfeffer und einige andre wohlfeile Gewürze. – Von anderm chinesischen Speisewerk finde ich besonders mit gekochtem Reis eingesalzne Taschenkrebse, die von der Seeküste kommen, an Fäden getrocknete Seeschnecken oder Seeschachte* (Holothuria tremula Lin.), auf chinesisch Chaissan; einige Arten Seetang oder Chaidai (Fucus esculentus und saccharinus) und ein knorpelartiges, roh aufgeweicht zu speisendes Seegewächs Dshileng anzumerken. Mit letzterem zugleich erhielt ich besondre lange, getrocknete Blumen (Tschentscheng), welche in Suppen gekocht zu werden pflegen und aus den südlichsten Gegenden kommen sollen. Noch erhält man zuweilen von den Chinesen gewisse, aus spannenlangen Gliedern bestehende, schwammige, frische Wurzeln eines Wasserkrauts gefroren. – Im Winter kommen durch die Chinesen auch gefrorne Fasane nach Kjachta, welche zwar schon diesseits der chinesischen Mauer, an der Südseite des Gebirges, welches die Flüsse des Amur und Choango scheidet, gefunden werden, am häufigsten aber um diesen Fluß, welchen die Mongolen nur unter dem Namen Chara-Murin kennen, sich aufhalten sollen und von den astrachanischen wilden Fasanen in nichts verschieden sind. Man gibt den Chinesen schuld, daß sie Hundefleisch gern essen, und in Peking soll es wirklich öffentlich verkauft werden. Die hiesigen aber wollen es ebensowenig gestehen, als daß man in China Froschkeulen und eine Art großer flügelloser Heuschrekken, die es auch am Selenga gibt, als eine Leckerspeise ißt;

17 (...) Das Mark wird in platte Kuchen zusammengepreßt, in Bambusblätter gewickelt, als ein herzstärkendes Konfekt aus den südlichsten Provinzen gebracht und unter dem Namen Ganlo verkauft.

vermutlich weil sie sonst oft darüber von Russen sind verspottet worden.
Das gewöhnliche Getränk der Chinesen ist Tee, welcher bei ihnen fast den ganzen Tag nicht vom Feuer kommt oder wenigstens zu allen Zeiten des Tages getrunken wird. Sie machen ihn sehr schwach, obgleich er aufgekocht zu werden pflegt, und trinken ihn mit wenig oder gar keinem Zukker. Von starken Getränken haben sie den Tarasun, der fast einem mit Branntwein vermischten englischen Bier verglichen werden könnte, und einen abgezognen Branntwein, dessen mongolische Benennung Chantschina ist. Nicht wenige Chinesen sind diesem und den russischen starken Getränken sehr ergeben, und man sieht, sonderlich von der geringern Art, nicht selten Leute mit Ketten an den Füßen im Chinesischen Flecken herumgehn, welches die gewöhnliche Strafe für die in trunknem Mut begangnen Exzesse und Schlägereien zu sein pflegt. Vermutlich ist es dieser Ordnung zuzuschreiben, daß man selten einen bezechten Chinesen auf der Straße sieht.
Der Rauchtabak ist ihnen noch viel unentbehrlicher als der Tee. Sie können keine müßige Viertelstunde zubringen, ohne die Pfeife in die Hand zu nehmen, und man sieht sie auch auf der Straße beständig damit laufen. Weil ihre Pfeifen nicht viel größer als ein Fingerhut sind, so haben sie das Vergnügen, selbige zu füllen und anzuzünden, desto öfter.
Die hiesigen Chinesen sind freundlich und gastfrei, und obwohl sie außer Tabak und Tee nicht gern etwas vorsetzen, so sind sie hingegen damit desto freigebiger gegen einen jeden Besucher. Bekannten setzen sie auch allerlei Konfekte und trockne Früchte vor. In ihren Gegenbesuchen bei den Russen, auch gegen Fremde, die sie gar nicht kennen, sind sie aber auch ungestüm und ohne Ansehung des Rangs sehr dreist und oft unhöflich. Sie laufen ungebeten in Häuser, setzen sich in den Stuben mit der Pfeife in der Hand ungebeten nieder und sitzen, solange es ihnen gefällt, man mag sie gern sehn oder nicht. Es scheint, man habe ihnen russischerseits durch Nachsicht diese Sittenlosigkeit angewöhnt; denn bei ihrem eignen Vorgesetzten halten sie sich sehr ehrerbietig.
Dem Spiel sind sie sehr ergeben, und wenn kein Handel

oder ander Geschäft sie abhält, so findet man die meisten in ihren Häusern über dem Damespiel, welches sie auf eine eigne Art ausüben, oder mit chinesischen kleinen Karten in der Hand. Wegen dieser Passion verkaufen sie gern im kleinen gegen russische Kupfer- und Silbermünze, um sich derselben beim Spiel bedienen zu können. Doch nicht allein aus diesem Grunde, sondern auch, um damit Viktualien und Kleinigkeiten, die sie nötig haben, desto wohlfeiler von den Russen erkaufen zu können.

Vornehmere sieht man auch bei müßigen Stunden mit einem Rosenkranz in der Hand spielen. Und einige von der Mittelsorte tragen dergleichen aus trocknem Lärchenharz verfertigte Rosenkränze beständig mit sich, welche durch den Schweiß der Hände nach und nach fast so hart und durchsichtig wie Bernstein werden und sich alsdann bei den Mongolen teuer ausbringen lassen.

In ihrem Handel und Betragen gegen die Russen sind alle Chinesen über die Maßen verschmitzt, geheim und einträchtig, wodurch sie sowohl als durch die strenge Aufsicht, mit welcher ihr Surgutschei das beste des allgemeinen Handels befördert, ein großes Übergewicht über die russische Kaufmannschaft gewinnen, welcher es an Eintracht, Ordnung und Verschwiegenheit gar sehr fehlt und welche die zu ihrem Besten gemachten guten Einrichtungen aus Gewinnsucht und Plauderhaftigkeit nur gar zu oft fruchtlos macht, weil ihr Leichtsinn nicht, wie bei den Chinesen, durch eine gewisse Strenge und durch ein Oberhaupt des Handels in Zügel gehalten wird. Dadurch sind die Chinesen Meister von den Preisen der russischen Waren und können die ihrigen immer in der ihnen vorteilhaften Balance unterhalten, weil den Handel zu verderben und einander zu unterkaufen, von ihrem Obern bestraft wird. Auch dafür wird bei ihnen gesorgt, daß nicht durch die Menge der auf einmal ankommenden Kaufleute und Waren die Preise dieser letztern in Abfall geraten. Denn weil der Sammelplatz aller Karawanen aus den verschiednen chinesischen Städten in dem am Tolafluß, auf fünfhundert Werste von Kjachta gelegnen mongolischen Hoflager ist, so pflegen selbige jetzt nur zu gewissen Zeiten, nämlich im Januar, im Mai und gegen den Herbst, aber auch alsdann nur in einer gehörigen Anzahl, nach der Grenze abgelassen zu werden.

Bei dieser Abfertigung wird daselbst denn auch ein kleiner Zoll für die chinesische Kasse eingefordert, der aber gering sein und auf die zurückgebrachten russischen Waren selbst nur etwa fünf Prozent betragen soll; durch welche geringe Abgabe die Chinesen denn auch hierin den Vorteil über die russische Kaufmannschaft haben.
Die Waren werden mehrenteils auf Kamelen hierher gebracht. Doch bedienen sich die Chinesen auch schlechter Karren mit zwei ungeschickten Rädern, welche zwei Querbalken und einen dritten übers Kreuz anstatt der Speichen haben. In der Mitte des letztern ist die Achse eingekeilt, welche sich mit den Rädern herumdreht und auf welcher die Traghölzer des Karren nur mit einem Ausschnitt ruhen. – Wenn die Kaufmannskarawanen zur Winterszeit durch die Steppe reisen, so führen sie Filzhütten bei sich. Auf den Sommer aber haben sie artige, aus zusammengenieteten Rohrstäben, die sich in Bogen schmiegen lassen, bestehende Hüttengestelle, welche, wenn man sie zusammengelegt hat, in einem hölzernen Futteral Raum haben, das nicht mehr als sieben Spannen lang und eine Handbreit hoch und dick ist. Wenn es auseinandergestellt wird, so bedeckt man es mit einem Segeltuch oder einer Matte, und da können zwei Personen in einem solchen Balagan sitzen und schlafen und vor Sonne und Regen völligen Schutz haben. – Mit der Reise bringen die Chinesen gemeiniglich bis zur nächsten, an der Großen Mauer gelegnen Stadt Zifongku, welche die Chinesen auch Schan-Schiacho, die Mongolen aber nur Kalgan oder Kalcha (das neue Tor) nennen, sechsundvierzig Tage, von da bis Peking vier bis fünf Tage und von Kalgan nach Santschuen gegen vierzehn Tage zu.
Die hier an der Grenze gewerbetreibenden Nikaner verstehn alle die mongolische Sprache, in welcher auch die russischen Kaufleute entweder selbst oder durch bestellte und geschworne Dolmetscher am meisten mit ihnen verkehren. Sehr viele reden auch gebrochen russisch, aber ihre Aussprache ist so weichlich und fehlerhaft, daß ein Ankömmling Mühe hat, sie zu verstehn. Das R können sie gar nicht aussprechen, sondern sie gebrauchen ein L dafür, teilen auch Silben, die mehr als einen stummen Buchstaben im Zusammenhange führen und woran die russische Sprache reich ist, durch zwischengeflickte Selbstlaute. Beides Feh-

ler, die man an Tataren, Mongolen, Kalmücken und andern asiatischen Völkern, wenn sie russisch reden lernen, nie bemerkt.

Der Handel mit den Chinesen geschieht hauptsächlich durch einen Umsatz der Waren. Die Chinesen pflegen in das russische Kaufhaus zu kommen, wo die Warenmuster ausgelegt sind, und die ihnen anständigen Sortimente vorläufig auszusuchen. Nicht selten werden Handelskontrakte in dem Kaufhause selbst geschlossen; gemeiniglich aber gehn die Chinesen zu den russischen Kaufleuten in die Quartiere und werden da des Handels eins; zuerst wird verabredet, was für chinesische Waren der russische Kaufmann gegen die seinigen annehmen kann oder will, danach wird über den Preis der einen und andern Ware nach Maßgabe der Güte und Zufuhr aufs beste gedungen, und wenn beide Parteien endlich bei einer Tasse Tee übereingekommen sind, so begeben sie sich wieder nach dem Magasin, und der Chinese pflegt, je nachdem der Artikel wichtig und bedenklich ist, die Ballen oder den ganzen Laden auch wohl zu versiegeln. Alsdann begibt sich der russische Kaufmann auch zum Chinesen und sucht sich die anständigsten Waren aus, untersucht selbige nach der Güte und ob keine Verfälschung in den Ballen zu befürchten ist, und wenn alles der genommenen Abrede gemäß befunden wird, sondert er die Ballen, welche ihm zukommen, ab, hinterläßt jemand von seinen Leuten zur Aufsicht, und alsdann wird mit Überlieferung der russischen und Empfang der chinesischen Waren der Anfang gemacht. – Bei diesem Umsatz berechnet der russische Kaufmann seinen eignen oder den wahren Preis auf die meisten chinesischen Waren immer um ein Viertel, Drittel oder gar die Hälfte geringer, als er dem Chinesen den Kaufpreis in eignen Waren macht, welches desto füglicher geschehn kann, da die sibirischen Pelzereien, welche der Hauptgrund dieses Handels sind, im Umschlag noch immer fast doppelt so teuer, als sie beim Einkauf kosten, ausgebracht werden könnten und überhaupt eine der Güte sowohl als dem Preise nach sehr willkürliche Ware sind. Ohne diesen Vorteil würde es auch der russischen Kaufmannschaft nicht möglich sein, bei dem weiten Transport und schweren Zolltarif, nach welchem von den meisten ausgehenden und einkommenden Waren im Durchschnitt von 20 bis 25 Prozent in die Kasse bezahlt werden muß, noch ihre Rechnung im chinesischen Handel zu finden. Es verbietet sich dadurch auch von selbst und ohne die vorhandnen Befehle, mit den Chinesen im großen auf russische Münze zu handeln, und die Chinesen würden sich darauf so wenig einlassen, als die Russen Vorteil dabei fänden. Kleinigkeiten, die man von den Chinesen für Kupfermünze erkauft, sind, wenn lange genug mit ihnen gedungen wird, noch gerade so teuer, als sie der russische Kaufmann in Kjachta mit Aufrechnung des Zolls und seines Profits an die Käufer gern überläßt. – Der größte Verderb der russischen Kaufleute ist, daß aus Begierde und um ihren Umschlag geschwind zu machen, sonderlich die aus entfernten Gegenden des Reichs auf eine Zeit Hierherreisenden, immer einer vor dem andern den Chinesen den Kauf leicht macht und den Preis verdirbt. Es ist zwar unter Aufsicht der Kjachtischen Kommerzexpedition die Einrichtung getroffen, daß die russischen Kaufleute eine Art von Gesellschaft formieren, welche besonders nach Anleitung der stets zu Kjachta wohnhaften Kompagnons und Kommissionäre die Preise der Waren unter sich bestimmen und allen ankommenden Kaufleuten hierin den nötigen Unterricht erteilen. Man sucht auch die Kaufleute soviel möglich zur Eintracht und Verschwiegenheit gegen die Chinesen anzuhalten. Allein die guten Einrichtungen haben nicht, wie bei den Chinesen, durch die Furcht vor einem Obern und dessen Urteile den gehörigen Nachdruck, und der Mißbrauch starker Getränke macht viele junge Kaufleute so schwatzhaft, daß die Chinesen von allen Umständen, die man ihnen gern verhehlen will, so vollkommen unterrichtet sind, als sie ihre eignen Handelsangelegenheiten den Russen zu verbergen wissen. (…)

Den 6ten April (1772) hatte ich Gelegenheit, ein Zeuge von der Aufführung der Chinesen bei einer Mondfinsternis zu sein. Man hört zwar alle Nächte die Polizeiwacht in dem Chinesischen Flecken jede Viertelstunde auf Brettern klappern. Aber diese Nacht mochte alles klappern, was Hände hatte; der Lärm ging bald nach dem Torschluß bei Einbruch der Nacht an und währte, solange die Mondfinsternis dauerte, unaufhörlich fort. Außer dem Getöse, welches mit

Brettern und Kesseln gemacht wurde, hörte man auch die Glocke und Pauken beim Tempel beständig, und das Gebelle der Hunde, welches sogar in Kjachta rege wurde, vermehrte den Tumult. Den folgenden Tag war fast kein Chinese in Kjachta zu sehen, wo sie sonst den Tag über häufig herumwandern; denn der 7te April war in ihren Kalendern als ein allgemein unglücklicher Tag angesetzt, an dem man kein Geschäft, als sich zu baden, vornehmen müsse.

Es ist in der Tat merkwürdig, daß dieses sonst so gesittete und kluge Volk den Kalenderweissagungen, die ihnen auf jeden Tag ihre Geschäfte gleichsam vorschreiben, und so vielem andern Aberglauben noch anhängt. Die Einbildung, dem durch den bösen Luftgeist Arachulla angetasteten Mond mit Lärmen, Schießen, Schreien und andern schrekkenden Mitteln zu Hilfe zu kommen, würde man allenfalls den abergläubischen und rohen Mongolen verzeihen; aber Chinesen kleidet sie nicht. – Noch viel weniger vergibt man ihnen ihr höchst törichtes und für sie selbst nachteiliges Betragen bei Feuersbrünsten, wovon man hier in Kjachta vor noch nicht gar langer Zeit ein Beispiel gesehen hat. Im Chinesischen Flecken kam Feuer aus und griff unvermerkt so um sich, daß einige Gehöfte auf einmal in Flammen ausbrachen. Kein Chinese wollte löschen. Sie standen haufenweise um das Feuer und sprengten ab und zu etwas Wasser hinein, um den Feuergott, der sich, wie sie meinen, ihre Häuser zum Opfer gewählt hat, zu besänftigen; und hätten die Russen nicht bei diesem Unfall dreist Hand angelegt, so würde vermutlich der ganze Ort in Rauch aufgegangen sein.

Bei dem allen sieht man nicht, daß die Chinesen ihren Götzen große Ehrfurcht bezeigen. Nur an den Bettagen, wozu die Neumonds- und Vollmondstage eines jeden Monats ausgesetzt sind, geht ein jeder Chinese einmal in den Tempel, legt, ohne die Mütze abzunehmen, die Hände gegeneinander vors Gesicht, bückt sich vor jedem Götzen fünfmal, berührt auch wohl mit seiner Stirn den Absatz, worauf der Burchan sitzt, und geht so wieder seinen Gang. – An hohen Festen, wovon das vornehmste ihren ersten Jahresmonat, den sie wie die Mongolen den weißen nennen und welcher auf den Februarsmond fällt, fast ganz hindurch währt, ziehen sie vor den Götzentempeln Flaggen auf, besetzen die Götzentische mit vielen Speisen, welche die Götzendiener des Abends in den Seitengebäuden am innern Vorhof des Tempels verzehren, und führen den Götzen zu Ehren täglich in dem obgedachten Theater Schauspiele auf, welche komisch und satirisch, am öftersten gegen unbillige Richter und Obrigkeiten gerichtet zu sein pflegen, andrer Lustbarkeiten zu geschweigen; wobei sie jedoch ihrem Gewerbe nachgehen, sogar daß die russischen Kaufleute diesen Monat für den besten Handelsmonat erkennen, weil alle Chinesen alsdann wegen der glücklichen Kalenderweissagungen, womit dieser Monat angefüllt ist, am begierigsten zum Kauf und Verkauf sind. (...)

Die erste *bratskische Poststation* ist am Nochoi-Gorechon (Hundebach). Die Stationen von *Udinsk* bis *Tschitinsk* werden jetzt noch sämtlich von den Chorinzischen Burjäten unterhalten. Auf jeder müssen fünfzig Pferde und einige Kamele zur Fortbringung der hauptsächlich in Kronsgeschäften reisenden Personen und Transporte in Bereitschaft stehn, wozu die chorinzischen Stämme teils Leute mieten, welche den Schaden und Gewinst für ihre Rechnung nehmen, teils das Vieh aus ihrem Mittel hergeben und nur Fuhrleute dabei lohnen. Hin und wieder ist ein bargusinischer oder nertschinskischer Kosak auf die Stationen kommandiert, dessen Pflicht es ist, auf Ordnung zu sehn und den Vorspann immer in Bereitschaft zu halten. Über alle hat ein udinskischer Dworjanin die Aufsicht.

Hier sah ich zum ersten Mal und erwähne es deshalb, wie die Burjäten* ganz ungeübte Pferde zum Vorspann gebrauchen können. Gemeiniglich haben sie nur einige zahme Pferde, wovon sie vor jeden Wagen eins zwischen die Zugstangen spannen; doch wenn mehr Fuhren als zahme Pferde sind, so müssen sich auch wohl ganz wilde Pferde mit Gewalt einspannen lassen. Die Nebenpferde sind gemeiniglich zum Fahren nicht gewöhnt; man läßt sie auch nicht im Joche ziehn, sondern die Burjäten gürten das Pferd über den Sattel mit einem doppelten Strick, woran ein Knebel ist, binden einen andern Strick doppelt an den Wagen, setzen sich aufs Pferd und drängen es so nahe an den Wagen, bis sie den Strick um den Knebel am Sattel schlingen können, und so laufen die Pferde neben dem Stangenpferde ohne viele Umstände, werden aber viel geschwinder müder als letzteres; weswegen immer einige ledige Burjäten zur Abwechslung mitreiten, wo die Wege beschwerlich sind. (...)

Den folgenden Morgen (3. Mai 1772) ging ich über die Ebene bei den Seen Ukir, Narassatu oder Sosnowoi, der in den Jeruna oder Jerawna, welchen man in der Ferne sieht, seinen Abfluß hat und einen kleinen über den Weg rinnenden Bach aufnimmt, ferner Choloi-nor, die alle zur Linken bleiben, und den gegen letztern zur Rechten gelegnen kleinen Charatorom vorbei bis an den Bach Dogno (russisch Domna), der in den Jerunasee fällt und wo der chubduzkische Stamm Postpferde hält. – Die ganze Ebene, welche sich noch über diesen Bach hinaus erstreckt, hat ein gutes, schwarzes Erdreich, ist aber so kalt gelegen, daß noch kein Gräschen darauf grünte, und gegen Norden ganz offen. Die vielen darauf gelegnen Seen geben dem zur Lena fließenden Witim ihr Wasser, woraus die hohe Lage dieser Ebene genugsam erhellet. Längs dem Dognobach hinauf kommt man wieder über das obgedachte, waldig-morastige und mäßig hohe Gebirge, wo wir einen höchst elenden Weg fanden und kaum gegen Abend die jenseits desselben, an einem der Urbäche des Uda (Udinskije Werschiny) gelegne Station erreichten, wo uns die Nacht anzuhalten nötigte.

Ungeachtet mit Anbruch des folgenden Tages ein häufiger nasser Schnee zu fallen anfing, so machte ich mich doch, weil ich nicht glaubte, daß derselbe von Dauer sein würde, mit dem frühesten auf den Weg. Wir fanden die Spuren schon tief verschneit, und der Schnee fiel immer häufiger, welches nebst dem darunterliegenden Kot und der gebirgig steinigen Gegend den Weg unglaublich beschwerlich machte. Wir konnten mit den ohnehin kraftlosen und nur gleichsam aus Haar und Knochen bestehenden burjätischen Pferden nicht eine halbe Werst fortrücken, ohne stillzuhalten und denselben Zeit zu geben, wieder einige Kräfte zu sammeln. Mit größter Mühe und Zeitverlust kamen wir endlich über den Uda, dessen Ursprung zur Linken blieb und einige in denselben sich sammelnde Bäche, wo eine verlassene Winterhütte am Wege lag. Allein wir trauten unsern Pferden noch Kräfte genug zu, um mit ihnen die Station zu erreichen. Also krochen wir noch über einen andern mit Lärchen bewaldeten Bergrücken, der wieder die Udabäche von den witimischen abscheidet, kamen aber erst nachmittags spät an den kleinen oder geschlungenen Konda (Kirete-Köndu), wie ihn die Burjäten nennen. Dieser war vom Schneewasser so angewachsen und ausgetreten, daß kaum noch die Durchfahrt möglich war, und hier wollten auch meine Pferde, die bisher den meisten Mut in ihrem langsamen Schritt bezeigt hatten, durchaus nicht mehr die Füße fortsetzen, die andern Wagen waren noch weit zurückgeblieben, der Schnee lag schon so tief, daß er vor den Rädern wie ein Wall sich häufte, und fiel immer dichter. Zu unserm größten Glück lag gleich jenseits dem Konda eine verlassene Winterwohnung ohne Dach, Tür und Fenster, in welcher wir einen Ofen und also vor der äußersten Not, im Schnee zu erfrieren, wenigstens einen Schutz fanden. Das größte Bekümmernis war, unter dem mehr als ellentiefen Schnee Holz zu finden, um uns des Frosts, der sich gegen die Nacht ziemlich beißend einstellte, zu erwehren. Wir mußten endlich unsre Zuflucht zu den überflüssigen Dielen der Simowje nehmen, welches schon andre vor uns getan zu haben schienen, und so bekamen wir zwar Feuer, aber auch in der offnen Stube einen so unerträglichen Rauch, daß wir genötigt wurden, in den Schnee hinauszulaufen, bis das Feuer ausgebrannt war. Zwei von meinen Wagen hatten nicht einmal das Glück, dieses elende Rauchnest zu erreichen, sondern mußten an verschiednen Orten im Walde übernachten, ungeachtet wir ihnen alle von unsern Pferden, welche noch die Füße bewegen wollten, zu Hilfe schickten.

Den folgenden Morgen sah es nach einer frostigen Nacht um unsre wüste Wohnung wie auf einer Walstatt aus. Bei derselben und auf dem Wege bis an die zurückgeblicbnen Wagen, welche etwas über drei Werste von uns standen, lagen von unserm Vorspann, der aus einigen und zwanzig Zug- und Handpferden bestand, elf, die von Frost und Hunger umgekommen waren, in den Schnee gestreckt und lockten die Raben und Krähen aus dem Walde zusammen, deren Geschrei die Gegend noch fürchterlicher machte. Wo man ein müdes Pferd ausgespannt hatte, da war es auch gefallen, ohne sich einmal nach Birkensträuchern umzusehen, welche das Notfutter der burjätischen Pferde in diesen Gegenden zur Winterszeit sind. – Bei unserm Elend, dessen

Endschaft wir noch nicht sahen, weil der Schneefall noch fortwährte, gab mir heute das kleine Waldgeflügel, welches, von Hunger getrieben, sich um unsre Wohnung versammelte, ein nicht geringes Vergnügen. Wir warfen Schutt aus der Simowje auf den Schnee hinaus, wodurch dasselbe noch mehr angelockt wurde, so daß wir aus den Fensterlöchern eine Menge seltner Vögel zu schießen Gelegenheit hatten. Überhaupt erhielt ich hier, außer schon bekannten Vögeln, sieben neue Arten, deren einige ich nachher nicht wieder zu sehen bekam, weil sie im dicksten Walde leben und sehr scheu sind.[18] Viele kleine Vögel fanden wir gegen Abend von Hunger und Frost getötet im Schnee; und eine kleine Art blauschwänziger Grasmücken (Motac. cyanurus), welche sonst sehr scheu ist, suchte bei uns in der Winterhütte Rettung und flog dreist darinnen herum.
Noch angenehmer war uns allen, daß die Mondveränderung den folgenden 6ten Mai (1772) einen heitern Tag brachte, der uns eine baldige Erlösung aus dieser Einsiedelei, wo uns der Schnee belagerte, und die nun durch den Ruß und das durchträufelnde Wasser immer unerträglicher ward, Hoffnung machte. Ich fertigte also gleich frühmorgens den Dolmetscher zu Pferde ab, um aus der nächsten Station am großen Konda, der noch vierzehn Werste von uns lag, frische Pferde zu bekommen, die auch gegen Abend herbeigebracht wurden, aber wenigstens ebenso elend als unser alter, sterblicher Vorspann aussahen. Dennoch konnten wir noch heute die zurückgebliebnen Wagen herbeischaffen lassen und machten uns den folgenden Morgen, weil sich auch an Mundvorrat der Mangel bei uns einzustellen anfing, auf den Weg, den wir alle, um den Pferden die Last in der bergigen Waldung zu erleichtern, zu Fuß, fast bis an die Knie in Schnee, Kot und Wasser verrichteten. Dieser Hilfe ungeachtet, vermochten unsre frischen Pferde, alles öfteren Ruhens ungeachtet, dennoch nicht die leeren Wagen weiter als etwa sechs Werste fortzubringen, und wir mußten in dem nächsten, mit Strauchbirken überwachsenen Grunde ausspannen und den Pferden Zeit geben, sich mit Birkenruten zu erquicken. Gleichwohl würden wir nicht viel weiter

[18] Es waren Turdus ruficollis* und alpinus, Motacilla cyanura, Emberiza minuta, rustica, chrysocilla und spodocephala.

mit denselben gekommen sein, wenn uns nicht gleich darauf die Burjäten vom Schakscha-noor mit frischen Pferden und sonderlich mit Kamelen zu Hilfe gekommen wären. Letztere spannt man im Notfall zwischen die Zugstangen der Wagen, so daß ein zusammengerollter und zwischen die Stangen gebundner Filz zwischen den Hals und die Buckel zu liegen kommt und statt des Jochs dient. Und so zogen uns die Kamele zwar langsam, aber doch ohne viel Aufenthalt durch den Morast und die mit Schnee und Wasser überschwemmten Täler. Nur einige unter den Kamelen sind so hartnäckig, daß sie an schweren Stellen nicht ziehn wollen, sondern sich auf die Knie legen und mit den härtesten Schlägen sowenig als mit dem durch die Nase gezognen Strick wieder in den Gang zu bringen sind, so daß man sie also abwechseln muß. – Wir kamen auf dem heutigen Wege über die Bäche Ilguigorechon, Schibirtu und noch zwei namenlose Quellbäche, welche in den Konda fließen. Vom Schibirtu bis an den Konda ist die Waldung von einer abschüssigen Feldstrecke unterbrochen, welche jetzt vom Schneewasser überall fast wie ein Bach strömte. – Den Kondafluß fanden wir so angeschwellt, daß ohne eine Brücke nicht überzukommen war. Diese zu zimmern, war der Überrest des Tages nicht hinreichend; und das Zugvieh, welches uns von der Station alles war entgegengetrieben worden, mußte wieder rasten. Also verblieben wir diese Nacht in den daselbst befindlichen burjätischen Jurten.

Sobald man am Morgen mit der Brücke über den tiefsten Arm des Flusses fertig war, ließen wir die Wagen überziehen und gingen selbst auf Kamelen durch den Fluß. Wir waren kaum an der andern Seite, so riß das steigende Wasser, welches vorhin schon über die Brücke wegströmte, selbige mit sich fort. – Mit ebensoviel Beschwerlichkeit als am gestrigen Tage gingen wir den Bach Urndengä oder Popereschnaja, der in einer Fläche zwischen waldigen Gebirgen fließt, aufwärts. Alles schien mit einer allgemeinen Flut überschwemmt, und die kleinsten Bäche waren so tief, daß wir sie nicht würden haben passieren können, wenn wir nicht auf eine besondre Art von Notbrücke verfallen wären, die uns nachmals oft nützliche Dienste getan hat. Wir suchten nämlich eine Stelle, wo der Bach am schmalsten war und steile Ufer hat, ließen zwei glatte Fichtenstämme fällen und von Burjäten, die zu Pferde durch den Bach setzten, an Stricken überziehen, so daß sie quer über den Bach zu liegen kamen; auf welchen dann die Wagen mit den Achsen liegend bequem und geschwind übergezogen wurden. – Jenseits des Bachs kamen wir über steinige und bewaldete Höhen in die gegen den Chilok haldende Gegend, gingen über verschiedne dahinströmende kleine Bäche und Schneegerinne und endlich über den sehr angelaufnen Bach Küstü oder Kamenka, von wo wir einen etwas ebnern Weg längs dem Bach Urbu-Dogno bis zu der an selbigem gelegnen Simowje hatten. Der Urbu-Dogno nimmt die erstgedachten Bäche auf und hat seinen Abfluß in den See Irgen, aus welchem der Chilok hervorkommt und seinen Lauf westwärts gegen den Selenga richtet. – Eben dieser See Irgen empfängt einen Ausfluß aus dem See Schakscha, und dieser hat mit andern, nordostwärts am Gebirge hin gelegnen Seen Rachlei, Tassejewo und Iwanowo, aus welchen das Wasser gegen den Witim Abfluß bekommt, Gemeinschaft, so daß hier eine merkwürdige Wasserkommunikation nach verschiednen und entfernten Gegenden strömender Flüsse stattfindet.

Wir übernachteten in der Simowje, weil wir nunmehr den beschwerlichen Weg über das große Scheidegebirge vor uns hatten, wozu wenigstens ein ganzer Tag nötig schien. Es ist aber dieser der einzige zu allen Zeiten fahrbare Weg über gedachtes Gebirge, der bisher hat ausfindig gemacht werden können, und alle andren Wege, welche vom Chilok und Tschikoi nach Daurien führen und oben sind beschrieben worden, sind nur zu gewissen Zeiten und zum Teil reitend zu gebrauchen.

Den 9ten Mai (1772) ließen wir die Wagen auf Bäumen über den Urbu-Dogno schieben. Derselbe strömte jetzt mit unglaublicher Schnelligkeit, und mitten im heftigsten Strom ergötzte sich eine vortreffliche Art von Enten (Anas histrionica), die nur im östlichsten Sibirien auf den Gebirgsseen und Strömen wohnen, und weil sie die wildesten Felsenwasser suchen, von den Russen Kamenuschki (Klippenten) genannt werden.

Zwei Werste vom Urbu-Dogno stand wieder eine bratskische Station, aus welcher wir alle vorhandnen Kamele und

Pferde mitnehmen mußten, um nicht auf dem Gebirge stekkenzubleiben. Wir ließen den fischreichen See Irgen zur Rechten, an welchem die in der Gmelinschen Reise schon beredten vorgegebnen Wunder endlich eine Kapelle bewirkt haben. Nach einigen Wersten kamen wir an den Schakscha-Noor, dessen Gemeinschaftsbach mit dem Irgen wir auf übergelegten Bäumen passierten. Der See war noch mit Eis belegt, und die Burjäten wollten den Bach auf dem Eise umfahren; allein die zur Untersuchung vorangeschickten Pferde brachen durch und brachten ihre Reiter mit genauer Not wieder aufs Ufer, weil das Eis schon ganz schwammig geworden war. – Wo überm Eise Wasser stand, da wimmelte es von Enten, worunter auch obgedachte Klippenten waren, welche fast ganz im Wasser zu schwimmen pflegen, so daß nur der Hals bis an die Brust hervorragt. Sie fliegen auch nicht gern auf, sondern entfernen sich lieber durch Schwimmen und Tauchen, welches sie meisterlich können.

Weiterhin kamen wir über den Bach Dschibkössen und 12 Werste vom Urbu-Dogno über den Aru-Dogno, der mit dem erstgenannten in den Schakscha-See fließt. – Es ist eine merkwürdige Gewohnheit der Burjäten, Bäche, welche von einem zwischen zwei Hauptflüssen gelegnen Gebirge ungefähr in einer Gegend entspringen und nach beiden Seiten des Gebirges gegen ihre Flüsse einen entgegengesetzten Lauf nehmen, mit einerlei Namen zu belegen, besonders wenn längs solchen Bächen, wie gemeiniglich zu geschehen pflegt, ein gebahnter Weg oder Reitpfad über das Gebirge führt. Hier ist der Name Dogno noch mehreren Bächen beigelegt worden. Schon oben habe ich eines in den See Jerawna fallenden Baches unter diesem Namen Erwähnung getan, und außer den beiden hier in den Irgen und Schakscha-Noor fließenden, an welchen der Postweg hingeht, ist jenseits des Gebirges noch ein dritter, in den Ingoda fallender Bach mit diesem Namen belegt. – An dem See Schakscha, welcher eine ziemliche Ebne um sich hat und im größten Durchmesser wenigstens zehn Werste haben mag, sind einige kleine russische Dörfer oder zerstreute Wohnungen angebaut. Er hat sowohl wie der mehr als um die Hälfte kleinere See Irgen einen ergiebigen Fischfang, der verpachtet wird. Man fängt aber mehrenteils nur

Hechte und kleinere Fische, auch sehr viele und große Barsche, welche man hingegen in keinem der jenseits des Gebirges gegen den Amur strömenden Flüsse und Bäche bemerkt hat. (...)
Fast unglaublich ist die Menge von Feldmäusen, welche es auf allen ebenen Flächen zwischen dem Ingoda und Argun gibt. Es ist diejenige besondre, schwärzliche Art (Mus oeconomus*), welche auch am Jenissej und etwas seltner in der Barabynischen und Ischimischen Steppe gefunden wird und welche gleich unterm Rasen geraume Nester mit Gängen nach allen Seiten und besondern Vorratskellern aushöhlt, die sie mit verschiednen, sehr sauber gereinigten Wurzeln zum Wintervorrat anfüllt. Man kann kaum begreifen, wie ein paar kleine Tiere (denn gemeiniglich tun sich zwei Mäuse, selten mehrere auf den Winter zusammen) eine solche Menge Wurzeln aus dem zähen Rasen hervorgraben und zusammenführen können, als man bei einem Nest öfters findet. Ein Vorratskeller enthält oft acht, ja zehn Pfund gereinigter Wurzeln, und solcher Keller sind bei manchem Nest drei, vier und mehrere befindlich. – Die Mäuse graben ihre Wurzeln oft ziemlich weit vom Nest, und wo sie sich häufig aufhalten, da sieht man überall Grübchen im Rasen und die Stelle, wo die Wurzel ausgezogen ist, welche sie auf der Stelle von allen Zasern und Erde reinigen und rücklings zum Nest ziehn. Um sich diesen Transport zu erleichtern, sieht man, daß die Mäuse von den Öffnungen ihrer Höhlen nach allen Seiten in den Rasen kleine Gänge flach ausgehöhlt haben. – Die Wurzeln, welche diese Art Mäuse einsammelt, sind von der gemeinen Sanguisorba* (tungusisch Schüddu) vom Polygono viviparo* (tungus. Mykir) und von einer Art Wiesenpflanzen mit sonnenschirmähnlichen Blumen (Chaerophyllum temulum*), welche von Menschen nicht kann genossen werden, ohne die gefährlichen Wirkungen ihres betäubenden Gifts empfinden zu lassen. Die Tungusen aber sagen, die Mäuse sammeln diese Wurzeln, um sich damit unterweilen auf ihren Festtagen trunken zu machen; und in der Tat wird diese schädliche kleine Rübe von den Mäusen mit den andern Wurzeln verzehrt. – Es gibt in den höhern Steppen von Daurien eine andre lichtgraue und kleinere Art von Mäusen, die ich schon am Jaik bemerkt und unter dem Namen

Mus socialis beschrieben habe. Diese führt eine fast ähnliche Lebensart und macht um ihre Nester, welche an der aufgewühlten Erde leicht zu erkennen sind, gleichfalls Kammern, die sie aber bloß mit Zwiebeln von zinnoberroten Lilien (Lil. pomponium) und kleinem, geschmacklosem Lauch (Allium tenuissimum), das im Sande gern wächst, anfüllen, so wie sie sich am Jaik hauptsächlich um die Tulpenzwiebeln bekümmern.

Nirgends wird die Industrie dieser Tierchen dem Menschen nützlich als in Daurien und einigen andern Gegenden des östlichen Sibiriens, wo die heidnischen Völker, welche keinen Ackerbau haben, mit ihnen so wie unbillige Edelleute mit ihren Bauern hausen. Die Tungusen sind darauf sonderlich aus und haben an dem Wurzelvorrat, den sie ihren armen Landsassen, den Feldmäusen, abnehmen, den ganzen Winter zu essen. Im Herbst, wenn die Mäuse ihre Vorratskeller gefüllt haben, suchen sie deren Höhlen, die sie Urgan nennen, auf, untersuchen mit dem Fuß oder mit dem Schaufelstiel, wo der Rasen nachgibt, und verfehlen mit dem ersten Schaufelstich selten, entweder das mit weichem Grase gefüllte Nest oder einen Vorratskeller zu öffnen. Alte verlassene Höhlen erkennen sie leicht daran, wenn die kleinen Wege nicht frisch ausgehöhlt, die Erdlöcher nicht gereinigt und keine Spuren von gegrabnen Wurzeln in der Nähe zu sehn sind; und auf solche verwenden sie nicht ihre Bemühung. Den Wurzelvorrat der flüchtigen Maus suchen sie gleich auf der Stelle aus und sondern die obgedachten kleinen Tollrüben sorgfältig aus. Diesen gleichen zwar die Sanguisorben-Wurzeln in der Gestalt, aber jene sind zähe und von Farbe weißlich, also leicht von den schwarzen, brüchigen Sanguisorben zu unterscheiden, welche letztere den Tungusen besonders angenehm und nicht allein zur Speise, sondern zum Teetrank nützlich sind.

Vor diesen Räubern retten die Mäuse wenigstens ihr mühseliges Leben. Aber die wilden Schweine, welche nach Wurzeln ebenso große Liebhaber als die Tungusen sind und daher die Urgans fleißig suchen, verzehren oft ihre Wohltäterinnen mitsamt dem Vorrat.

Alles dieses wird in der Gmelinschen Reise etwas allgemeiner und in der Kürze von den Murmeltieren erzählt, welche zwar in Daurien häufig genug sind, aber ihre Höhlen weder flach unterm Rasen machen noch mit Wurzeln füllen, weil sie den Winter in einer Art von Schlafsucht zubringen. Der tungusische Name der Bergbistorten ist auch daselbst etwas unrichtig Muka geschrieben, wofür Mykyr stehen sollte. (...)

Um die Gegend etwas kennenzulernen und eine Klepperjagd auf die hiesigen Steppenziegen oder Antilopen (Dseren)* abzuwarten, verweilte ich in *Akschinsk* bis zum 25sten Mai. Dergleichen Klepperjagden, welche die Mongolen Ablachu und die Russen mit einiger Verdrehung Oblawa nennen, sind eine Hauptergötzlichkeit der Mongolen und daurischen Steppentungusen. – Sie werden am liebsten in offnen und ebnen Gegenden, gegen ein Gebirge, Fluß oder Waldung, wodurch das Wild aufgehalten wird, angestellt. Es tun sich hauptsächlich im Herbst, wenn die Pferde bei Kräften sind, Gesellschaften von fünfzig, hundert oder zweihundert Mann zusammen, die wohl beritten und noch mit Handpferden versehn, auch alle mit Bogen und Jagdpfeilen bewaffnet sind und deren jeder einen abgerichteten Hund mit sich hat. Sie wählen sich einen Anführer, der die Jagd einrichtet und führt, so viele Tage nacheinander selbige dauert. Wo die Jagd vor sich gehn soll, dahin werden frühmorgens drei oder vier Mann, die mit guten Augen begabt sind, vorausgeschickt, die sich von bestimmten Höhen und Bergen nach Wild umsehn und, wo sie dasselbe herdenweise erblicken, auf den Höhen halten, bis der ganze Trupp nachkommt, welchem sie durch Wendungen mit dem Pferde und andre Zeichen andeuten, an welcher Seite das Wild weidet und wohin sie sich verteilen müssen. Nach diesen Zeichen zerstreut sich der Haufen in kleine Parteien und endlich einzeln dergestalt, daß alle zusammen einen großen Bogen formieren und ein Mann vom andern nicht über sechzig bis achtzig Faden entfernt ist. Die Flügel dieses fortrückenden Bogens nähern sich dem Ort, wo das Wild angezeigt worden, von beiden Seiten und suchen sich so lange hinter Höhen zu verbergen, bis das Wild meist umzingelt ist und eingeschlossen werden kann. Indessen zieht sich auch der ganze Zirkel näher zusammen, und sobald das Wild der Jäger ansichtig geworden und sich auf die Flucht begibt, so stürmt man von allen Seiten in größtem Galopp darauf ein, treibt einander das Wild zu, macht es durch

Schreien und pfeifende Jagdpfeile[19] stutzig und erlegt, soviel man kann; wobei den daurischen Steppenvölkern ihre Übung, im größten Jagen vom Pferde nach einem Ziel zu schießen, trefflich zustatten kommt. Ist ein Fluß oder waldiges Gebirge in der Nähe, gegen welches die Jagd getrieben werden kann, so ist sie desto ergiebiger. Denn die hiesigen Steppenziegen als das gemeinste Wild, auf welches man solche Jagden hält, haben die wunderbare Eigenschaft, daß sie nie ins Wasser gehn, wenn sie die Jäger und Hunde noch so nahe um sich sehn, sondern sich lieber mitten zwischen den Verfolgern hindurch durch Sprünge zu retten suchen. Messerschmidt hatte also vollkommen recht, diese Antilope die wasserscheue Ziege (Capra hydrophobos cet.) zu nennen, und verdiente nicht getadelt zu werden; obgleich auch Gmelin nicht unrecht behauptet, daß sie freiwillig durch Flüsse zu schwimmen pflege. Dazu entschließt sich auch das wilde Tier oft um der Weide und andrer Ursachen willen, nur nie, wenn es gejagt wird. – Fast ebenso scheu sind die daurischen Antilopen vor aller Waldung. Sobald sie zwischen Bäume gejagt sind, werden sie so verwildert und geängstigt, daß sie nicht hundert Faden weit entfliehen können, sondern sich gegen alle Bäume stoßen und gleichsam atemlos niedersinken. – In beiden Fällen pflegt also den Jägern nicht viel zu entgehen. Gelegentlich geraten auch Wölfe und andre Raubtiere mit in den Kreis und helfen die Jagd bezahlen. – Ist eine Gegend ganz frei, so muß sich die ganze Partei so lange zu verbergen suchen, bis die Flügel das Wild einschließen oder wenigstens durch vorausgeschossene sausende Pfeile umholen und in den Kreis zurückscheuchen können.

Indessen, daß ich eine solche Jagd veranstalten ließ, beschäftigten mich die hervorkeimenden Pflanzen und die Fische des Onon.

Auf der Ebne um den Fluß waren jetzt (19. Mai 1772) Astra-

[19] Diese Art Pfeile, welche von den Russen Swistuny, mongolisch aber Dsi genannt werden, sind schwere Pfeile mit einem rautenförmigen, auf vier Finger breiten, dünnen und sehr geschärften Eisen, unter welchen ein hohler knöcherner Knopf mit einigen Öffnungen, welche die Luft fangen, befestigt ist. Wenn ein solcher Pfeil abgeschossen wird, so macht er durch die Luft ein klingendes Gesause, und wo er trifft, breite, tödliche Wunden.

galus biflorus*, Gentiana aquatica, die kleinste aller daurischen Blumengewächse, Primula farinosa und Potentilla fragarioides gemeine Frühlingsblumen. Auf der Niederung stand die Balsampappel überall in Blüte und fing an, ihre großen, mit einem zähen, wohlriechenden, dem Mekkabalsam fast ähnlichen Harz überzognen Knospen zu verlieren, womit sie den ganzen Winter hindurch versehn ist. Auch die Vogelkirschen fingen erst jetzt an zu blühen, woraus man den Einfluß des daurischen Klimas auf die Gewächse genugsam beurteilen kann. – An den Bergen war Viola pinnata* und digitata, Iris pumila und Scorzonera humilis häufig, Papaver nudicaule aber, womit später im Frühling ganz Daurien, insofern es freie Gegenden hat, aufs prächtigste geschmückt ist, zeigte seine schwefelgelben Blumen erst noch sparsam. Hingegen blühten alle oben erwähnten Pflanzen und Sträucher in Menge, und viele andre waren im Hervorbrechen, worunter sich die in ganz Sibirien gemeine Pedicularis incarnata* besonders kenntlich machte.

An Fischen haben alle die Flüsse, welche Daurien durchströmen und sich in den Amur versammeln, recht viel Besonderheiten vor den übrigen sibirischen Gewässern voraus, welche man im Onon fast alle antrifft. Die gemeinsten Arten desselben sind zweierlei Schuppenfische, deren der eine von den russischen Anwohnern Krasnopehr (Rotfeder), der andre, ungemein schmackhafte, wegen seiner Schnelligkeit, aus den Netzen zu gehn, Kon* getauft wird. Beide findet man in andern Gegenden nicht. Kleine Barben, die man vom Jaik an durch ganz Sibirien nicht antrifft, sind hier auch nicht selten und werden, wie in Rußland (Sassan) genannt, sind auch von den wolgischen Karpfen nur durch ihre kleine Gestalt und bessern Geschmack unterschieden. Den gemeinen Wels hat man ebenfalls vom Uralischen Gebirge an durch ganz Sibirien nirgends; hier findet sich wieder eine Welsart (Som), aber nicht die in Rußland bekannte, sondern eine kleinere, nie über anderthalb Ellen große, welche den Ichthyologen schon unter dem Namen Silurus asotus* bekannt ist. So kommt auch durch den Amur eine Art Belugen oder Hausen einzeln bis in den Onon und Ingoda hinauf, welcher man hier den Namen Kaluga* gibt. Ich habe selbige, weil sie hauptsächlich im Herbst gefangen wird und auch dann nicht immer zu ha-

ben ist, nicht zu sehn Gelegenheit gehabt; allein nach eingezognen Nachrichten scheint auch dieser Fisch, den man am meisten im Schilka bemerkt, ebenfalls von ganz besondrer Art zu sein. Die gemeinen Hechte sehen hier so goldfarbig und buntfleckig wie indische Fische aus, so daß man sie dem ersten Anblick nach für eine ganz andre Art halten sollte. Außerdem hat der Onon gemeine Störe, doch nur selten, sogenannte Lenki, Taimeni und eine Art großer Moränen (Salmo oxrynchus)*, die man unter dem Namen Morskoi Sig im Baikal kennt; der kleinern Fische zu geschweigen, worunter in allen Bächen Cyprinus rivularis* und Cobitis barbatula*, in stehendem Wasser aber der mit den trefflichsten Farben spielende, kleine Cyprinus sericeus* häufig sind. – Daß man in den daurischen Gewässern auch Krebse wieder findet, welche es vom Jaik und der Kama an durch ganz Sibirien nicht gibt, ist eine schon bekannte Sache. Sie sind völlig wie ganz kleine Steinkrebse gestaltet, nicht über fingerlang und etwas glatter als europäische. – Hingegen werden diesseits des Gebirges, wie ich schon oben erwähnt habe, keine Flußbarsche gefangen, da sie doch in den Seen an der Westseite des Jablenoi Chrebet, die vom Ingoda an einigen Orten in gerader Linie nicht viel über dreißig Werste entfernt liegen, außerordentlich häufig sind. Aber Kaulbarsche sind so wie gemeine Weißfische (Tschebaki) auch in Daurien allgemein. – Man findet im Onon und einigen Nebenbächen, besonders dem Ili, auch Perlenmuscheln von beträchtlicher Größe, desgleichen ist eine gemeine Malermuschel häufig. Die gemeine Schlamm- oder Entenmuschel gibt es in den Seen, die längs dem Onon in der Niederung liegen, von außerordentlicher Größe und Stärke. Aus den weiter unten am Onon gelegnen Seen Scharanai habe ich Schalen bekommen, welche über eine gute halbe Elle lang und zwischen drei und fünf Linien* dick waren. Anderthalb Spannen große sind da gar keine Seltenheit, dergleichen auch der Argun viele mitbringen soll.
Der Onon, welcher über einen bloß steinigen Boden fließt, wirft in dieser Gegend an den Ufern eine Menge karneolischer, chalcedon*- und kascholonartiger* Kiesel aus, welche hoch zu schätzen sein würden, wenn davon ansehnlich große oder von Spalten ganz reine Stücke zu finden wären. Stücke von grünem, gelbem, rotem und gestreiftem Jaspis

findet man überall, dergleichen es also auch in den Gebirgen, welche der Onon durchbricht, geben muß. Die kascholon- und karneolartigen Kiesel sollen um den Argun noch viel häufiger und schöner sein; aber die Gobische Wüste in der Mongolei ist wegen solcher Steine am meisten und besonders als das Vaterland des Kascholon (dessen Benennung sogar mongolisch ist) berühmt.
Im Winter kommt nach Akschinsk eine Menge des dunkelsten und schönsten Grauwerks, welches dem nertschinskischen und bargusinischen nichts nachgibt und in den hohen Gebirgen zwischen dem Onon und Tschikoi gefangen wird. Auch fehlt es hier an Zobeln nicht.
Den 23sten Mai (1772) brachte man mir von der bei Nischnei-Ulchunskoi Karaul durch die Tungusen angestellten Jagd eine gute Anzahl Steppenziegen oder Antilopen (Dseren) von verschiednem Geschlecht und Alter, mit deren Beschreibung und Zergliederung ich diesen Abend und den folgenden Tag genug zu schaffen hatte. Das Sonderbarste an diesen Tieren und sonst an keiner Antilopenart Bemerkte ist, daß beim Bock zugleich mit den Hörnern auch der Adamsapfel (Larynx) zu einer ungemeinen Größe in allen seinen Teilen erwächst, so daß die alten Tiere aussehn, als ob sie einen starken Kropf hätten. Sie haben auch unterm Bauch um die Vorhaut einen ziemlich weitläufigen, eiförmigen Sack mit einer besondern Öffnung, welcher völlig dem Beutel des Moschustiers ähnlich, aber ganz leer ist. Vielleicht wird derselbe nur zur Brunstzeit mit einiger Materie angefüllt. Ihre Brunst aber ist im späten Herbst, und sie werfen erst im Junius, um die Zeit, wenn die Sarana oder zinnoberrote Feldlilie (Li. pomponium) blüht. – Die Jungen werden, so wie die von der wolgischen Saiga, wenn man sie zu Hause erzieht, sehr zahm, so daß sie von selbst in die Stuben kommen, frei aufs Feld gelassen, wieder zum Abend nach Hause kehren und sogar, wenn sie ein Hund verfolgt, ihre Zuflucht zum Menschen zu nehmen verstehn. Die wilden Dseren mischen sich auch gern unter die Rinds- und Kälberherden, und ich habe sie selbst, ganz nahe unter Akschinsk, mit den Kälbern vertraulich weiden und gar nicht furchtsam gesehn. Aber auf freier Steppe lassen sie sich einzelne Jäger nicht beikommen und sind der Saiga noch an Schnelligkeit überlegen.

Während meines Aufenthalts in Akschinsk erhielt ich noch verschiedne seltne und Daurien zum Teil eigne Vögel, worunter die schönsten der oben schon im Vorbeigehn erwähnte Corvus cyanus*, dann Lanius brachyurus und Emberiza rutila waren.

Den 25sten (Mai 1772) reiste ich von Akschinsk den Onon unterwärts auf der Grenzlinie ab, um bei der jetzt so günstigen Jahreszeit und Witterung den schönen Flor der offnen Gebirge und Flächen zwischen dem Onon und Argun kennenzulernen. Der Weg geht über die Grenzwachten, welche nach Maßgabe der Gegend und des Wassers bald in größerem, bald in geringerem Abstande von den Grenzmalen (russ. Majaki, mongol. Obo) angelegt sind und bei welchen sich nach einer ganz neuerlichen Verordnung die russischen Kosaken mit Häusern anzubauen und Acker anzulegen angefangen haben.

Nach der ersten am Onon abwärts gelegnen Grenzwacht führt der Weg von Akschinsk durch das Tal Kürgutei, welches das am Onon hin liegende bewaldete Gebirge ostwärts zerteilt und durch welches man sich längs einem gleichnamigen kleinen Bach vom Onon entfernt. Nachdem wir etwas über die Hälfte des Weges zurück hatten, hielten wir auf einer sandigen Fläche, wo man wieder eine Krümmung des Onon antrifft, bei dem kleinen Bach Schilbungu, zum Füttern an. Der Onon hat hier besonders auf der linken Seite schroffe Felsenufer. Auf der sandigen Ebne blühte Cherleria sedoides*, ein in Daurien sehr gemeines Kräutchen, Astragalus depressus und der oben schon erwähnte kleine Tussilago*. Die Schützen brachten hier auch neue Vögel, nämlich eine Art Stare (Gracula sturnina*) von sehr schönem Gefieder, die sich nirgends als zwischen dem Onon und Argun sehn läßt. Sie halten sich gern in Weidengesträuch auf, fressen Gewürm und junge Blätter von wildem Lauch und nisten in Felsenklüften, auch wohl zuweilen unter Bauerndächern in Sperlingsnestern. Ihre Eier sind recht hochgrün von Farbe. (...)

In den um den Tarei gelegnen Steppen zeigt sich noch immer von Zeit zu Zeit diejenige Art wilder Pferde, welche von den Mongolen Dshiggetei* (Langohr) genannt wird. In der Mongolei und besonders in der weiten, wasserlosen Gobisteppe soll man selbige noch in großen Herden ziehen sehn. Allein innerhalb der russischen Grenze bemerkt man, seitdem die häufigen Grenzwachten angelegt sind, selten mehr ordentliche, von alten Hengsten geführte Herden, die sonst aus zehn, zwanzig, ja dreißig und mehr Stuten bestehn sollen; sondern es kommen nur verlaufene oder von den Tabunen abgejagte junge Hengste oder Stuten einzeln von der mongolischen Seite über die Grenze. Und auch diese sind außer den Steppen um den südlichen Teil des Tarei-noor und dem äußersten Winkel der argunischen Gegend bei Abagaitu nirgends mehr anzutreffen.

Man kann diese Dshiggetei eigentlich weder Pferde noch Esel nennen. Sie sind in der ganzen Gestalt fast so ein Mittelding zwischen beiden, wie die Maultiere; daher sie Messerschmidt, welcher dieses Tier zuerst bemerkt hat, fruchtbare Maultiere nannte. Sie sind aber nichts weniger als Zwitter, sondern eine eigne Art, welche viel eignes und eine weit schönere Gestalt als die gemeinen Maultiere haben. Diejenige Art von Steppeneseln, welche wenigstens die westlichen Kirgisen Kulan* nennen, müssen nicht damit verwechselt werden. Denn selbige sind nach den zuverlässigsten Nachrichten, die ich darüber habe, nichts anders als die eigentlichen wilden Esel oder Onagers der Alten und ziehen in den bergigen Steppen der westlichen Tataren ebenso wie der Dshiggetei in den mongolischen Wüsteneien. – Letzterer hat gewisse Schönheiten, die ihn dem Esel weit vorzüglich machen. Ein überaus leichter Körper, schlanke Glieder, wildes und flüchtiges Ansehn und schöne Farbe des Haars sind seine vorteilhafte Seite. Auch die Ohren, welche noch besser als beim Maultier proportioniert und munter aufgerichtet sind, stehn ihm nicht übel, und man würde es noch übersehn können, daß der Kopf etwas schwer und die kleinen Hufe fast wie beim Esel gestaltet sind. Nur der gerade, eckige Rücken und der unansehnliche Kuhschweif, welchen er mit dem Esel gemein hat, verunstaltet ihn. – Die Größe des Dshiggetei ist etwas über die kleine Art von Maultieren, fast einem Klepper gleich. Der Kopf ist etwas schwer gebildet; die Brust ist groß, unten ekkig und etwas zusammengedrückt. Das Rückgrat ist nicht wie beim Pferde hohl ausgeschweift und rund, auch nicht so gerade und eckig wie am Esel, sondern flach auswärts gebogen und stumpfeckig. Die Ohren sind länger als bei Pferden, aber kürzer als an gemeinen Maultieren. Die Mähne ist kurz und struppig, vollkommen wie sie ein Esel hat, und so sind auch der Schweif und die Hufe. Die Brust und Vorderschenkel sind schmal und bei weitem nicht so fleischig wie bei Pferden; auch das Hinterteil ist hager und die Glieder überaus leicht und fein, dabei ziemlich hoch. Die Farbe des Dshiggetei ist licht gelbbraun; die Nase und Innenseite der Glieder sieht fahlgelblich, die Mähne und der Schweif sind schwärzlich, und längs dem Rückgrat läuft ein zierlicher, aus dem Braunen schwarzer Riemen, der im Kreuz etwas breiter, gegen den Schweif aber wieder ganz schmal wird. Wenn das Tier steht, so trägt es den Kopf sehr hoch, und wenns im Lauf begriffen ist, so soll es die Nase ganz in die Luft strecken. Dasjenige, welches ich in Kulussutai zu beschreiben und zu zergliedern Gelegenheit hatte, war eine dreijährige Stute, welche man auf der Steppe einzeln belauscht und geschossen hatte. Zwei junge Hengste waren kurz zuvor von den Tungusen erlegt und das Fleisch, welches von ihnen für den größten Lekkerbissen unter allem Wild gehalten wird, verzehrt worden. – Diese Tiere hatten jetzt bereits das lange, zottige Winterhaar, welches etwas fahler von Farbe ist, abgeworfen und ein kurzes, ungemein glattes und glänzendes Haar gewonnen.

Die Schnelligkeit des Dshiggetei übertrifft einmütigen Berichten nach alles, was man sich vorstellen kann, und ist bei den Mongolen zum Sprichwort geworden. Keinem Pferde, es mag so flüchtig sein, als es immer will, ist es jemals gelungen, den Dshiggetei im Lauf einzuholen. Er kann daher nicht leicht anders als durch List und aus einem verdeckten Hinterhalt, wo der Jäger den Wind gegen sich hat und verborgen bleiben kann, bis das Tier zum Schuß kommt, erlegt werden. Mit Klepperjagden, wenn sie auch von noch so starken Parteien angestellt werden, soll ihm selten beizukommen sein, weil dieses Tier ungemein starke Witterung hat. Sobald eine Herde dieser Tiere einige Gefahr zu argwöhnen anfängt, zum Ex. wenn sie den Schützen von fern auf der Erde liegen oder kriechen gesehn, so pflegt gemeiniglich der Hengst, als Führer der Herde, in einem großen Zirkel gegen dasjenige, was ihm verdächtig vorkommt, zwei- bis dreimal anzusprengen und alsdann erst mit seiner Herde die Flucht zu nehmen. Dadurch geschieht es, daß die Hengste noch am häufigsten erlegt werden. Bleiben diese auf dem Platz, so bemerkt man gemeiniglich, daß sich die Herde zerstreut und nachmals in der Gegend noch einzelne Stuten zu schießen sind.

Wäre es möglich, diese Tiere zu zähmen, so würde man gewiß keine flüchtigeren Klepper auf der Welt finden können. Allein sie sollen von unüberwindlicher Wildheit sein; und wie würden die Mongolen und andre asiatische Nomaden seit so vielen Jahrhunderten unterlassen haben, junge Füllen vom Dshiggetei, die ihnen oft genug in die Hände fallen, zum Versuch zu erziehn, zu zähmen und Zucht davon zu gewinnen, wenn es möglich gewesen wäre. Man erinnert sich noch an der hiesigen Grenze, daß ein nertschinskischer Kosak vor mehreren Jahren ein gefangnes Füllen vom Dshiggetei verschiedne Monate lang gefüttert und zu zähmen gesucht hat; aber es ist wild geblieben und hat sich endlich selbst durch gewaltsame Sprünge getötet. Indessen wäre doch noch bei gehöriger Vorsicht mit ganz jungen Füllen, die in den ersten Tagen nach der Geburt gefangen sein müßten, ein nützlicher und nicht ganz hoffnungsloser Versuch zu machen. Wenn dazu hohe Befehle ergingen, so würde es leicht sein, in der Steppe zwischen dem Tarei- und Dalai-noor binnen einigen Jahren durch die an der Grenze stehenden Tungusen einige derselben einfangen zu lassen. Und sollte dadurch eine neue und durch ihre Schnelligkeit so nützliche Art von Haustieren erzielt werden können, so wären, meinem Bedünken nach, ausgesetzte Belohnungen, die nur sehr mäßig sein dürften, nicht verloren, durch welche man den Zweck gewiß erhalten müßte.

In Kulussutai schied der Student Sokolow völlig von mir und setzte die Reise über Zuruchaitu gegen Argunowskoi Ostrog fort; ich aber verblieb daselbst bis zum 31sten Mai und hatte in dieser Zeit mit Beschreibung der vielen natürlichen Seltenheiten, besonders aus dem Tierreich, die ich hier einzusammeln Gelegenheit hatte, so viel zu schaffen, daß ich kaum Zeit zum Essen und Schlafen übrigbehielt. Besonders erhielt ich hier viele seltne und neue Vögel, die sonst nirgends gesehn werden und wovon ich die schönsten im Anhang beschreibe.[20] Je reicher an Pfützen und kleinen Seen die Gegend gegen den Argun wird, desto häufiger ist auch allerlei Wasserwild, und es gibt hier sonderlich eine Menge von Kranichen, nicht nur der gewöhnlichen Art, sondern auch die indischen (Ardea antigone)* und die sogenannte Numidische Jungfer (Ardea virgo*, Demoiselle de Numidie). Auch Trappen gibt es hier in außerordentlicher Menge und Größe, und die Hähne, welche wegen ihres ansehnlichen Federbarts von den Mongolen Sachaltu genannt werden und unter der Zunge die Öffnung eines kropfartigen Wasserbeutels von der Größe eines guten Gänseeis haben, wiegen oft über dreißig Pfund. Hingegen kennt man hier die kleine Trappe nicht.

Ein sehr merkwürdiges Tierchen wohnt in diesen Steppen, das aber auch am Selenga, ja fast noch häufiger, gefunden wird und unter dem mongolischen Namen Ogotona in Daurien sehr bekannt ist. Es hat mit den von mir im ersten Teil dieser Reise erwähnten allerkleinsten Erdhasen (Lepus pusillus*) und mit den im zweiten Teil beschriebnen Klippenhasen (Lepus alpinus)*, die es im kalten Daurischen Gebirge auch häufig gibt, die allergrößte Ähnlichkeit. Der Unterschied dieser drei kleinen Tiere ist nicht viel größer als zwischen gemeinen Hasen und Kaninchen. Der daurische Erdhase* hat fast die Größe des obgedachten Klippenhasen, aber ein viel zarteres, gelblichgraues Haar. Wie beide verwandte Arten hat er große runde Ohren, einen stumpfen Kopf, kurze Füße mit der gewöhnlichen Teilung und keinen Schwanz. Den innern Teilen, der Lebensart und Stimme nach kommt er am meisten mit dem kleinen Klippenhasen überein. Er macht am liebsten auf sandigen Bergen und Steppen Höhlen mit vielen Gängen und Öffnungen. Aus selbigen kommt er meist nur in den Dämmerungen und um Mittag hervor, um zu weiden und die Rinde vom daurischen Hotzelnbaum (Pyrus baccata) abzuschälen, welcher zu Gefallen er gern auf den Inseln und an den Ufern der Flüsse wohnt. Des Morgens und Abends hört man an Orten, wo er häufig wohnt, seinen oft wiederholten zwitschernden Laut überall. Gegen den Herbst sammelt er

[20] Motacilla cyane*, Alauda mongolica, Charadrius mongolus und alexandrinus, Trynga ruficollis.

in der Nachbarschaft seiner Höhle kleine runde Heuhaufen, wozu er allerlei Kräuter, am meisten aber den grauen Berg-Ehrenpreis und Küchenschellenblätter erwählt; und mit erstern stopft er auch alle Zugänge seiner Höhle aus und füllt sie bei heitrer Witterung, wenn sie leer gezehrt sind, aufs neue aus seinen Heuhaufen, deren Durchmesser nicht über einen Fuß beträgt. – Dieses Tierchen ist der gewöhnlichste Raub der in Daurien ziemlich häufigen wilden Steppenkatze (Manul).

Den 30sten Mai (1772) ließ ich vor meiner Abreise eine geübte tungusische Zauberin spielen, welche sich in den hiesigen Jurten bei ihren Verwandten aufhielt. Sie kam, sobald es finster geworden war, zu einem Feuer, welches man vor einem Zelt unterhielt, und ließ ihre Kleidung, Zaubertrommel und Krücken durch Jünglinge vorantragen, brachte auch eine Anzahl junger Weiber und Dirnen mit, welche ihr im Singen behilflich sein sollten. – Ihre Kleidung, welche sie vor dem Feuer auf die bloße Haut anlegte, war beinahe den chorinzischen Zauberkleidern gleich, ein mit vielem eisernen Klapperwerk und messingenen Zieraten behängter, lederner Rock, über welchen hinten von den Schultern eine Menge bunter Schlangen oder Schweife herunterhing, deren einer mit einem Glöckchen versehn war. Die Mütze nur war bloß von Leder, und anstatt mit eisernen Hörnern versehn zu sein, waren dergleichen Hörner, desgleichen eiserne Froschgestalten auf die Schultern geheftet. Ihre Trommel hatte weit über eine Elle im Durchmesser und mußte erst lange über dem Feuer erwärmt und gespannt werden, um den rechten fürchterlichen Ton zu bekommen. Sie nahm selbige zuerst selbst in die Hände, stellte sich an die Nordseite des Feuers, ließ den Chor von Weibsleuten vor sich in einer Reihe, alles Mannsvolk aber in einem Kreis sitzen und fing darauf mit nordwärts gewandtem Antlitz an, in fürchterlicher Stimme ihre Anrufungen abzusingen. Endlich gab sie die Trommel ihrem Manne zu spielen und fing mit den Krücken in der einen Hand an zu springen, zu rasen und allerlei Verdrehungen zu machen, wobei sie sich durch Schlucksen, Kollern, Kuckuckschreien und andere untermischte Laute ganz wie außer sich stellte und endlich unter beständigem Singen eine Frage vorlegen ließ, welche sie richtig genug erriet. Sie forderte darauf Branntwein, und auf Verlangen, daß sie noch mehr Fragen beantworten möchte, sagte sie, es stünden ihr nur drei Geister, jeder auf den Abend nur einmal, zu Gebot, davon einer gegen Mitternacht, einer gegen Morgen und einer gegen Abend wohne; noch zwei Fragen wolle sie beantworten, mehr aber möchte man ihr nicht aufgeben. Sie fing darauf ihre Beschwörungen gegen Abend an, wo sie ihren Luftgeist Daroldshe nannte und gegen den aufgegangnen Mond öfters mit der Hand über den Augen aufschaute, als ob sie etwas von fern kommen sähe. – Die dritte Frage zu beantworten wiederholte sie nachmals ihre Zauberlieder gegen Morgen; und alle drei Fragen, welche wir mit Bedacht falsch eingerichtet hatten, erriet sie so wohl, daß ich mich darüber verwundern mußte und beinahe mutmaßte, mein Dolmetscher habe die Fragen vorher vermutet und der Hexe darüber Bescheid erteilt. Die Tungusen* rühmten von dieser Zauberin, daß sie von keinem andern Zauberer unterrichtet worden, sondern sich selbst gebildet und als Mädchen lange in einer Art von närrischer Melancholie gelebt habe. Die Kosaken hingegen versicherten, ihr Lehrmeister sei ein am Onon wohnender alter Zauberer gewesen, dem ehemals in diesen Gegenden reisende Professoren seine Zauberkleidung abgenommen, seit welcher Zeit er sein Handwerk nicht mehr getrieben hätte.

Den 31sten Mai (1772) ging ich über etwas hüglige, dürre Gegend weiter. Zur Linken bleibt, gleich nachdem man über die ersten Höhen weg ist, eine trockne Salzpfütze, Kongö genannt, wo ein schönes weißes Erdsalz, welches viel Natron und das übrige an Glauberschen Kristallen* enthält, den Grund reichlich bedeckt. Bald darauf kam ich an die weite Niederung, in welcher das Flüßchen Onon-Borsa seinen Lauf hat. Die ganze Niederung, welche doch wohl begrünt ist, wittert mehr oder weniger mit Erdsalzen aus und war jetzt schon ziemlich reich an allerlei Blumen. Feuchte Stellen waren von den Blüten der Primula farinosa* und rotundifolia rot überlaufen; doch war letztere noch etwas sparsamer, weil sie später in Flor kommt. Auf eben diesen feuchten Gründen war eine besondre kleine Art von Löwenzahn mit bleichen und gelben Blumen, desgleichen Viola pinnata* und lanceolata gemein. Auf trockneren, sandigen Strecken fing Sophora lupinoides* und

Stellera chamaejasme, beides in Daurien sehr gemeine Pflanzen, desgleichen eine schöne milchweiße Iris und eine schwefelgelbe Pedicularis, welche ich außer um diese Gegend nirgends gefunden habe, an zu blühen. – Die Stellera ist noch immer wegen ihrer Wurzel bei den Russen, welche Daurien bewohnen, in Ansehen, obgleich ihre heftigen Wirkungen manchen schon in die andre Welt geholfen haben. Die Wurzel hat noch mehr Ähnlichkeit mit einer ungeschickten, menschlichen Figur als die Mandragoren oder Alraunwurzeln, und oft kann man Kopf und Arme sehr deutlich daran unterscheiden, daher die Russen sie nicht unschicklich Mushik Koren (Mannswurzel) genannt haben. Alte Stöcke werden so dick wie große gelbe Möhren und sind in der Wirkung am heftigsten. Solche Wurzeln treiben mehr als fünfzig, ja oft bis hundert Stengel, welche mit ihren schönen, wohlriechenden Blumenkronen nichts weniger als eine so drastische und schädliche Wurzel vermuten lassen. Die äußere Seite der Blumen ist gemeiniglich dunkelpurpurrot oder seltner schwefelgelb, die innere aber weiß. Daher machen die Blumenkronen, welche am Rande weiß aufblühen, in der Mitte aber einen roten oder gelben Knopf von Knospen behalten, ein vortreffliches Ansehn. Die tungusischen Knaben pflegen ganze, von der Wurzel abgeschnittene Sträuße dieses Krauts zum Zierat, umgekehrt wie eine Mütze oder Sonnenhut, über den bloßen Kopf zu setzen. Sehr oft findet man in den Blumenkronen einzelne Blüten, welche gleichsam aus zwei zusammengesetzt sind und zwei Samen, neun Blumeneinschnitte und achtzehn Staubkolben in zwei Reihen enthalten.

Die feuchten Stellen und Wiesenflächen der *Niederung am Borsa* haben die besondre Eigenschaft, daß im Anfang des Winters, wenn der Fluß mit Eis geschlossen ist, deren Rasendecke von dem zunehmenden Wasser des Flusses gehoben wird. Das unter dem gefrornen Rasen ergossene Wasser gefriert nachmals, und weil diese Eisrinde im Frühling erst allmählich zerschmilzt, so setzt sich auch der Rasen ebenso langsam wieder. Die nämliche Bewandtnis hat es mit der am Argun vielerwärts bemerkten jährlichen Erhebung und Senkung des Erdreichs, welche in der Gmelinschen Reise erwähnt worden ist und wovon demnach das Wunderbare ziemlich wegfällt.

Der Borsa hat sonst eine geringe Breite und ist nur im Frühling wasserreich. Seine Ufer sind in dieser untern Gegend, so wie das umliegende Gebirge, ohne Holzung. In seinen obern Gegenden aber, wo sonst die Kurenselinskische Kupferhütte angelegt war, ist die Gegend mit Fichten und am meisten mit sogenannten schwarzen Birken[21] strichweise bewaldet. – Im Winter fließt dieses Flüßchen so träg, daß dessen Wasser unterm Eise stinkend wird, wozu der fette Schlamm und die natrösen Bittersalze, womit das Erdreich geschwängert ist, hier, so wie bei vielen andern sibirischen Flüssen, die meiste Gelegenheit geben.
Längs dieser Niederung erreichte ich 15 Werste von Kulussutai die Grenzwacht im Tal Udagatai, deren Benennung durch die russische Aussprache in Udumkajewskoi ist verändert worden, nahm daselbst frische Pferde und setzte die Reise ohne Aufenthalt auf Tschindan-Turuchujewskoi Karaul fort. Ich weiß nicht, durch was für einen Irrtum der Abstand zwischen Kulussutai und Udagatai von den Feldmessern auf fünfunddreißig Werste ist angesetzt worden. Der Augenschein und die Uhr beweisen ganz deutlich, daß er nicht die Hälfte betragen kann und ganz billig auf fünfzehn Werste zu schätzen ist.
Der Weg nach Tschindanduruk geht beständig in der angenehmen Niederung des Flusses, welche jetzt eine anhaltende, beblümte Frühlingsaue vorstellte, wo sich von dreierlei Kranichen und anderm Flügelwerk eine Menge aufhielt. Siebenundzwanzig Werste vom Bach Udagatai liegt am Borsa ein steiler Felsen in der Niederung, den die Tungusen Kyrö (Krähe) nennen. Man sieht darinnen zu Tage verschiedne Trömchen einer schwärzlichen erzhaften

[21] Die schwarze Birke (Tschernaja Beresa) ist außer in Daurien in ganz Sibirien nicht zu sehn und fängt auch da erst zwischen dem Onon und Argun an; so wie die Haselnüsse sich erst jenseits des Argun und die Eichen erst am Amur und auf dem Gebirge Kingan, das den Argun und Naunfluß scheidet, zeigen. Diese Birkenart hat einen ganz andern Wuchs als die gemeine Birke, mit welcher sie in Daurien vermischt wächst, weiter südlich in der östlichen Tatarei aber die Oberhand gewinnen soll. Sie ist sehr zwieselig, macht eine Art von Krone, hat ein gewundenes, gelbliches Holz; die Rinde ist grau, zerborsten und stößt fast wie die Fichten geblätterte Schollen ab, welche eine schwärzliche Farbe bekommen. (...)

Gangart ausstreichen, welche auf Erze zu deuten scheint und noch nicht bergmännisch untersucht worden ist. Auf den Felsen blühte Potentilla sericea* und multifida; am Fuß des Felsens aber war unter den Nesseln der seltne Hyoscyamus physalodes* häufig, dessen tollmachende Samen, die schon zu Ausgang des Junius reif sind, von den Tungusen wie Kaffee in Pfannen stark geröstet und zum Morgentrank gekocht werden; so wie auch die daurischen Einwohner das Kraut der hier und hauptsächlich am Argun häufigen weißen Clematis (hexapetala) zum Tee zu nehmen pflegen. Fünf Werste weiter ist am jenseitigen Ufer des Borsa eine hölzerne Kasarme mit einigen Hütten für diejenigen Kosaken, welche über den südwestwärts sieben Werste entlegnen Salzsee zur Wacht bestellt sind, und für die Arbeiter, welche hier zur Einsammlung des Salzes alle Sommer unterhalten werden. Die Wacht von Tschindanturuk liegt auch am Borsa, ein paar Werste davon, obgleich sie von einigen kleinen, viel weiter südwärts gegen die Grenze gelegnen Seen den Namen hat, wo aber an Futter und süßem Wasser Mangel ist. Und weil auch hier am Borsa wegen der auf offner Steppe heftig wütenden Orkane und des Treibschnees im Winter für das Vieh kein Auskommen ist, so stehn die Tungusen hier nur in der guten Jahreszeit mit ihren Jurten und ziehn im Winter an den etwa zehn Werste nördlicher herfließenden kalten Quell (Kuitun Bulak), wo auch die russischen Kosaken sich anzubauen angefangen haben.
Schon von Udagatai her sieht man jenseits des Borsa ein mit vielen Felsenspitzen hervorragendes Gebirge Adon-Scholo liegen. In diesem, so wie in der ganzen kahlen und felsigen Gebirgsstrecke, die sich vom Borsa südostwärts längs der Grenze bis Abagaitu erstreckt, gibt es noch die sogenannten Argali oder wilden Steinschafe in ziemlicher Menge. Weil diese Tiere ungemein scheu und im Sommer gar schwer zu bekommen sind, so hatte ich, außer den deshalb schon von Akschinsk nach der Grenzwache Soktui vorausgeschickten Befehlen, auch bei Tschindanturuk durch abgeschickte Dolmetscher eine Partei jagdkundiger Burjäten vom Agafluß zusammenbringen lassen, um eine große Jagd auf Steinschafe in dem benachbarten Gebirge anstellen zu lassen. Ich fand auch bei meiner Ankunft schon sechzig Mann, die alle wohlberitten waren, in Bereitschaft und hielt also der

Mühe wert, einige Tage allhier zu verweilen, um den Erfolg der Jagd abzuwarten.

Den 1sten Junius (1772) tat ich selbst eine kleine Reise über den Borsa, nach obgedachtem nur etwa zwanzig Werste davon entlegnen Gebirge *Adon-Scholo*. Weil der Fluß durch den im höhern Gebirge nun erst abgehenden Schnee sehr angelaufen war, so mußte der Wagen bei der Salzwacht ausgeladen und alles mit Kamelen übergebracht werden. Den leeren Wagen aber trugen Menschen durchs Wasser. Von der salzigen Niederung des Borsa erheben sich zuerst sanftere kahle Höhen, die eine sandhafte, grandige Decke, im Innern aber Wackenfelsen haben. – Das Gebirge selbst, welches in der Länge kaum zwanzig Werste hat, liegt von Osten nach Westen ausstreichend recht zwischen dem Borsa und Onon, welche sich bald darauf vereinigen, und hat rund umher absinkende Flächen gegen die salzige Niederung des Borsa und gegen die offnen Täler, welches es rundum absondern; diese Flächen aber haben außer der Dammerde nichts Flöziges. Im Umfang besteht es aus flachen, kahlen Bergen, die wohl bedeckt sind, sich immer höher erheben, und wo der höchste Teil des Gebirges ist, durch steile und tiefe Täler zerrissen und mit wunderlich gestalteten Felsengipfeln hervorragend erscheinen. Die Felsen stellen an einigen Orten artige Ruinen, Grotten, aus ungeheuern Wacken über Hügeln aufgetürmte Portäler oder Felsenwände und dergleichen mehr vor. Viele Berge sind mit kleinen vielstaltigen Klippen gleichsam gespickt oder bestreut, daß es von ferne aussieht, als ob Pferde, Kühe und Kamele da weideten. Davon ist der mongolische Name des Gebirges (Adon-Scholo) entstanden, welcher herdenähnliche Felsen bedeutet. – An zwei Orten befinden sich in diesem Gebirge ordentliche Höhlen, die aber von keiner Erheblichkeit sind. Alle diese wunderlichen Ausbildungen macht der verwitternde Granit- oder Wackenfels, woraus das ganze Gebirge, so wie die meisten daurischen Berge, bestehn. Er liegt hier in sehr dicken Schichten oder ungeheuren platten Wacken, welche fast halbrechtwinklig gegen Süden oder Südosten in die Tiefe sinken, aufeinandergestapelt. Wegen dieser Neigung der Schichten, die ich an vielen Bergen im südlichern Daurien bemerkt habe, sind selbige meistenteils an der Südseite sanfter als an der stickligen und felsigen Nordseite.

An dem östlichen Teil dieses Gebirges ist gegen das Tal Dshiran-Tschunguruk einc Anhöhe, wo ein grober Sandstein die Bergart ist, in welchem zerstreute, teils grünliche, teils wasserhelle Schörlkristalle*, den elektrischen brasilischen Smaragden in ihrer prismatischen gefurchten Gestalt ganz ähnlich, gefunden werden, und da, weil der Sandstein am Tage verwittert, auch auf der Oberfläche einzeln herumliegen. Die Tungusen, welche sie auf der Jagd finden und zu einem Spielwerk für ihre Kinder mit nach Hause nehmen, brachten mir mehr davon, als ich selbst würde haben finden können. Denn diese Steine sind ziemlich dünn gesät. Der großen Ähnlichkeit ungeachtet, haben selbige bei wiederholten Versuchen nichts von einer elektrischen Eigenschaft gezeigt.
Die wunderlich gestalteten, mannigfaltigen Felsen, die angenehmen grünen Täler, welche das Gebirge durchkreuzen, und schmale, aus jungen Birken und Pappeln bestehende Haine, welche an der Nordseite der meisten Berge von der felsigen Spitze gegen die Täler herunterlaufen, machten, nebst der Menge von Rehen und anderm Wild, noch mehr aber von allerlei Geflügel, bei der jetzigen Frühlingszeit dieses Gebirge zu der angenehmsten Einsiedelei, die ich in meinem Leben gesehn habe. Diese Anmut und am meisten die vielen schönen Pflanzen, welche an den warmen mittäglichen Bergen schon in voller Blüte waren, nahmen mich so ein, daß ich daselbst, bei einem Quell, deren das ganze Gebirge nur zwei hat, zu übernachten mich entschloß.
Es gibt in dieser schönen Landschaft, wo ich voll Vergnügen, ohne eine Viertelstunde des Tages zu ruhen, die Berge nach allen Seiten auf- und abgeklettert bin, eine Menge Rotwild, besonders Rehe und die obgedachten Steinwidder. Von letztern hatte ich selbst Gelegenheit, sieben Stück in einem Tal zu erblicken, welche, sobald ich nur den Felsen, der mich bedeckt hatte, überstieg, mit unglaublicher Schnelligkeit und fürchterlichen Sätzen über die Felsen die Flucht ergriffen. An Wölfen, Füchsen, Korsaken und wilden Tigerkatzen (Manul) fehlt es auch nicht; doch sind letztere um den Selenga und hauptsächlich am Dshida häufiger. Hasen gibt es hier und in allen südlichen Gegenden von Daurien, wie am Selenga, zweierlei Arten, nämlich den gemeinen (mongol. Schandaga*), der im Winter weiß wird,

und den sogenannten Tolai*, der auch zur Winterszeit grau ist, einen kleinern Kopf und längern, obenher schwarzen Schwanz hat und auch von dem europäischen Kaninchen wohl unterschieden werden muß. Dieser läuft, wenn er gejagt wird, immer gerade vor sich, ohne wie der gemeine Hase Umschweife zu machen. Findet er Murmeltierhöhlen oder eine Felsenkluft vor sich, so nimmt er dahin seine Zuflucht. Sonst hält er sich natürlicherweise in den Steppen, am liebsten unter dem Gesträuch vom Schotenbaum auf und gräbt nicht, wie das Kaninchen, eigne Höhlen.
Von seltnen Vögeln habe ich hier folgende bemerkt: Den fürchterlich großen Bartgeier (Vultur barbatus), den die Mongolen Jelloo nennen und wovon sich ein Paar auf einem der höchsten und unzugänglichsten Felsen sehen ließ, eben derselbe Vogel, dessen Gmelin unter dem Namen weißer Adler irgendwo Erwähnung getan hat. Ferner die sogenannten Steinrappen mit roten Füßen und Schnabel (Corvus graculus)*, zweierlei Steintauben, welche hier und sonst am Onon und Argun in Felsenklüften häufig nisten und wovon die eine mit der Turteltaube völlig, die andre aber fast mit unsrer Feldtaube übereinkommt, außer daß sie kleiner ist und die Schwanzfedern eine breite weiße Querbinde haben;* den schönen, unten ganz feuerroten Klippdrostel (Turdus saxatilis)*, kleine rotschwänzige Neuntöter (Lanius phoenicurus)*; eine Art Steinnachtigallen, die fast wie die gemeine, auch zur Nachtzeit singen (Muscicapa rupicola), kleine sangreiche Grasmücken (Motacilla certhiaria), und endlich dreierlei Schwalben, wovon die am Altaischen Gebirge schon bemerkten Steinschwalben nebst den Rauchschwalben ihre Nester außen an die Felsen bauen, die in Daurien und am Baikal gemeinen weißbunten Geierschwalben aber in den höchsten Felsenklüften nisten und abends beim Untergang der Sonne um die Gipfel der Klippen, bei trüben Tagen aber nahe an der Wasserfläche der Seen und Pfützen so häufig fast wie Mücken herumschwärmen. – Andre bekannte Vögel erwähne ich nicht, außer etwa den Kuckuck, weil ich ihn nirgends so häufig als in dieser Einsamkeit gesehn habe. –
Die Pflanzen waren hier schon weit; Papaver nudicaule*, Pedicularis incarnata und sulphurea, Iris verna, Cheiranthus pallidus, Astragalus montanus, Spiraea chamaedrifolia, opu-

lifolia und Sambucus racemosa beblümten alle sonnigen Bergseiten. Um die Felsen stand häufig Aquilegia canadensis in Blüte, und sonst sammelte ich hier noch Stellera chamaejasme, Valeriana sibirica, Androsace villosa, lactea und septentrionalis, Saxifraga bronchialis, Sibbaldia erecta grandiflora, Hesperis sibirica, Viola lanceolata, pinnata und digitata, Alyssum montanum, Astragalus suffruticosus, Vicia biennis, Polygonum angustifolium, Scorzonera humilis, Spiraea thalictroides, eine Wolfsmilch mit sehr dicken, milchenden Wurzeln, und in den Tälern das schöne Thalictrum petaloideum*. Die meisten dieser Pflanzen sind durch ganz Daurien in ähnlichen Gegenden allgemein, ich nenne sie aber hier, weil sie an andern Orten erst einige Tage später zu blühen anfingen und hernach fast den ganzen Junius hindurch die Zierde der hiesigen Steppen und Gebirge blieben, welche mit Ausgang des Junius die zinnoberroten Berglilien (Lil. pomponium) und in den Tälern die Feuerlilien (Lil. bulbiferum) nebst der gelben Hemerocallis* noch vermehren.

Ich würde mich noch den folgenden 2ten Junius hier haben beschäftigen können, wenn ich nicht schon in der Nacht von der ausgeschickten Jagdpartei die Nachricht erhalten hätte, daß es ihnen ein wildes Schaf zu erlegen geglückt sei, weswegen ich nach Tschindanturuk, wohin selbiges war abgeführt worden, zurückeilte. Bei der zweiten Jagd wurde noch ein diesjähriges wildes Lamm erlegt, und diese waren zu meinem Endzweck hinlänglich.

Die wilden Steinschafe oder *Argali*, wie sie auf mongolisch genannt werden, sind von Leibe viel stärker als ein Damhirsch und wiegen gegen fünf Pud, die Widder aber noch weit mehr, weil ihre Hörner allein, wenn sie ausgewachsen sind, zusammen oft über ein Pud schwer sind. Auf den Füßen sind sie etwas höher als zahme Schafe, allein ebenso schwer von Leibe, und in der Bildung des Kopfs ist wenig Unterschied zu bemerken. Die Ohren sind klein und aufgerichtet, die Hörner bei dem Weibchen mittelmäßig groß und halbmondförmig gebogen, ziemlich platt, mit zwei stumpfen Ecken am Rücken und am untern Rand in eine ziemliche Schärfe verdünnt. Bei männlichen Tieren erwachsen selbige zu einer ungeheuern Größe und sind, wie beim gemeinen Widder, auf den Seiten des Kopfs gewunden. Der Schwanz ist sehr kurz, die Hufe aber wie bei gemeinen

Schafen. Das Winterhaar dieser Tiere ist lang und zottig, mit viel Wolle vermischt. Das Sommerhaar hingegen ist kurz und glatt. Jetzt hatten die Alten schon alles Winterhaar abgeworfen und waren ungemein dünnhaarig, von Farbe fast ganz aschgrau. Diese Tiere leben auf einsamen, trocknen und waldlosen Gebirgen und Felsen, wo sie viel bittre und scharfe Gebirgskräuter weiden können. Sie werfen schon vor Abgang des Schnees ihre Lämmer, welche mit einem jungen Reh ziemlich viel Ähnlichkeit, aber schon breite platte Hörnerkeime und ein weiches, zottiges Wollhaar von dunkelgrauer Farbe haben. – Kein Hirsch ist so scheu wie der Argali, welchem fast nicht beizukommen ist. Wenn sie verfolgt werden, so laufen sie nicht geradeaus, sondern mit allerlei Umschweifen und oft, wenn sie hinter Höhen oder Felsen sich verbergen können, gerade zurück, an dem Verfolger vorbei. Im Lauf sind sie ungemein schnell und halten es lange aus. In der Ebne tun sie keine Sätze, aber über die Felsen klettern und springen sie mit viel Fertigkeit. – So wild das erwachsene Tier ist, so leicht sind die gefangnen Lämmer zu zähmen und an Milch und Futter zu gewöhnen, wovon man Beispiele auf hiesigen Grenzwachten gehabt hat. (...)
Die *daurischen Steppentungusen*, welche im Russischen sonst auch mit dem allgemeinen Namen Konnyje Tungusi (Pferde-Tungusen) genannt werden, weil sie die einzigen ihrer Nation sind, welche Pferde und andre Herden halten, nennen sich selbst Donki oder Oüwönki, die Russen in ihrer Sprache Lota, die Chinesen Tergezin, die Dáuren schlechtweg Dagur und die Mongolen Mongo. Ihre Sprache ist hier durch die Nachbarschaft so wie ihre Kleidung und Lebensart ganz mit der burjätisch-mongolischen verbastert, und nur einige ganz alte Leute wissen sie noch rein zu sprechen. Wegen des vielen Umgangs mit den Russen sind sie in deren Sprache viel geübter als die Burjäten, auch selbige zu lernen und auszusprechen viel fähiger. Sie sprechen selbst ihre Muttersprache langsam, gelassen und deutlich. Ihre Gesichter sind platter und größer als die mongolischen und den samojedischen ähnlicher. Der Bart wächst ihnen wenig oder gar nicht, obgleich viele nie an das Ausraufen der Haare in ihrem Leben gedacht haben. Ich führte auf der Hinreise einen alten siebzigjährigen Tungusen, der noch sehr munter

war, mit seinem Sohn bei mir, welcher so glatt im Gesicht wie ein vierzehnjähriger Knabe war. – Sie haben schwarzes, langes Haupthaar, welches die meisten in einer gleichförmig beschnittnen Länge um den Kopf hängen lassen; auf dem Scheitel aber machen sie eine längere Flechte, um, wie sie sagen, den Bogen darein zu knüpfen und trocken überzubringen, wenn sie durch tiefes Wasser gehn oder auf der Jagd über einen Fluß schwimmen müssen.
In ihrer Tracht, ihren Jurten und ihrem ganzen Wesen sind sie von den Burjäten wenig unterschieden. Nur ihre Sommermützen sind original; sie machen selbige gern von einem Rehkopf, woran die Augenlöcher und Ohren sichtbar bleiben und den Zierat abgeben. Mit Hörnern habe ich sie nie gesehn, obgleich ich Tungusen aus dem Geschlecht Namät unter meinen Fuhrleuten gehabt habe; sie sagten, daß sie solche den Zauberern überließen.
Die im russischen Daurien wohnhaften tungusischen Stämme heißen von dem äußersten Winkel des Amur an zu zählen: Dulegat, Bogajit, Költöjet, Potschegorre, Saradur, Schuninkan, Sartot, Udsun, Tuktschin, Guni-Mongol, Balikagit, Kuidselyk, Namät, Ulät und Tschilkair. Nach Tagebüchern der von Zuruchaitu sonst auf Peking gereisten Karawanen wohnen an dem Gebirge Kingan und in den östlichern wilden Gebirgen gegen den Amur viele unter chinesischer Herrschaft stehende Tungusen, die mit Rentieren herumziehen, bei den Mongolen, so wie unsre Tungusen, unter dem Namen Solonn (Schützen) und Kamnega-Solonn als kriegerisch bekannt sind von den fest wohnhaften und Ackerbau treibenden Dauren unterschieden werden müssen. Diese haben, so wie die sibirischen Wald-Tungusen, welche in den nördlichen Wüsteneien vom Jenissej bis über die Lena hinaus zerstreut ziehn und fast allein von der Jagd leben, noch viel mehr von ihrer Wildheit und natürlichen Sitten beibehalten.
Die Steppen-Tungusen am Argun, Onon und Ingoda waren sonst an Vieh so reich, daß sie den besten Burjäten nichts nachgaben, und Tungusen, die ihre Pferdeherden mit Tausenden zählten, so selten eben nicht gewesen sind. Allein ihr unruhiger Geist, der sie, ehe die Grenze bewacht war, zu häufigen Streifereien und Feindseligkeiten gegen die Mongolen trieb, und der hinwiederum von den mächtigern,

obwohl nicht so kriegerischen Mongolen erlittne größere Verlust nebst andern Unglücksfällen, Seuchen und kurz, das Geschick hat sie so sehr heruntergebracht, daß ein großer Teil kaum ein Pferd und etwas Rindvieh, ja viele auch dieses nicht einmal besitzen. Die Jagd, welche noch immer ihre größte Ergötzlichkeit ist, war sonst ihr Reichtum, allein auch diese ist durch die größere Bevölkerung zwischen dem Argun und Amur und durch die Hüttenanstalten zerstört; und obgleich die Tungusen, um den Jassak* und etwas drüber zu verdienen, in das wüste und an edlem Wild noch reiche chinesische Daurien über den Argun und Amur heimlich auszuschweifen nicht unterlassen, so ist doch diese gewagte Überschreitung der Grenze wegen der fleißigen mongolischen Grenzwachten und Jagdparteien für sie, wenn sie jenen in die Hände fallen, desto verderblicher, weil die Chinesen den aufgefangnen Jägern nicht nur Pferd, Reit- und Jagdzeug mit allem gefangnen Wild abnehmen, sondern sie auch von der argunischen Grenze, wo sie dieselben gleich ausliefern könnten, mit ihrer gewöhnlichen Weitläufigkeit erst nach Urga schleppen und mit vielen Umständen von dort nach Selenginsk bringen, womit die armen Tungusen oft über ein halbes Jahr aufgehalten werden, in welcher Zeit die Jagd auf selbiges Jahr, wovon sie den Tribut gutmachen müssen, verlorengeht und ihre Weiber und Kinder indes zu Hause beinahe vor Hunger umkommen. Viele Tungusen halten sich jetzt aus Notdurft um russische Dörfer auf und tun den Bauern wie auch bei den Nertschinskischen Hütten Tagelöhner-Arbeit, um sich durchzuhelfen. Wenn die Bauern für die Tungusen den jährlichen Jassak bezahlen, ihnen Nahrung und höchstens Kleider geben, so sind diese vergnügt und dienen willig. – Einige lassen sich auch aus Not taufen oder werden durch allerlei in diesen entfernten Gegenden gewöhnliche, freilich nicht allemal erlaubte Mittel dazu gebracht. Befehlshaber sollen sich zuweilen erdreistet haben, tungusische Weiber in Abwesenheit der Männer in ihre Dienste zu locken, taufen zu lassen, und dem Tungusen, der sich, um die Frau wiederzuhaben, auch taufen lassen wollte, solches zu verwehren.

Die Tungusen sind sonst unter allen Steppenvölkern, die ich noch gesehn habe, zu Pferde und in Behandlung des Bogens die fertigsten, auch zugleich die herzhaftesten und deswegen bei den Mongolen sehr gefürchtet. Man hätte also in dieser Absicht und in Betrachtung der tungusischen Treue keine besseren Leute zu Kosakendiensten auf der chinesischen Grenze wählen können; und sollte man jemals mit China Grenzgeschäfte vor der Kanonenmündung abzutun haben, so würde man an allen daurischen Tungusen, deren Zahl sich nach der Schätzung auf 4868 Bogen beläuft, wenn sie beritten gemacht und aufgeboten würden, tapfere und willige leichte Truppen wider die Mongolen haben. Bei meiner Anwesenheit in Akschinsk waren einige tungusische Kosaken beisammen, und ich sah mit Verwundrung ihre Übungen im Pfeilschießen mit an. Ein Pfeil wird mit der Spitze in die Erde gesteckt, und danach wird im größten Galopp, den die Pferde laufen können, mit Bogen geschossen. Der Reiter muß im Jagen das Pferd mit der Peitsche antreiben, Bogen und Pfeil herausnehmen und abschießen, ohne den Zügel zu halten, folglich bloß durch die Bewegung des Leibes das Pferd lenken und die Schwenkung machen. Wenn man es ansieht, so sollte man kaum glauben, daß es möglich sei, dabei nur auf dem Pferde sitzen zu bleiben. Gleichwohl wird der Pfeil, welcher zum Ziel dient, unfehlbar bis auf die Erde nach und nach weggeschossen. – Sie wissen mit einem Bein im Sattel zu hängen und im vollen Sprung den Leib seitwärts zu werfen, umzuwenden und rückwärts zu schießen, ohne das Pferd im Lauf zu stören. – Und was dergleichen Übungen mehr sind.

Die tungusischen Stämme haben gewisse Häupter oder Tojons über sich, welche den Tribut an die Nertschinskische Kanzlei für ihre Stämme abtragen und über die Zahl derselben Rechnung halten. Gemeiniglich schießt der Tojon den Tribut in Geld vor und nimmt nach der Jagdzeit von seinen Leuten die Schuld in Zobeln, Ottern, Vielfraßen und schwärzlichen Eichhörnern nicht ohne seinen Vorteil ein. Über alle daurischen Tungusen ist ein gewisser Knjasez Gantimurow, dessen Vater aus der Mongolei entwichen war und den Rang eines nertschinskischen Dworjanins für geleistete Dienste erhalten hatte, das Oberhaupt und auch über die tungusischen Kosaken Befehlshaber.

Die Tungusen sind seit der Eroberung dieser Gegenden durch die Blatternepidemien oft sehr aufgerieben worden. Das letztemal wütete diese Krankheit in Daurien im

Jahr 1767 mit viel Heftigkeit, und nach dem Vorgeben der Einwohner soll sie damals zehn Jahre vorher bemerkt worden sein und gemeiniglich alle zehn Jahre sich einstellen. Welches auch in mehrern dünn bewohnten und abgelegnen Gegenden Sibiriens eine allgemeine Sage ist. Die Tungusen sowohl als die Burjäten scheuen diese Krankheit wie wir die Pest, weil sie diesen Nationen auch nicht viel weniger verderblich zu sein pflegt. Wer unter ihnen damit befallen wird, den erlassen sie auf der Stelle mit Zuteilung der notdürftigen Lebensmittel. Zur Zeit einer Epidemie setzen sie Milch, Tee, auch wohl Fleischspeisen vor die Jurten und bitten die Krankheit andächtig und mit feierlichen Verbeugungen, vor ihren Wohnungen vorüberzugehn. Noch jetzt gibt es viele unter den alten und erwachsnen Tungusen, welche die Blattern nicht gehabt haben, und solche kommen, wenn die Epidemie sie erreicht, bei ihrer Lebensart und Nahrung selten davon. – Nichts wäre daher nützlicher, und nichts ist bei einiger Vorsicht und guten Veranstaltungen leichter, als die Einimpfung bei dieser und andern heidnischen Nationen in Sibirien einzuführen, deren bisher viele, anstatt sich zu vermehren, hauptsächlich durch tödliche Blattern sich vielmehr vermindert haben.
Vom tungusischen Aberglauben hat der fleißige und aufmerksame Herr Georgi unter den natürlichen Gebirgstungusen so vollständige Nachrichten zu sammeln Gelegenheit gehabt und in seinen besonders gedruckten Reisebemerkungen mitgeteilt, daß ich das wenige, was sich hierin bei den daurischen Tungusen bemerken ließ, anzuführen nicht für wert achte. Soviel ich habe merken können, verehren die Steppen-Tungusen die Sonne als ihre hauptsächlichste Gottheit und das Ebenbild derselben im Feuer. Zum lamaischen Gottesdienst sind noch wenige bekehrt worden und dazu nicht so leicht wie die Burjäten zu bringen. Ihre Gräber besetzen sie mit Steinfliesen und wollen auch die an vielen Orten in Daurien befindlichen Gräber mit großen Steinen für die Gräber ihrer reichen und mächtigen Vorfahren ausgeben.

Den 8ten Junius (1772) ging meine Reise beständig längs dem *Aga* aufwärts, der zwischen mäßigen, ziemlich sanften Gebirgen fließt und dessen Niederung hin und wieder

ziemlich sumpfig ist. Anemone dichotoma*, Pedicularis verticillata und ein kleines Symphytum tuberosum blühten, und die erste ist um diese Zeit im ganzen östlichen Sibirien häufig. – Man bemerkt am Aga herauf viele alte, mit Fliesen besetzte Gräber, denn gemeiniglich sind selbige in Gegenden, wo man die besten Weideplätze hat; und der Aga ist wegen solcher bei den Burjäten berühmt. – Es gibt an demselben auch zum Ackerbau treffliche Gegenden, aber die Chorinzischen Burjäten würden sehr scheel dazu sehn, wenn dieser Fluß mit Dörfern besetzt werden sollte.
Wegen eines von der rechten Seite einfallenden morastigen Baches Ussutu-Chila mußte ich über den Aga und einige Werste längs dessen linken Ufer über zwei Bäche Saritei und Mogoitu gehn. Danach folgten wir wieder dem rechten Ufer, wo sich die Berge zur Seite hin und wieder mit Fichtenwaldung zu kränzen anfangen, und kamen heute noch über die Bäche Chorei-Chila (der trockne), Naryngorechon und Kilganda, ferner Kuitun Bulak und Ametchaatsche, bei welchem ein von Nertschinsk nach Akschinskaja Krepost führender Weg zur Linken abgeht. Wir aber gingen rechts über den Aga, welchen wir heute über vierzig Werste begleitet hatten, und kamen durch ein langes flaches Tal Zaghan-Scholotei über ein Gebirge an den Bach Ubur-Argalei, wo ich übernachten mußte. Wir konnten unsre heutige Tagereise wenigstens auf sechzig Werste schätzen. Die häufig längs dem Aga in Jurten stehenden Chorinzischen Burjäten bezeigten sich gegen uns sehr gastfrei, trieben von allen Seiten ihre zahlreichen Pferdeherden freiwillig auf den Weg, um unsern ermüdenden Vorspann abzuwechseln, und brachten Schafe, Milch und Milchbranntwein nach ihrer Art zum Geschenk, womit sich meine Leute nach Gefallen versorgen konnten. Ich hatte soviel Bereitwilligkeit und Freundlichkeit nicht von ihnen vermutet und erfuhr nun erst, daß dies die Dankbarkeit für mein Bezeigen gegen die am Borsa versammelt gewesene Jagdpartei, welche aus dem Kern ihrer Jugend bestanden, sein sollte. (…)
Ich beschäftigte mich in *Selenginsk* einige Tage lang mit verschiednen Nachlesen zur Naturgeschichte dieser entfernten Gegenden und brachte das bisher Gesammelte soviel möglich in Ordnung. Indessen ließ ich alles zu meiner Rückreise nach Krasnojarsk instand setzen und konnte also

den 3ten Julius (1772) die Reise gegen den Baikal antreten.

Den Studenten Bykow*, der schon im Frühling um Selenginsk Pflanzen und andre natürliche Dinge einzusammeln war zurückgelassen worden, hinterließ ich daselbst abermals mit dem Auftrag, sich den Dshida hinaufwärts längs den Grenzwachten, wenn es möglich wäre, bis ins hohe Tunkinskische Gebirge zu begeben, die merkwürdigen Kräuter überall fleißig zu sammeln und, was sonst vorkommen würde, anzumerken, nochmals die Ankunft des Studenten Sokolow aus Daurien in der selenginskischen Gegend zu erwarten und mit demselben im späten Herbst zu mir nach Krasnojarsk zurückzukehren. – Solchergestalt konnte ich hoffen, auch alle später blühenden Pflanzen, welche die Landschaft über dem Baikal hervorbringt, in ihrer Vollkommenheit zu erhalten. –

Ich will nun zum Abschiede von der Beschaffenheit dieser Landschaft überhaupt etwas hinzufügen.

Ich muß gestehen, daß ich auf der ganzen sibirischen Reise, vom Uralischen Gebirge an, welches als die Grenze zwischen Europa und Asien gelten kann, bis an den Baikal nicht soviel Neues und Merkwürdiges von Tieren und Pflanzen als in dem an die Mongolen grenzenden und an der Nordseite vom Baikal eingeschlossenen Landstrich gefunden habe. Wahr ist es, daß auch am Jenissej, in dessen obern, südlichern Gegenden, welche an Beschaffenheit den daurischen ziemlich ähnlich sind, schon viele natürliche Merkwürdigkeiten, sonderlich aus dem Gewächsreiche, gefunden werden, die im westlichern Sibirien teils gar nicht, teils nur auf den höhern Teilen des Altaischen Gebirges zu finden sind. Allein diese Produkte sind nirgends so häufig, so vollkommen und gleichsam in ihrem Vaterlande als in Daurien und allem jenseits des Baikals gelegnen Gebirge. – Ich sage Gebirge, weil diese ganze Gegend durchaus gebirgig und auch die Ebnen größtenteils nur als breite Täler oder als Flächen auf sanfteren Gebirgsrücken zu betrachten und alle sehr hoch gegen das westliche Sibirien gelegen sind; wie die Allgemeinheit sibirischer Gebirgspflanzen bis in die niedrigsten Gründe und Felder, auch ohne die barometrischen Beobachtungen, solches zur Genüge beweisen. – Außer dem sehr hohen waldigen Gebirge, welches

vom Baikal bis gegen den Ursprung des Selenga seine größte Stärke und Breite hat und mit dem um den Jenissej liegenden Sajanischen Gebirge eine mächtige und gegen Osten immer mehr ausgebreitete Kette macht, sich mit einem Teil um den westlichen Busen des Baikals anschließt, mit seinem Hauptzuge aber gegen die Mongolei wendet, über die Quellen des Jenissej, Selenga und Tola fortgeht und dann in die Zweige zerteilt, welche teils die Bäche des Amur von den sibirischen Strömen, teils dessen hauptsächlichsten Nebenströmen Naun und Scharamurin unter sich, teils die Ströme des Amur vom Choango scheidet; außer diesem mit vielen anliegenden ungeheuren Schneekoppen und waldlosen, kalten Gipfeln (Golzi) aufsteigenden Hauptgebirge ist meist alles zwischen dem Baikal und der Grenze voll trockner, offner, sehr zerrißner, stickliger und felsiger Berge, mit zwischenliegenden, meistens sandigen Tälern und Ebnen, an welchen man deutlich sieht, daß der Sand aus den verwitterten kleinen Teilen der Gebirgsart entstanden ist, welche die Winde, Regen und Schneewasserströme, auch andre rinnende Gewässer wegführen und ausbreiten. Denn die meisten Berge bestehn in diesen Gegenden aus verwitterndem Wackenfelsen und andern uralten Gebirgsarten, und man sieht an wenigen Orten Flöze, wenn man nicht die von einzelnen Bergen am Fuß, aus abgeschwemmten Geschieben und Erdarten entstandnen Schollen so nennen will. Der Flöz des ganzen Gebirges zeigt sich erst nördlich vom Baikal und in den obern Gegenden der Lena.
Weil die Gebirge sowohl im selenginskischen Gebiet als im nertschinskischen oder im eigentlichen Daurien sehr steil und felsig, ja oft bloße hervorragende Klippen oder mit Felsentrümmern überschüttete Koppen sind, so entstehen daraus vortreffliche Aussichten und Landschaften. Aus dieser Beschaffenheit folgt auch die Menge seltner und eigner Sträucher und Gebirgspflanzen, welche die Berge sowohl als die zwischen selbigen gelegnen, teils schmalen, schattigen und kalten, teils offnen, sandigen und warmen, auch mit salzhaften Gründen reichlich versehenen Täler und Flußniederungen hervorbringen müssen. Es folgt auch daraus die große Verschiedenheit der wärmern und kältern Lage in ganz nahe benachbarten Gegenden unter einerlei Himmelsstrich; da zum Beispiel bei Selenginsk und Kjachta

allerlei Gartengewächs und selbst die Wassermelonen oder Arbusen im freien Boden ganz wohl geraten und viele, nur an warmen Felsen gedeihende seltne Pflanzen allgemein sind; in dem am Uda und nördlicher gelegnen Landstrich aber nicht einmal alles Getreide reifen will; und am Baikal, wo die Beschattung und Kälte von dem im Süden nahe anliegenden hohen Gebirge dazukommt, bis ans Ufer Pflanzen wachsen, die sonst ganz kalten Gebirgen eigen sind, auch die Bäume später ausschlagen, der Schneefall früher und der Winter länger ist als hundert Werste höher am Selenga. – Dieser Einfluß einer hohen und gegen die kalte Himmelsgegend unbedeckten Lage auf das Klima der Gegend, wovon man in allen Gebirgsländern Beispiele hat, muß auch als die vorzügliche Ursache der allgemein kältern Beschaffenheit des östlichen Sibirien und sonderlich der Gegend südlich vom Baikal, vor andern westlichern, unter eben der Breite liegenden Ländern, in Betrachtung kommen. Ganz Daurien genießt eine Alpenluft und ist noch dazu in dem Fall eines Landstrichs, der sich an der Nordseite einer hohen und kalten Gebirgskette befindet und den Einfluß der warmen Südwinde, so wie ganz Sibirien, durch den Schutz eben dieser Kette verliert. Zugleich liegt es gegen die nördlichen Winde, welche vom Eismeer, selbst im Sommer, unmäßig kalt wehen und in Sibirien vorzüglich herrschen, offen und gleichsam haltend. Was Wunder also, daß die Witterung hier viel rauher als in dem westlichern mit See umgebnen und auch dadurch milderen Europa zu sein pflegt?

Die allgemeinste Holzung in Daurien und am Selenga sind wegen des Sandbodens die Fichten, welche gemeiniglich nur die höhern Rücken und Gipfel nicht ganz entblößter Berge bedecken und die Landschaften noch anmutiger machen. Das höhere und kalte Gebirge hat seine meiste Waldung von Lärchenholz, worunter Zirbelfichten, Föhren, weiße und rote Tannen, Birken und Espen vermischt wachsen, Elsen* aber, Strauchbirken und der sogenannte Bagulnik (Rhododendron dauricum) nebst allerlei Weiden das gemeine Unterholz ausmachen. Die höchsten Koppen, deren einige das ganze Jahr hindurch mit Schnee bedeckt bleiben, haben oben teils krüpplige, teils auf den Gipfeln gar keine Waldung, sondern nur auf dem Felsen ausgebreitet

kriechendes Gestrüppe (Slanzi) von Zirbel- oder Zederfichten, Lärchenbäumen, Zwergbirken, einigen Wacholder und Sevenbaumarten* und sonderbaren kleinen Weiden.
Aus dieser allgemeinen Beschreibung folgt, daß die selenginskische Gegend und Daurien nie, in Proportion ihres Umfangs, zu einem so volkreichen Kornlande wie das übrige nicht gar zu nördliche Sibirien könne gemacht werden; zumal da überall, auch außer den steilen Bergen, noch in den Tälern und Flächen so viel ganz felsige oder steinige oder bloß sandige Strecken vorkommen, die kein andrer Einwohner als ein Hirtenvolk, wie die Mongolen und Burjäten sind, nutzen kann. Weil aber diesen, bei ihrer augenscheinlichen Vermehrung, durch Anwendung der fruchtbaren und besten Ländereien und Flächen, die sich hauptsächlich längs den Flüssen und Bächen befinden, der Raum gar bald zu enge werden wird, wie solches im Selenginskischen schon jetzt den Anschein hat, so müßte, wenn der Ackerbau hier in den möglichsten Flor gebracht werden sollte, ein Teil dieser Völker in andre zum Ackerbau untüchtige Gegenden versetzt werden, wie z. E. die sandigen und salzhaften Wüsteneien am Irtysch und sonst in der Baraba sind, welche man jetzt oft den ungetreuen Kirgisen zugute kommen läßt, die niemals zum Acker geschickt gemacht werden können.
Ehe ich Selenginsk verlasse, muß ich der Stadt selbst und ihres Gebiets noch mit einigen Worten Erwähnung tun. – Sie liegt größtenteils längs einem mit Sand verschlemmten Arm des Flusses, der jetzt bei niedrigem Wasser fast ganz abläuft und überall durchwatet werden kann. Dicht hinter der Stadt liegen die hohen Sandberge, von welchen der Sand die Straßen des Orts zu überschwemmen anfängt. Eben diese Berge sind obenher mit Bau- und Brennholz im Überfluß versehen, und die Fichtenwaldung schließt sich unterhalb der Stadt an den Fluß selbst an. – Von der Flußseite macht der Ort mit seinen drei Kirchen, deren zwei gedoppelt sind, und mit dem neugebauten, jetzt unbewohnt stehenden Gesandtschaftlichen Hause (Posolskoi Dwor) ein gutes Ansehen. (...)
So vorteilhaft die Stadt auch zum chinesischen Handel gelegen ist, kann man doch die wohlhabenden Kaufleute noch ziemlich zählen, und die meisten Einwohner sind unter ei-

nem mäßigen Stand. Sorglosigkeit und Neigung zu Ausschweifungen mag davon die Hauptursache sein. Viele Einwohner zerstreuen sich auch, um sich den bürgerlichen Lasten zu entziehen und durch Viehzucht und Ackerbau einen sichern und sorgenfreien Unterhalt zu finden, aufs Land und legen Meierhöfe und kleine Dörfer an, deren einige der Stadt gleich gegenüber, am linken Ufer des Selenga hin, abgesondert liegen, wo sie schöne Täler, auch zum Kornbau, und mehr Auskommen für das Vieh haben. Ein guter Teil der Stadt- und Landbewohner, im Selenginskischen sowohl als in Daurien, zeigt eine starke Vermischung mit dem mongolischen Geblüt. Wohlhabende russische Landleute und auch wohl Bürger sind schon längst in der Gewohnheit, sich burjätische oder mongolische Dirnen, deren Blut, wie man glaubt, heißer wallt, zur Ehe zu wählen, da dann deren Väter, um der zeitlichen Vorteile willen, ihre Töchter gern zu dem Ende christlich taufen lassen. – Man hat auch Beispiele um Selenginsk von reichen Burjäten, welche sich russischen Dirnen zu gefallen taufen lassen und sie zur Ehe nehmen. Aus beiderlei Ehen entsteht eine Art von Mulatten, welche etwas Mongolisches im Gesicht und schwarzes oder sehr dunkles Haar, gemeiniglich aber die regelmäßigsten und angenehmsten Züge haben und unter dem Namen Karymki begriffen werden. Die burjätische Lebensart aber nimmt durch eben diese Vermischung so sehr wie die mongolische Sprache unter dem gemeinen Mann in diesen Gegenden überhand. (...)

– Noch wird Bargusinskoi Ostrog zum selenginskischen Gebiet gerechnet, der etwas über sechzehnhundert zinsbare Tungusen in seinen weiten Wüsteneien zählt. Nimmt man dazu, daß der noch weitläufigere Nertschinskische Bezirk oder das eigentlich unter russischem Zepter stehende Daurien außer etwa 16000 Burjäten und Tungusen an russischen Einwohnern kaum 11800 männliche Köpfe besitzt, wovon über zehntausend unter dem Argunischen Hüttenamt stehn und fast dreitausend seit etwa fünfzehn Jahren neuangesetzte Kolonisten sind, so beläuft sich die ganze Bevölkerung der jenseits des Baikal gelegnen Landschaft, welche auf siebenhundert Werste in die Länge und in die Breite von zwei- bis fünfhundert Wersten beträgt, nur auf ungefähr 43000 erwachsene Mannspersonen.

Die selenginskische Gegend ist, wie alle nahe um den Baikal gelegnen, zuweilen kleinen Erdbeben unterworfen. Im Jahr 1768 ist dergleichen hier und in Irkutsk zweimal, den 18ten März um vier Uhr morgens und den 5ten August um zwei Uhr nachmittags bemerkt worden. Den 13ten Oktober 1769 wurde morgens ungefähr um acht Uhr ein zweimaliger Stoß von einem Erdbeben bemerkt, wovon der letztere ziemlich stark war. Im vorigen 1771sten Jahre war den 28sten Julius vormittags um etwa halb zehn Uhr in Irkutsk und um elf Uhr in Selenginsk ein starkes Erdbeben, welches an vielen Orten empfunden worden ist, die ich hier anzuführen nicht für undienlich halte. – In Irkutsk bemerkte man zwei Stöße, wovon der erste schwach, der letzte aber ungewöhnlich heftig war und an einigen Orten nur allein merklich gewesen ist. Im werchangarischen Dorfe neun Werste von Irkutsk hatte man den Stoß fast um eben die Zeit; oben am Irkut aber in den Dörfern und in Balaganskoi Ostrog, 184 Werste von Irkutsk, ward er erst um Mittag gefühlt, und zwar in erstern gedoppelt, an letztgedachtem Ort aber nur ganz schwach. In Selenginsk hatte man zu obgedachter Zeit zuerst eine zitternde Bewegung und darauf einen starken Stoß gespürt; aber in Kjachta, nur 91 Werste südlicher als Selenginsk, war die Bewegung nur sehr schwach und nicht jedermann merklich gewesen. Auf dem kaiserlichen Paketboot Boris und Gleb, welches auf dem Baikal unterhalten wird und sich damals in der Nähe des Posolskischen Klosters vor der sogenannten Prowra befand, wurde etwa um zehn Uhr des Morgens ein dreimaliger starker Stoß des Erdbebens wahrgenommen. Es herrschte dabei eine fast völlige Windstille, und der Wind blieb bis den 30sten der Reise zuwider oder westlich. Am Lande ist die wallende Bewegung sowohl damals als auch bei dem Erdbeben von 1769 an verschiednen Orten der untern selengischen Gegend von Süden her seewärts gehend verspürt worden. – Sonderbar aber ist es, daß im Jahr 1771 in Tunkinskoi Ostrog, welches im hohen Gebirge dem westlichen Busen des Baikals am nächsten liegt, und sonst, soviel man weiß, nirgends, erst den siebenten August ein heftiger Stoß von Erdbeben bemerkt worden ist, wodurch sogar einige Schornsteine daselbst eingestürzt und welches von dem mehrere Tage vorher an andern Orten verspürten eine entferntere Folge könnte gewesen sein. Überhaupt scheint sich die Sphäre der hiesigen Erdbeben nicht weit zu erstrecken, und man spürt davon in Daurien und in nördlichern Gegenden an der Lena gemeiniglich nichts; so daß also die Ursache desselben in dem hart um den Baikal gelegnen Gebirge zu suchen sein muß, dessen warme Quellen, nebst den sonderlich am Bargusin und Witim hin und wieder bemerkten Kiesen und dem Judenpech*, welches der See selbst auswirft, genugsam verraten, daß die zu unterirdischen Erhitzungen und Bewegungen erforderlichen Materialien hier nicht fehlen. Vielleicht haben gleichermaßen die im Altaischen Gebirge bemerkten Erdbeben ihren Brennpunkt nur im Schoß der Gebirge, welche den Noor-Saissan* umgeben. (...)

(6. Juli 1772) Ich übernachtete heute in der *Station Tarakanowskaja*, welche zehn Bauernhöfe hat und an einem stehenden Wasser liegt. Vorher kommt man über die Bäche Pjana und Talowka, welche zum Selenga fließen, und beim Troizkischen Kloster vorbei, welches die Landleute auch Frolowskoi nennen. Zwischen Tarakanowka und Kabanskoi Ostrog bleibt Archangelskaja oder Treskowa Sloboda mit verschiednen Dörfern zur Seite, und der Bach Wiljuika, welcher eine Mühle treibt, wird passiert. In der fetten Niederung blühten hier zwei ansehnliche Pflanzen, Veronica sibirica* und Paeonia lactiflora*.
Von Kabanskoi Ostrog folgt hohe trockne Steppe, auf welcher man sich dem Baikal nähert und endlich längs dessen mit Grand und Kieseln bedeckten flachen Ufer noch einige Werste bis zum Posolskischen Kloster fortgeht. Die ganze Ebne längs der See hat eine Unterlage von Kieseln, woraus erhellt, daß der Baikal sonst viel höher und vielleicht über die ganze jetzt bewohnte Ebene um die Selengische Mündung gestanden hat.
Auf der sandigen Küste des Baikals und in der angrenzenden Waldung wuchsen verschiedne ganz eigne und zum Teil nur in kalten Gebirgen anzutreffende Gewächse z. Beisp. Cembra*, Empetrum nigrum, Campanula rotundifolia und grandiflora, Fumaria impatiens, Polygonum divaricatum, angustifolium und sericeum, Scrophularia scorodonea, Dracocephalum nutans*, Lycopsis vesicaria und

Triticum littorale; – im Walde aber Lonicera coerulea und pyrenaica, Linnaea, Rubus arcticus, Pedicularis paniculata, Ledum, Andromeda polifolia, Vaccinia, Pyrolae und darunter auch die P. uniflora, welche von den sibirischen Einwohnern zu einem heilsamen Gesundheitstrank unter dem Namen Killeteka gesammelt wird, so wie die Pyrola rotundifolia, welche Sibirien sehr groß hervorbringt, im Notfall oft statt des rechten Badans zum Bauerntee gesammelt wird und diese Ehre weniger, als erstre das Lob einer recht aromatisch bittern und magenfreundlichen Arznei verdient. – Diese Gebirgsflor an niedrigen Ufern, welche am Baikal vielfältig bemerkt worden ist, rührt teils von der auch im Sommer kalten und nebligen Luft, die auf dem See herrscht, teils auch, besonders hier, von der Nachbarschaft auf der Südseite anliegender starker Gebirge und dem Einfluß naher Schneekoppen her, welche hier das um den Kultuk oder westlichen Einbusen des Baikals mächtig anstehende Gebirge vielfältig bis in die Wolken erhebt.

Als ich im Posolskischen Kloster ankam, war der ganze *Baikal* mit einem dicken und kalten Nebel bedeckt, dergleichen man nur in hohen Gebirgen, an welche sich die Wolken ziehn, oder in Seeländern zur Herbst- oder Winterszeit sieht. Es waren gleichsam Wolken, die sich innerhalb des Gebirges, welches den See umgibt, eingeschlossen, bald mehr nach den südlichen, bald wieder nach der nördlichen Küste wälzten und schon seit fast acht Tagen dauerten, auch später noch bis zum 20sten Julius bei stillem, mit westlichen Winden abwechselndem Wetter fortgewährt haben und hier nicht sogar ungewöhnlich sein sollen. Um eben diese Zeit hat in allen hohen Gebirgen von Daurien, desgleichen nördlich vom Baikal und um den Jenissej ein so anhaltendes Regenwetter eingesetzt, dessen man sich bei Menschengedenken nicht erinnerte und welches mit wenigen heitern Abwechselungen bis in den späten Herbst angehalten, auch an vielen Orten die Heu- und Kornernte verdorben hat. Dahingegen der Frühling und die erste Hälfte des Sommers in allen diesen Gegenden außerordentlich dürr und ohne Regen gewesen sind.

Die westlichen Winde, welche auf dem Baikal gemeiniglich sehr anhaltend sind, gaben zu meiner Überfahrt nach der Angarischen Mündung schlechte Hoffnung, und obgleich

fast zu einer Stunde mit mir das die Dienste eines Paketboots verrichtende kaiserliche Galiot* von der andern Seite vor *Posolsk* ankam, so hatte man doch an keine baldige Überkunft zu denken.
Dieses Galiot, Boris und Gleb genannt, wird von einem Untersteuermann des ochotskischen Kommandos geführt und ist gegenwärtig das einzige ordentliche Fahrzeug, welches auf dem Baikal segelt, weil die Kaufleute sich noch immer ihrer gefährlichen Doschtscheniken oder Kähne bedienen, die mit Segeln nur vorm Winde, sonst aber auch mit Rudern gehn. Ein zweites Galiot ist im Herbst 1770 unweit der Selengischen Mündung gestrandet und hat aufgebrochen werden müssen. Überhaupt scheinen diese Galioten gar nicht für die hiesige enge See geschickt zu sein, wo Fahrzeuge notwendig mit Rudern versehn sein müssen und kleine halbe Galeeren von besserm Nutzen sein würden.
Fische des Baikals. Ich hatte hier indessen mit den Pflanzen in der zur Sommerszeit auf dem posolskischen Strande gewöhnlichen Fischerei einen nützlichen Zeitvertreib. Dieselbe wird, wie alle ansehnlichen Fischereien, verpachtet, und das Posolskische Kloster empfängt eine gewisse Anzahl Tonnen Fische als eine Gerechtsame von den Fischern. – Der Fang geschieht den ganzen Sommer hindurch mit großen Zugnetzen, welche auf zweihundert Faden lang sind und, weil der See an dieser Küste sehr untief ist, mit einem dreihundert Faden langen Tau von stark gedrehtem Hanf aus einem Kahn in den See gelassen werden, welches man darauf mit einer am Ufer befestigten Winde einholt. Im Frühling, sobald das Eis gebrochen ist, geben die sogenannten Sigi morskije oder Teufelsmoränen (Salmo oxyrhinchus) und die Lenki, welche alsdann häufig an die seichten sandigen Küsten kommen, ihren Rogen zu streichen, den besten Fang ab. Im Sommer aber suchen diese Fische tiefes Wasser und werden dann hier nicht, sondern nur an der nördlichen, steilen und felsigen Küste, welche eine tiefe See hat, gefangen. Jetzt kam fast nichts als der sogenannte Omul in die Netze, welcher um diese Zeit häufig an den südlichen Ufern streicht und gegen den Herbst die Flußmündungen an dieser Seite sucht. Dieser Fisch ist um die Selengische Mündung nicht über zwei Spannen groß, und nur allein die im Tschiwirkui-Busen jährlich gefangenen

sind wegen ihrer vorzüglichen Größe berühmt und werden sonst an keinem Ort der baikalischen Küste bemerkt, zu einem neuen Beweise, daß die Zugfische, so wie Zugvögel, sich alle Jahre genau wieder in derjenigen Gegend einstellen, wo sie als Brut zu leben angefangen haben, und nicht leicht, ihren Rogen zu streichen, in einen andern Fluß eintreten, als wo sie geboren worden sind. – Die Züge der Omuln sind in allen jenseits des Baikals gelegnen Gegenden berühmt, weil ohne sie die Einwohner dieser Gegenden, deren steinige Flüsse sonst nicht sehr fischreich sind, an Fastenspeise Mangel leiden würden. Sie pflegen gemeiniglich um Marien Himmelfahrt an die Selengische Mündung zu kommen und, weil sie langsam ziehen, in der letzten Hälfte des Septembers bei Udinskoi Prigorod zu sein. Sie gehen nie in den Uda, sowenig wie in den Chilok, obgleich sie an deren Mündungen häufig gefangen werden. Hingegen besuchen sie den Dshida häufig, gehen in den Tschikoi bis über Urluk und im Selenga bis an den Orchon hinauf und kehren, gegen Eisgang entkräftet und erschöpft, zum Baikal zurück, wobei doch viele, ohne ihn zu erreichen, ihr Leben verlieren. Je gelinder der Herbst ist, desto später kommen sie in die Flüsse, und fällt der Eisgang zeitig ein, so gehen sie früh zurück und kommen nicht bis in die obere Gegend des Flusses. In die von Norden her in den Baikal rinnenden Bäche und in die untere Angara kommen sie nie, vermutlich aus keiner andern Ursache, als weil die ersten Omuln, welche durch den Jenissej und die Angara in den Baikal kamen, gerade fort in die Flüsse und Bäche der südlichen und östlichen Küste zogen, da ihren Rogen warfen und so ihrer Nachkommenschaft den Trieb, immer wieder in diese Gewässer zu ziehen, einpflanzten. Denn ursprünglich stammt der Omul aus dem Eismeer her und kommt nicht allein in den Jenissej, sondern auch aus dem östlichen Ozean in die kamtschatkischen Flüsse. Durch den Jenissej ist er nicht allein vermittels der Tunguska und Angara in den Baikal, sondern auch in die Tuba und den großen See Madshar am Sajanischen Gebirge gekommen. Weil er bei der Rückkunft aus den obern Flüssen in diesen Seen ein weites und tiefes Wasser gefunden, so hat er nicht den Rückweg zum Ozean genommen, sondern sich in diesem ungeheuren Wasserraum vermehrt, und

zwar desto häufiger, weil keine See-Raubfische es verhinderten.
Viel wunderbarer ist im Baikal die Gegenwart der Seehunde, welche sich sonst nie so sehr weit vom Ozean in die Flüsse zu entfernen pflegen, auch zu unsern Zeiten im Jenissej und in der untern Angara nicht bemerkt werden, also entweder durch eine wichtige Veränderung der Fläche des Erdbodens oder durch außerordentliche und seltne Zufälle bis hierher gekommen sein müssen.
Noch seltsamer ist eine Art dem Baikal ganz eigner Fische, welche die russischen Anwohner Golomjanka nennen und erst seit wenigen Jahren bemerkt haben wollen, obgleich sie vermutlich zuvor schon gegenwärtig waren und nur aus Nachlässigkeit unentdeckt geblieben sind. Diese Fische (Callyonymus baikalensis) haben nicht mehr Festigkeit als ein Stück Fett, sind auch wirklich mit einer tranigen Fettigkeit angefüllt, in welche sie überm Feuer bis auf die Gräte zerfließen. In Netzen werden sie nie gefangen, sind auch noch nie lebendig zum Vorschein gekommen. Man mutmaßt nicht ohne Wahrscheinlichkeit, daß sich selbige nur in den tiefen Schlünden des Baikals aufhalten, welche in der Mitte und selbst an vielen Orten nicht weit von dem nördlichen steilen Gebirgsufer mit Leinen von drei- bis vierhundert Klafter nicht haben ergründet werden können. – Was für Ursachen und Veränderungen in der See selbige in die Höhe bringen, ist schwer zu sagen. Gemeiniglich werden sie im Sommer nur durch heftige, von der Bergseite her wehende oder nördliche Stürme, hauptsächlich an die posolskische Küste und um die Selengische Mündung ausgeworfen. Man sieht sie auch nach einer unruhigen See oft felderweise an der Oberfläche schwimmen, und manche Jahre sind sie so häufig ausgeworfen worden, daß sie wie ein Wall am Strande hin gelegen, da dann die Anwohner an dem daraus gekochten Tran, wovon die Chinesen Abnehmer sind, guten Vorteil gehabt haben. Heuer waren sie nur im Junius nach Sturmwetter ganz sparsam angetrieben worden, und ich erhielt sie zweimal durch gelegentlich nach Posolsk abgefertigte Boten, teils getrocknet, teils in Branntwein aufbewahrt. Das letzte Mal zeigten sie sich den 24sten Junius. Sie mögen häufig oder einzeln am Ufer liegen, so werden sie doch weder von den Möwen noch von den Krä-

hen berührt, vermutlich wegen des ekelhaften Fetts, in welches sie binnen wenig Stunden und gleichsam unter den Händen zerfließen.
Den 10ten Julius (1772) ließ der Steuermann des Galiots allen auf die Überfahrt Wartenden zu wissen tun, daß man sich zu Schiffe begeben sollte, und ich ließ also gegen Abend auch meine Gerätschaft einschiffen und übernachtete an Bord. Der Wind aber blies die ganze Nacht so heftig aus Westen, daß an keine Fahrt zu gedenken war. – Die Baikalfahrer haben einen besondern Kompaß, auf welchem nur drei Winde unterschieden werden. Alle nämlich zwischen Nordost und Süden wehenden Winde, mit welchen man von der Selengischen Mündung geschwind über den See kommen kann, heißen Bargusin, weil sie von diesem Ort gleichsam her wehen. Alle Winde zwischen Nordwest und Südwest, die gleichsam aus der großen Bucht des Baikals kommen, werden Kultuk genannt; und endlich werden die gerade aus Norden oder von der gebirgigen nördlichen Küste herstreichenden mit einem allgemeinen Namen Gornaja Pogoda (Bergwinde) belegt und sind gemeiniglich unerwartete und recht wütende Orkane, die zwar von kurzer Dauer, aber desto gefährlicher sind, weil sie bei geringer Breite des Sees die Schiffe an der südlichen seichten Küste zum Stranden oder Scheitern bringen, auch wohl gar, wenn die Segel nicht geschwind genug eingeholt werden können, in Gefahr setzen, umzuschlagen oder wenigstens den Mast zu verlieren. Bei den übrigen Winden ist soviel Gefahr nicht, weil der Baikal zwischen der Selengischen und Angarischen Mündung keine Untiefen oder Klippen unter Wasser hat, eine einzige ausgenommen, die von Kaufmannsfahrzeugen wahrgenommen worden sein soll und um welche der See eine ganz steile und große Tiefe haben soll. Übrigens ist die Tiefe des Baikals in der Mitten und am nördlichen Ufer so groß, daß man oft mit mehreren Lotleinen keinen Grund hat finden können. Der See ist gleichsam eine ungeheure Kluft, welche das voneinandergerissene Gebirge aufgetan hat und in welche sich die umliegenden Ströme ergossen haben. Das gebirgige Ufer selbst zeigt überall Spuren der gewaltsamsten und mächtigsten Veränderungen, zugleich aber des höchsten und grauesten Altertums Kennzeichen.

Den 11ten (Juli 1772) des Abends kam ein guter südwestlicher Wind auf, mit welchem ein geübter Seemann sehr leicht nach der Angarischen Mündung hätte kommen oder dieselbe wenigstens nicht weit verfehlen sollen. Dieses war auch der Wille unsres Steuermanns, und wir lichteten ohne Verzug die Anker; weil er aber in seinem Bette und nur ein Matrose am Steuer sorgte, so kamen wir zwar die Nacht hindurch über den See, aber an einen Ort, wo wir von der Angarischen Mündung noch weiter ab als bei Posolskoi waren. Wir befanden uns nämlich, da unser erwachter Steuermann den hellen Tag begrüßte, in der sogenannten Peschtschanaja Guba (Sandbucht) über hundert Werste oberhalb Listwenischnoje Simowje, wohin doch von Posolsk auf dem Eise nur $94^1/_2$ Werste gemessen sind und auf dem Paketboot bezahlt zu werden pflegen. – Dabei wurde der Wind immer anhaltender und ließ uns gar nicht von der Küste abkommen. Dennoch wollte unser Führer seine Matrosen fürs erste noch nicht mit Buxieren oder Seilschleppen bemühen, sondern legte sich in Erwartung eines sehr unwahrscheinlichen Ostwindes in der Bucht vor Anker.

Dieser Anfang unsrer kriechenden Schiffahrt war für mich noch nicht so unangenehm, weil ich mich genugsam an der felsigen Küste mit den Kräutern beschäftigen konnte, die jetzt im besten Flor standen und worunter hier manches seltne Pflänzchen wächst. Es wurde auch den ganzen Tag auf den Sandschollen der Bucht gefischt und Seemoränen genug gefangen. Am Ufer schwamm eine unsägliche Menge abgestreifter Häute von Garnelen (Oniscus trachurus), die sich zwischen den im Wasser stehenden Kräutern und im Wassermoos häufig aufhalten und die hauptsächlichste Speise der Strandfische, besonders des Lenok und Sig, abgibt. – Sonst trieb auch die See hier eine Menge grünes, schleimiges Wassermoos aus, welches fast zu den Tierpflanzen zu gehören scheint und den Branntwein, in welchem man es aufhebt, ganz in zähen Schleim verwandelt (Conferva mucifera)*. Im Grunde bedeckt es die Felsen und den steinigen Seeboden wie mit einem wallenden, grünen Tuch.

Die seltensten jetzt zu bemerkenden Blumen an den Felsenufern waren: die oben schon angeführten Glocken, Chrysanthemum arcticum*, Valeriana sibirica und rupestris, die oft auf einer Klippe beieinander wachsen, wovon aber erstere schon Samen hatte, und beide ihre standhaften Gattungskennzeichen behaupteten; ferner Astragalus coeruleus, Sysimbrium album, Polypodium fragrans, fragile und Dryopteris, Acrostichum marantae; Saxifraga punctata und crassifolia und mit diesen in schmalen kalten Tälern Melanthium sibiricum und Swertia corniculata. Die kahlsten sonnigen Felsen bringen das im zweiten Teil dieser Reise beschriebne schmackhafte Steinlauch (Allium altaicum oder besser faxatile) in großer Menge hervor und wurde von den Matrosen, die es auch Kamennoi Luk nannten, so wie auch das am Strande gemeine Allium sphaerocephalon, begierig verzehrt.

Unter allen diesen Pflanzen verdient Polypodium fragrans eine besondre Erwähnung. Dieses seltne, schöne und überaus wohlriechende Farnkraut wird von den Burjäten unter dem Namen Serlik auf den höchsten Felsen, wo es aus den Ritzen wächst, gesammelt und als ein Gesundheitstee wider ihre meist skorbutischen, gichtischen Zufälle getrunken. Man könnte es aber auch der Annehmlichkeit wegen trinken, und es erhöht den Geschmack des gemeinen grünen Tees zum feinsten Grade, wenn man ein oder zwei Blätterstengel davon mit demselben ziehn läßt. Der Geruch desselben ist so dauerhaft und durchdringend, daß er sich ganzen Kräuterbündeln und Kisten voll Papier mitteilt und lange anhängt.

Das Gebirge um die Peschtschanaja Guba besteht aus verwitterndem Graufels, wovon nach und nach die Sandküste derselben entstanden ist.

Gegen Abend kam wirklich ein kleiner Ostwind auf, wir hatten aber kaum den Anker eingeholt und die Segel aufgesetzt, da es still ward und endlich wieder aus Westen blies, so daß wir einen neuen Ankerplatz am untern Ende der Bucht suchen mußten.

Den 13ten (Juli 1772) entschloß sich unser Steuermann endlich, seine Matrosen ans Schlepptau zu spannen, und so krochen wir an dem gleich am untern Ende der Bucht nicht weit vom Ufer liegenden Baklany Kamen (Seerabenklippe) vorbei und legten heute etwa 15 Werste bis zu einem Ankerplatz Chomuti zurück. – Bei dem Baklanfelsen hatten wir eine kleine Lust mit den darauf in unsäglicher Menge nistenden Seeraben, von deren Unrat der ganze Felsen weiß überzogen ist. Einige von der Schiffsgesellschaft gingen im Boot nach dem Felsen, da denn die alten Baklane über demselben zu schwärmen, die Jungen, noch nicht flügge gewordnen, aber sich vom Felsen in den See zu werfen anfingen und allerlei lächerliche Auftritte gaben.

Den 14ten setzten wir unsern Schneckengang bis vor Goloustnoje Simowje fort, wozu uns um Mittag ein kleiner Wind behilflich war. Um den dreifachen Ausfluß des Baches Goloustna entfernt sich das Gebirge, welches schieferartig wird, etwas vom Ufer und läßt auf einige Werst in die Breite nasse Wiesenflächen mit einer kieseligen Unterlage, wo jetzt burjätische Jurten standen. Aus diesen nahmen wir Pferde, welche den folgenden Tag am Schlepptau zogen, wodurch unsre Reise, weil unterhalb Goloustna am See hin überall noch so ziemlich unter den Felsen vorbei zu kommen ist, sehr befördert wurde. Wir genossen diesen Vorteil aber nur bis Kadilnoi Muis, welches mit ganz schroffen Felsen tief im See liegt; doch half uns ein kleiner Wind an diesen Felsen vorbei bis fast an die Simowje Antipin oder Kadilnoi, wohin uns die Matrosen vollends zogen und wo wir uns, weil starke Wetterwolken und ein kleiner Sturm von der Bergseite uns besorgt machten, am Ufer mit Tauen vor Anker befestigten.

Unterhalb Goloustnoi sind hin und wieder unten an den Bergen, welche die See begrenzen, ocherhafte, etwas blei- und silberhaltige Erznester aufgeschürft worden, welche dem Kaufmann Sawynin eigentümlich zugehören, von welchen aber, nach der Beschaffenheit zu urteilen, keine große Hoffnung zu schöpfen ist.

Bei dieser elenden Fahrt fing mir nunmehr, da ich am Ufer keine Abwechslung mehr fand, die Zeit an, so lang zu werden, daß ich gewiß zu Lande nach Irkutsk zu kommen auf irgendeine Weise gesucht haben würde, wenn dahin nur ein Weg durch die ununterbrochene Reihe von Bergen oder vielmehr von Felsen, welche das Ufer ausmachen, möglich gewesen wäre. Weil aber an dieser Seite keine Auskunft war, so ergriff ich den 16ten ein andres Mittel. Ich forderte vom Steuermann den beim Galiot befindlichen platten Kahn, ließ einen kleinen Postwagen, den ich bei mir hatte, quer darauf setzen, so daß die Räder fast im Wasser hingen, bemannte ihn teils mit eignen Leuten, teils mit gemeinen Passagieren, die eine versprochene Belohnung und die Hoffnung, bald am Lande zu sein, aufmunterte, und ruderte also mit Hinterlassung meines Gepäcks längs der Küste nach der Angarischen Mündung fort. Beinahe wäre diese Schiffahrt meine letzte gewesen. Der Wind blies diesen Morgen heftig aus Westen, und noch heftiger waren die Wellen, welche vom nächtlichen Sturm auf dem See gingen. Nun wollte der Matrose, den ich am Steuer hatte und dem es gelungen war, von Kadilnoi quer über die Krutaja Guba (steile Bucht) nach der nächsten Landecke Sobolew Otstoi zu stechen, den am Ruder sitzenden Leuten die Arbeit zu verkürzen, wiederum von letzterer quer über die mehr als zehn Werst breite Bolschaja Guba (große Bucht) steuern. Kaum aber hatten wir die Landecke verlassen, da der Wind so heftig wurde, daß der Kahn in die Wellen gehalten werden mußte, wenn wir nicht wegen des Übergewichts, das der Wagen gab, mit unserm Nachen umzuschlagen Gefahr laufen wollten. Dadurch wurden wir von der Küste so entfernt, daß wir die nächste große Landecke mit genauer Not und augenscheinlicher Gefahr erreichten, ohne welches Glück wir unfehlbar ein Raub der Wellen geworden wären. – Um diese Furcht nicht noch einmal zu haben, nahmen wir eine Leine zur Hand und ließen den Kahn längs der Küste ziehn. Allein die häufigen in dem See stehenden Felsen mußten wir mit Rudern zurücklegen, welches besonders um die weit hervorragenden Landecken Kalinowskoi und Listwenischnoi zu kommen wegen der strengen Brandung viel Mühe kostete. Zwischen diesen beiden liegt eine zweite Krutaja Guba. In dieser und an der ganzen Bolschaja Guba, in welche vier kleine Bäche fallen, bestehen die ansehnlich hohen Berge des Ufers von unten bis oben aus zusammengekittetem Felsen, worin lauter im Wasser rund geschliffene, kleinere und größere Kiesel mittels einer sand- und tonhaften Steinart oder Kittes zusammenzementiert sind. Diese Felsart zeugt von einer erstaunlichen Zerrüttung im Baikalischen Gebirge, denn sie kann nicht anders als unter dem Wasserhorizont aus also gerollten Kieseln erzeugt sein und ist nachher durch mächtige Erdausbrüche zu Bergen, die mehr als hundert Klafter senkrechter Höhe haben, aufgeworfen worden.

Sobald wir an Listwenischnoi Muis (die Lärchenbaum-Landecke) vorbei waren, befanden wir uns wie in einem Hafen in stillem Wasser und legten den übrigen Weg in der zur Angarischen Mündung laufenden Bucht vergnügt zurück, erreichten auch Listwenischnoje Simowje noch bei guter Zeit.

Der Baikalische Seeschwamm (Spongia baikalensis), dessen ich schon bei meiner Frühlingsreise gedacht habe, wächst in der Bolschaja Guba und bei Listwenischnoi Simowje häufig auf den Steinen im See in drei bis vier Faden Wasser und wird auch bei Goloustna ausgeworfen. Weil der Matrose, den ich bei mir hatte, ein geübter Taucher war, so ließ ich gleich nach meiner Ankunft einige Stücke von diesem Schwamm frisch aus dem Grunde holen. Er hat alsdann eine sehr angenehme, dunkel grasgrüne Farbe und eben den fischigen Geruch, welchen der gemeine Flußschwamm von sich gibt. Die sternförmigen Öffnungen desselben stehen im Wasser weit offen, zeigen aber nichts von einer tierischen Bewegung. Das ganze Gewebe des Schwamms ist mit einem grünen Mark ausgefüllt, welches die Oberfläche der Zweige wie eine Haut glatt und dicht macht, und sobald der Schwamm absteht, in Gestalt eines grünen, flüssigen Schleims abtrieft, so daß der Schwamm am Ufer durch Wasser, Regen und Luft sogleich gereinigt und weiß gebleicht wird.

Gegen Abend trat ich die Reise nach *Irkutsk* an. In der finstern, von Bergen eingeschloßnen und sumpfigen Waldung um die Angarische Mündung und die kleinen Bäche Sennaja und Bannaja blühte Polygonum sagittatum*, Allium victorialis, Swertia corniculata, Dianthus superbus und Pedicularis altissima. Man hat längs dem Anfang der Angara auf Veranstaltung des jetzigen Herrn Statthalters mit viel Arbeit einen neuen Weg an den felsigen Bergen hingebahnt, da sonst nicht anders als unten längs der Angara vorbeizukommen war, welches bei hohem Wasser nicht anging und die Kommunikation zu Lande unterbrach. Aus dieser Enge kommt der Weg in eine freiere Gegend und über den Bach Okaralyk gleich bei der sogenannten Nikolskaja Sastawa, worauf er in verschiedner Entfernung von der Angara mehrenteils durch Waldung von Fichten oder Birken fortgeht. – Man hatte hier seit vielen Tagen beständigen Regen gehabt, der auch noch mit starken Güssen anhielt. Alle Bäche waren daher angeschwollen, und die Bolschaja Retschka, welche bei Lepeschichina Simowje zu passieren ist, lief mir bei der Durchfahrt fast in den Wagen. Noch ein andrer starker Bach rinnt bei Paschkowa Staniz in die Angara. – Die Folge der längs diesem Fluß von Nikolskaja Sastawa bis Irkutsk häufig angelegten Weghäuser (Simowjy) und Dörfer ist folgende: Gnilokurowskoje Sim. von Nikolskoje 6 Werste 150 Faden; Lepeschichina Sim. 1 W. 400 Faden; Schtscheglowo Sim. 2 W. 400 F. – Chomutowa Sim. 4 W. – Molodowa Sim. 7 W. 250 Faden; Paschkowa Sim. 4 W. 350 Faden; Dolganowa Sim. 6 W. 250 Faden; Sukina Sim. 4 W. 450 Faden; Schtschukina Dorf 3 W. 100 Faden; Kreshenowskaja Dorf 3 W. 300 Faden; Bolschaja Roswodnaja 2 W., von welchem Dorf bis Irkutsk 9 Werste übrig sind. Weil ich die Nacht hindurch gefahren war, so erreichte ich diese Stadt den 17ten des Julius morgens in aller Frühe.

Ich hielt mich in Irkutsk nur so lange auf, als einige höchst notwendige Verrichtungen erforderten, und konnte also schon den 22sten meine Reise nach Krasnojarsk fortsetzen. Ich will bei diesem Wege, welchen ich auf der Winterreise nur flüchtig beschrieben habe, gegenwärtig umständlicher sein.

Es währte bis ziemlich spät nachmittags, ehe ich die Pferde vorlegen und mich aus der Stadt etwas unterhalb der Mündung des Irkut über die Angara setzen lassen konnte, welche in diesen Tagen von dem außerordentlich häufigen Regen, der den Julius hindurch fast im ganzen östlichen Sibirien unaufhörlich fiel, aus den Ufern getreten war. Ich fuhr also schon bei einbrechender Dämmerung und die ganze Nacht hindurch auf der linken Seite der Angara abwärts; erst durch niedrige, jetzt unbeschreiblich kotige Ebne, die ziemlich wohl bewohnt ist, bei dem Wosnesenskischen Kloster vorbei, danach durch feuchte Waldung gegen den Kitoi. – Zwei Bäche, welche ich gegen die erste Morgendämmerung passierte, werden Biliktui und Kartagon genannt, und am erstern ist eine Simowje Jelowskoje mit einer Mühle angelegt. Orchis cucullata* blühte im Walde häufig und war nebst Swertia corniculata, die bis an den Kanfluß meine Begleiterin blieb, das seltenste Pflänzchen. – Etwas nach fünf Uhr den 23sten früh kam ich an

den Kitoi, über welchen man mittels eines Fährs gesetzt wird und auf dem andern Ufer ein Dorf von 150 Bauern antrifft, wo die erste Abwechslung der Postpferde geschieht.
Auf den Sandufern des Kitoi, der eine beträchtliche Breite und Tiefe hat, aus dem Tunkinskischen Gebirge entspringt und etwa fünfzehn Werste von hier in die Angara fällt, liegen zerstreute Trümmer von eben demjenigen Steinkohlenschiefer, der unterhalb Irkutsk zu beiden Seiten der Angara in mächtigen Flözen bricht, die also vermutlich von der Angara und dem Irkut bis an den Kitoi streichen.
Ich blieb hier nicht länger, als nötig war, um die Pferde zu wechseln. Denn da mir die hoch begrasten Felder, welche diese Gegenden um die untere Angara einnehmen, fast nichts als sehr gewöhnliche sibirische Gewächse zeigten und das Land überhaupt platt und ohne Merkwürdigkeiten ist, so entschloß ich mich, meine Reise, soviel als nur möglich sein würde, zu beschleunigen, um nicht die günstige Zeit zur Besuchung der oben am Jenissej gelegnen Gebirge, welche ich mir vorgesetzt hatte, zu versäumen.
Einunddreißig Werste von Kitoi erreicht man den Belajafluß bei dem Dorf Maltinskaja, wo sich einige Höhen mit Kalkflözen zeigen, über welche der Weg führt. – Auf offnen Wiesen blühte jetzt Allium angulare und wurde von den Bauernweibern häufig gesammelt, welche die Blumenbüsche davon zum Winter einsalzen und es Myschei Tschesinok (Mäuseknoblauch) nennen.
Längs der Belaja kommt man über den kleinen Bach Taiturka und muß fünf Werste von Maltinskaja die Belaja selbst unter Taiturskaja Sloboda passieren. Dieser Fluß ist größer als der Kitoi und hat mit selbigem und dem Irkut seinen Ursprung in den allerhöchsten Gebirgen, welche, als die Fortsetzung der Sajanischen Kette, in einer großen Breite gegen die Mongolei anliegen und auch der Oka und südwärts dem Selenga ihren Ursprung geben. (...)
Fast auf allen Dörfern, die von Irkutsk bis hierher (Talunskoi Staniz) am Wege liegen, fand ich Kinder, welchen in diesem Monat durch den irkutskischen Wundarzt die Blattern eingeimpft worden waren. Diese heilsame Operation breitet sich im östlichen Sibirien durch die preiswürdige Veranstaltung des irkutskischen Herrn Statthalters mit dem

allerglücklichsten Erfolg aus und ist auch schon in Jakutsk an vielen Personen mit erwünschter Wirkung verrichtet worden. – Man hat sogar mit den um Irkutsk wohnenden Burjäten, deren Diät und Lebensart so gesundheitswidrig ist, hierin einen glücklichen Versuch gemacht, wovon der Nutzen desto größer sein wird, da die Blattern unter den heidnischen Völkern Sibiriens niemals anders als gefährlich und vielen Kranken tödlich zu grassieren pflegen. Da nun die Blatternepidemie bei den abgelegnen Völkerschaften oft viele Jahre ausbleibt, so könnten vielleicht solche Anstalten getroffen und von Zeit zu Zeit wiederholt werden, daß durch die Einimpfung solche Völkerschaften auf immer von den natürlichen Blattern frei blieben. Aber freilich müßte die Einimpfung in besonders angelegten Hospitälern und nicht in den Ulussen selbst verrichtet, auch bei Annehmung und Ablassung der Kranken große Vorsicht gebraucht werden, damit nicht durch Ausbreitung der Epidemie mit den natürlichen Blattern unter den Ulussen mehr Schaden als durch Einimpfung Gutes gestiftet würde. (...)

Am *Großen Syr** standen viele sagaische Jurten, und ich erfuhr, daß unter selbigen ein berühmter Kahm oder Zauberer namens Utschilai wohnte, welchem die Geister schon einen Fuß unbrauchbar gemacht hätten, der aber doch mit seinem hölzernen Fuß die besten Zaubersprünge zu verrichten imstande sei. Weil man ihn nicht zu Hause fand, und ich vermuten konnte, daß er, um nicht vor mir zu zaubern, sich unsichtbar gemacht haben möchte, so ließ ich wenigstens seine Zauberwerkzeuge bringen. Die Trommel war ungemein prachtig, hatte über eine Elle im Durchschnitt und war mit grüner und roter Farbe bemalt. Außer derselben und dem dazugehörigen Schlegel bestand der ganze Zauberstaat nur in der Mütze, welche eben diese Figur vorstellt und welche von rotem Tuch, mit Fuchsfell bebrämt, mit Schlangenköpfen besetzt und oben mit einem Busch Eulenfedern, am Rande aber mit allerlei Streifenzeug, Hermelinfellen und dergl. geziert war. Denn übrigens behalten die sagajischen Zauberer bei ihrem Possenspiel die gewöhnlichen Kleider an.

Man brachte mir zugleich mit der Trommel und Mütze des sagajischen Zauberers noch ein zusammengebundnes

Büschlein von 46 ganz gleichen, vier Zoll langen, aus einer Art von Rohr gemachten und an beiden Enden angebrannten Stöckchen, welches ein Weissagungswerkzeug der hiesigen Zauberer ist, das sie Sügge nennen. Sie nehmen, wenn sie damit weissagen wollen, selbige, vor dem Feuer sitzend, in die linke Hand, murmeln einige Worte darüber, halten sie mit dem Ende ans Feuer und darauf unter einigen lauten Anrufungen in die Luft, teilen sie endlich unbesehens zwischen den Fingern der linken Hand in drei Parteien und zählen diese je zu vieren ab, um aus den ungefähren Verhältnissen der übrigbleibenden Zahlen Glück oder Unglück zu weissagen.

Am großen Syr fuhr ich eine kleine Strecke aufwärts, ging über einen Arm desselben und kam danach das sogenannte Basische Gebirge hinauf, welches sich steil und hoch erhebt und die Scheidung zwischen den Bächen Syr und Basi macht. Es ist sonst an Kupfererzen fast noch ergiebiger als das Syrsche Gebirge gewesen. Man hat drei Hauptgruben gehabt, deren eine ein Kieserz in Quarz gesetzt, die andern aber gemeine grüne Erze gegeben haben. – Über dieses Gebirge war der Weg sehr beschwerlich. An den grandigen Seiten desselben war Phaca muricata*, die überhaupt nur strichweise vorkommt, Serratula salicina, Onosma simplex, Hedysarum grandiflorum und mancherlei schöne Astragali sehr häufig. Der höchste, sehr sticklige Rücken des Gebirgs hat Lärchen- und Birkenwaldung, wo Phaca alpina gemein ist, und aus dieser Waldung ragen hohe Felsengipfel hervor, die an vielen Orten mit Dryas pentapetala ganz überwachsen sind und auch sonst schöne Gebirgspflanzen zeugen. – Von dieser Höhe muß man sich gegen den Bach Basi durch ein schmales Tal oder vielmehr durch eine Kluft herunterlassen, wo die Wagen, weil hier kein Fahrweg ist, kaum fortgebracht werden konnten. Allium senescens und eine Art stachliger roter Hagebutten war hier an den Felsen zu Hause.

Wo sich diese Regenkluft in ein breiteres, gegen den Basi laufendes Tal öffnet, da ist zwischen selbiger und einer andern ähnlichen Kluft ein schmales Vorgebirge ganz steil hervorragend, durch welches von Westen gegen Osten ein starker, von oben her reicher Kupfergang setzt, der zu beiden Seiten ausstreicht, aber nicht völlig bis auf den Grund der Täler geht und ganz ausgearbeitet ist. Eine ähnliche Lage von Erzgängen quer durch schmale Bergecken haben wir bei den Syrinskischen Kupfergruben und oben bei der Obersteigergrube gesehn. Die hier beschriebne Stelle war die stärkste Bergarbeit im Basinskischen Gebirge. Die grünen Kupfererze brachen in dieser Gebirgsecke in grauen Gestein, da doch die umliegenden Berge aus rotem Sandfels bestehn, dessen Lagen, wo sie kenntlich sind, östlich in die Tiefe fallen. In dem vorliegenden breiten Tal ist auch die Zeche der ehemaligen Bergarbeiten, wobei oft zu zweihundert Mann beschäftigt wurden, gewesen, wovon man noch die spanischen Reiter sieht.

Wir fuhren aus diesem Tal längs dem Bach Basi noch einige Werste abwärts, bis aus den häufigen, einzeln zerstreuten Jurten so viel Pferde zusammenkamen, wie zur Ablösung des alten Vorspanns erfordert wurden.

Der Bach Basi kommt zwischen hohen Bergen herunter, die sich gegen den Askysch, in welchen jener fließt, mit flachen Höhen verlieren. Längs diesen und allen Abakanbächen wächst Nepeta violacea* auf den niedrigen Gegenden häufig und so wohlriechend als der stärkste Lavendel.

Unterdessen, daß frische Pferde vorgelegt wurden, sah ich das Spiel eines andern sagajischen Zauberers mit an, welcher den russischen Namen Stepan führte und seine Wissenschaft gern verborgen gehalten haben würde, wenn nicht meine Leute von ungefähr seine Zaubertrommel, die er in einer andern Jurte versteckt hatte, ausfindig gemacht hätten. Es war ein junger muntrer Kerl, der erst kniend und sitzend vor dem Feuer seine Trommel rührte und die Beschwörungen in einem ziemlich harmonischen Laut hersang, welcher aber immer fürchterlicher und seine Bewegungen gewaltsamer wurden, bis er sich endlich gleichsam in Verzuckungen hintenüberwarf, auf dem Hinterkopf und den Hacken allein ruhend den Leib bogenförmig ausgekrümmt in die Höhe hob und in solcher Positur den ganzen Leib verschiedne Male also herumwälzte, daß die ganze Zaubertrommel, auf welcher er zu lärmen nicht aufhörte, unter dem Bogen des Leibes, welcher sich also auf den Kopf und die Fußspitzen oder Hacken als auf zwei Ruhepunkte drehte, durchgehn mußte. Diese zu verschiednen Malen von ihm wiederholte, ziemlich merkwür-

dige und schwere Übung war an seinem ganzen Spiel das beste.
Ich fuhr noch heute den Basi und Askysch abwärts bis zu der nahe beim Ausfluß des letztern in den Abakan in einer offnen, überaus anmutigen Gegend erst seit einem Jahr angelegten Kirche, zu welcher die getauften Sagaier* eingepfarrt sind. – Es ist daselbst außer der Kirche, den Wohnungen für den Geistlichen und das Oberhaupt (Baschlyk) der Sagaier, namens Amsor, welcher sich schon vorlängst hatte taufen lassen, noch nichts gebaut. Der hiesige Geistliche steht unter dem Abakanskischen, obgleich der sagaische Stamm unter Kusnezk gehört. Die getauften Sagaier, deren es eine gute Anzahl gibt, haben, sowohl als diejenigen, welche noch den Zauberern und ihren heidnischen Gebräuchen anhängen, zum hiesigen Kirchenbau und Unterhaltung des Geistlichen beigetragen. – Viele haben auch Ackerbau zu treiben angefangen, allein sich zu einer festen, wohnhaften Lebensart zu entschließen, werden sie wohl bei ihrer ziemlich reichlichen Viehzucht schwerlich vorteilhaft finden. Sie ziehen mit ihren Herden im Sommer längs dem Askysch, Basi, Syr, Nina und Uybat ins kühle Gebirge hinauf und kommen zum Winter in die schönen schneelosen Steppen gegen den Abakan herunter. – Die ganze Völkerschaft hat nicht mehr als hundertundfünfzig Männer, welche Jassak erlegen, der auf drei Rubel vom Bogen festgesetzt ist.
In der Gesichtsbildung und Leibesbeschaffenheit sind die *Sagaier* von den katschinzischen Tataren sehr verschieden und kommen darin mit den Beltiren* und andern im Kusnezkischen Gebirge wohnhaften Tataren überein. Sie haben nämlich selten etwas Kalmückisches im Gesicht, sondern ihre Lineamente sind gemeiniglich unvermischt tatarisch, auch werden sie sowohl an Bart als sonst am Leibe sehr haarig und viel größer und stärker von Gliedmaßen als die Katschinzer. Vermutlich haben diese Völkerschaften sich durch die wilde, gebirgige Gegend, welche sie bewohnen, vor der Vermischung mit dem mongolischen Geblüt, welches bei den katschinzischen Stämmen fast durchgängig sehr merklich ist, sicherzustellen gewußt.
Die reichsten Sagaier besitzen achtzig bis hundert Pferde, ebensoviel Kühe und einige hundert Schafe. Arme haben

kaum zehn bis zwanzig Stück Großvieh, welches bei Steppenvölkern so eben hinreicht, eine mäßige Familie zu ernähren. Ihre Schafe haben, wie bei den übrigen Tataren am Jenissej, nur kleine Fettschwänze, und einige sind wenig von den russischen verschieden, deren Größe sie auch nicht weit übertreffen. Es ist in der Tat sonderbar, daß man durch das ganze nordöstliche Asien die tscherkassische, langschwänzige Rasse von Schafen nirgends, sondern am allermeisten die mit klumpigen Fettschwänzen findet.

Außer dem Ackerbau, den die Sagaier nur zu ihrer eignen Notdurft treiben, graben sie allerlei Wurzeln und Gewächse und wissen selbige auch, wie die Tungusen, aus den Höhlen der Feldmäuse, die sie Külüm nennen, hervorzugraben.

Ich will bei dieser Gelegenheit ein Verzeichnis aller wilden Wurzeln und andrer Eßwaren aus dem Pflanzenreiche, hersetzen, welche die um den Jenissej wohnenden Tataren sowohl als die im Kusnezkischen Gebirge ziemlich armselig und zerstreut lebenden Stämme, deren Nahrung neben der Jagd hauptsächlich darin besteht, zu sammeln und als Wintervorrat zu verbrauchen gewohnt sind. – Den ersten Platz verdient die Hundszahnwurzel (Erythronium), welche hier am Abakan, wo sie aber nur klein und sparsamer wächst, mehrenteils Beß, im Kusnezkischen Gebirge aber und von den tomskischen Tataren Kandyk genannt zu werden pflegt. Die größten und schönsten Wurzeln werden von den am Mrasa und Kondoma wohnenden Tataren gegraben und bis an den Abakan verhandelt. Die Weiber, deren Geschäft dieses vorzüglich ist, graben die Hundszahnwurzeln im Maimonat, welcher daher unter den Beltiren und Sagaiern den Namen Bess-ai bekommen hat. Weil jede Wurzel auf eine Spanne tief in der Erde und gemeiniglich unter sehr zähem Rasen liegt, so bedienen sie sich einer besondern Schaufel dazu, die ein schmales Eisen, wie ein kleines russisches Pflugschar, und einen oben gekrümmten Stiel hat, an welchem unten ein Querholz befestigt oder ein Absatz ausgeschnitten ist, um das Eisen mit dem Fuß in den Rasen zu stoßen, worauf die Wurzel mit der Erde, welche sie umgibt, vermittels des krummen Hebels sehr leicht aus dem Rasen gehoben wird … Kräutersammler können sich kein bequemeres Werkzeug zum Wurzelgraben anschaffen.

Die ganze Länge desselben pflegt von vier bis fünf Spannen zu sein, damit sich die Weiber desselben bequem bedienen können. – Die gegrabnen Kandyk-Wurzeln werden gereinigt, in Wasser leicht aufgewellt, darauf an dünne Bastreifchen gereiht und also zum Vorrat getrocknet. Wenn die Tataren selbige essen wollen, so lassen sie eine Partei davon in Wasser langsam sieden, bis sie weich sind, und essen sie dann mit Milch oder Schmant. Sie schmecken fast wie ein roher Teig von Weizenmehl, Wasser und Eiern und sind ziemlich unverdaulich.

Eine andere sehr gebräuchliche Wurzel, die auch unter den katschinzischen Tataren viel gegessen wird, ist die von den gemeinen sibirischen Paeonien*. Die Tataren nennen selbige Tschegna, trocknen sie auf den Winter und essen sie mehrenteils zerstoßen in Suppe mit Fleisch und Grütze, welches Gericht sie Uré nennen.

Die Wurzeln der gemeinen und hochroten Türkischen Bundlilien, wovon erstre (Lil. martagon) in waldigen, letztere (Lil. pomponium) in allen offnen Gebirgen am Jenissej häufig sind, werden ebenfalls fleißig gesammelt. Jene Zwiebel heißt bei den Tataren Sary (gelbe) Schep, der letztern aber Aktschep (die weiße), und die Beltiren nennen den Junius, da man selbige am meisten gräbt, Aktschep-ai. Was nicht roh gegessen wird, das hebt man auf und ißt es gemeiniglich in der Asche gebraten, wie Kastanien, oder in Wasser gekocht, mit Milch und Butter. Die Sagaier nehmen viel von den Wurzeln der rohen Lilie aus den Vorratshöhlen der grauen Steppenmäuse (Mus socialis). Sonst gräbt man beide Arten mit dem oberwähnten Werkzeug Ossuk.

Noch werden die Wurzeln von Sanguisorben (Tscheina, auf russisch Chljebenka), ferner von knolligem Erdrauch (Belengir), von den großen Glockenblumen (Campan. lilifolia, tatarisch Sondjälaß), von gewissen Disteln Carduus serratuloides (Epschök), von Natterzungen oder Polygonum viviparum (Mnkäsen) und sogar die Wurzeln von Wasserpumpen (Sosach), welche kaum die wilden Schweine genießen mögen, von allerlei Tataren in diesen Gegenden zur Speise gegraben. Noch eine Wurzel Uskun habe ich nennen gehört, sie aber sowenig wie das Kraut, welches ihr zugehört, zu sehn bekommen können: Ja man hat mir gesagt, daß die armen Bergtataren in Hungersnot ihre Zuflucht auch wohl

zu der Rinde der weißen Tannen, die Karerschu genannt wird, nehmen.
Eine Leckerspeise, welche sich die Tataren auch auf den Winter bereiten, sind getrocknete Vogelkirschen (Tschumurt), welche sie mit den Kernen zerstoßen und, das grobe Pulver unter Milch gemengt, als eine Nachspeise verzehren. Daß sie allerlei frische Beeren im Sommer genießen, ist wohl unnötig zu erwähnen; man hat aber hier nur bloß die folgenden: Hagebutten oder wilde Rosen (Itprun), deren frische Ruten oder Wurzeln sie auch zerhacken und als Tee kochen, rote und schwarze Johannisbeeren (Kara- und Kysil-gat), Hagedornbeeren (To), Cotoneaster* (Oh) und Opulus*, (Schangesch), worunter sie nur allein die vom Cotoneaster wegen ihrer Unschmackhaftigkeit verwerfen.
Die Beltiren und Koibalen* sammeln den in ihrer Gegend und besonders an der rechten Seite des Jenissej auf den Äkkern wild wachsenden sibirischen Buchweizen, unter dem Namen Kyrlyk, und die Katschinzer säen sogar denselben oder ernten so viel davon, als sie nötig haben, auf den Äkkern ihrer russischen Bekannten, welche damit verwildert sind. Sie bereiten dieses schmackhafte Grützwerk, weil sie weder Öfen noch Mühlen haben, folgendergestalt. – Der rohe Kyrlyk wird in ein hölzernes hohes Geschirr ausgeschüttet, Wasser darübergegossen und wohl durcheinandergerührt, damit alle tauben Körner, deren viele zu sein pflegen, oben schwimmen, welche dann mit dem Wasser abgegossen werden. Das also gereinigte Grützkorn wird naß in einen Sack geschüttet und darin zehn bis zwölf Stunden gelassen, wovon es etwas aufquillt. Ferner wird dieses gefeuchtete Grützkorn in eisernen Schalen über dem Feuer unter beständigem Rühren so lange gedörrt, bis die Körner etwas spröde unter den Zähnen sich zeigen; doch müssen sie noch nicht ganz trocken sein, weil sie sonst beim Stampfen, welches in einem wie ein Mörsel ausgehöhlten Baumstamm geschieht, mehr zu Mehl und Staub als zu Grütze werden möchten. Durch das Rösten werden die Hülsen so lose, daß sie beim Stampfen ganz leicht vom Korn losgehn, und weil sie sich oben sammeln, teils mit den Händen, teils nachmals durch das Wannen abgesondert werden können. Die Grütze aber bekommt durch eben diese Vorbereitung ein etwas durchsichtiges und gelbes Ansehn, wird auch

vom Geschmack noch annehmlicher. Das Milchgericht, welches die Tataren mit dieser Grütze bereiten, wird Botchu genannt.

Als Arzneien und zu anderem häuslichen Gebrauch habe ich noch folgende Pflanzen bei den hiesigen Tataren üblich gefunden: Die hin und wieder in Tälern wachsende Lychnis chalcedonica nennen die krasnojarskischen Tataren Ot-Sabyn und brauchen die Blumenballen, wie ich schon anderwärts bemerkt habe, anstatt Seife, daher selbige auch hier unter dem Namen Tatarskoi Mylo (Tatarenseife) bei den Russen bekannt ist und vielleicht aus eben dem Grunde auch sonst Bojarskaja Spes (Frauenschmuck) zugenamt wird. – Von der auf den Steppen, sonderlich um den Abakan und Jenissej wachsenden Onosma echioides wissen die hiesigen Tatarendirnen gleichfalls die Wurzel als eine Schminke zu gebrauchen und kennen sie unter dem Namen Ingiska. Der Sewenbaum (Arza oder Artschin) und das unten noch vorkommende Rhododendron chrysanthum sind beide unter den Russen und Tataren am Jenissej gleich bekannte Arzneien. Auch der Rhapontik wird von letztern zum innerlichen Gebrauch gegraben und von den Beltiren Söne, von den Koibalen aber Sarapsan genannt. – Das gewöhnlichste Kraut zum Tee ist auch hier der sogenannte Badan (Saxifraga crassifolia) und das zusammenziehende Decoct* der Wurzel; davon wird von den Gebirgstataren mit gutem Nutzen wider Bauchflüsse und fieberhafte Zufälle getrunken.

Man könnte noch unter den Pflanzen, die in der heidnischen Tataren-Ökonomie einigen Nutzen haben, den wilden Lein, die Hanfnessel und den kleinen Schotendorn (Robinia pygmea) nennen. Von beiden erstern bereiten sie ein grobes Garn, wovon sie am meisten die Sehnen an den Selbstgeschossen machen, die sie im Herbst aufstellen, weil diese Sehnen nicht, wie rechte Tiersehnen, von der Feuchtigkeit schlaff werden. – Der Schotendorn aber (auf sagajisch Tegenek) dient mit seinen zähen Ruten statt des Bastes zum Binden. – Und endlich so werden noch die Herbstblätter der Hemerocallis zur Verfertigung weicher Matten und Sattelpolster gesammelt und sehr zierlich geflochten.

Alles dieses sind Bemerkungen, welche von den am Jenissej wohnhaften tatarischen Völkerschaften überhaupt gelten, obgleich nicht eine jede der angeführten Pflanzen bei allen gemein im Gebrauch ist; denn dieses richtet sich nach der Beschaffenheit der Gegend, welche jeder Stamm bewohnt und welche diese oder jene Pflanze häufiger hervorbringt. (...)

Den 11ten (September 1772) nahm ich meinen Weg den Jenissej abwärts gegen das unterhalb Sajanskoi Ostrog gelegne Dorf Kapterowa, wohin ich vorausgeschickt hatte, um alles zum Übersatz über den Jenissej fertigzuhalten, weil dazu bei Sajansk keine Gelegenheit ist. Ich fand bei meiner Ankunft nichts als zwei Kähne in Bereitschaft. Wir setzten damit die Wagen nacheinander also über, daß immer zwei Räder von der einen Seite in einem Kahn und zwei im andern standen und also der Wagen selbst die Kähne zusammenhielt. So gefährlich ein solcher Übersatz aussieht, so sicher und geschwind schwammen wir doch solchergestalt über den schnellströmenden, aber in dieser Gegend nicht viel über zweihundert Faden breiten Jenissej.
Ich ließ den Studenten Sujew an der linken Seite des Flusses mit dem Auftrag gerade über den Abakan nach Karyschkoi Rudnik vorauszugehen und unterwegs zwei kleine, zwischen dem Abakan und Jenissej fast gegen Lugaskoi Sawod gelegne Salzseen sowie die im Berge Isik am Abakan befindlichen Steinkohlen zu beschreiben. Ich aber wollte auch einen Landstrich an der östlichen Seite des Jenissej vom Grenzgebirge bis unter die Lugasischen Hütten bereisen und alsdann nach Karysch übergehn. – Die Nacht blieb ich in Kapterowa.
Dieses Dorf liegt an einem Nebenarm des Jenissej, welcher nur bei hohem Wasser fließt. Es hat etwa sechzehn Höfe Ackersleute und fünf Kosaken zu Bewohnern, welche auf den Grenzwachten Dienste tun. An Fisch- und Wildfang sind alle oberhalb Abakansk wohnhaften Dörfer sehr gesegnet und haben an den dürftigen Koibalen willige Handarbeiter genug. Diese erlauben auch den Landleuten nicht ungern, auf Rehe, Moschustiere, Hermeline, Eichhörner und andre kleine Tiere Schlingen und Fallen zu stellen; nur müssen sie sich nicht merken lassen, an Biber, Otter, Luchse und Zobel die Hände legen zu wollen, welches jedoch insgeheim auch nicht unterbleibt. –
Der hiesige Acker ist trefflich fruchtbar, nur zweierlei Übel

sind dem Kornwuchs nachteilig, die frühen Reife, welche oft zeitig im August einfallen und den niedrigen am Flusse oder an Bächen gelegnen Äckern am meisten schaden; und der Kyrlyk oder wilde sibirische Buchweizen, den die Bauern hier als ein Unkraut ausschelten und sich desselben auch nicht einmal zur Grütze bedienen mögen. – Sobald nur ein Stück Acker urbar gemacht ist, stellt sich auch dieser Buchweizen darauf ein, und weil er zeitig reift und ausfällt, so vermehrt er sich in Jahresfrist dergestalt, daß, wo Korn oder sogar Hanf dünn gesät wird, dieses wilde Getreide die Oberhand gewinnt und die Saat erstickt. Die Bauern sehen dieses mit Mißvergnügen, weil sie entweder aus Eigensinn oder Überfluß den wilden Buchweizen nicht nutzen. Der einzige kleine Vorteil, den sie davon haben, ist, daß ihnen die Katschinzer Tataren so viel davon abnehmen, als sie für sich bedürfen. Übrigens leidet doch dieser Buchweizen, der viel empfindlicher als der wilde Lein ist, hier auch von dem frühen Reifen und verdirbt davon auf niedrigen Äckern völlig; wie er dann in diesem Jahr aus eben der Ursache mehr als zwei Drittel taube Samen hatte. – Man kann ihn auch ziemlich vertilgen, wenn man ein Stück Land ein ganzes Jahr ungepflügt liegenläßt. Denn selbst auf Äkkern, wo er vorsätzlich gesät wird und sich alle Jahre wieder durch ausgefallene Körner besamt, geht er kaum auf, wenn nicht der Acker im Frühling umgepflügt und der vom Herbst her liegende Samen unter die Erde gebracht wird. – Er gibt übrigens eine überaus schmackhafte Speise, nur muß die Grütze siedend angesetzt werden, weil sonst der Brei gelbgrünlich ausfällt, und sobald er lauwarm wird, eine etwas unangenehme Zähigkeit spüren läßt. Zu Grütze aber läßt er sich sehr leicht bereiten, wenn man ihn frisch in einem heißen Ofen trocknet, da er zum Teil von selbst oder doch in einer Handmühle seine Schalen rein abwirft.

Ich fand in Kapterowa einen alten Bauern, der nicht nur ein Erzforscher und der Entdecker des Bleierzes am Ui, sondern auch ein erfahrner Schatzgräber ist und kein Geheimnis aus diesem Geschäft machte. Ich habe demselben und einigen seiner Gehilfen viele gute Nachrichten über die Beschaffenheit der verschiednen Arten alter Gräber, welche es am Jenissej gibt, zu danken und trage um so weniger Bedenken, selbige hierher zu setzen, da ich von der Wahrheit vieler Umstände durch Besichtigung frisch geöffneter Gräber bin überzeugt worden.

Von den alten Gräbern am Jenissej. Die alten Gräber lassen sich in zwei Hauptarten einteilen, wovon die eine alle steinernen Denkmäler (Majaki und Slanzi), die andre aber Erdhügel mit oder ohne darum gepflanzte Steine (Kurgani) unter sich begreift. In den steinernen Gräbern findet man die Leichen, wie es oben beschrieben worden, gemeiniglich mit dem Kopf gegen Morgen, in einem mit Fliesensteinen ausgesetzten Behältnis; die Knochen, besonders die vom Kopf, mehrenteils verwest; zur rechten Seite des Kopfes durchgängig große irdne, mehrenteils ganz durchgebrannte Kochschalen und Überbleibsel von gemeinem hölzernem Hausgerät. In den vornehmern Gräbern dieser Art, welche äußerlich wenig Unterscheidendes, wie etwa die Größe der angebrachten Felsstücke, haben sollen, hat man allerlei zierliche Silbergeschirre, Gold in Blechen, Knöpfen und andern Zierat, Steigbügel und andres Pferdezeug von Eisen mit Silber und Gold eingelegt oder überzogen, auch Kupfergeräte, aber sparsamer, gefunden. Zuweilen sind die Knochen verbrannter Körper in einem kleinen, mit Steinen ausgekästeten Raum in eben diesen Gräbern gefunden worden.

Die großen Grabhügel von bloßer Erde sind merkwürdiger und zeugen von ganz andern Gebräuchen einer sehr verschiednen Nation. Sie sind auch gemeiniglich in abgesonderten Gegenden von den Steingräbern und, wie jene, auf gewissen schönen Anhöhen und Flächen, gleichsam wie auf Kirchhöfen, häufig beisammen. Man findet in selbigen durchgängig ganz deutliches und oft noch ziemlich unverbrochnes Zimmerwerk von sehr verwestem Lärchenholz, aus dessen Lage man sieht, daß für die Leiche aus ziemlich dicken, übereinander liegenden Balken, fast nach Art der russischen Bauernstuben, ein kleines länglich viereckiges Behältnis zusammengefugt und mit Erde überschüttet worden ist. Gemeiniglich findet man über der von dicken Bohlen gezimmerten Decke des Grabkellers entweder ausgebreitete Birkenrinden, welche, wie bekannt, schwer verwesen, oder Steinfliesen, welche die morsche Decke eingedrückt haben. Der Boden des Behältnisses ist gleichfalls mit Brettern gedielt. In solchen Behältnissen findet man gemeiniglich die Knochen von zwei, auch wohl nur von einer

Leiche und in einem Hügel oft mehrere, durch hölzerne Scheidewände oder auch gänzlich durch Erdräume voneinander abgesonderte Behältnisse nebeneinander. Am Fußende findet man die verschiednen mit der Leiche beerdigten Kleinigkeiten, irdne oder auch kupferne Kessel und Töpfchen, Überbleibsel hölzerner Geschirre oder Schöpfkellen, kupferne Werkzeuge von allerlei Art und dergl. In der Gegend des Gürtels pflegen die hirschförmigen und andren Bleche des Beschlags, die Dolche und Messer mit Spuren einer darüber verfertigt gewesenen Scheide, auch andre kleine Werkzeuge zu liegen. Um den Kopf finden sich mit Gold überzogne Knöpfe, Spangen und andre Spuren der beigelegten Kleidung. Man soll sogar zuweilen noch sichtbare Stücke von golddurchwirktem Seidenzeug und übergebliebne Haare von Zobel und andern Pelzen in den wohlbehaltensten Grabkellern angetroffen haben. Bei einigen hat man eine Menge Hackenknochen von großen und kleinen Tieren, die durchlöchert und abwechselnd nebeneinander gelegen, als ob sie angereiht gewesen, oder auch viele kleine eckige Pyramiden von verschiedner Gestalt aus Gußkupfer, die vielleicht ein Brettspiel oder etwas Ähnliches vorgestellt hatten, gefunden. Die Spuren der Lanzen oder auch der Ehrenstäbe, die bei männlichen Leichen oft gefunden werden und mit Krücken von Gußkupfer geziert zu sein pflegen, sind zuweilen mit schmalen Streifen von geschlagenem Golde schlangenweise umschlungen. Noch finden sich zuweilen echte Goldblättchen, die zum Zierat um den Hals oder die Ärmel mögen gelegt gewesen sein oder womit auch die Griffe der Dolche und die Zieratsbleche der Gürtel gleichsam nur umwickelt scheinen. – Zuweilen sind in einem Behältnis bei ganzen Leichen auch verbrannte beigesetzt, deren Knochen in einem Haufen beisammen, gemeiniglich nahe an den Wänden des hölzernen Grabes liegen; auf solchen Aschenhaufen sind die Goldblättchen und andre mit beigesetzte Kleinigkeiten zuoberst gelegt. – Man findet noch andre Dinge in einigen Gräbern, deren Bedeutung schwerer zu erraten ist. Ein alter Schatzgräber hat mich versichert, zweimal einen von porzellanartiger Materie verfertigten hohlen Menschenkopf, mit grünem und rotem Laubwerk bemalt, fast in Lebensgröße gefunden zu haben. Ein andrer erbeutete einmal ein

von Eschenrinde, wie es schien, ausgeschnitztes, mit dünnem Goldblech überzognes Entchen. Noch von einem andern habe ich ein kleines, aus Kupfer gegoßnes wildes Schaf auf einer runden Platte stehend erhalten. Der mit Steinböcken gezierten glockenförmigen Knöpfe ist schon im zweiten Teil dieser Reise Erwähnung geschehn. – Alles Kupfergerät ist Gußwerk; von Eisen fehlen zwar in dergleichen Gräbern nicht alle Spuren, aber es ist doch eine sehr große Seltenheit. Nur habe ich von einem kleinen, verrosteten Beil, die man sonst aus Kupfer nicht so selten findet, und von einer Keilhaue gehört, welche in Gestalt den jetzt bei unsern Bergleuten gebräuchlichen ganz ähnlich gewesen sein soll.
Die Grabsucher versichern, daß in manchen Gräbern die Knochen in größter Unordnung liegend gefunden werden, und meinen, daß solche Gräber schon vor alten Zeiten beraubt und wieder zugeschüttet worden seien, weil man gemeiniglich nichts mehr von Kostbarkeiten darin finde. In großen Kurganen werden Pferdegerippe mit Spuren von Sattel und Zeug über den Grabkellern in der bloßen Erde angetroffen. Die Menschengerippe scheinen mehrenteils nur die gewöhnliche Größe zu haben, doch wollen einige Grabforscher auch Gebeine von außerordentlichem Wuchs gesehn haben; wenn nur nicht die Begierde nach Wundern solche Berichte veranlaßt. (...)
*Vom Sibirischen Steinbock.** Man hat mich versichert, daß es auf den hohen Felsen und Schneebergen um den Us, so wie weiter südlich im wildesten der Gebirge, diejenigen sehr großen Steinböcke noch häufig geben soll, welche von den hiesigen Tataren Töghé und von den Mongolen Takja genannt werden und jetzt weiter innerhalb Sibiriens, soviel ich weiß, nirgends mehr gefunden werden. Noch in diesem Frühling hatte man bei Schusch ein Horn dieses Tiers gefunden, welches der Jenissej bei hohem Frühlingswasser aus seinen obern Gegenden mitgebracht hatte.
Um dieses Tier, wo möglich, zu erhalten, hatte ich schon im verwichnen Winter ausdrückliche Befehle an die im Udinskischen Gebirge stehenden Tataren ausgewirkt, und im Januar des folgenden 1773sten Jahres hatte ich auch noch vor meiner Abreise aus Sibirien das Glück, zwei Steinböcke, welche im Gebirge zwischen dem Uda und Birjussa von den

Karagassen erlegt worden waren, aus Udinsk gefroren zu erhalten. Das eine war ein sehr alter Bock, der vermutlich durch einen Fall das linke Horn verloren und die Wunde wieder verwachsen hatte, das andere ein junges, doch erwachsnes Tier. Die Berg-Tataren nennen den Bock in ihrer Sprache Töghé, die Ziege Himä und das Böcklein Bitschinjä. Die Größe des Sibirischen Steinbocks verhält sich zum Schweizerischen fast so, wie der Sibirische Steinwidder oder Argali zum Korsischen Muflon. Die Farbe desselben vergleicht sich mit dem Guineischen Cabrit und einigen rehfarbigen kirgisischen Ziegen. Der junge Bock war lichter von Farbe und hatte weniger Schwarzes als der alte. Die Hauptfarbe ist aus dem lichtbraunen Grau. Am Leibe ist das Haar nicht viel länger als bei Hirschen, doch nicht so gewellt und brüchig, sondern mehr dem Ziegenhaar gleich. Der Vorderleib hat längeres Haar, und noch länger und struppiger ists im Nacken, am Hinterkopf und der Stirn. Das längste Ziegenhaar fast von mehr als vier Zoll befindet sich an der Brust, dem Bauch und kurzen Rehschwanz, welcher oben schwarz und an den Seiten weiß ist. Die Brust, ein Streif längs den Schenkeln und Vorderkeulen, die Enden aller vier Füße, ein Fleck zwischen den Augen und der auf sechs Zoll lange Ziegenbart sind bei dem alten Bock schwarz. Hingegen hatte der junge Bock nur einige Flecke an den Füßen, die vordere Seite der Armgelenke und den Bart schwarz; Brust und Bauch sowie Füße waren weiß. Die Hörner sind sichelförmig gebogen, sehr stark, seitwärts zusammengedrückt, am obern Rande dicker und mit starken Knoten abgesetzt, sonst flach gerunzelt und gestreift. Bei dem ältern war das linke Horn vier Spannen lang und hatte 13 Knoten. Die Füße dieses Tieres sind überaus stark und fest und die Vorderschenkel fast stärker und fleischiger als die hintern, weil das Tier beim Setzen von Felsen auf Felsen sich am meisten auf die Vorderfüße stützen muß. Zwischen dem Haar hat der wilde Steinbock besonders über den ganzen Rücken und Hals eine reichliche graue Wolle, welche derjenigen vollkommen gleich ist, die man den Hausziegen abkämmen kann. (...)

Ich will bei dieser Gelegenheit über die katschinzischen Tataren noch einige vermischte Bemerkungen beifügen, welche zur Ergänzung dessen dienen können, was ich im vorigen Jahrgang von ihnen gesagt habe. Die damals gemachte Anmerkung von ihren mongolisch-artenden unbärtigen Gesichtern finde ich jetzt, bei mehrern unter ihnen getanen Reisen, vollkommen bestätigt, und diese Horde unterscheidet sich dadurch von allen andern sibirischen Tataren. – Weil sie meist alle reich an Vieh sind, so haben sie sich noch immer weder zum Ackerbau noch zum Christentum entschließen wollen. Doch säen einige sibirischen Buchweizen und Gerste, um sich mit Grützwerk zu versorgen. Sie begnügen sich durchgängig mit einer Frau, welchen Gebrauch sie vielleicht auch von den Mongolen her haben. – Ihre Freierei dauert oft drei, vier, ja fünf Jahre, und aus dieser Ursache lassen die Eltern ihre Söhne sehr früh auf die Freierei gehn. Jetzt haben einige den Kalün abzuschaffen angefangen, die denselben aber noch für ihre Töchter verlangen, empfangen ihn terminweise. – Bis zur Vollziehung der zweiten Hochzeit läßt man den Bräutigam nie mit der Braut allein, und es wird für eine große Unehre gehalten, wenn ein Mädchen vor der Zeit ihrem Freier die geringste Vertraulichkeit erlaubt. Man hat mich von diesem Umstand so heilig versichert, daß ich kaum daran zweifeln kann, sosehr dieses auch dem mongolischen und kalmückischen Gebrauch entgegengesetzt ist. – Die erste Hochzeit wird beim Brautvater, die andre beim Bräutigam gefeiert, wo des Bräutigams Vater dem jungen Paar eine neue Jurte aufstellen muß. Hingegen muß alles Hausgerät, Bettpolster, Kisten und juftene Säcke, worin die Kleider verwahrt werden, nebst aller Kleidung der Braut von ihrem Vater kommen. – Außer bei der ersten Freiwerberei sieht der Schwiegervater seines Sohnes Frau niemals wieder, geht nie in die Jurte des Sohns, und geschieht es ja, daß er seiner Schwiegertochter begegnet, so will die Gewohnheit, daß sich diese platt auf die Erde niederwirft, bis der Schwiegervater vorbeigegangen ist, womit dieser auch möglichst eilt. Hingegen können die Schwiegermutter und der Braut-Vater und die Braut-Mutter frei zu dem jungen Ehepaar kommen. Die Bräute erhalten von ihren Eltern oft reiche Mitgiften an Vieh. Läßt sie der überdrüssige Mann einige Jahre nach der Hochzeit von sich, so ist er nur die mitgebrachte Zahl von Köpfen zurückzugeben verbunden. Die ganze Vermehrung der Herde und die in der Ehe gezeugten Kinder verbleiben ihm. Diese

Gewohnheit, welche ich selbst von einigen vernünftigen Tataren habe verdammen gehört, macht, daß viele nach reichen Töchtern freien, um sich durch die Vermehrung der Mitgift zu bereichern und dann die Frau nach mehreren Jahren wieder zu verstoßen. Ist gar die Frau an der Scheidung Ursache und verlangt selbst von ihrem Mann weg, ohne mit ihm männliche Erben gezeugt zu haben, so bekommt sie von der Mitgift gar nichts zurück, ja die Eltern oder deren Erben können sogar genötigt werden, den Kalün wieder zurückzugeben. Beide Parteien aber können nach der Trennung wieder ungehindert in eine andre Ehe treten. Mit solchen geschiednen Weibern und mit Witwen kommt Hochzeit und alles oft an einem Tage zustande, durch welche Leichtigkeit sie bald und fast allemal wieder an den Mann kommen. Töchter erben mit ihren Brüdern zu gleichen Teilen, und sind keine männlichen Erben vorhanden, so kann der Vater der Tochter mündlich alles vermachen.
Nach einer Geburt werden die Weiber einen ganzen Monat lang vom Manne nicht berührt und dürfen auch, solange sie unrein sind, wenigstens die ersten zehn Tage nichts kochen; auch sind sie monatlich drei Tage von allen Hausgeschäften entfernt. – Bei einer Gebärerin versammeln sich viel Weiber aus der Nachbarschaft; der Vater aber entfernt sich aus der Jurte. Dem Kinde wird vom erstbesten Ankömmling oder vom Vater ein Name gegeben; daher haben jetzt viele ungetaufte Tataren russische Namen.
Das vornehmste Fest, welches die Katschinzer sowohl als andren heidnischen Tataren begehn, ist das Frühlingsfest (Tun), wenn sie die Stuten zu melken anfangen. Das ist ungefähr im Junius, den sie um deswillen Ulu-Schilker-ai nennen. Nicht alle begehen dieses Fest zugleich, sondern jede Nachbarschaft richtet es so ein, daß man von dem einen zum andern auf das Saufgelag zieht. Jeder Wirt läßt drei und mehr Tage lang die Milch dazu sparen, um Branntwein genug abziehn zu können. Nach den ersten Lustbarkeiten tun sich verschiedne benachbarte Ulussen zusammen und bringen im freien Felde, am liebsten auf einer offnen Höhe, ein feierliches Opfer (Chudaiga Basheraga) mit feierlichen Gebeten gegen den Aufgang: Sonst opfern sie auch gelegentlich bei Krankheiten oder in andrer Not ihrem Tüs oder Hausgötzen, den sie auch Aunä nennen, kleine Tiere,

Felle, Fleisch oder was sie sonst wert halten oder wünschen. Bei den feierlichen Opfern muß ein Kahm oder Zauberer zugegen sein. Eben diese verrichten auch die Weihung des Pferdes, welches sie Ysik nennen und wozu, wie ich nun unterrichtet bin, Isabel und Grauschimmel, Füchse und Rappen gewählt werden können, je nachdem es der Schaman befiehlt; allemal aber muß es ein Wallach sein. Dergleichen Weihung geschieht auch nur dann, wenn es der Zauberer einem zur Beförderung seines Glücks in der Viehzucht heißt. Ein also geweihter Ysik wird allemal im Frühling, wenn sie das Tunfest begehn, von neuem geheiligt, mit Milch und abgekochtem Wermut (Irwen) gewaschen, auch mit diesem Kraut geräuchert, mit roten und weißen Fetzen in der Mähne und dem Schweif geziert und also freigelassen. Der Besitzer darf ihn nicht eher, als wenn Schnee gefallen ist, reiten; alsdann aber ist er ihn zu satteln verbunden und läßt ihn nicht eher wieder unberührt, bis der Schnee vergeht. Wenn der Ysik veraltet, kann ihn der Besitzer verkaufen und einen jungen zum Nachfolger weihen lassen. Stirbt der Besitzer, so wird das geweihte Pferd nicht geschlachtet, sondern bleibt mit der Herde den Erben.

Die katschinzischen Zauberer haben einen ziemlich französisch aussehenden Anzug, wenn sie zaubern. Gegenwärtig hatten die Katschinzer deren nur zwei unter sich und mußten sich mehrenteils mit den Zauberern der gegen den schwarzen Yjus wohnenden tomskischen Tataren vom Kysilaimak behelfen. Ich habe den Aufzug eines jungen katschinzischen Zauberers, der viele Jahre, ehe er das Handwerk angefangen, närrisch gewesen oder sich närrisch angestellt hatte, in Karysch gesehn. Man sagte, daß er auch jetzt zuweilen ohne Veranlassung, aus halbem Wahnsinn seine Zauberpossen ganze Nächte hindurch treibe und nicht eher aufhöre, bis er sich ganz kraftlos gehext. Sein Anzug war, wie bei einem Anfänger, sehr mittelmäßig. Er gaukelte ohne Mütze und hatte nur bunt ausgenähte lederne Strümpfe und am Leibe einen engen, ganz beschmutzten Kittel von bunt gedrucktem baumwollenem Zeuge (Kitaika) an, worauf über den Schultern ein roter Querlappen wie ein Kragen angenäht war und von demselben 13 Bänder (Sysim) herabhingen. Die Bänder aber waren

aus grünen, gelben, roten, blauen, schwarzen und bunten, auch mit unechtem Golde durchwirkten, seidnen und baumwollenen Läppchen also aneinandergesetzt, daß keiner dem andern gleichsah. Anstatt der Zaubertrommel hatte er in der einen Hand ein Holz, welches in der Mitte rund, an beiden Enden aber wie ein Ruder platt und mit einem Glöckchen geziert war, und auf diesem Holze klapperte er sehr fertig mit einem hölzernen Schlegel, woran er wechselweise beide Enden des Holzes schlug. Auch viele kysillische Zauberer sollen dieses Zauberzeug führen, bis ihnen ihre Geister, wie sie vorgeben, zur Trommel die Erlaubnis geben oder vielmehr, bis sie sich reich genug gemacht haben, um ein Pferd opfern und das Fell davon über die Trommel spannen zu können. Denn ein solches Opfer ist bei Verfertigung einer Zaubertrommel notwendig.
Es ist seit einigen Jahren bei den Katschinzern unter den jungen Mädchen eine Art von Wut sehr gemein geworden, welche hauptsächlich um die Zeit, wenn sich die Reinigung einstellen will, anhebt und oft einige Jahre dauern soll. Sie laufen, wenn sie ihre Anfälle bekommen, oft aus den Jurten weg, schreien und stellen sich ungebärdig, raufen sich die Haare und wollen sich erhängen oder sonst das Leben nehmen. Die Anfälle dauern nur einige Stunden und stellen sich ohne gewisse Ordnung bald wöchentlich ein, bald bleiben sie einen ganzen Monat aus. Ich habe dergleichen Mädchen gesehn, die in den Zwischenzeiten ganz vernünftig und ordentlich waren.
Auch die Venusseuche hat sich erst seit einer kurzen Reihe von Jahren häufig und unter einer besondern Gestalt, nämlich mit häufigen Geschwüren am Kopf, Leib und hauptsächlich um die heimlichen Teile, zu zeigen angefangen und wird von den Tataren Kotur genannt.
Die Kinderblattern (Tschetschjak) zeigen sich nur immer noch periodisch bei ihnen und andern hiesigen Tataren und bleiben oft viele Jahre aus. Wenn sie aber einreißen, so richten sie eine große Verwüstung, sonderlich unter Kindern und jungen Leuten an, wobei die Furcht vor der Krankheit, die Entweichung der Gesunden und daher rührende schlechte Pflege fast so sehr als die Unreinlichkeit der Lebensart und der Säfte den Tod ausbreiten. Vor fast zehn Jahren wüteten die Blattern hier zuletzt.

Die katschinzische Horde nimmt den schönsten Teil des krasnojarskischen Gebiets, nämlich die ganze Gegend zwischen dem weißen Yjus und Jenissej bis an den Uybat und Abakan, ein. Sie ist in sechs Wolosten oder Aimaks zerteilt, welche sich Schulosch, Tatar, Kuban, Tubin, Munget und Jastyn Aimak nennen und deren jeder einen Knjasez hat, welcher von der Krasnojarskischen Kanzlei bestätigt wird und, wie bei allen tatarischen Stämmen, den Tribut einnimmt, kleine Händel schlichtet und auf Ordnung sieht, übrigens aber aus der Kasse kein Gehalt hat und so gut wie ein Gemeiner für seinen Kopf Tribut erlegt. Die eigentlichen Katschinzer zählten jetzt 1185 schätzbare Köpfe und erlegen als Jassak 2196 Rubel. Auf ihrem Gebiete aber wohnen noch vier andre Stämme, die zusammen 222 Köpfe ausmachen und nicht eigentlich unter das katschinzische Volk gehören.

Sie wohnen, wie alle wohlhabenden Tataren am Jenissej, nur des Winters in Filzgezelten, welche sie im Frühling in gewisse, ihnen bekannte Felshöhlen zur trocknen Verwahrung auflegen, und den Sommer über, bis der feuchte Herbst Abschied nimmt, mit Birkenrinden ihre Jurten bekleiden. Die Birkenrinden werden zu diesem Endzweck im Julius gesammelt, weil man bemerkt hat, daß sie dann viel dauerhafter sind. Durch das Kochen nimmt man ihnen alles Gummihafte, und sie behalten nur ihre harzigen Bestandteile, welche sie geschmeidig und unverweslich machen. Den Julius aber nennen die Tataren aus obigem Grunde Toos-ai (den Birkenmonat).

Ich habe bei den Katschinzern und Beltiren eine von der tungusischen und mongolisch-kalmückischen (siehe dieser Reise 1ster Teil) unterschiedne Anstalt, den Milchbranntwein abzuziehn, gesehn, welche jedoch der tungusischen näherkommt, besser aber als beide eingerichtet und also eine Beschreibung wert ist. Auf den Kessel (Kasan), worin die saure Milch über dem Dreifuß steht, wird ein fast ebenso halbkuglig gestalteter, aus einem Holzknorren geschnitzter, hohler Deckel gesetzt, der oben einen kurzen Zylinder auf sich hat. Mitten im Zylinder ist eine Zwerchscheidung angebracht, die eine Öffnung mit einem Rändchen eingefaßt hat und oben mit Rinnen gegen den Kanal, durch welchen der Branntwein läuft, gefurcht ist. Auf den

Rand des Zylinders wird ein Kranz von Filz gelegt und ein Kessel mit Schnee oder kaltem Wasser gesetzt, welcher die durch das Loch der Scheidung in den obern Raum des Zylinders aufsteigenden, geistigen Dämpfe auf die Zwerchscheidung niederschlägt, auf welcher sie sich gegen den Destillierkanal sammeln und in ein untergestelltes Gefäß abtriefen.
Wenn sie Branntwein abziehn, so pflegen sie einen Schafskopf mit hineinzulegen, der bis zum völligen Überzug der geistigen Dünste seine Gare erhält und für einen großen Leckerbissen gerechnet wird. Auch das Überbleibsel von der Destillation wird gemeiniglich auf frischer Tat mit kleingeschnittnem Fleisch zu einer Suppe gekocht und dieser unappetitliche Mischmasch begierig verzehrt. – Zu andern Zeiten wird Milch hinzugegossen und der geronnene weiße Käse (Artsche) teils frisch genossen, teils in Stückchen getrocknet und so unter dem Namen Bischrö sonderlich zum Vorrat auf Jagdreisen beigelegt.

Den 16ten September (1772) ging ich über den sumpfigen Koksa und fuhr längs des Jenissej über die mit Grabsteinen häufig besetzten flachen Berge bis an den Ort, wo man nach Abakansk überzufahren pflegt. Daselbst kopierte ich von den schon im 2ten Teil erwähnten beschriebnen Felsen einige Inschriften, welchen beizukommen war und die am besten erhalten schienen. Drei derselben, welche ich in Selenginsk die Grenzangelegenheiten besorgenden Herrn Major Wlassow, einem kenntnisvollen und wißbegierigen Manne, mitgeteilt habe, konnten von den dortigen Dolmetschern nicht ausgelegt werden, weil sie weder in mongolischer noch in gewöhnlicher mandshurischer, sondern in einer andern, bei den Chinesen noch außerdem gewöhnlichen alten Courantschrift*, dic mit der mandshurischen die meiste Ähnlichkeit hat, gesetzt befunden werden. (...)

Der diesjährige Winter setzte früh ein und ließ sich im Dezember mit ungemeiner Heftigkeit spüren. Den 6ten und 7ten Dezember (1772) war die größte Kälte, die ich je in Sibirien bemerkt habe; die Luft war dabei still und gleichsam verdickt, so daß man bei sonst ganz heiterm Himmel die Sonne wie durch einen Nebel sah. Den 6ten des Morgens bemerkte ich an meinem allein übriggebliebnen, sehr sorgfältig verfertigten und stets fehlerlos gehaltnen Haarrohr-Thermometer, welches unten nicht weiter als 235 Grad zählt und eine sehr kleine Kugel hat, daß das Quecksilber sich in die Kugel zurückzog und einige kleine Kolumnen in der Röhre stockten und feststanden, welchen Zufall ich bei diesem Thermometer seit acht Jahren, da ich es gebrauche, nie erfahren hatte. Durch die Temperatur einer sehr mäßig erwärmten Stube, in welche ich es von der Galerie des Hauses trug, fiel die gestockte Kolumne sogleich herunter, das Quecksilber aus der Kugel aber kam erst nach mehr als einer halben Minute in Bewegung. Ich wiederholte diesen Versuch mehrere Male, mit immer ähnlichem Sukzeß*, so daß in der Röhre bald nur eine, bald mehrere Stückchen gefrornen Quecksilbers zurückblieben. Wenn man an dem im Frost hängenden Thermometer die Kugel mit den Fingern erwärmte, so stieg das Quecksilber, und man sah deutlich, daß die stockenden, festgefrornen Kolumnen lange Zeit Widerstand taten und endlich mit einer Art von Gewalt fortgestoßen wurden und in die Höhe fuhren. Da ich inzwischen auch in einer offnen Schale etwa ein Viertelpfund Quecksilber, welches mir von den akademischen Barometern übrig und soviel möglich durch Essig und Leder gereinigt, auch wohl getrocknet war und an einem kalten Ort gestanden hatte, auf die Galerie an der Nordseite meiner Wohnung in die Kälte setzte, so fand ich, nach weniger als einer kleinen Stunde, den Rand und die Oberfläche desselben fest gefroren, und einige Minuten nachher war alles zu einer weichen, Zinn ganz ähnlichen Masse durch die natürliche Kälte kondensiert. Da das Innere noch flüssig war, zeigte die gefrorne Oberfläche allerlei zweigige Runzeln, der größte Teil derselben aber, so wie auch eine nachher in die Luft gestellte größere Quantität Quecksilber, blieb im Gefrieren ziemlich glatt. Die gefrorne Quecksilbermasse ließ sich leichter wie Blei beugen; kurz gebogen aber bezeigte sie sich brüchiger als Zinn und ließ sich, dünn ausgeplättet, etwas körnig an; war aber der Hammer nicht vollkommen durchgekältet, so floß das Quecksilber unter demselben tropfenweise ab; eben das geschah, wenn man es mit dem Finger berührte, wobei die Spitze des letztern gleich vom Frost wie taub gebrannt war. In die temperierte Stube gesetzt, taute es wie Wachs über dem Feuer tropfen-

weise von der Oberfläche weg und schmolz nicht auf einmal. Wird die gefrorne Masse in der Kälte zerbrochen, so kleben die zerbrochnen Stücke untereinander und an der Schale, worin sie liegen, an. – Obgleich der Frost gegen die Nacht um ein Geringes nachzulassen schien; so lag doch das gefrorne Quecksilber unverändert, und man konnte den Versuch mit dem Thermometer noch immer wiederholen. Den 7ten Dezember hatte ich den ganzen Tag über noch eben diese Bemerkungen zu machen Gelegenheit. Aber einige Stunden nach Sonnenuntergang kam ein nordwestlicher Wind auf, der das Thermometer bis auf 215° steigerte, wobei die Quecksilbermassen zu zerfließen anfingen.
Kurz nach diesem erhielt ich von der Güte des Herrn Generalleutnants und Statthalters von Bril aus Irkutsk einen Bericht, daß man in gedachter Stadt am 9ten Dezember morgens um vier Uhr im Thermometer und Barometer, welche beide von der geschickten Hand des Herrn Professor Laxmann* bei dessen Aufenthalt in Sibirien verfertigt waren, das Quecksilber fest gefroren stand. Es stand im Barometer 28 Zoll 7 Linien und war auf fünf Linien von oben herab ganz gebröckelt; gegen elf Uhr vormittags aber war es schon wieder flüssig, und um ein Uhr war die Barometerhöhe 29 Zoll 7 Linien, abends um 9 Uhr aber 29 Zoll. Das Thermometer war auf 213° gestockt, und unter 226° war ein leerer Raum von neun Graden. Gegen elf Uhr war alles in die Kugel gegangen, und um 1 Uhr, da es wieder in Bewegung gekommen war, zeigte es 254°, um drei Uhr 72 Minuten nachmittags 194°, alles nach dem de l'Isleschen Wärmemaß. Die Luft war den ganzen Tag still und heiter. (…)

Reise aus Sibirien zurück an die Wolga im 1773sten Jahr

Da in dem südlichen Strich von Sibirien keine merkwürdige Gegend mehr übrig war, welche durch meine eigne oder veranstaltete Reisen nicht besucht worden wäre, die Wiederholung aber der in die lenische Gegend und den östlich von der Lena gelegnen Teil von Sibirien von den Herrn Gmelin und Steller für die Naturkunde getanen Reisen keinen wichtigen Nutzen versprach und zu einer Reise in die

Mongolei oder bis nach China nach den jetzigen Umständen noch lange keine Gelegenheit zu hoffen war, so hatte ich nach der mir von der Kaiserlichen Akademie der Wissenschaften erteilten Vollmacht, vermöge welcher mir die Einteilung und Einrichtung meiner Reise in Sibirien völlig überlassen war, beschlossen, diesen Winter, wegen der mit Schlittenreisen verknüpften Bequemlichkeit und auf die Hälfte geringern Kosten, aus Sibirien zurück und womöglich bis an die Kama fortzugehen. Deshalb schickte ich schon im Dezember des vorigen Jahres die Studenten Sokolow und Bykow an die Wolga voraus, um dort auf den ersten Frühlingsflor bereit zu sein, und hatte meine eigne Abreise von Krasnojarsk schon auf den Anfang des Januars festgesetzt, weil ich die Ankunft des in der Irkutskischen Statthalterschaft zurückgebliebnen Herrn Georgi in Tara zu erwarten gedachte. Allein um eben diese Zeit erhielt ich von demselben Briefe mit Vorschlägen, welche dessen Aufenthalt in den dortigen Gegenden zu verlängern schienen und mich nötigten, in Krasnojarsk Erläuterungen zu erwarten. Herr Georgi hatte nämlich die Umschiffung des Baikals nur bis an die Selengische Mündung vollführt, welche er im Herbst erreichte und wegen der damals gefährlich werdenden Stürme sowohl als um die Bereisung der daurischen Bergwerke noch bei guter Zeit zu verrichten, das Schiff daselbst verließ und gerade zurück nach der Angarischen Mündung abfertigte. Nach glücklich abgelegter daurischer Reise und genauer Beschreibung des ganzen dortigen Berg- und Hüttenwesens hatte er sich bis Dezember am Selenga aufhalten müssen, weil der Baikal niemals früher als um Neujahr zu gefrieren pflegt. Dieses Mal ward er durch die überaus strengen Dezemberfröste schon gegen den Ausgang dieses Monats mit Eis belegt, und Herr Georgi konnte denselben in den letzten Tagen des Jahres mit Schlitten passieren. Gleich bei seiner Ankunft in Irkutsk wurde das Angedenken des Baikals, der ihm viele Merkwürdigkeiten dargeboten hatte, wieder rege. Der westliche Einbusen desselben (Kultuk) war noch sowohl dem Geographischen als Physikalischen nach unbeschrieben, und der irkutskische Herr Statthalter wollte im Frühjahr zur Vollführung der bei Gelegenheit der vorjährigen gelehrten Reise aufgenommenen neuen Karte des Baikals die Umschiffung dieses Teils desselben veranstalten. Fahrzeug und alle Gerätschaft waren dazu von der vorigen Reise bereit, und Herr Georgi wünschte auch seiner merkwürdigen Beschreibung dieses großen Sees noch diesen Teil hinzufügen zu können. – Allein dadurch wäre die Rückreise um einen ganzen Sommer verzögert worden, ohne daß man von dem Nutzen gewiß sein konnte. Denn um den Kultuk liegt lauter hohes und wildes Gebirge, soviel man weiß, mit bloßen Wackenfelsen an. Mineralische Merkwürdigkeiten sind daselbst, außer einem schlechten Marienglasbruch, dessen Blende braun ausfällt, keine bekannt. Aus dem Pflanzenreiche schien daselbst nicht mehr zu erwarten, als uns schon von andern daurischen Schneegebirgen bekannt geworden war. Und auch dieses noch einmal einzusammeln, hätte die Reise wegen der kalten Lage und Höhe des Gebirges nicht eher als spät im Junius angefangen und bis zum August fortgesetzt werden müssen. Alsdann wäre die Rückreise wegen des nahen Herbstes übereilt und ziemlich unfruchtbar geworden. Dahingegen schien es mir nützlicher, sich mit Winterwegen aus Sibirien zurückzubegeben und den anstehenden Sommer zu Nachlesen in Permien und dem südlichern Rußland anzuwenden. Und diese Gründe bewogen mich, der vorgeschlagnen Reise um den Kultuk zu widerraten. Ich wollte aber doch umständlicher von den Gründen, welche Herr Georgi dafür haben konnte, unterrichtet sein und beschloß also, Briefe von ihm oder ihn selbst noch in Krasnojarsk, solange als es ohne Verlust der Winterbahn würde geschehn können, abzuwarten. Weil aber bis den 20sten Januar (1773) noch keine Nachricht ankam und sich der heurige Winter seit Anfang des Jahres ungemein gelind anließ, so fertigte ich an selbigem Tage endlich mein Gepäck und alles Reisegefolge voraus nach Tara ab und setzte meine Reise auf den 22sten fest.

Alles war an diesem Tage dazu in Bereitschaft, und ich wollte mich nachmittags in den Reiseschlitten setzen, als Herr Georgi mit seinen Leuten bei mir eintraf und schon den Entschluß, von obgedachter Schiffahrt abzustehn und sich in Permien zu beschäftigen, mitbrachte. Wir hatten also außer freundschaftlichen Unterredungen und einigen Maßregeln nichts abzumachen, und ich konnte noch selbige Nacht Krasnojarsk verlassen.

Bis Tomsk reiste ich auf dem schon im zweiten Teil meiner

Reise größtenteils beschriebnen Postwege, wo man auf den in gehörigen Distanzen angesetzten neuen Kolonien jetzt den Vorspann oft wechseln und also geschwind fortkommen kann. Weil ich Tag und Nacht reiste, so kam ich den 23sten (Januar 1773) des Morgens über den großen Kemtschuk, den 24sten nach Bogotol, den 25sten mit Tagesanbruch an den Ildebet, den folgenden Morgen nach Semilushnoje und um Mittag nach der Stadt Tomsk. – Von diesem ganzen Wege finde ich, außer dem, was schon gesagt worden ist, wenig zu erwähnen. Verschiedne der neu angesetzten Kolonien haben ansehnlich zugenommen. Besonders ist Tschernoretschinskaja jetzt auf 260 Mann vermehrt und scheint unter allen neuen Dörfern an der Landstraße den besten Fortgang zu versprechen. – In Atschinskaja ist seit meiner Durchreise die Pfarrkirche fertig und geweiht worden. – In Bogotol ist eine neue Branntweinbrennerei für Rechnung des werchoturischen Kaufmanns Pochodjaschin angelegt und zugleich zu einer kleinen Kupferhütte die vorläufige Einrichtung getroffen, um aus einem in der sogenannten Arza entdeckten Erz wenigstens so viel Kupfer, wie die Branntweinhütten am Jenissej mit Kesseln zu unterhalten erforderlich ist, schmelzen zu können. – Die im Tomskischen gelegnen Kolonien sind, ich weiß nicht aus welcher Ursache, die elendesten und mit den schlechtesten Leuten besetzt. – Bei allen diesen Kolonien waltet auch noch ein Mangel an Weibsvolk ob, daher das meiste junge Volk noch unbeweibt lebt und in allerlei Laster ausschweift. Ein andrer widriger Umstand, der nicht verschwiegen werden darf, ist, daß die in den russischen Provinzen von den Edelleuten statt der Rekruten zur Bevölkerung Sibiriens ausgehobnen Bauern zum Teil auf die unverantwortlichste Weise ausgesucht sind. Ich habe kranke, gebrechliche, am Verstande fehlerhafte, beweibte, die schon längst in einer unfruchtbaren Ehe leben, und eine gute Zahl alter und grauer Leute, die zur Fortpflanzung ganz ungeschickt sind, wahrgenommen. Noch unverantwortlicher ists, daß eine Menge bejahrter Hausväter von ihrer gehabten zahlreichen Familie, ja sogar von ihren Weibern durch unmenschliche und eigennützige Herrschaften getrennt und in diese Gegenden voll Gram und Elend einsam verschickt worden sind. Diejenigen, welche ihre zurückgebliebne Gattin und

Kinder endlich vergessen, sehn sich oft gezwungen, um nicht bei ihrer Haus- und Feldarbeit ohne Gehilfin zu sein, in ihren Wohnplätzen elende Weibspersonen zu heiraten und also aus Not eine unerlaubte Vielweiberei zu begehn. Unzählige haben mir mit Tränen den Gram über ihre zurückgebliebnen Kinder bezeugt, mit welchen sie sich in Sibirien viel glücklicher als unter mancher tyrannischen Herrschaft schätzen, und mit vollem Herzen die Hand, welche sie in Freiheit gesetzt hat, segnen würden. (...)

Den 9ten (Februar 1773) morgens hatte ich das Kirchdorf Bogorodskoi, am Bach Ari, der in den Iren fällt, erreicht. Zwölf Werste weiter kam ich nach Jenapai-aul, wo Tataren wohnen, welche den Jassak nach Kungur zahlen. Weil dieses das oberste der am Iren gelegnen tatarischen Dörfer ist, so wird es in den Tributbüchern auch Werch-Irenskoi Tschetwert genannt. – Wir sammelten hier so viel tatarische und baschkirische Schußpferde, als wir konnten, und behielten auch die russischen bei, welche uns von Bogorodskoje gebracht hatten. Denn von hier geht ein unbewohnter, sehr bergiger Waldstrich an, welcher unter dem Namen Aterskoi Wolok bekannt und 75 Werste breit ist. Dazu waren heute die Wege tief verschneit, und die Pferde behalten bei dem Winterfutter ohnehin so wenig Kräfte, daß oft kaum drei die Dienste eines einzigen, wohlgefütterten Fuhrmannspferdes zu verrichten imstande sind.

Der obgedachte Waldstrich, welcher hier die Permische und Ufische Provinz scheidet, besteht meist aus Tannen und abwechselnd auch aus Fichten und Laubholz. Nirgends habe ich eine solche Menge Kreuzvögel (Loxia curvirostra)* als in dieser und einzigen Waldung an der Ufa gesehn. Im ersten Weghause (Isbuschka), welches im Walde 22 Werste von Jenapai zum Ausruhen der Reisenden angelegt und sehr elend ist, wohnt ein Bauer, der Heu verkauft und den Fang dieser Vögel als ein Nebengeschäft treibt. Er begießt auf einigen Stellen den Schnee mit gesalznem Quaß oder auch mit Urin und stellt eine Menge Haarschlingen darauf. Die Kreuzvögel, welche nach aller Salzhaftigkeit sehr begierig sind, lassen sich scharenweise auf diese Stellen nieder und verwickeln sich in den Schlingen. Ein kungurischer Apicius* kauft ihm selbige ab, und man kann ihm diesen elenden Leckerbissen gern gönnen. (...)

Bei Sorotschinskaja Krepost war die Brücke auf der Samara noch nicht eingerichtet. Nächst dem so mußte ich von hier einen Expressen nach Busuluzkaja Krepost schicken, um die offnen Befehle des orenburgischen Herrn Statthalters, welche ich mir dahin entgegenzuschicken, in der Meinung, daß ich meinen Weg durch diese Festung würde nehmen können, erbeten hatte, nebst andern schon längst erwarteten Briefschaften entgegennehmen zu lassen. – Also schlug ich mein Gezelt am Rande der Niederung der Festung gegenüber auf und fertigte den folgenden Morgen nach Busuluzk ab, woher ich den 7ten (Februar 1773) abends die erwarteten Briefe und gelegentlich auch ein vor etwa acht Tagen bei Tozkaja Krepost gefangnes wildes Füllen lebendig erhielt.

Man hatte die *wilden Pferde* oder *Tarpane** seit einigen Jahren in der hiesigen Steppe desto häufiger wahrgenommen, da jetzt der ganze Raum zwischen dem Jaik und der Wolga von Bewohnern seit geraumer Zeit entblößt gestanden und diese Tiere gemeiniglich gegen den Sommer so weit nördlich zu ziehn pflegen, als sie nur kommen können, um sich vor dem Ungeziefer, der großen Hitze und Dürre in Sicherheit zu stellen. Ich fange immer mehr an zu mutmaßen, daß die in der Jaikischen und Donischen Steppe so wie auch in der Baraba herumschweifenden wilden Pferde größtenteils nichts anders als Nachkömmlinge verwilderter kirgisischer und kalmückischer oder vordem hier umherziehenden Hirtenvölkern gehöriger Hengste sind, welche teils einzelne Stuten, teils ganze Herden entführt und mit selbigen ihre wilde Art fortgepflanzt haben. Daher kommt die Verschiedenheit von Farben, welche man bei den wilden Pferden wahrnimmt. Doch sind die meisten fahlbraun, gelblich oder isabelfarbig von Haar. Letztere Farbe hatte auch das Füllen, welches man mir brachte und das schon ganz zahm geworden war, weil man es wenige Stunden nach der Geburt der wilden Mutter abgejagt hatte. Mit zahmen Füllen von gleichem Alter verglichen, ließen sich folgende Unterscheidungsmerkmale deutlich wahrnehmen, welche die verwilderte Art durch verschiedne Zeugungen doch in etwas abgeändert zeigen. Es war höher und stärker von Gliedern, der Kopf war größer und um das Maul mit vielen langen Haaren bestreut, deren ein zahmes Füllen nur wenige und viel geringere hat. Die Ohren waren um ein beträchtliches länger und die Spitzen derselben stark nach vorwärts zurückgebogen, da sie bei zahmen Pferden ganz gerade sind. Es trug auch die Ohren mehrenteils zurückgelegt, wie ein bissiges Pferd, und die Stirn war sehr gewölbt. Die Mähne schien dicker und ging weiter über den Rücken hinab; der Schweif war schwärzlich und nicht unterschieden. Der Rükken war weniger ausgebogen, die Hufe kleiner und spitziger und alles Haar kraus gewellt, besonders am Hinterteil. Die Farbe war Isabel ohne Rückenstreif, aber mit schwärzlicher Mähne, und um das Maul hatte es eine Eselsfarbe. Es war ein weibliches Füllen, und die Mutter hatte, wie derjenige, der es gefangen, berichtete, mit noch sieben Stuten, welche das Gefolge des wilden Hengsts ausmachten, eben diese Farbe gehabt; der Hengst aber war fahlbraun gewesen.

Soviel ich habe erfragen können, so ist diejenige wilde Pferd- oder Eselsart, welche die Kirgisen und Kalmücken Kulan oder Chulan nennen und die noch nie gezähmt worden ist, nicht nur von diesen natürlichen wilden Pferden oder Tarpanen, welche die Kalmücken Takja nennen, sondern auch von dem mongolischen Dshiggetei unterschieden. Die meisten haben mir selbige als bläulich oder eselsfarbig von Haar, mit einem ordentlichen Eselskreuz über den Schultern beschrieben. Nach andrer Bericht sind sie gelbbraun, mit einem schwarzen Rückenstrich und gedoppeltem Querstreif über den Schultern, mit Ohren, die kürzer als Eselsohren sind, und einem Kuhschwanz wie der Dshiggetei. Nach der letztern Beschreibung, die mir ein alter, aus der kirgisischen Gefangenschaft entwichner ilezkischer Kosak unter andern glaubwürdigen Erzählungen von einem Chulanfüllen, welches er selbst gesehen, machte, sind selbige ein Mittelding zwischen dem Dshiggetei und Esel. Nach den erstern Nachrichten aber würden es die wirklichen wilden Esel, die Onagri* der Alten, sein. Alle stimmen dahin überein, daß der Chulan von einer ungezähmten Wildheit und schneller als das flüchtigste Pferd ist. Diese Tiere gehen in ungeheuren Herden, besonders wenn sie im Frühjahr nach den nördlich vom Aral gelegnen, offnen, aber kühlen Gebirgen Tumanda und im Herbst wieder zurück nach den warmen Gegenden von Persien und In-

dien ziehn. Man soll alsdann die Spuren ihrer Herden oft werstenbreit auf der Steppe sehn können. (...)
Diese schleunige Erhöhung des Bodens, die sandige, steile Böschung des höhern Landes gegen die Steppe, die Buchten und Vorgebirge, welche es bildet, und noch mehr die Salzhaftigkeit der niederen und mit Muscheln an ihrer Oberfläche so reichlich vermengten Lehmsteppe veranlassen überaus wahrscheinliche geographische Mutmaßungen über den vorigen Zustand der Kumanischen sowohl als Kalmückischen und Jaikischen Steppe, die sich überall so gleich sind, über die *Ausbreitung des Kaspischen Meeres* in vorigen Weltaltern und über die Gemeinschaft, welche es mit dem Schwarzen Meere gehabt haben mag; Mutmaßungen, welche mit den von dem aufmerksamen Tournefort* nicht ohne viel Wahrscheinlichkeit geäußerten Gedanken von der vormaligen Absonderung des Schwarzen von dem Mittelländischen Meere, dem Anwachsen der Gewässer des erstern weit über die Fläche des andern und dem Ablauf dieser Gewässer in die Mittelländische See, vermutlich zur Zeit der Deukaleonischen Flut, recht sehr harmonieren.
Die, wie ich oft erwähnt habe, auf der ganzen Jaikischen, Kalmückischen und Wolgischen Steppe häufig zerstreuten Muscheln, welche mit den in der Kaspischen See völlig einerlei und in Flüssen nicht anzutreffen sind, die Einförmigkeit des Bodens dieser Steppen, welcher außer den Flugsandstrecken ein bloßer mit Seeschlick gebundner Sand oder gelblicher Lehm, ohne alle Rasendecke und ohne mineralische Lagen, bis auf eine in der Tiefe folgende Tonlage ist, die allgemeine Salzhaftigkeit dieses Bodens, welche meist von Küchensalz herrührt, die unzähligen Salzgründe und Seen, ja auch die sonst ganz ebne Beschaffenheit dieser weiten Wüstenei sind unwidersprechliche Beweise, daß selbige vormals von den Gewässern der Kaspischen See müsse bedeckt gewesen sein. Und obgleich diese Ebnen schon seit unzähligen Jahrhunderten von der See verlassen sind, so haben sich selbige doch, teils wegen ihrer dürren Lage unter einem heißen Himmelsstrich, teils wegen ihrer anklebenden Salzhaftigkeit, die von der tonigen Unterlage erhalten worden, teils weil sie bei dieser Beschaffenheit fast nichts als salz- und seeliebende Pflanzen hervorzubringen vermochten, die wenig Erde und desto mehr Salze geben,

noch nicht mit schwarzem Erdreich oder Rasen bedecken können, auch noch nicht die geringste Holzung oder Buschwerk hervorgebracht.
Es ist ferner ganz augenscheinlich, daß zwischen dem Don und der Wolga das hohe Land längs der Sarpa sowie zwischen der Wolga und dem Jaik die Höhen des sogenannten Obtschei Sirt die alten Ufer des weit ausgebreiteten Hyrkanischen Meeres* gewesen sind. Denn in diesem hohen Lande fangen sich Flözlagen an zu zeigen, die allgemeine Salzhaftigkeit hört auf, die Oberfläche ist mit einem starken Rasen benarbt und zeigt eine ziemlich mächtige Decke von schwarzem Erdreich; auch sieht man die kaspischen Seemuscheln hier nicht mehr. Denn daß höher hinauf an der Wolga, wo das hohe Land bergiger wird, ganze Bänke von Muscheln und Korallen anzutreffen sind, das rührt von einer viel ältern und mächtigern Überströmung des Erdbodens her, und die Seeprodukte dieser Flöze sind alle von solchen Gattungen, die man im Kaspischen und Schwarzen Meere gar nicht, sondern nur in den Tiefen des Ozeans findet.
Dieses vorausgesetzt ist nun die Frage, durch was für eine Naturbegebenheit die Kaspische See, bei immer ziemlich gleichem Zufluß aus ihren Flüssen, da man auch jetzt keine gesteigerte Abnahme derselben seit so vielen Jahren bemerkt, auf einmal so viel Wasser hat verlieren können, daß die weiten und gewiß um mehr als fünfzehn Klafter höher als die jetzige Seefläche gelegnen ebnen Wüsteneien vom untern Don bis an den Jaik und vom Jaik bis an den Aralsee und das hinter demselben liegende vom Uralischen südwärts fortgesetzte Moguldsharische Gebirge zum trocknen Lande geworden sind. Nimmt man an, wie Tournefort es sehr wahrscheinlich gemacht hat, daß die Gebirge des thrakischen Bosporus vormals zusammengehangen und einen Damm gebildet haben, welcher das Schwarze Meer vom Mittelländischen absonderte, so daß die durch so mächtige Flüsse, als die Donau, der Dnestr, Dnepr, Don und Kuban sind, zugeführten Gewässer des erstern, als ein eingeschlossener ungeheurer Landsee, viel höher als die Mittelländische See und der Ozean gestanden; daß nach Zerreißung dieses mächtigen Dammes, entweder durch die allmähliche Wirkung des Wassers oder durch Erdbeben, das Schwarze

Meer seine Gewässer mit Ungestüm in die Mittelländische See ergossen, um sich mit derselben ins Gleichgewicht zu stellen, und daß bei dem ersten Sturz dieser Flut diejenigen Überschwemmungen verursacht worden sind, welche nach den ältesten Denkmälern der Geschichte einen Teil von Griechenland und die Inseln des Archipels verwüstet haben: so wird man diese Abnahme der Kaspischen See nicht nur erklären können, sondern aus den deutlichen Spuren der ehemaligen Höhe dieser See wird auch die Tournefortsche Meinung noch mehr Gewicht bekommen. Denn erstlich so endigt sich das hohe Land, welches als ein Ufer die niedre salzhafte Ebne an der Sarpa hinauf begrenzt und sich von derselben immer mehr entfernt, beim Ursprung des gegen den untern Don fließenden Manytsch mit einer abgebrochnen Landecke. Daselbst nimmt dieses Flüßchen etwa hundertachtzig Werste vom Ursprung der Sarpa in einer niedrigen, mehr als zwanzig Werste breiten, überaus salzigen und dabei feuchten, auch mit einigen Kochsalzpfützen besetzten Ebne seinen Anfang, richtet seinen Lauf durch eine weite Austiefung westwärts und kommt nach etwa hundert Wersten in weite dürre Fläche, die sich gegen den Don und bis in die Krimsche Steppe ausbreiten soll und gleich bei ihrem Anfang zwei beträchtliche Kochsalzseen hat, welche die Donischen Kosaken unter dem Namen Swjatyje Osera (heilige Seen) kennen. Zwischen den Anfängen der Sarpa und des Manytsch sieht man das hohe Land mit ausschießenden sandigen Ecken beständig im Westen und gegen Osten die ganz ebne Steppe, welche nur am Anfang durch flache, vom hohen Lande auslaufende Rükken etwas wogig ist und viele stehende Pfützen dazwischen hat. Eben diese weite Ebene sieht man endlich jenseits des Manytsch durch ein hohes Land, welches sich zwischen selbigen und den Kuma legt und endlich gegen den Ursprung des Kuma durch die Vorgebirge des Kaukasus begrenzt. Hier hat also die östliche Steppe, welche die Spuren der zurückgetretnen Kaspischen See zeigt, mit der Krimschen und andern gegen das Schwarze Meer liegenden Steppen, die, soviel ich habe erfahren können, mit jener einerlei Beschaffenheit haben und größtenteils ebenso salzig sind, durch niedrige Gegenden eine offne Gemeinschaft. Stand nun das Schwarze Meer vor seiner Ergießung durch den

Kanal von Konstantinopel viele Klafter höher als jetzt, wozu im Altertum vielleicht die aus noch wilden, waldreichern und wäßrigern Gegenden reichlicher zuströmenden Flüsse ansehnlich beitrugen, so ist die ganze Krimsche, die Kumanische, Wolgische und Jaikische Steppe und die Ebnen der großen Tatarei bis über den Aralsee hinaus wahrscheinlicherweise nur ein allgemeines Meer gewesen, welches in einem schmalen und seichten Kanal, dessen Spuren der Manytsch zeigt, die nördliche Ecke des Kaukasus umfloß und an dem jetzigen Kaspischen und Schwarzen Meer zwei ungeheure und tiefe Busen hatte. Zu dieser Zeit haben die Seehunde, die Störarten und andre Fische des Schwarzen Meers, der Silberfisch (Atherina)*, der Nadelfisch (Syngnathus pelagicus) und die Kammuscheln in das Kaspische Meer gelangen können, welches nach seiner jetzigen Lage zu weit von allen Meeren entfernt ist, als daß diese Kreaturen in dasselbe hätten übergehn können. Sobald sich aber das Schwarze Meer durch den Propontischen Busen entlasten konnte, wurde gleich bei dem ersten Fall der Gewässer ein großer Teil seiner flachen Ufer zur Salzsteppe; die Kaspische See, welche nur durch eine untiefe Meerenge mit dem Schwarzen Meere verbunden war, ward, weil das Wasser in letzterem gleich niedriger sank, als der Boden dieser Meerenge lag, nunmehr davon abgerissen und zu einem eingeschloßnen Landsee, und weil sie an und für sich nicht so viele und wasserreiche Ströme wie das Schwarze Meer[22] und aus diesem keinen Zufluß mehr hatte, so ward durch die Verdunstung und den Zurückzug des Wassers von den flachen Küsten noch mehr Land entblößt, diese See noch in engere Schranken gebracht und auch vielleicht da erst die Gemeinschaft, welche sie mit dem Aral gehabt hatte, aufgehoben. Die vormaligen Sandbänke wurden zu Flugsand, der sich zu Hügeln anhäufte, wie man sie in

[22] Mich dünkt, die heftige Strömung im Kanal von Konstantinopel kann ein Beweis sein, daß das Schwarze Meer viel mehr Wasser durch seine Flüsse erhält, als es verdunsten kann. Denn wenn man auch den entgegengesetzten Strom von mehr gesalznem Seewasser, welcher in der Tiefe eben dieses Kanals bemerkt wird, dazu nimmt, so zeigt doch die bekannte und fortdauernde mindere Salzhaftigkeit des Schwarzen Meeres, daß derselbe geringer als der austreibende Strom sein müsse.

der Sandstrecke Naryn und an der untern Wolga findet; vormalige Inseln zeigten sich auf dem abgetrockneten Meeresboden wie kleine Gebirge, dergleichen das Inderskische und einige andre sein mögen. Viele Vertiefungen blieben, nachdem sich das Seewasser von den flachen Gründen verlaufen hatte, als Seen oder Salzgründe stehen, die man noch jetzt so häufig auf der Steppe findet.

Es kann kein Einwurf wider die ganz augenscheinliche Abnahme der Kaspischen See sein, was Reisende von der bei Baku bemerkten Verminderung der Ufer und Verschlingung eines Teils der Stadt angeführt haben. Denn nach der Beschaffenheit des dortigen phlogistischen Gebirges ist wohl nichts wahrscheinlicher, als daß hier eine Versinkung des Bodens und Gebirges und keine Zunahme der See statthabe. Vielmehr zeugen alle Gegenden um den nördlichen Teil der Kaspischen See, daß selbige weit stärker als das Mittelländische und andre Meere abgenommen habe und vermutlich noch abnimmt. Es könnte aber sein, daß ohne den oben angenommenen Durchbruch der Schwarzen See, bloß durch die ziemlich allgemein angenommene Abnahme des Seewassers in allen Meeren, die Trennung des Kaspischen Meeres von jener und die Austrocknung der vereinigenden Meerenge ganz allmählich und in viel spätern Zeiten erfolgt wäre; da dann nach aufgehobner Gemeinschaft dieser Seen die Ungleichheit des Zuflusses aus den Strömen auf eben die Art wirken und die kaspische Seefläche weit über die allgemeine Meeresfläche hat erniedrigen müssen. Ich finde in dem Stritterschen Auszuge der byzantinischen Schriftsteller eine Stelle, welche glaubhaft machen könnte, daß die Niederung am nördlichen Fuß des Kaukasischen Gebirges, durch welche, meiner Meinung nach, die beiden Seen zusammenhingen, im 4ten oder 5ten Jahrhundert nach Christi Geburt noch nicht völlig trocken gewesen sein mag. Priskus nämlich, welcher eine vom orientalischen Kaiser Theodosius II. im Jahr 449 an den hunnischen König Attila abgefertigte Gesandtschaft begleitete, erzählt daselbst aus dem Munde eines ihm begegnenden Abgeordneten des Kaisers im Okzident den Weg, welchen die Skythen und Hunnen zu nehmen pflegten, um in Persien Einfälle zu tun: „Sie reisten zuerst durch eine wüste Gegend oder Steppe, setzten dann über einen Sumpf (welchen der Römer mit dem Mäotischen ohne Wahrscheinlichkeit verwechselt) und kamen über ein Gebirge, welches zu übersteigen war, in fünfzehn Tagen bis in den Medien." Jedoch ich will dieses nur als eine sehr zufällige und zweifelhafte Mutmaßung angeführt haben. Die natürlichen Merkmale der Abnahme des Kaspischen Meeres sind untrüglicher.

Eine Folge dieser Abnahme der Kaspischen See ist ihre bekannte, gegen andre Meere sehr niedrige Oberfläche, welche das Verhältnis des Wasserpasses der Ströme Don und Wolga da, wo sich selbige einander so nahe kommen, ganz unwidersprechlich beweist. Der Don fließt sichtbar um zehn und mehr Klafter höher als die Wolga. – Die außerordentlich und ohne Verhältnis hohen Ufer des Jaiks und der Wolga in einer sonst ganz flachen und gebirglosen Ebne sind eine andre Folge und auch zugleich ein Beweis der Abnahme des Kaspischen Meeres; und dessen niedrige Lage läßt sich noch aus dem weiten Lauf des Wolgastroms, der doch in einer gegen die gewöhnliche Meeresfläche sehr wenig erhöhten Gegend von Rußland entspringt und demungeachtet keine träge Strömung hat, beurteilen.

Aus der gegenwärtigen Lage des hohen Landes sieht man, daß auch bei der vormaligen Gemeinschaft beider Meere der Don und die Wolga ganz verschiedne Mündungen, letztere etwa gegen Dmitrewsk, ersterer aber in der Gegend seiner Vereinigung mit dem Donez gehabt haben müsse. Der Manytsch zeigt gleichsam die Spur der sich gegen das Schwarze Meer schleuniger zurückziehenden Gewässer, und nach den Karten ist die nördliche Küste des Schwarzen Meeres mit dergleichen Spuren, die jetzt teils Bäche, teils tote Busen sind, häufig durchschnitten. Auch um die Kaspische See sind die Steppen nicht ohne dergleichen Spuren, obgleich hier die allmähliche Abnahme des Wassers viel schwächer gewirkt hat. Und vielleicht ist das vorgebliche alte Bette des Orus, welches sich zwischen dem Kaspischen und Aralsee befinden soll, nichts andres als eine solche Spur der sich abziehenden Gewässer.

Wer die Gegend längs der Sarpa betrachten will, der wird aus deren Beschaffenheit allein die hier vorgetragne Hypothese als höchst wahrscheinlich annehmen. Und wollte man ausdrücklich die Lage und Grenzen des hohen Landes sowohl von Zarizyn und Dmitrewsk durch die Kalmückische

Steppe nordostwärts als auch von der Sarpa südwestlich gegen den Don und durch die Krimschc Steppe genau aufnehmen lassen, so glaube ich, man würde mit ziemlicher Genauigkeit und im Zusammenhang die vormaligen Ufer der Schwarzen und Kaspischen See zu der Zeit, da sie noch ein Meer ausmachten, bestimmen können.

Ich könnte noch verschiedne kleine Umstände anführen, um das, was ich gesagt habe, zu bestätigen. Aber um nicht ins Weitläufige zu fallen, will ich nur zwei Merkwürdigkeiten erwähnen, welche sich in der Nachbarschaft am Rande des hohen Landes finden lassen und nichts anders beweisen, als daß sonst hier die Seeküste gewesen sein müsse.

Die erste ist ein mit kalkigem Wesen gebundnes Sandkonkret, welches man an der Böschung der ersten Ecken des sandigen Vorgebirges Moo-Chamur bei der Kolonie Sarepta findet. Da es von der Wirkung des salzigen Seewassers und seiner kalkigen Bestandteile, die der Seeschaum besonders kenntlich erhält, bei abwechselnder Benetzung und Austrocknung am Strande erzeugt zu sein scheint, so könnte es sogar die vormalige Höhe der See zu bestimmen dienen. – Nämlich etwas unter dem obersten Rücken der Sandhöhen liegt an der Mittagsseite ein schmaler Rand oder gleichsam ein Kranz von verhärtetem und sozusagen kandiertem weißem Sande, welcher teils flagenweise, teils in allerlei drusigen und tuffsteinähnlichen Massen und endlich auch sehr häufig in Zylindern von verschiedner Gestalt und Dicke, die, wie eine kalkige Osteocolla, eine durch die Achse laufende, rostfarbige Spur von einer Wurzel haben, ausgebildet ist. Dieser Kranz erstreckt sich nicht über eine Elle breit und oft noch viel weniger in den Berg, welcher übrigens innerhalb und unter diesem Rande bloß aus mürbem Flugsande besteht. Nach der Fläche gemessen liegt gedachter Steinkranz der Sarpa nirgends näher als 550 Faden, und mit dem Wasserpaß habe ich dessen senkrechte Erhabenheit über der ganzen ebenen Steppe, welche sich am Ufer der Sarpa und Wolga befinden, von 39 Faden und einer Arschin gefunden, worüber das hohe Land und dessen Hügel noch um mehrere Faden aufgehn.

Als den andern Beweis kann man die noch Spuren von Schilf und Seemoor zeigenden, vitriolreichen Schlammlagen anführen, welche an der mittleren Elshanka (12 Werste

von Sarepta), da, wo sich das hohe Land der Wolga nähert und gleichsam einen Busen macht, im Ufer am Tage zeigen und noch überdies von Herrn Professor Gmelin durch zwei senkrechte, tiefe Schürfe bis auf den lehmigen Sandgrund, der ihre Unterlage ist, durchschnitten worden sind. Einem jeden, der auch nichts von dem vorhin Angeführten wissen würde, können diese Lagen von Vitriolerde, welche keine große Breite einnehmen, nicht anders als Überbleibsel von einem schilfigen Seemorast vorkommen. (...)
Ich erreichte Moskau wegen verschiedner Hindernisse erst den 3ten Julius (1773); und weil ich hier die auf Allerhöchsten Kaiserlichen Befehl bewirkte Zurückberufung, welche aus der Kaiserlichen Akademie der Wissenschaften in Petersburg an alle noch abwesenden, in physikalischen sowohl als geographischen Geschäften reisenden Mitglieder ergangen war, empfing, so beschleunigte ich meine Wagenreparaturen, sosehr ich konnte, um diese Stadt, welche mir doch der lehrreiche und leutselige Umgang mit dem verdientesten und größten Geschichtsschreiber Rußlands, dem würdigen Herrn Kollegienrat (nunmehrigen Staatsrat) Müller so anzüglich machen mußte, zu verlassen und dem Ende meiner Laufbahn zuzueilen. Und dieses erreichte ich auch, ohne mich weiter mit Bemerkungen von irgendeiner Art aufzuhalten, am 30sten Julius, mit einem zwar entkräfteten Körper und schon im dreiunddreißigsten Jahre grauenden Haaren, aber doch frischer, als ich in Sibirien gewesen war, und voll dankbarer Empfindungen gegen die Vorsicht, welche mich bis hierher erhalten und unzähligen Gefährlichkeiten entrissen hatte.

Set nos immensum spatiis confetimus aequor,
Et jam tempus equom fumantea solvere colla.

VIRGIL.*

Nachwort

> „Und wenn eine physikalische Reise an Entdeckungen noch so ergiebig ist, so wird doch der größte Teil derselben nicht gleich einen schimmernden Vorteil versprechen; viele aber, die jetzt gering scheinen, können oft zukünftigen Weltaltern wichtig werden."
>
> *Pallas (1776)*

„Nachrichten von unbekannten Gegenden, wie die meisten von mir bisher beschriebnen, sind kundigen Lesern angenehm ...", schreibt Pallas im Vorwort zu seiner „Reise durch verschiedene Provinzen des Russischen Reichs". Das Publikum, das er anspricht, kann seine Reise miterleben. Pallas überschreitet gerade den Ural, als der erste Teil seines in deutscher Sprache geschriebenen Reisetagebuchs 1771 in die Hände der europäischen Leser gelangt. Er durchforscht noch Sibirien, als 1773 der zweite Band die Druckerei der Sankt-Petersburger Akademie der Wissenschaften verläßt. Zwei Jahre nach Reiseende erscheint 1776 der dritte Teil, über die fernsten Regionen Ostsibiriens, krönender Abschluß des mit zahlreichen Kupfern prächtig ausgestatteten Werkes, das nunmehr 2000 Seiten umfaßt.

Reisebeschreibungen waren im Zeitalter der Postkutsche Bestseller auf dem Buchmarkt des 18. Jahrhunderts. Sie dienten als willkommene Handbücher und Leitfäden, Land und Leute kennenzulernen. Es festigte nicht nur das soziale Prestige, über fremde Kulturen und Völker informiert zu sein. Reisen und Wissensvermittlung gehörten untrennbar zur bürgerlichen Aufklärungsbewegung. Vor allem nach England, Frankreich, Italien und Holland führten die Bildungsreisen, niemals aber in das Innere Rußlands, obgleich das Netz der Poststationen bis nach Sibirien reichte. Zwar zog der Glanz der neuen Metropole Petersburg in ganz Europa Bewunderer und Verehrer an, doch blieben die Weiten jenseits des Urals, die unermeßliche Taiga und russischen Steppengebiete touristisches Niemandsland. Sibirien, das Land der vom Zaren Verbannten und zur Zwangsarbeit Verurteilten, galt für Reisende als wenig attraktiv.

Nun aber erregt Pallas' Beschreibung jener Gegenden, in

die kaum ein Westeuropäer vorzudringen wagte, unerhörtes Aufsehen. Bald zählt sie zu den meistgelesenen und weitverbreitetsten Schriften des 18. Jahrhunderts. Die Nachfrage übersteigt die Auflagenhöhe. Journale bringen ausführliche Inhaltsangaben aus den Expeditionsberichten. Nicht zu zählen auch die Schwarzdrucke in deutscher, englischer und französischer Sprache, die das Werk in kürzester Zeit außerhalb Rußlands bekanntmachen. 1773 erscheint in Leipzig ein Auszug aus dem ersten Teil. Die „Bewegungsgründe" sieht der anonyme Herausgeber nicht nur im aktuellen Leserinteresse, sondern in der Bedeutung dieser Reisebeschreibung, die er für „eines der vorzüglichsten deutschen Werke dieses Jahrhunderts" hält. „Erdbeschreibung, Naturkunde, Geschichte, ja selbst Philosophie und Litteratur haben alle durch dieses treffliche Buch gewonnen." Der Herausgeber ist überzeugt, daß „dieser Auszug Lesern, die das größere Werk nicht besitzen" (Bücher waren damals sehr teuer), „nicht gleichgültig seyn" wird, „und diejenigen, die es, um von noch wenig bekannten Dingen glaubwürdige" (Hervorhebung von M. L.) „Erzählungen zu finden, und nicht bloß zeitvertreibs halber, in die Hand nehmen, werden darin gewiß vielfältig ihre Rechnung finden".

Pallas' wissenschaftlich exakte Darstellung, seine Bilder voller Detailtreue und Realismus waren „glaubwürdig". Sie entfernten sich von den in Westeuropa vorherrschenden Klischees und Vorurteilen gegenüber asiatischen und orientalischen Völkerschaften, die zum Zarenreich gehörten oder in dessen unmittelbarer Nachbarschaft lebten. Noch immer wurden im 18. Jahrhundert stereotype Meinungen und oberflächlich aus Zeitungen, Journalen oder aus den Reise- und Gesandtschaftsberichten des 16. und 17. Jahrhunderts abgeschriebene Wundergeschichten und Legenden weitergetragen. Wohl war inzwischen der Kenntnisstand über das russische Imperium beträchtlich angewachsen, und die in den dreißiger Jahren des 18. Jahrhunderts von Franzisk Locatelli verfaßten *Lettres Moscovites*, in denen diese Völker als „barbarisch" und „wann es gleich Menschen sind, so sind es doch nur solche, die diesen Nahmen kaum verdienen", beschrieben werden, forderten bereits allerorts zu leidenschaftlicher Kritik heraus. Doch das Faktenwissen über die fremdnationalen Sitten, Lebensgewohnheiten und Rechtsverhältnisse war dürftig. Pallas' Reisebeschreibung bot die Möglichkeit, Pauschalurteile neu zu überprüfen.

Sechs Jahre ist Pallas zwischen Petersburg und dem fernöstlichen Amurgebiet unterwegs. Er beschreibt, was er sieht, erlebt und beobachtet in den Wüsten und Steppen Südrußlands, den Industriegebieten im Ural, in den Gebirgen und ausgedehnten Hochländern Sibiriens. Alle konventionellen Erwartungen werden umgestoßen. Er entdeckt in den „öden" Landstrichen Völker mit reichen Kulturtraditionen und eine einzigartige Tier- und Pflanzenwelt. Jedes Detail gibt er in minutiöser Genauigkeit wieder. Die „Treue zur Wahrheit" hält er für das höchste Gebot. Pallas ist Naturforscher. Von „jeher der Wahrheitsliebe eifrigst ... beflissen", mißt er den Wert einer Reisebeschreibung vor allem nach ihrer Zuverlässigkeit, weil er es „als ein strafbares Vergehen gegen die gelehrte Welt" ansieht, „irgend etwas anders vorzutragen, als man es gefunden und nach seinen besten Fähigkeiten begriffen, irgend etwas zuzusetzen oder zu verschweigen". Da er „dieses Gesetz nie aus den Augen verloren" hat, entsteht unter seiner Feder die erste ausführliche wissenschaftliche Beschreibung Südrußlands und des Fernen Ostens, die im 18. Jahrhundert nicht ihresgleichen findet.

Vielfältig sind die Gründe, die damals zum wachsenden Interesse an Rußland führten. Bis zum Pazifik erstreckte sich das schwer zugängliche, kaum gekannte Land von unvorstellbarer Größe, ein expandierendes Reich, das als neue Großmacht des Nordens die Aufmerksamkeit Europas herausforderte. Mit ihrem Kampf um den Zugang zur Ostsee hatte das Jahrhundert begonnen. Siegreich konnte Peter I. den Nordischen Krieg gegen Schweden beenden, „das Fenster nach Europa öffnen". Unter dem Zepter Katharinas II. erreicht Rußland die Ufer des Schwarzen Meeres, besetzt die Krim, Teile Persiens, der Türkei und Alaskas. Die Inselketten im Pazifischen Ozean, die Aleuten, stehen unter russischer Oberhoheit. Bald wird sich das Imperium durch die mit Preußen ausgehandelten Polenteilungen einen Platz mitten in Europa sichern.

Aber die ständigen Kriege verschlingen Unsummen drin-

gend für den ökonomischen Fortschritt benötigten Geldes. Zu wenig Silber fließt aus den sibirischen Gruben in die russische Staatskasse. Viele der auf Initiative Peters I. im Ural errichteten Bergwerke und Hütten sind in Verfall geraten. Der Handel stagniert. Die Produktivität sinkt in allen Zweigen der Wirtschaft. Häufige Thronwechsel nach dem Tode Peters I. begünstigten Gesetzlosigkeit und Willkür. So mächtig sich Rußland nach außen gibt, so unklar ist sich Katharina II., die 1762 nach einer Palastrevolte den Thron besteigt, über die wirklichen Zustände im Innern ihres Reiches. Mit der schnellen Eroberung neuer Gebiete kann deren Erschließung kaum Schritt halten. Die Leibeigenschaftsverhältnisse halten die Bauern in der Untertänigkeit ihrer Erbherren, verhindern die Neubesiedlung mit freien russischen Landeigentümern. Doch Katharina weckt durch eine großangekündigte Reformpolitik Hoffnung, Rußlands Rückständigkeit gegenüber Westeuropa in kürzester Zeit aufzuholen. Dazu mußte so schnell wie möglich ein Überblick über die vorhandenen Naturreichtümer der eroberten Gebiete und die angegliederten Völkerschaften hergestellt werden, um Reserven zu erschließen und das brachliegende Kapital zu entdecken.
So beauftragt die Zarin 1767 die Petersburger Akademie, wissenschaftliche Forschungsreisen, „besondere Expeditionen", zu veranstalten, von denen sie sich mehr Vorteile verspricht als nur den reinen Erkenntnisgewinn. 10 000 Rubel stiftet sie, um die Vorbereitungen zu forcieren. Zwar lehren und wirken an der 1724 gegründeten Petersburger Akademie so namhafte Wissenschaftler wie die Mathematiker Leonhard Euler, Nicolaus und Daniel Bernoulli, der Historiker Gerhard Friedrich Müller, die Astronomen Louis und Joseph Nicolas Delisle, der Naturforscher Caspar Friedrich Wolff und dreißig Jahre lang der berühmte und vielseitig tätige Lomonossow, doch muß Ausschau gehalten werden nach jüngeren Gelehrten, die den Strapazen der über Jahre ausgedehnten Forschungsreisen standhalten würden. Lomonossow starb 1765 und konnte die Zeit der von ihm immer von neuem angeregten großen akademischen Expeditionen nicht mehr erleben. Aber er hatte sich um die Förderung des naturwissenschaftlichen Nachwuchses an der 1755 gegründeten Moskauer Universität und am Gym-

nasium der Petersburger Akademie verdient gemacht. Aus diesen Studenten sollten mit Sujew, Oserezkowski, Sokolow und anderen Expeditionsteilnehmer hervorgehen, die später zu bedeutenden russischen Naturwissenschaftlern zählen. Katharina wendet sich nach Frankreich, Holland und Schweden, um erfahrene Wissenschaftler für die Leitung der geplanten Forschungsvorhaben zu gewinnen. Aus Deutschland wird ihr Peter Simon Pallas empfohlen. Der in den Niederlanden promovierte Mediziner und auf Reisen durch England und Holland geschulte Zoologe hatte sich durch seine Veröffentlichungen bereits einen Namen als Naturforscher in der gelehrten Welt erworben. Pallas, gerade in Deutschland auf der Suche nach einer festen Anstellung, folgt 1767 nur zu gern der Einladung nach Petersburg. Er ist beeindruckt von der Größe der Aufgabe. Die Verlokkung der Reise, die Erfüllung seiner Träume, läßt alle väterlichen Ermahnungen, als praktischer Arzt irgendwo in einem kleinen deutschen Fürstenstaat seßhaft zu werden, vergessen.

Peter Simon Pallas wurde am 22. September 1741 in Berlin als Sohn des Professors und ersten Wundarztes an der Charité Simon Pallas geboren. Hauslehrer unterrichteten den begabten Knaben in der französischen, lateinischen und englischen Sprache. Pallas war erst dreizehn Jahre alt, als der Vater dem naturwissenschaftlich interessierten Sohn erlaubt, Medizinvorlesungen am Collegium medico-chirurgicum der Charité zu besuchen. Während des vierjährigen Medizinstudiums bildete sich Pallas auf seinem Lieblingsgebiet, der Zoologie, autodidaktisch weiter, entwarf eigene Klassifikationssysteme der Vögel und experimentierte unter anderem an Raupen, um den Prozeß der Metamorphose näher zu untersuchen. Nach dem Studium der Mathematik und Physik in Halle und Göttingen verteidigte der Neunzehnjährige in Leiden seine Inauguraldissertation *De infestis viventibus intra viventia* über die Eingeweidewürmer – eine bahnbrechende Arbeit auf dem Gebiet der Parasitologie. Seine These, daß die Eingeweidewürmer nicht aus verdorbenen Säften entstehen, wie damals und auch noch fast einhundert Jahre später vermutet wurde, sondern aus Eiern, die der Wirt des Parasiten mit der Nahrung aufnimmt, war zu jener Zeit ebenso kühn wie seine Kritik an der bis dahin gültigen Linnéschen Klassifikation der Würmer. Linné hatte die Wirbellosen in Systeme gezwängt, die den natürlichen Verhältnissen entgegenstanden. Wenn Pallas in diesem Zusammenhang bemerkt: „Die Natur bindet sich nicht an gekünstelte Schulsysteme und Speciesdiagnosen. Sie will beobachtet, nicht eingeschränkt sein", dann ist diese Aussage gleichsam das Motto für seine gesamte Arbeitsmethodik.

Nach der Promotion begab sich Pallas für mehrere Jahre nach Holland und England. Statt aber die dortigen Hospitäler zu besichtigen, besuchte er die reichhaltigen Naturalienkabinette und unternahm mehrere Reisen an die englische Seeküste, um Fossilien zu sammeln. Die in Holland entstandenen zoologischen Abhandlungen, *Elenchus zoophytorum* (1766), *Miscellanea zoologica* (1766) und *Spicilegia zoologica* (1767) machten ihn unter den europäischen Naturforschern weithin bekannt. Es gelingt ihm jedoch weder in Holland noch in England, eine Anstellung als Naturwissenschaftler zu finden. Als sich auch die Pläne einer Reise nach Indien zerschlagen, muß Pallas auf Drängen seines Vaters nach Deutschland zurückkehren. Der unerwartete Ruf in die russische Hauptstadt gibt seinen Zukunftsplänen, als Naturwissenschaftler und Zoologe wirken zu können, weiten Spielraum.

1767 tritt Pallas als Adjunkt, kurz darauf als Professor für Naturgeschichte die Stelle an der Petersburger Akademie an. Noch im selben Jahr heiratet er. Die wenige Zeit, die bis zum geplanten Reisebeginn 1768 verbleibt, nutzt er, um die russische Sprache zu erlernen und das an der Petersburger Akademie vorliegende Material früherer Rußlandreisender zu sichten und zu ordnen. Er macht sich mit der „Instruktion" zu den bevorstehenden Expeditionen vertraut und überarbeitet sie, wo es ihm nötig erscheint.

Die Aufgaben der „physikalischen" Reisen sind in der „Instruktion" festgelegt. „Die Hauptabsicht" ist „zweyfach": zum „Nutzen des Reichs" und zur „Verbesserung der Wissenschaften". Als „Gegenstände ihrer Untersuchungen" werden vorgeschrieben: „1) die Natur des Erdreiches und der Gewässer, 2) die mögliche Anbauung wüster Gegenden, 3) der wirkliche Ackerbau, 4) Krankheiten, Viehseuchen, dienlich befundene Arzneymittel, 5) Viehzucht, besonders der Schafe, Bienenzucht, Seidenbau, 6) Fisch- und Wildfang, 7) Mineralien und mineralische Wasser, 8) allerley Gewerke, 9) Entdeckung nützlicher Pflanzen." Ferner sollen die Expeditionsteilnehmer zur „Verbesserung der Erdbeschreibung" beitragen, „Nachrichten von den verschiedenen Sitten und Gebräuchen, Sprachen, Traditionen und Althertümern" sammeln und „merkwürdige Naturalien theils beschreiben, auch wohl abzeichnen lassen, theils gehörig zubereitet an das akademische Naturaliencabinet abschicken".

Nach mühevoller Vorarbeit, die in den Händen des zum führenden Kopf gewählten Pallas liegt, stehen die Leiter der einzelnen Expeditionen und ihre Marschrouten fest. „Die Reisenden sollen sich weder unnöthig aufhalten, noch an Merkwürdigkeiten vorbey eilen. ... Zur Bereisung der einem jeden angewiesenen Gegend wählen sie nach Gutbefinden Um- und Nebenwege, ohne sich aber einander gar zu nahe zu kommen." Den südlichen Gegenden wird gegenüber den nördlichen der Vorzug gegeben. Hauptsächlich sind es die Astrachanischen, Orenburgischen und Kasanischen Gouvernements und die Gebiete auf beiden Seiten der Wolga, auf die sich die Beschreibung konzentrieren soll. Der russische Naturforscher und Mediziner Iwan Iwanowitsch Lepjochin und der schwedische Naturforscher und Professor der Medizin Johann Peter Falk – ein Schüler Linnés – werden mit der Führung zweier Orenburgischer Expeditionen beauftragt. Dem aus Tübingen stammenden, erst dreiundzwanzigjährigen Samuel Gottlieb Gmelin – einem Neffen des berühmten Botanikers und Sibirienreisenden Johann Georg Gmelin – wird die erste Abteilung der Astrachanischen Expedition anvertraut. Für die Leitung der zweiten Astrachanischen Expedition konnte der Mediziner Johann Anton Güldenstädt aus Riga geworben werden. Pallas übernimmt die erste Orenburgische Expedition, die Koordination der Reisen unterwegs und die weitere Route nach Sibirien.

Es ist nicht unbedingt Neuland, wohin sich die Akademiker begeben werden. Fünfzig Jahre vor ihnen hatte Peter der Große schon einmal Naturforscher, Geographen und Astronomen ausgeschickt, das Reich bis Kamtschatka zu vermessen, den Verlauf der vereisten Küsten nördlich des Polarkreises zu kartieren und die sibirischen Landstriche zu erkunden. 1745 wurde der erste gesamtrussische topographische Atlas herausgegeben. Der Danziger Arzt Daniel Gottlieb Messerschmidt, der Botaniker Johann Georg Gmelin und der ebenfalls in Deutschland gebürtige Arzt und Naturforscher Georg Wilhelm Steller waren die eigentlichen Pioniere, die den Boden für weitere wissenschaftliche Expeditionen bereiteten. „Aber vieles von den Früchten der Gmelinschen und der Stellerschen Reise war verlorengegangen", auch Messerschmidts Tagebücher waren nicht im Druck erschienen, bedauert Pallas. Messerschmidt hatte im Alleingang und ohne ausreichende Mittel im Auftrag des Zaren Peter I. sieben Jahre lang (1720–1727) Rußland bis zur mongolischen Grenze durchwandert. Die Fülle an wissenschaftlichen Entdeckungen der Flora und Fauna und des Lebens der Völker Nordasiens, die Messerschmidt schließlich trotz größter Schwierigkeiten mit nach Petersburg brachte, wußte dort nach Peters I. Tod niemand zu schätzen. 1782 gab Pallas zum ersten Male Auszüge aus den Tagebüchern Messerschmidts heraus. Vollständig wurden sie erst von Eduard Winter 1962 bis 1977 (Berlin, Akademieverlag) veröffentlicht.

Wenige Jahre nach Messerschmidts Rückkehr rüstete die Petersburger Akademie 1733 zu der elf Jahre währenden „Großen Nordischen" oder „Zweiten Beringexpedition", um den Verlauf der Ostküste zu erforschen. Drei Jahre hatten die Mitglieder der ersten Beringexpedition benötigt, um Rußland auf dem Landweg zu durchqueren, ohne irgend etwas über Sibirien kundzutun. Denn nicht Sibirien, sondern einer möglichen Landverbindung zum amerikanischen Kontinent galt das Interesse des Zaren. Von der zweiten Expedition erhoffte sich die Akademie nun Erkenntnisse über die Wasserstraßen zwischen Rußland und Amerika, über die Bodenschätze und die Besiedlung Nordasiens sowie umfangreiches neues Kartenmaterial. Unter den 600 (!) Teilnehmern befanden sich neben Johann Georg Gmelin und Georg Wilhelm Steller auch der Historiker Gerhard Friedrich Müller, der in seinen *Sammlungen russischer Geschichte* hervorragende Studien über die politischen und wirtschaftlichen Verhältnisse Sibiriens veröffentlichte und später in ethnographischen Fragen Pallas mit Rat und

Tat zur Seite stand, sowie der russische Student Stepan Petrowitsch Krascheninnikow, der sich mit der 1755 erschienenen *Beschreibung des Landes Kamtschatka* um die Erforschung der Tier- und Pflanzenwelt jener Halbinsel verdient machte. Linné schrieb ihm 1750, daß „im Russischen Reich in 10 Jahren mehr unbekannte Gewächse gefunden worden seien als in einem halben Jahrhundert auf der ganzen Welt". Pallas nutzt zur Vorbereitung nicht nur Johann Georg Gmelins *Reise durch Sibirien*, sondern auch die Manuskripte des während der Expedition verstorbenen Steller. 1793 gibt er *G. W. Stellers Reise von Kamtschatka nach Amerika* heraus. Wie sehr Pallas auch das Werk des russischen Reisenden Pjotr Iwanowitsch Rytschkow schätzte, der von 1734 bis 1737 an der Orenburgischen Expedition teilgenommen hatte, zeigen Pallas' Bemühungen, die 1755 in russischer Sprache erschienene *Orenburgische Topographie* zu übersetzen.
Ausgestattet mit all diesen Erfahrungen, den Werken und nichtveröffentlichten Manuskripten, treten im Sommer 1768 die akademischen Expeditionen ihre physikalischen Reisen an. In Kutschen, bepackt mit Büchern, Atlanten und Stapeln unbeschriebenen Papiers, mit Kisten voll Proviant, Waffen und Geschenken, mit Meßgeräten und Werkzeugen, brechen die Teilnehmer auf zur systematischen Erschließung der neueroberten Gebiete im Süden Rußlands und des „ungeheuren, unbekannten und ganz wilden Landstrichs" – Sibirien. Den Expeditionsmitgliedern ist für die Dauer des Unternehmens ein doppeltes Gehalt bewilligt. Alle offiziellen Stellen, Gouverneure und militärische Befehlshaber, werden in einem besonderen kaiserlichen Ukas angewiesen, den Reisenden jede Unterstützung angedeihen zu lassen. Dazu gehören die freie Beförderung entlang der Poststationen, zügiger Pferdewechsel und kostenlose Übernachtung. Anders als bei den zu Zeiten Peters I. durchgeführten Expeditionen werden nicht kriegerisch ausgerüstete „Heere" ins Land geschickt, wie 1716 die 6000 Mann umfassende Expedition nach Chiwa und Buchara oder die 3000 Mann starke Expedition 1714 nach Südwestsibirien. Die Zahl der Teilnehmer der akademischen Expeditionen ist gering. Nur drei bis vier Studenten sowie ein Zeichner, ein Jäger und ein Ausstopfer werden jeder Abteilung zugeordnet.

Lepjochins Abteilung ist die erste, die Petersburg verläßt. Sie bereist zunächst das Uralgebiet, wendet sich dann aber weiter nördlich den noch unbekannten Regionen am Weißen Meer und Polarmeer zu. Der russische Student Nikolai Jakowlewitsch Oserezkowski, der Lepjochin zur Seite steht, trennt sich 1771 von diesem und steuert per Schiff die Kolahalbinsel im hohen Norden Rußlands an.

Falk konzentriert sich anfangs auf die Klimaverhältnisse im Ural, erforscht die Tiefebenen Westsibiriens, wird aber schon in Tomsk durch eine Erkrankung zur Umkehr gezwungen. 1774 begeht er in Sibirien vor Erschöpfung Selbstmord. Sein Begleiter, der Chemiker Johann Gottlieb Georgi, setzt die Reise in die östlichen Gebiete fort und wird von Pallas an den Baikalsee entsandt. Georgi fertigt die erste Karte von jenen Gegenden an, sammelt Mineralien und Bodenproben und erforscht Flora, Fauna und Klima Transbaikaliens. Seine Beobachtungen legt er in den *Bemerkungen einer Reise im Russischen Reich in den Jahren 1772 bis 1774* nieder und ordnet die Manuskripte, die Falk nach Petersburg geschickt hatte, zu dem 1785 bis 1786 erscheinenden dreibändigen Werk *Beiträge zur topographischen Kenntnis des Russischen Reichs.*

Güldenstädt reist über Moskau, Zarizyn und Astrachan in den Kaukasus und nach Georgien, das erst 1802 russische Provinz wird. Er weiß sich durch medizinische Dienste bei dem georgischen Fürsten Heraklius Vertrauen zu erwerben, nimmt sogar an einem Feldzug teil und nutzt dabei jede Gelegenheit, die Fauna und Flora der kaukasischen Bergwelt und die Völkerschaften Georgiens und Ossetiens zu erforschen, während er seine mitreisenden Studenten anhält, die dortigen Sprachen zu erlernen.

Weniger glücklich ergeht es Gmelin, der wie Güldenstädt in die umkämpften Grenzgebiete im Süden Rußlands vordringen soll. Schon zu Beginn seiner persischen Reise wird er als russischer Kundschafter verdächtigt und überwacht und auf der Rückreise von Enzeli nach Baku vom Khan der Chaitaken gefangengenommen, um ein hohes Lösegeld zu erpressen. Doch noch ehe das Lösegeld aus Petersburg eintrifft, stirbt Gmelin – neunundzwanzigjährig – im Gefängnis von Achmetkent (Simferopol). Güldenstädt und Pallas sorgen später dafür, daß Gmelins hervorragenden topogra-

phischen Mitteilungen, seine Entdeckungen aus der Tier- und Pflanzenwelt gänzlich unbekannter Landstriche in der vierbändigen *Reise durch Rußland zur Untersuchung der drei Naturreiche* (1771–1785) für die Nachwelt bewahrt werden.
Pallas verläßt am 21. Juni 1768 Sankt Petersburg, begleitet von seiner Frau, einem Zeichner, einem Schützen, einem Präparator und den Studenten Wassili Fjodorowitsch Sujew, Nikita Petrowitsch Sokolow und Nikolai Petrowitsch Rytschkow, einem Sohn des berühmten Rußlandreisenden Pjotr Iwanowitsch Rytschkow. Über Moskau, Murom, Arsamas und Simbirsk führt Pallas' Weg in den Ural, den gemeinsamen Schwerpunkt der Orenburgischen Expeditionen. Länger als ein Jahr besichtigt er Erzgruben, Salz- und Goldbergwerke, Schwefel-, Eisen- und Kupferhütten, beschreibt bis ins kleinste Detail den Stand der Technik und sucht die Ursachen der mangelnden Produktivität zu ergründen. Aus der praktischen Sicht des Naturwissenschaftlers unterbreitet er Vorschläge für technische Neuerungen und unterstreicht „die Vorteile, welche einem Staat durch Fabriken und Manufakturen zuwachsen müssen", wenn diese auf bürgerlich-kapitalistischen, nichtfeudalen Produktionsverhältnissen beruhen. Den Hauptgrund der schleppenden industriellen Entwicklung sieht er in der historisch überholten Leibeigenschaft und in den der Leibeigenschaft ähnlichen Abhängigkeitszwängen in Sibirien. „Arbeiter, teils Mietlinge und Verlaufene, teils Bauern ... die auf das Kopfgeld zu arbeiten angewiesen sind", die „Mietlinge, die auf Pässe angenommen werden und ... welche sich nicht selten mit dem empfangenen Handgelde wieder aus dem Staube machen" oder nur „3–6 Kopeken Tagelohn" erhalten, können für das Werk nicht „so vorteilhaft sein, wie es eine hinlängliche Anzahl beständiger, guter Arbeiter wäre." Eine ansteigende Produktion kann nach der Meinung Pallas' nur auf freier Lohnarbeit beruhen. Er wird nicht müde, auf die notwendige staatliche Förderung nützlicher Handwerke zu verweisen, die dem Tüchtigen Aufstiegschancen garantieren, Handel und Gewerbe beleben und die Anzahl der Arbeitskräfte und Käufer mehren. Niemals rechtfertigt er die Leibeigenschaft. Oftmals schildert er auf beklemmende Weise die grausige Zurschaustellung des Elends in den Bergarbeiterhütten und empört sich über die „aufs un-

verantwortlichste" handelnden „Edelleute" und die russische Obrigkeit. Pallas reißt damit Widersprüche auf, die mit seinem kaiserlichen Reiseauftrag nicht mehr zu vereinbaren sind. Später wird er sich im Teil III seiner Reisebeschreibung dafür entschuldigen müssen, daß er der „Wahrheitsliebe" wegen „vielleicht zu meinem Nachteil oft mit zu viel Freimütigkeit" geschrieben und geurteilt habe.
Vom Ural aus unternimmt Pallas Reisen zu den Morduanen und Tschuwaschen, den Kasachen, Baschkiren und nomadisierenden Kalmücken der Wolgasteppen, gerät nicht selten mitten in die Unruheherde im Süden Rußlands, wo das Zarenjoch besonders drückend auf den Völkern lastet. Ein Jahr nach Pallas' Reise zu den Kalmücken wanderten Tausende dieses Volksstammes aus Unzufriedenheit mit der zaristischen Regierung nach China aus. Pallas berichtet begeistert von den Kalmücken, ist angetan von der Gastfreundlichkeit und ungezwungenen Lebensart dieses Volkes, von den „vielen runden angenehmen Gesichtern", „die selbst in einer europäischen Stadt Anbeter finden würden", und lobt die kalmückischen Gesetzbücher, „welche diejenigen von den Europäischen Nationen, die sich für die gesittetsten halten und die freien asiatischen Völker mit einem affektierten Ekel Barbaren nennen, zu beschämen im Stande sind".
Pallas befragt während seiner Fußmärsche und Ausritte die Bauern auf den Äckern, die Fischer beim Fang, die Frauen beim Kochen oder Stoffärben. Er sieht die Leute „vom niederen Stande" „von einer Seite, die gemeiniglich das Auge der Befehlshaber nicht an sich zieht". Nichts ist Pallas unwichtig, nicht die Art ihres Sichkleidens, ihre „gewöhnlichen Künste" und Handwerke, Tänze, Gesänge oder religiösen Rituale. Gelegentlich bittet er den ethnographisch erfahrenen Gerhard Friedrich Müller in Moskau, die nationalen Sittenbilder auf ihre „sachliche Richtigkeit" noch einmal zu überprüfen, damit sich auch nicht der geringste Flüchtigkeitsfehler „einschleichen" möge. Angefüllt sind seine Tage von Sonnenaufgang bis Sonnenuntergang mit Wanderungen, Sammeln von Pflanzen und Gesteinsproben, mit der Jagd und dem Sezieren der erlegten Tiere. In den Abendstunden und Winterquartieren schreibt er die geforderten Berichte an die Petersburger Akademie, Briefe an

Freunde und Fachkundige im In- und Ausland und verfaßt die über 2000 Seiten seiner Reisebeschreibung „so wie er sie aufgezeichnet findet", die er der Akademie zu unverzüglichem Druck übersendet. Nie war ein Forscher so systematisch an die Auswertung einer Expedition herangegangen. Die Arbeitsintensität übersteigt das normale Maß an Kraft und Gesundheit. Noch vor der Reise in das Innere Sibiriens muß Nikolai Rytschkow „wegen schwächlicher Leibesbeschaffenheit" die Expedition verlassen. Pallas weiß, was er seinen mitreisenden Studenten und Gehilfen zumuten kann. Täglich widmet er einige Stunden deren naturwissenschaftlicher Ausbildung, ermutigt sie zu eigenen Forschungen und schickt die Studenten Sokolow und Sujew zu selbständigen Erkundungsreisen an den Ob, das Eismeer und entlang des Jenissej. Wenn das Risiko zu groß wird, wie bei Sokolows Vorstoß in das Sajanische Gebirge, zieht er den Forschungsauftrag zurück. Die Sicherheit seiner Begleiter will er nicht aufs Spiel setzen. Deren Exkursionsberichte druckte Pallas unverändert und unter Nennung des jeweiligen Namens in der „Reise" ab. Nicht jeder Expeditionsleiter übertrug seinen Studenten dieses Maß an Verantwortung und Eigenständigkeit.
Drei Jahre nach Reiseantritt beginnt für Pallas der interessanteste Abschnitt: Sibirien, der Aufbruch in das Land unberührter Natur, urwüchsiger Wälder, reißender Flußläufe, unerforschter Einöden und dem am Horizont ansteigenden wildzerklüfteten Gebirge. Doch „kaltsinnig" ist die Aufnahme durch die zaristischen Behörden in Omsk. Pallas bleibt zeit seines Sibirienaufenthaltes „abhängig von der Willkür der in den Festungen befehlenden Offiziere", die ihn nicht selten zwingen, die Reiseroute zu ändern, das Reisetempo zu verringern und ihm oftmals die dringend benötigten Gebietskarten verweigern. Immer beschwerlicher wird das Vorwärtskommen. Von Omsk führt der Weg über „mit Bäumen gebrückte Moräste" und Flüsse mit „Brücken von schwimmenden Balken". Erschöpfte und schlechte, auch wildlebende Pferde oder Kamele, mit denen Pallas vorliebnehmen muß, können den Treck nicht durch die Felsschluchten und über die Grate ziehen, bleiben in den Sümpfen stecken oder erfrieren in meterhohem Schnee. Wenn die Schneeschmelze beginnt, treten die

Flüsse über die Ufer, und die Wege werden unpassierbar. Zeit ist kostbar. Im März 1772 setzt Pallas über den zugefrorenen Baikalsee und begibt sich nach Kjachta und Maimatschin an die mongolische Grenze (seit 1661 war die Mongolei eine Kolonie Chinas). Fast der gesamte russisch-chinesische Handel wurde über diese beiden Grenzstädtchen betrieben.

Im 17. Jahrhundert lag das Hauptinteresse Europas an Rußland als Durchgangsland für den Handel mit China. China war darüber hinaus einer der besten Absatzmärkte für russische Waren, vor allem für Pelze, die aus der Taiga und Kamtschatka über jahrelangen Transport auf Landwegen nach Kjachta gebracht wurden. Doch die chinesische Regierung hatte die Warenein- und -ausfuhr so scharf reglementiert, daß sich für Rußland kaum Handelsvorteile ergaben. Billig erwarben die Chinesen von den Russen kostbare Robbenfelle, Zobelpfoten und Wolfsrücken, tauschten diese gegen Porzellan, Tee, Arzneien, aber auch gegen allerlei Tand. Die chinesischen Behörden förderten gebildete Kaufleute, verlangten von ihnen, die russische Sprache zu beherrschen, während sie zu verhindern wußten, daß ihre Sprache von Russen erlernt wurde. Rußland versuchte, das chinesische Handelsmonopol mit Rhabarber, der weltweit für medizinische Zwecke Verwendung fand, zu brechen und verhängte ein Einfuhrverbot. Nicht ohne Grund hatte Katharina II. Pallas beauftragt, nach Anbaumöglichkeiten verschiedener Rhabarberarten zu forschen.

So bereist der Gelehrte das Land Daurien, prüft Möglichkeiten zum Anbau von Rhabarber und Getreide, botanisiert und beobachtet, sammelt und zeichnet. Je weiter er nach Sibirien vordringt, desto größer wird die Zahl der Pflanzen, die sich mit Linnéschen Handbüchern nicht mehr bestimmen lassen und die auch frühere Forschungsreisende noch nicht beschrieben hatten. Pallas wird sich die Klassifizierung der herbarisierten Pflanzen für eine spätere Auswertung vorbehalten. Auch die zoologischen Entdeckungen, seine bevorzugten „privaten" Forschungen, weil nur ein „Randthema" der „Instruktion", hält er für umfangreichere Werke zurück, die *Zoographia Rosso-Asiatica* und die *Flora Rossica*, die einst seinen Weltruf begründen werden. Allein sechzig Burjäten schickt Pallas zur Jagd auf sibirische

Schafe (Argalis) aus. Er beschreibt die Zobeljagd mit Fallbalken, wie sie auf dem Titelbild des vorliegenden Bandes dargestellt und auch noch heute ähnlich gebräuchlich ist, studiert den jährlichen Vogelzug in Transbaikalien, das Verhalten der Baikalrobben und andere zoologische „Merkwürdigkeiten", die, wenn sie auch noch keine gültige Erklärung finden, „für die Naturgeschichte nicht ohne Nutzen sind". Als Experimentator hat er häufig einen ganzen Tiergarten um sich, verfolgt die Entwicklung von Flughörnchen in mitgeführten Nestern, schläfert Ziesel und Igel auch des Sommers ein, um hinter die Geheimnisse des Winterschlafs und der Wärmeregulation zu gelangen.
Auf der Rückreise aus Sibirien erhält Pallas 1772 von der Zarin den Auftrag, sich in diplomatischer Mission nach China zu begeben. Doch er lehnt ab. Er sei Naturwissenschaftler, nicht aber Diplomat. Über Tomsk, Tara, Tscheljabinsk und Saranul wählt Pallas den kürzesten Weg in Richtung Petersburg. In Kasan gerät er mitten in das Kampfgebiet rebellierender Bauern und Kosaken. Katharina erläßt Befehl zur eiligen „Zurückberufung" aller „in Geschäften reisenden Mitglieder".
1773 war am Jaik (dem heutigen Uralfluß) unter Führung des Kosaken Jemeljan Pugatschow der in der Geschichte Rußlands größte Bauernaufstand ausgebrochen, ein Aufbegehren des von den adligen Gutsbesitzern gepeinigten Landvolkes gegen das Joch der Leibeigenschaft und der in den Bergwerken schonungslos ausgebeuteten Arbeiter gegen ihre Fabrikherren. Baschkiren, Tschuwaschen, Kasachen und andere Völkerschaften hatten sich Pugatschow angeschlossen, der in Dekreten die Abschaffung der Adelsprivilegien, Freiheit von der Leibeigenschaft und gleiches Recht für alle auf Landbesitz, Weidennutzung, Jagd und Fischerei verkündete.
Als Pallas seine Expeditionsreise begann, hoffte auch er, daß die von Katharina II. 1767 einberufene Gesetzeskommission eine neue Rechtsgrundlage zur Beseitigung der schlimmsten sozialen Mißstände im Lande ausarbeiten werde. Jedoch war das „neue Gesetzbuch" nie zustande gekommen. Statt dessen hatte sich die Knechtschaft in ganz Rußland drastisch verschärft und die Leibeigenschaft auf die neueroberten Gebiete ausgeweitet. Nun formieren sich

die Verzweifelten zu Heeren, brennen Gutshöfe nieder, besetzen den südlichen Ural und die fruchtbaren Wolgasteppen, dringen bis nach Ufa, Zarizyn, Orenburg und Kasan vor. 1775 wird nach erbitterten Kämpfen der Aufstand durch ein großes zaristisches Militäraufgebot blutig niedergeschlagen. Pallas weiß um die sozialen und nationalen Spannungen, aber nur wenige erkennen zur damaligen Zeit die wirklichen Ursachen, die zum Ausbruch des Bauernkrieges führten. Pallas schildert die fremden Völker als fleißig, redlich und gastfreundlich und lobt deren „demokratische Selbstverwaltung" und „treue ungezwungene Lebensart". Ihm ist bewußt, daß die russische Obrigkeit durch die Zwangsmaßnahmen der Leibeigenschaft, Steuerpolitik und Rekrutenaushebung Unzufriedenheit und Aufruhr heraufbeschwört und „daß der Kriegsgott kein Freund der Musen ist". Am 12. Juni 1774 schreibt er aus Astrachan an Müller, daß er „beinahe von umherstreifenden Kosaken erschossen" worden wäre. Euler teilt er mit, daß der Akademiker Georg Moritz Lowitz von den Aufständischen an der Wolga erhängt worden sei. Weit südlich umgeht Pallas das Kriegsgebiet. Am 30. Juli 1774 trifft er mit „entkräftetem Körper und schon im dreiunddreißigsten Jahr grauenden Haaren" in Petersburg ein.
Pallas könnte nach Deutschland zurückkehren, aber er befürchtet die Qual der Tatenlosigkeit. „Denn in meinem eigentlichen Vaterland müßig zu leben, dazu bin ich durch meine bisherige Lebensart schon zu geschäftig geworden", äußert er Müller gegenüber. Jahre öffentlichen Wirkens in Petersburg schließen sich an, in denen der Professor für Naturgeschichte an der Akademie Vorlesungen hält und eine rege publizistische Tätigkeit entfaltet. Er arbeitet gleichzeitig an mehreren Journalen, veröffentlicht Hunderte von Artikeln zu speziellen Fragen der Topographie, Ethnographie, Zoologie und Botanik und gibt neben eigenen Schriften auch die Werke anderer Reisender heraus. Er ist Mitglied der Petersburger Freien Ökonomischen Gesellschaft, der Königlichen Gesellschaft London und anderer gelehrter Gesellschaften des In- und Auslandes. Vieles – wie seine berühmte *Flora Rossica* (1784–1788), deren erste Bände bereits in ganz Europa Begeisterung erwecken, „weil sie mit zu den Ersten von dieser Art gezählt werden" können

(Friebe 1796) – bleibt unvollendet. Im Britischen Museum London werden noch heute die für die *Flora Rossica* vorgesehenen 600 Bildtafeln aufbewahrt.
Häufig nutzt Pallas sein wissenschaftliches Ansehen, gegen engstirnige Entscheidungen der Petersburger Akademischen Kanzlei Einspruch zu erheben, wie zum Beispiel gegen die Entlassung Sujews, der, weil er Lehrbücher für den Volksunterricht verfaßt hatte, aus den Reihen der Akademiemitglieder ausgeschlossen werden sollte. Pallas ist gegen „bloß für Gelehrte bestimmte" lateinische Werkausgaben, die nicht in die „Buchläden gelangen" und „daher den mehrsten Lesern nie zu Gesicht kommen". Den Wert seiner in die russische Sprache übersetzten *Reise* sieht er darin, „es jedermann zu wissen tun, und indem man ihre Heimat anzeigt, ihren Gebrauch allgemein machen". Mehr noch. Pallas ruft das Landvolk auf, ihm Nachrichten über den „Nutzen der uns dienenden Gewächse sowohl in der Haushaltung als auch bei den Künsten und Handwerken" einzusenden, ihn somit zu ergänzen oder zu berichtigen.
Der Reisende und Gelehrte Pallas paßt nicht in die Stadt Petersburg, in der er zwar Gleichgesinnte und Freunde findet, in der aber der Hof die Atmosphäre bestimmt, Adelsränge, Geld und Macht für eine Karriere entscheidend sind. Hinter der grellen Fassade verschwenderischen Reichtums kennt er das andere Rußland. Nur widerwillig nimmt er den Auftrag der Zarin an, die während seiner Reise gesammelten Sprachproben für ein „besonderes Erholungsgeschäfte" der „Musen-Freundin" zu einem „Sprachvergleichenden Wörterbuch" (*Linguarum totius orbis vocabularia comparativa,* 1787 und 1789), dessen wissenschaftlicher Wert ihm außerdem zweifelhaft schien, zusammenzustellen. Vergeblich versucht Pallas 1776, Geld und Unterstützung zu neuen Expeditionen zu bekommen. Seine Vorschläge werden zurückgewiesen. Erst 1787 gelingt es, eine Expedition zur pazifischen Küste zu entsenden. Joseph Billings Forschungsschiff trug den Namen „Pallas". Denn nach Cooks dritter Weltumseglung (1779–1780) hatte ein Ansturm englischer Seefahrer auf die robbenreichen Gebiete um Kamtschatka eingesetzt, der Rußland zwang, seine Besitztümer zu sichern.
Katharina verfolgt Pallas' Reisepläne zu den Völkerschaften

im Süden Rußlands, die sie als Vergeltung des Pugatschowaufstandes als Rebellen und Meuterer grausam niedermetzeln ließ, mit Argwohn. Schon die Bezeichnung Jaik mußte aus dem Wortschatz gestrichen werden. 1793 unternimmt Pallas auf eigene Kosten eine Reise zur Erforschung Tauriens, des Kaukasus und der Halbinsel Krim. Die Ergebnisse legt er in dem Werk *Reise durch die südlichen Statthalterschaften* (1799–1801) nieder. Auf wiederholte Gesuche erhält der um die russische Wissenschaft so verdienstvolle und international berühmte Gelehrte endlich 1795 von der Zarin, die mit leichter Hand an ihre hoffärtigen Günstlinge große Ländereien mit Abertausenden Leibeigenen verschleuderte, ein Haus in Simferopol, zwei kleine Dörfer und Weinberge bei Sudak. Dorthin zieht er sich nach den Jahren rastloser Lehr- und Wissenschaftstätigkeit mit seiner zweiten Frau und seiner Tochter aus erster Ehe zurück. Auf seinem Landsitz arbeitet Pallas an der Auswertung des auf der Sibirienreise zusammengetragenen Materials für sein großangelegtes Werk *Zoographia Rosso-Asiatica*, das jedoch erst 1831 im Druck erscheint.
Vor allem drängt es Pallas nach praktischem Tätigsein. Als „freier Unternehmer" befaßt er sich mit der Verbesserung des Weinanbaus, gründet von den 10000 Rubeln, die er von der Zarin zu Investitionszwecken bekam, eine Weinbau- und eine Gartenbauschule und beschäftigt sich mit der Seidenraupenzucht und der Zucht neuer Viehrassen. 1810 verläßt Pallas nach dreiundvierzig Dienstjahren in Rußland die Krim und kehrt nach Berlin zurück, wo er ein Jahr darauf, am 8. September 1811, stirbt. Vieles aus seinem botanischen und zoologischen Nachlaß ging leider verloren, wurde weit verstreut oder geriet – wie auch ein Großteil der seinerzeit dem Petersburger Naturalienkabinett übergebenen Stücke – in nachlässig geführten Museen in Verfall.

Wenn der Name Pallas heute zu einem Begriff geworden ist, dann wird er den Biologen oder Geologen, den Geographen oder Ethnographen gesondert ansprechen. Kaum aber sind wir in der Lage, die Universalität des Gelehrten und Naturforschers ganz zu erfassen und zu würdigen. Die *Reise durch verschiedene Provinzen des Russischen Reichs* ist je-

doch jenes Werk, das uns den „so viel begabten Erforscher des Nördlichen Asiens“, wie ihn Alexander von Humboldt nannte, in all der Vielseitigkeit seiner Spezialdisziplinen vorstellt. Das Werk erschien zunächst in deutscher und französischer Sprache (1771–1776) und 1788 bis 1789 in englisch. 1773 bis 1788 übersetzt es Sujew aus Pallas' „Handgeschriebenem“ in die russische Sprache. Die *Reise* avanciert im 18. und 19. Jahrhundert zum Standardwerk der Naturgeschichte Rußlands.
Der ethnographisch interessierte Leser findet in der *Reise* einen hochinteressanten Einblick in die Sitten und Gebräuche der im 18. Jahrhundert in Rußland ansässigen Völkerschaften. Wertvoll sind diese Beschreibungen von über fünfzehn Nationalitäten, meist schriftloser Völker, vor allem deshalb, weil nur wenige ihre Traditionen bis in die Gegenwart bewahren konnten und Pallas sie gleichsam „konserviert“ hat. Viele der von ihm bezeichneten Altertümer waren schon kurze Zeit später nicht mehr erhalten. Felszeichnungen, auf die er – wie auch Messerschmidt und Gmelin – aufmerksam machte, werden heute auf ein Alter von viertausend Jahren geschätzt. Die vergleichende wissenschaftliche Betrachtungsweise ist es, die Pallas zum Begründer der wissenschaftlichen Völkerkunde werden läßt.
In der *Reise* begegnet uns Pallas auch als Ökonom und Techniker, der jede Maschine, jede Festungsanlage, jedes technische Verfahren bis ins kleinste Detail beschreibt. „Selbst ausfindig gemachte Erzanzeigen“ weisen den kenntnisreichen Geologen aus. Pallas entdeckte Salz- und Steinkohlelagerstätten. In der Nähe von Krasnojarsk gelingt ihm der überaus seltene Fund eines 600 Kilogramm schweren Meteorites, der als Pallas-Meteorit in die Wissenschaftsgeschichte einging. Dieser erbrachte den Beweis, daß Meteorite kosmischen Ursprungs sind. Nicht alle Hypothesen über die Erdentstehung und Gebirgsbildung halten heutigem Wissen stand, jedoch viele seiner Theorien, wie zum Beispiel über den zonaren Aufbau der Gebirge und über die Entstehung des Kaspischen Meeres, die in unserer Zeit eine Renaissance erleben, wurden weiterentwickelt.
Alexander von Humboldt nannte Pallas den „ersten Zoologen seines Zeitalters“. Dank dessen zoologischen Sammlungen konnte sich das Petersburger Naturalienkabinett

rühmen, Kostbarkeiten seltener Tiere zu besitzen, die damals in keinem anderen Museum der Welt zu finden waren, wie zum Beispiel Dshiggetei, Argali, sibirischer Steinbock, Saiga, Dseren oder Flughörnchen. Der Paläontologe Pallas entdeckte auf seiner Reise Reste eines damals unbekannten Großsäugers, das er als Nashorn identifizierte und das später eiszeitliches Wollhaarnashorn benannt wurde. Wie nahe er in der Erklärung der „unbegreiflichen Überbleibsel" der Wahrheit war und seinen Zeitgenossen vorauseilte, sollte sich erst hundert Jahre danach herausstellen, als das Phänomen der Eiszeit Eingang in die Wissenschaft fand.

Auf Pallas' gesammeltem Pflanzen- und Tiermaterial konnten spätere Naturforscher Theorien über Modifikation, Vererbung und Evolution aufbauen. Der bedeutende Zoologe Erwin Stresemann schrieb 1962 über Pallas: „Indem er als Erster die Verbreitung der Organismen in einem riesigen Gebiet der Erde untersuchte, schuf er die Grundlage der wissenschaftlichen Biogeographie. Indem er genau auf die Beziehungen zwischen Vorkommen und Umweltfaktoren achtete, ist er zum Begründer eines mächtigen Wissenszweiges, der Ökologie, geworden. Und indem er zwischen individueller und geographischer Variation unterschied ..., hat er der späteren Evolutionsforschung kräftige Impulse erteilt."

Pallas' Reisebeschreibung hat schon zu Lebzeiten das Interesse der Leser auf sich gezogen wie Niebuhrs Arabienexpedition oder Cooks Weltumsegelungen. Sie ist noch immer eine Fundgrube für die Wissenschaft. Der Gelehrte hat weit mehr auf seiner Expedition in die verschiedenen Provinzen geleistet, als die „Instruktion" vorsah, war offen für alles, was ihm auf seinen Reisen begegnete: „Wenn zur Würde irgendeiner Wissenschaft nur das gerechnet wird", schrieb er, „was der Menschheit zum unmittelbaren und merklichen Nutzen dient, unter Hintansetzung alles dessen, was ergänzt, verfeinert, vollendet, erfreut – welch winziges bißchen Wissen bleibt dann noch übrig! Führen denn nicht die dem gierigen Gaumen angepaßten Wissenschaften allmählich zur Barbarei zurück?"

Pallas gehörte, wie Friebe 1796 schrieb, zu den Akademikern, die „keine Durchflüge durch Rußland machten, die

reisten, um sorgfältig zu untersuchen, und die untersuchten, selbst mit Aufopferung ihrer Kräfte, ihrer Gesundheit und selbst ihres Lebens".
Wir, die wir heute zwar schneller und weiter reisen, können mit Pallas „schrittweise" die „Entdeckung Sibiriens" nachvollziehen und mit ihm „das Vergnügen" teilen, „die Natur in einem ansehnlichen Teil des Weltkreises, wo sie der Mensch noch wenig verderbt hat", kennenzulernen.

Im vorliegenden Band kann nur eine Auswahl aus der 2000 Seiten umfassenden Reisebeschreibung geboten werden. Die Textauswahl konzentriert auf möglichste Vielfalt der Informationen und berücksichtigt Höhepunkte des Expeditionsgeschehens. Weniger Raum als im Original nehmen die Berichte vom Uralgebiet ein. Diese Gegend wurde in Pjotr Rytschkows *Orenburgischer Topographie*, die 1983 in Leipzig und Weimar eine Neuauflage erlebte, ausführlich dargestellt.
Pallas schrieb nicht nur ein klassisches Latein und ein ausgezeichnetes Französisch, er verfügte auch im Deutschen über eine ungewöhnliche Sprachkraft und bevorzugte einen leichten, für das 18. Jahrhundert erstaunlich modernen Stil. Änderungen beschränken sich lediglich auf die orthographische Lesbarkeit, ohne in die Wortwahl oder den Satzbau einzugreifen.

8. September 1986,
zum 175. Todestag von Peter Simon Pallas

Marion Lauch

Anmerkungen

Auslassungen im Text sind mit (...) gekennzeichnet

TEIL 1

S. 8 *Lepechin:* Lepjochin, Iwan Iwanowitsch (1740–1802), Professor für Naturgeschichte an der Petersburger Akademie der Wissenschaften, Forschungsreisen nach Sibirien in den sechziger und siebziger Jahren des 18. Jahrhunderts bis zum Nördlichen Eismeer; Hauptwerk: „Tagebuch der Reise durch verschiedene Provinzen des Russischen Reiches in den Jahren 1768 bis 1769", 3 Bände, Altenburg 1774–1783.

Güldenstedt: Güldenstädt, Johann Anton (1745–1781), Professor für Naturgeschichte an der Petersburger Akademie der Wissenschaften, Forschungsreisen durch den Kaukasus 1768 bis 1773, sein Werk „Reisen durch Rußland und im Caucasischen Gebürge" wurde von P. S. Pallas herausgegeben, in 2 Bänden, St. Petersburg 1787–1791.

Kleinreußen: Kleinrußland, ukrainische Gebiete um den Dnepr mit den Gouvernements Kiew, Poltawa und Tschernigow.

Werst: entspricht etwa 1067 Metern.

S. 9 *pyritös:* feuerstein- bzw. schwefelkieshaltig.

Belemniten, Ammonshörner, Chamiten, Telliniten, Anomiten und Tubuliten: Versteinerung von Kopffüßern (Belemniten, Ammonshörner), Muscheln (Anomiten, Telliniten), Röhrenpolypen (Tubuliten) und Schnecken (Chamiten).

Terebratuln: gehören zu den Armfüßern.

Mytulit: Miesmuschel (Mytilus). Muschel mit ungleichen Schließmuskeleindrücken.

S. 10 *Hafft (Ephemera horaria):* mit Haftwürmern sind die Larven der Eintagsfliege gemeint.

Buffonsche Theorie: Buffon, George-Louis Leclerc (1707 bis 1788), französischer Naturforscher, berühmt durch seine 36bändige „Histoire naturelle générale et particulière", Paris 1749–1788.

S. 11 *Wolodimer:* heute Wladimir.

S. 12 *purgierendes Erdmoos (Lichen islandicus):* Isländische Flechte (Cetraria islandica).

Faden: 1 Faden entspricht etwa 2 Metern.

S. 13 *Papilio hyale:* Gemeiner Heufalter (Colias hyale).

Buprestis octoguttata: Prachtkäferart.

Salix amygdalina: Mandelweide.

Pedicularis sceptrum-carolinum: Moorkönig oder Karlszepter.

Heliciten: versteinerte Landschnecken.

Wojewodenkanzlei: russische Verwaltungseinheit, oberster Beamter ist der Wojewode („Heerführer").

S. 14 *tatarische Beherrscher:* Mongolen und Turkstämme unter Dschingis-Khan eroberten seit dem 13. Jahrhundert weite Ländereien Mittelasiens und Transkaukasiens, fast 200 Jahre befand sich das Kiewer Rußland unter ihrer Herrschaft, Hauptsitz war das Gebiet der unteren Wolga.

Slobode: Sloboda (Vorstadt), im alten Rußland größeres Kirchdorf.

Metsched- oder Metschet: islamisches Gebetshaus, Moschee.

Zoll: in den einzelnen Ländern unterschiedliches Längenmaß, etwa 2 bis 3 Zentimeter.

Khan: Titel mohammedanischer Fürsten in Mittelasien.

S. 15 *Fuß:* europäisches Längenmaß vor Einführung des Metersystems, etwa 0,325 Meter.

Arschin: altes russisches Längenmaß, etwa 0,7 Meter.

S. 16 *Hegira* oder Hedschra: Kalender der Mohammedaner, der mit der Flucht Mohammeds aus Mekka im Jahre 622 n. Chr. beginnt.

S. 18 *Elle:* entspricht etwa 67 Zentimetern.

eisenhafte Vitriolblumen: schwefelsaures Eisenoxyd.

S. 19 *Iris sibirica:* Sibirische Schwertlilie; *Gentiana pneumonanthe:* Lungenenzian; *Hieracio umbellato:* Doldenhabichtskraut; *Lythro virgato:* Blutweiderich; *Osmunda struthiopteris:* Straußenfarn; *Sanguisorba:* Wiesenknopf; *Euphorbia palustris:* Sumpfwolfsmilch.

Solotnik: russisches Gewichtsmaß, entspricht etwa 4,3 Gramm.

Inula dysenterica: Großes Flohkraut.

Corispermum hyssopifolium: Ysopblättrige Wanzensame; *Panicum sanguinale:* Fingerhirse; *Chenopodium serotinum:* Feigenblättriger Gänsefuß.

S. 20 *Löffelreiher (Platalea):* Löffler (Platalea leucorodia).

Inula foetida: Stinkender Alant; *Gnaphalium diocum:* Katzenpfötchen (Antennaria dioica).

S. 21 *Epilobium hirsutum:* Rauhhaariges Weidenröschen; *Bidens cernua:* Nickender Zweizahn; *Oreoselinum:* Haarstrang (Peucedanum).

Cucubalus otites: Ohrlöffelleimkraut; *Dianthus virgineus:* Jungfräuliche Nelke; *Dracocephalum ruyschiana:* Nordischer Drachenkopf; *Centaurea sibirica:* Sibirische Flockenblume.

S. 22 *Agaricus campestris:* Wiesenchampignon; *A. integer:* Brauner Ledertäubling; *A. georgii:* Mairitterling; *A. deliciosus:* Echter Reizker; *A. cinnamomeus:* Zimthautkopf; *A. extinctorius:* Zähstieliger Tintling; *A. fragilis:* Gebuckelter Goldmistpilz; *Boletus viscidus:* Lärchenröhrling; *B. luteus:* Butterpilz; *B. bovinus:* Kuhpilz; *Phallus esculentus:* Frühjahrslorchel.

S. 23 *Orseille:* roter Farbstoff, der aus bestimmten Flechten gewonnen wird.

Clavaria coralloides: Korallenpilz; *Boletus perennis:* Dauerporling; *Agaricus nycthemerus:* Eintags-Tintling; *Tremella juniperina:* Wacholder-Zitterling.

S. 24 *Juftenfabrik:* Lederherstellung.

Pud: russisches Gewichtsmaß, 1 Pud entspricht etwa 16,4 Kilogramm.

S. 25 *Waidfarbe:* Farbstoff des Färberwaids (Isatis tinctoria), der den Farbstoff Indigo bildet.

wilde Röte: oder Färber-Meier (Asperula tinctoria), aus der Familie der Rötegewächse.

Krons-Sawoden: die der zaristischen Regierung gehörenden Fabriken.

S. 26 *Oestrum:* Dasselfliege.

Asarum: Haselwurz; *Bistorten-Wurzel:* Wiesenknöterichwurzel; *Gentiana campestris:* Feldenzian.

Simbirsk: seit 1924 Uljanowsk.

Saransk: jetzt Hauptstadt der Mordwinischen Autonomen Sowjetrepublik, im mittleren Wolgaland gelegen.

S. 28 *Quaß:* Kwaß, gegorener Saft aus Mehl, Zucker, Brot und Malz.

Morduanen: Mordwinen, finnisch-ugrische Stämme an der mittleren Wolga, werden in Ersjaner und Mokschaner unterteilt.

Tschuwaschen: turksprachiges Volk an der mittleren Wolga, gehören seit dem 16. Jahrhundert zu Rußland.

Carduus heterophyllus: Verschiedenblättrige Kohldistel.

Mokschaner: s. Morduanen.

S. 29 *Origanum:* Dost.

Blauholz: tropisches Holz (Haematoxylon campechianum).

S. 31 *Hautelisse-Fabrik:* Weberei zur Herstellung von Tapeten und Gobelins.

S. 32 *ehemalige Bolgarische Nation:* turko-tatarisches Volk, auch finnisch-ugrische Stämme, die seit dem 7. Jahrhundert westlich der Wolga, an der Mündung der Kama, lebten. Sie bildeten im 10. Jahrhundert einen selbständigen Staat mit der Hauptstadt Bolgar (Bulgar). 1236 wurden sie von den Tataren, 1431 von den Russen unterworfen.

S. 35 *Wasserpumpen (Typha palustris):* Rohrkolben.

S. 37 *Sammlungen russischer Geschichte:* G. F. Müller (1705–1783), Historiker und Geograph, gab die „Sammlung Russischer Geschichte“ in 9 Bänden, St. Petersburg 1732–1765, heraus.

S. 39 *Kalün:* kostbares Brautgeschenk.

S. 40 *Rytschkow:* Pjotr Iwanowitsch (1712–1777), Staatsrat, Gelehrter, langjähriger Verwalter des Gouvernements Orenburg, bekannt durch die „Orenburgische Topographie“ (1762; Neuauflage der deutschen Übersetzung Leipzig 1983), nahm an der Orenburgischen Expedition (1734–1737) teil.

Salmo lacustris: Seeforelle.

S. 41 *Mustela lutreola:* Europäischer Nerz (russ. Norka).

Asphaltquell: natürlicher Asphalt entsteht durch Verdunsten flüchtiger Bestandteile aus Erdöl (Erdölsee).

S. 42 *160°:* Temperaturmessung nach Delisle, Louis de la Croyère, Astronom, bereiste im 18. Jahrhundert Sibirien, nahm an der Bering-Expedition teil. 0° Celsius entsprechen 150° nach Delisle und 100° Celsius 0° nach Delisle.

Bergöl: Erdöl.

S. 43 *Bolgari:* Bolgar, Bulgar, Hauptstadt des bulgarischen Staates, wurde im 14. Jahrhundert durch Tamerlan zerstört (s. Bolgarische Nation, Teil 1, S. 86), unter Peter I. wiederentdeckte Ruinen, in der Nähe von Kuibyschew.

Peter der Große und dessen Große Nachfolgerin: gemeint ist Katharina II., Zarin 1762 bis 1796.

S. 49 *Baty-Khan:* Enkel Dschingis-Khans, Begründer der Goldenen Horde (1208–1255).

S. 50 *kufische Schrift:* eine der ältesten Formen der arabischen Schrift.

Strahlenberg: Johann Philipp Tabbert von (1676–1747), geriet als schwedischer Offizier in russische Gefangenschaft, beteiligte sich an der Erforschung Sibiriens, gab die „Historie der Reisen in Rußland, Sibirien und der großen Tartarei“ heraus, Leipzig o. J. [1730].

S. 52 *Mus citellus:* Ziesel.

Mus agrarius: Brandmaus (Apodemus agrarius), von Pallas erstmals beschrieben.

Mus minutus: Zwergmaus (Micromys minutus), von Pallas erstmals beschrieben.

Bisamratten (Wychuchol): Desmane (Desmana moschata).

S. 53 *Falco rusticolus:* Gerfalke oder Jagdfalke.

Blaumeisen: Lasurmeisen (Parus cyanus), von Pallas erstmals beschrieben.

Samara: heute Kuibyschew, Hauptstadt der Tatarischen Autonomen Sowjetrepublik.

Ornithogalum minimum: Zwerg-Goldstern (Gagea minima); *Potentilla:* Fingerkraut; *Adonis verna:* Frühlingsadonisröschen.

S. 54 *Valeriana bulbosa:* Knolliger Baldrian; *Pedicularis comosa:* Schopfiges Läusekraut; *Astragalus uralensis:* Spitzkiel; *A. tragecanthoides:* Tragantart (A. dolichophyllus).

Kybit: Kiebitz.

Kropfgänse (Onocrotalus): Pelikane (Pelicanus onocrotalus).

Schneelerchen (Alauda alpestris): Ohrenlerchen (Eremophila alpestris).

Papilio rhamni: Zitronenfalter (Gonopteryx rhamni); P. cardui: Distelfalter (Vanessa cardui); *Daplidice:* Resedafalter (Pontia daplidice); *Sinapis:* Senfweißling (Leptidea sinapis); *Cicindela hybrida:* Dünen-Sandlaufkäfer; *C. campestris:* Feldsandlaufkäfer.

S. 55 *Immenvögel (Meropes):* Bienenfresser.

Defileen: militärisch „Wegenge“, Brücken, Gräben, schmale Wege.

Kosaken: russische oder ukrainische Bauern, die sich seit dem 15./16. Jahrhundert in den südlichen Grenzgebieten Rußlands in militärisch organisierten Gemeinschaften ansiedelten. Seit der zweiten Hälfte des 16. Jahrhunderts formierten sich am Jaik die Jaikkosaken. 1773 bis 1775 Aufstand der Jaikkosaken unter Führung Pugatschows: größter Aufstand in der russischen Geschichte gegen Leibeigenschaft und zaristische Unterdrückung. Jaik war bis 1775 die Bezeichnung für den Uralfluß.

S. 56 *Kirgisen:* auch Kasachen, turksprachiges Volk, nomadisierte zwischen Wolga, Südwestsibirien bis zum Aralsee.

Kalmücken: westmongolischer Volksstamm. Mitte des 18. Jahrhunderts wanderten viele Kalmücken von China nach Rußland bis an die Wolga, doch ein Großteil aus Unzufriedenheit mit der russischen Oberhoheit 1771 wieder nach China zurück, s. auch Oiraten (Teil 1, S. 88, 103).

S. 57 *Eltonisches Salz:* Elton (Jalton-Nor, „goldener See“), der bedeutendste Salzsee Rußlands im Gouvernement Orenburg.

S. 59 *Spiraea crenata:* Kerbiger Spierstrauch.

Lonicera tatarica: Tataren-Heckenkirsche.

Onosma echioides u. simplicissima: Natterkopfartige und Einfache Lotwurz; *Dianthus prolifer:* Sprossendes Nelkenköpfchen (Petrorhagia prolifera); *Clematis recta:* Aufrechte Waldrebe; *Euphorbia segetalis:* Saatwolfsmilch; *Salvia nemorosa und nutans:*

Steppen- und Nickender Salbei; *Phlomis tuberosa:* Knollen-Brandkraut; *Herba venti:* ein grünes Kraut; *Dracocephalum thymiflorum u. sibiricum:* Drachenkopfarten; *Nepeta violacea:* Katzenminze; *Hedysarum onobrychis:* Süßklee oder Esparsette; *Astragalus pilosus grandiflorus „contortuplicatus":* Tragantarten; *Centaurea moschata u. sibirica:* Flockenblumen; *Carduus cyanoides:* Distelartiger Korbblüter (Jurinea polyclonos); *Inula hirta u. odorata:* Rauhhaariger und Duftender Alant.

S. 60 *Schlafratte (Sciurus glis):* Siebenschläfer (Glis glis).

Zwerghasen: hier Steppen-Pfeifhase (Ochotona pusilla), von Pallas erstmals beschrieben.

S. 62 *gemeine Viper (Col. berus):* Kreuzotter (Vipera berus).

S. 63 *Werschok:* altes russisches Längenmaß, etwa 4,5 Zentimeter.

S. 64 *gagatische Materie:* bituminöse Braunkohle, schwarzer Bernstein.

S. 66 *Jaizkoi Gorodok:* heute Uralsk (s. Anm. S. 55).

Euler: Christophor (1743–1808), Sohn des berühmten Mathematikers und Physikers Leonhard Euler, Expeditionsteilnehmer.

Faschinen: walzenförmige, mit Drahthunden zusammengeschnürte Strauchbündel zur Befestigung.

S. 67 *Mietlinge:* Leibeigene, die vom Gutsherrn zur Fabrikarbeit abkommandiert werden.

S. 68 *Orenburgische Topographie:* s. Rytschkow (s. Anm. S. 40).

S. 69 *Ataman:* militärisch-administratives Amt bei den Kosaken. 1764 wurde das Amt aufgehoben.

Starschinen: Starschina, Dorfältester, Amt des Vorstehers eines Dorfes oder eines kleinen Ortes, auch Stammeshaupt.

S. 72 *Korsaken:* steppenbewohnender Fuchs (Vulpes corsac).

Sewrjugen: Sternhausen oder Scherg genannte Störart (Acipenser stellatus), von Pallas erstmals beschrieben.

S. 73 *Beluga oder Hausen:* eine Störart (Huso huso).

Schip: oder Glattdick genannte Störart (Acipenser nudiventris).

Sterlet: Störart (Acipenser ruthenus).

Sandarte: Zander (Stizostedion lucioperca).

Tschechon: Ziege oder Sichling genannter Karpfenfisch (Pelecus cultratus).

Goldfisch (Clupea alosa): Schwarzmeerhering (Alosa kessleri).

S. 81 *Spanne:* eine Spanne entspricht etwa 20 bis 25 Zentimetern.

S. 84 *Sassan:* Barbe.

S. 87 *Kubanischer Krieg:* gemeint ist der Krieg zwischen der Türkei und Rußland (1768–1774), der Rußland den Zugang zum Schwarzen Meer sicherte.

Baschkiren: ursprünglich finnisches Volk, das im südlichen Ural und Uralvorland lebte, seit dem 13. Jahrhundert unter tatarischer Herrschaft, im 16. Jahrhundert Rußland angegliedert, heute Baschkirische Autonome Sowjetrepublik mit der Hauptstadt Ufa.

S. 88 *Dsingoren* oder Dsungaren: bildeten mit Torguten und Choschuten u. a. im 17. Jahrhundert das Oiratische Khanat in Dsungorien (s. auch Anm. S. 103).

S. 90 *Kitaika:* meist blauer Baumwollstoff.

S. 91 *Sjungoren:* s. Anm. S. 88 (Dsingoren).

S. 94 *Nösel:* Flüssigkeitsmaß, halbe Kanne, Schoppen.

S. 98 *Truchmenier:* frühere Bezeichnung für Turkmenen, ein im Nordkaukasus lebendes turksprachiges Volk, nomadisierend zwischen Kaspischem Meer und Aralsee, heute in der Turkmenischen Sowjetrepublik ansässig.

S. 99 *Schwemmer-Falke (Falco lanarius):* Saker oder Würgfalke (Falco cherrug).

S. 100 *Bucharen:* tatarisches Volk der Bucharei, zwischen Kaspisee und den Grenzen Tibets und der Mongolei in der Hauptstadt Buchara lebend, im 14. Jahrhundert Teil des Großen Islamischen Reiches unter Timur.

S. 103 *Galdan-Khan:* Galdan-Tscheren war von 1727 bis 1745 Herrscher des Oiratischen Khanats.

Uiräten: Oiraten (s. auch Dsungaren, Anm. S. 88), Westmongolen, die im 18. Jahrhundert westwärts zogen, nomadisierend in den Steppen zwischen dem Uralfluß und der Wolgamündung.

S. 106 *Tanguten:* zur tibetischen Sprachfamilie gehöriges Volk, ihre Religion ist ein durch Aberglauben entstellter Buddhismus.

S. 112 *Kamelotte:* leinwandartig gewebte Stoffe aus Angorawolle.

Rhapontik: Rhabarber.

S. 118 *Pferdetabun:* Pferdeherde.

TEIL 2

S. 124 *Gmelinsche Reise:* Gmelin, Johann Georg (1709–1755), Chemiker, Botaniker, bereiste im Auftrag der Petersburger Akademie von 1733 bis 1743 Sibirien. Sein Werk „D. Joh. Georg Gmelins, der Chemie und Kräuterwissenschaft auf der hohen Schule zu Tübingen öffentlichen Lehrers Reise durch Sibirien von dem Jahr 1733 bis 1743“ erschien in 4 Bänden, Göttingen 1751, 1752.

S. 125 *Sibirische Flora:* „Flora Sibirica“ von J. G. Gmelin, Bd. 1–4, Petropoli, 1747–1769.

S. 127 *Iletzkisches Steinsalz:* die reichsten Steinsalzlager Rußlands bei Iletzk im Gouvernement Orenburg wurden 1769 von Pallas entdeckt und 1850 durch den Engländer Murchison untersucht.

S. 131 *Letten:* bunter Ton.

Madreporiten: Korallenversteinerungen aus dem Jura, in Kalkflözen.

Elefanten: gemeint ist das eiszeitliche Mammut.

S. 132 *Anser erythropus:* Zwerggans, Tundrabewohner.

Haematopus: Austernfischer (Haematopus ostralegus), eine Watvogelart.

Pelecanus carbo und pygmeus: Kormoran (Phalacrocorax carbo) und Zwergscharbe (Phalacrocorax pygmeus).

Alauda tatarica: Mohrenlerche (Melanocorypha yeltoniensis).

S. 133 *Merops persicus:* Blauwangenspint (Merops superciliosus).

S. 134 *Ornithogalum minutum:* Zwerg-Goldstern; *Draba verna:* Frühlings-Felsenblümchen; *Alyssum montanum:* Bergsteinkraut; *Anemone ranunculoides:* Gelbes Windröschen; *Anemone nemorosa:* Buschwindröschen.

Androsace maxima: Riesen-Mannsschild; *Onosma simplex:* Einfache Lotwurz; *Laserpitio trilobo:* Dreilippiges Laserkraut.

Cacalia: Pestwurz (Petasites).

S. 136 *Tepterei* oder Teptjären: flüchtige Wolgafinnen und Tschuwaschen (s. Anm. S. 28), unter Baschkiren (s. Anm. S. 87) im Gouvernement Orenburg und Ufa lebend.

Tscheremissen: finnisch-ugrisches Volk, am linken Wolgaufer lebend.

S. 139 *Elentiere:* Elche.

S. 141 *Meschtscherjaken:* kleine turksprachige Gruppe der Kasaner Tataren an der mittleren Wolga.

S. 145 *Hesperis sibirica:* Sibirische Nachtviole; Astragalus: Tragant.

S. 147 *Epilobium:* Weidenröschen.

Wolost: Amtsbezirk.

S. 151 *Krummöfen:* die niedrigsten Schachtschmelzöfen in Hüttenwerken.

Fluder: Fluter, Gerinne zur Abführung der Wasser im Bergbau.

S. 152 *Fluß:* beim Schmelzen zugesetzte Substanzen (Flußmittel), die die Verflüssigung der zu behandelnden Stoffe und die Abscheidung einzelner Stoffe erleichtern.

Entrochiten: fossile Reste von Seelilien.

Permjäken: finnischer Volksstamm an der oberen Kama, bildet mit den Syrjänen und Wotjäken die permische Gruppe der finnischen Völker.

S. 153 *Adonis apenina:* Adonisröschen; *Anemone narcissiflora:* Berghähnlein; *Cacalia hastata:* Pestwurz; *Polygonum bistorta u. acidum:* Wiesen- und Saurer Knöterich; *Orobus luteus:* Gelbe Platterbse; *Lathyrus pisiformis:* erbsenförmige Platterbse; *Bupleurum longifolium:* Langblättriges Hasenohr; *Digitalis lutea:* Gelber Fingerhut.

S. 154 *Onosma simplex:* Einfache Lotwurz; *Salvia nemorosa:* Steppen-Salbei; *Iris sibirica:* Sibirische Schwertlilie.

Scorzonera purpurea: Violette Schwarzwurzel.

Rudnik: Bergwerk, Grube.

S. 155 *Ocker* oder Ocher: natürlich vorkommendes Eisenhydroxid mit Ton- und Kalkanteilen, dadurch ockerfarben.

Trömmer oder Trümer bzw. Trume: ausgefüllte Nebenspalten einer Hauptspalte (Gang) von größeren Dimensionen.

Kunstschacht: Schacht zur Wasserhebung.

S. 156 *Lachter:* übliches Längenmaß im Bergbau, entspricht der Klafter, etwa 2 Meter.

S. 160 *Drusen:* Hohlraum im Gestein mit Kristallen.

S. 161 *Mißpickel:* Arsenkies.

S. 162 *Gur:* mehlartiges Mineral.

S. 163 *Kopfgeld:* Steuern, die die Bauern der zaristischen Regierung jährlich zu zahlen hatten.

S. 164 *Polemonium:* Himmelsleiter.

Phlomis tuberosa: Knollen-Brandkraut.

Ruyschiana: Nordischer Drachenkopf.

S. 166 *Linnaea stellaria cerastoides:* Moosglöckchen; *Moeringia:* Nabelmiere; *Daphne mezereum:* Gemeiner Seidelbast.

Lonicera coerulea: Blaue Doppelbeere.

S. 168 *wogulisch:* Wogulen, finnisch-ugrische Völkerschaft, am nächsten verwandt den Ostjaken, damals Jäger auf den Höhen des nördlichen Urals, heute: Mansen, am unteren Ob lebend.

S. 170 *Lot:* Gewichtsmaß, 15,28 Gramm.

S. 171 *Scharbock:* Skorbut.

S. 172 *Tscheljabinsk:* die im 18. Jahrhundert entstandene Stadt im südlichen Ural ist vor allem durch das Hüttenwesen bekannt.

Colymbus arcticus: Prachttaucher (Gavia arctica).

S. 173 *Bergente Tadorna:* Brandgans (Tadorna tadorna).

S. 175 *Bolus:* Tonerde von verschiedener Beschaffenheit.

Rytschkow: Nikolai Petrowitsch (1746–1784), Forschungsreisender und Geograph, Reisebegleiter von P. S. Pallas, reiste im Gebiet der Kama, nach Westsibirien und Kirgisien, gab u. a. das „Shurnal ili Dnewnyje sapiski puteschestwija Kapitana Rytschkowa po rasnym prowinzijam Rossiskowo gosudarstwa 1769, 1770 godu“ (Journal oder Tagebuchaufzeichnungen der Reise des Kapitän Rytschkow durch verschiedene Provinzen des Russischen Staates in den Jahren 1769 und 1770), St. Petersburg 1770, heraus.

S. 176 *Sokolow:* Nikita Petrowitsch (1748–1795), russischer Student, Reisebegleiter von P. S. Pallas, später Mitglied der Petersburger Akademie der Wissenschaften.

Mus tamariscinus: Tamarisken-Rennmaus (Meriones tamariscinus); *Mus meridianus:* Rennmausart (Meriones meridianus), *Mus migratorius:* Zwerghamster (Cricetulus migratorius); *Mus socialis:* Wühlmausart (Microtus socialis); *Lagurus:* Steppenlemming, eine Wühlmausart, von Pallas erstmals beschrieben. *Mus subtilis:* Steppenbirkenmaus (Sicista subtilis), von Pallas erstmals beschrieben.

Larus ichthyaetus: Fischmöwe, von Pallas erstmals beschrieben.

Anas rufina: Kolbenente (Netta rufina), von Pallas erstmals beschrieben.

Ardea comata: Rallenreiher (Ardeola ralloides).

Recurvirostra: Säbelschnäbler; *Trynga lobata:* Odinswassertreter; *Scolopax lapponica, alpina:* Pfuhlschnepfe (Limosa lapponica) und Alpenstrandläufer (Calidris alpina); *Charadrius asiaticus:* Kaspischer Regenpfeifer.

S. 177 *Scarabaeus sacer, syriacus u. albus:* Heiliger Pillendreher und andere Käferarten; *Buprestis:* Prachtkäfer; *Meloë:* Ölkäfer; *Cerambyx:* Bockkäfer; *Chrysomela:* Blattkäfer; *Gryllus:* Grillen; *Mantis:* Fangschrecken.

Cicada: Zikaden; Myrmeleon: Ameisenjungfer; *Mutilla:* Spinnen- oder Bienenameise; *Sphex:* Grabwespe; *Aranea:* Webspinne.

Plantago albicans: Orientalische Rauke; *Crinum caspicum:* Amaryllisgewächs; *Ornithogalum bulbiferum:* Zwiebeltragender Goldstern (Gagea bulbifera); *Bulbocodium vernum:* Frühlingslichtblume; *Tulipa gesneriana:* Gartentulpe; *Asparagus maritimus:* Meeresspargel; *Hyoscyamus pusillus:* Winziges Bilsenkraut; *Onosma orientalis:* Arnebia decumbens; *Cachrys:* ein Doldengewächs; *Cucubalus sibiricus:* Sibirischer Taubenkropf; *Androsace maxima:* Riesen-Mannsschild; *Ranunculus falcatus:* Hornköpfchen (Ceratocephalo falcata); *Dianthus carthusianorum:* Kartäusernelke; *Orobanche major und cernua:* Große und Nickende Sommerwurz; *Lamium multifidum:* Wiedemannia multifida; *Cheiranthus sinuatus und chius:* Sterigma tomentosum und Chorispora tenella; *Lepidium perfoliatum:* Durchwachsenblättrige Kresse; *Lepidium bonariense:* Zweiknotiger Krähenfuß; *Biscutella didyma:* Glattes Brillenschötchen; *Astra-*

galus vesicarius, caprinus, depressus: Wundkleestragel; *A. dasyanthus:* Bodenstragel; *Scorzonera pusilla:* (Kleine) Schwarzwurzel; *Ceratocarpus:* Hornköpfchen; *Ephedra monostachya:* Meerträubchen.

Serratula caspica: Kaspische Scharte.

Salsolis: Salzkräuter.

S. 182 *Kasarm:* Kaserne.

S. 184 *Cyprinus grislagine:* Hasel (Leuciscus leuciscus).

S. 188 *Falk:* Johann Peter (1727–1774), schwedischer Naturforscher, Direktor des Botanischen Gartens der Petersburger Akademie der Wissenschaften, reiste im Auftrag der Akademie in das Gebiet um Astrachan, Orenburg, Kasan und in den Südural.

S. 189 *Stellersche Reise:* Steller, Georg Wilhelm (1709–1746), Botaniker, Teilnehmer an der Großen Nordischen Expedition 1734 bis 1741, reiste nach Tomsk, Irkutsk und zum Baikalsee sowie nach Kamtschatka.

Sujew: Wassili Fjodorowitsch (1754–1794), russischer Student, Reisebegleiter von Pallas, später Professor für Naturgeschichte an der Petersburger Akademie der Wissenschaften.

S. 190 *Linie:* befestigte Grenzlinie, die im 16. bis 19. Jahrhundert mit der Expansion des Russischen Reiches nach Süden und Südosten ausgedehnt wurde (u. a. Transkamalinie, Issetische Linie, Ischimlinie, Sakmarische Distanz, Orenburgische Linie).

Georgi: Johann Gottlieb (1729–1802), Naturforscher und Ethnograph, Reisebegleiter von Pallas, erste wissenschaftliche Erkundung des Baikalsees, Hauptwerke: „Bemerkungen zu einer Reise im Russischen Reich in den Jahren 1772, 1773 und 1774“, 2 Bände, St. Petersburg 1775, und „Beschreibung aller Nationen des Russischen Reichs, ihrer Lebensart, Religion, Gebräuche, Wohnungen, Kleidungen und übrigen Merkwürdigkeiten“, St. Petersburg 1776–1780, 2 Bände.

S. 191 *Cytisus pilosus und Spiraea crenata:* Behaarter Geißklee und Kerbiger Spierstrauch.

Grus leucogeranus: Nonnenkranich, von Pallas erstmals beschrieben.

Fliegendes Eichhorn (Sciurus volans): Flughörnchen (Pteromys volans).

S. 195 *Anemone sylvestris und Pedicularis incarnata:* Großes Windröschen und Ähren-Läusekraut.

Cineraria alpina und Lathyrus pisiformis: Alpen-Kreuzkraut und erbsenförmige Platterbse.

S. 196 *Staniz:* Station, Poststation.
Peucedanum: Haarstrang, Doldengewächs.
Sphynx ephialtes: Schwärmerart.
Valeriana officinalis: Echter Baldrian; *Lathyrus pisiformis:* Erbsen-Kicher; *Cineraria palustris und alpina:* Moorkreuzkraut und Alpen-Kreuzkraut.
Spiraea crenata: Kerbiger Spierstrauch; *Onosma simplex:* Einfache Lotwurz; *Scorzonera purpurea:* Violette Schwarzwurzel; *Salvia nemorosa:* Steppen-Salbei; *Erysimum cheirantoides:* Akker-Schöterich; *Thesium linophyllum:* Mittleres Vermeinkraut; *Astragalus onobrychides:* Fahnen-Tragant; *Aster alpinus:* Alpenaster; *Pedicularis comosa:* Schopfiges Läusekraut; *Crataegus oxyacantha:* Eingriffliger Weißdorn.

S. 200 *spanische Reiter:* Balken, durch die kreuzweise Latten gesteckt sind, zum Sperren von Eingängen und Brücken bei Festungen.
Potentilla bifida: Fingerkraut (P. bifurca).
Pratincola crameri: Brachschwalbe (Glareola pratincola).

S. 201 *Redut:* Redoute, geschlossene Feldschanze.
Omsk: 1761 als Festung gegründet, Gebietszentrum in Westsibirien.

S. 202 *Detachementer:* eine meist aus allen Waffengattungen zusammengesetzte Truppenabteilung, die vom Hauptkorps zur Erfüllung eines selbständigen Auftrags abgesendet wird.

S. 204 *Retranchement:* Verschanzung.

S. 206 *höchstes Schneegebirge:* Altai.
Lonicera pyrenaica: Pyrenäen-Heckenkirsche.
Uva ursi: Alpenbärentraube.

S. 207 *Saxifraga geum, S. punctata, S. sibirica:* Nelkenwurz, Getüpfelter und Sibirischer Steinbrech; *S. crassifolia:* Wickelwurz; *Swertia perennis:* Blauer Tarant; *Aquilegia alpina:* Alpen-Akelei; *Hedysarum alpinum:* Alpen-Süßklee; *Astragalus montanum:* Berg-Spitzkiel; *Vicia alpina:* Alpen-Wicke; *Pedicularis tristis:* ein Läusekraut; *Allium altaïcum:* Altai-Zwiebel; *Allium lineare:* Lauchgewächs; *Cortusa matthioli:* Alpen-Heilglöckel; *Ranunculus aconitifolius u. alpestris:* Eisenhut- und Alpenhahnenfuß; *Telephium:* Zierspark; *Teucrium canadense:* (Kanadischer) Gamander; *Gnaphalium alpinum:* Karpaten-Katzenpfötchen; *Leontodon:* Löwenzahn; *Cardamine:* Schaumkraut.
Alchemilla lobata: Frauenmantel; *Valeriana sibirica:* Sibirischer Baldrian; *Dianthus superbus:* Stolze Nelke; *Silena suffruticosa:* Halbstrauchiges Leimkraut; *Gnaphalium sylvaticum:* Waldruhrkraut; *Scrophularia:* Braunwurz; *Bistorta:* Wiesenknöterich.
Steinhasen: Pfeifhasen (hier: Altai-Pfeifhase, Ochotona alpina), von Pallas erstmals beschrieben.

S. 208 *Mustela sibirica:* Sibirischer Nerz oder Kolonok.

S. 209 *Steinwidder:* Mufflon (Ovis ammon musimon), von Pallas erstmals beschrieben.

Schlangenberg: Die von Demidow gegründeten Hütten der Stadt Smeinogorsk im Gouvernement Tomsk gehörten zu den größten Silberlieferanten Rußlands im 18. Jahrhundert.

S. 210 *Binge:* kesselförmige Vertiefung der Erdoberfläche, die durch Zusammenbruch alter Grubennaue entstanden ist.

S. 211 *Tschuden:* finnisch-ugrische Stämme im Altai.

S. 212 *Parther:* ursprünglich achämenidische Satrapie in Turkmenien und deren Bewohner, dann auf die Eroberer aus dem Volk der Daher übertragen, die vom 3. Jahrhundert v. Chr. bis 226 n. Chr. Mesopotamien und den Iran beherrschten.

S. 216 *ukasenmäßig:* vorschriftsmäßig (nach Vorschrift des Zaren).

S. 217 *E. II:* Katharina II.

Kartusche: Ornament.

S. 218 *Tomsk:* 1604 gegründet, Gebietszentrum in Westsibirien.

TEIL 3

S. 222 *Zarizyn:* 1589 als Festung gegründete Stadt, bis 1925 Zarizyn, bis 1961 Stalingrad, jetzt Wolgograd.

S. 224 *Daurien:* Daürien (Diphthong ist getrennt zu sprechen), gebirgiger Landstrich zwischen dem Ostufer des Baikalsees bis zum Argunfluß, Vorland des Amurgebietes.

Krasnojarsk: wichtigstes Industriezentrum Ostsibiriens am Jenissej.

S. 233 *Taymen:* Taimen (Hucho taymen), von Pallas erstmals beschrieben.

Lenok: Lenok (Brachymystax lenok), von Pallas erstmals beschrieben.

Charius: Äsche (Thymallus thymallus).

Sig: Maräne.

S. 234 *Muxuni:* Große Maräne oder Muksun (Coregonus muksun), von Pallas erstmals beschrieben.

Samojeden: heute Nenzen genannt, leben in den Tundragebieten zwischen Dwina und Jenissej.

S. 237 *Ostjaken:* heute Chanten genannt, zur finnisch-ugrischen Sprachfamilie gehörend, am mittleren und unteren Ob lebend.

Anser pulchricollis: Rothalsgans (Branta ruficollis), von Pallas erstmals beschrieben.

S. 251 *Beluga:* hier Weißwal (Delphinapterus leucas), von Pallas erstmals beschrieben.
Krascheninnikow: Stepan Petrowitsch (1713–1755), Reisender, gab die „Beschreibung des Landes Kamtschatka" (1755), St. Petersburg, heraus.

S. 260 *Fringilla flavirostris:* Berghänfling (Carduelis flavirostris).
Corvus dauricus: Elsterdohle.
Anas histrionica: Kragenente (Histrionicus histrionicus).

S. 261 *Saxifraga bronchialis und Androsace lactea:* Steinbrechart und Milchweißer Mannsschild.

S. 263 *Kjachta:* war seit 1689 einzige russische Grenzstadt des Handels mit China, bis 1860 der Seeverkehr über die gesamte russische Küste freigegeben wurde, noch heute bedeutender Handelsplatz in der Autonomen Burjätischen Sowjetrepublik.
Maimatschin: chinesischer Handelsplatz bei Kjachta, heute Altan-Bulak in der Mongolischen Volksrepublik.
Amursanan: dsungarischer Herrscher (1722–1757).

S. 264 *Traillen:* Traljen, hölzerne Gitterstäbe.

S. 270 *Mandarin:* bei Europäern früher übliche Bezeichnung für Beamte und Würdenträger des Chinesischen Kaiserreichs.
Tulband: Turban.

S. 274 *Tangutische Kühe:* große Rinderart.

S. 275 *Kamisol:* kurzes, jackenartiges Kleid, das über dem Hemd getragen wurde.

S. 276 *Elaeagnus:* Ölweide.

S. 277 *latwergenhaft:* fruchtmusartig.
Arachis curassavica: Erdnuß.
Seeschachte: Seegurken (zu den Stachelhäutern gehörig).

S. 284 *Burjäten:* östlich und westlich des Baikalsees lebendes, zur mongolischen Sprachfamilie gehörendes Volk, heute in der Autonomen Burjätischen Sowjetrepublik sowie im Norden der Mongolischen Volksrepublik ansässig.

S. 287 *Turdus ruficollis:* Rotkehldrossel; *Turdus alpinus:* Drosselart; *Motacilla cyanura:* Blauschwanz (Tarsiger cyanurus); *Emberiza minuta:* Zwergammer (E. pusilla); *Emberiza rustica:* Waldammer; *Emberiza chrysocilla:* Prachtammer (E. chrysophrys); *Emberiza spodocephala:* Maskenammer.

S. 291 *Mus oeconomus:* Nordische Wühlmaus (Microtus oeconomus), von Pallas erstmals beschrieben.
Sanguisorba: Wiesenknopf.
Polygono viviparo: Knöllchen-Knöterich.
Chaerophyllum temulum: Hecken-Kälberkropf, Eselskerbel.

S. 293 *Dseren:* Mongolische Gazelle (Procapra gutturosa), von Pallas erstmals beschrieben.

S. 295 *Astragalus biflorus:* Tragantart; *Gentiana aquatica:* Wasser-Enzian; *Primula farinosa:* Mehlprimel; *Potentilla. fragarioides:* erdbeerähnliches Fingerkraut.

Viola pinnata: Fieder-Veilchen; *V. digitata:* Veilchenart; *Iris pumila:* Zwergschwertlilie; *Scorzonera humilis:* Niedrige Schwarzwurzel; *Papaver nudicaule:* Nacktstengliger Mohn.

Pedicularis incarnata: Ähren-Läusekraut.

Kon: Halbbarbe (Hemibarbus labeo), von Pallas erstmals beschrieben.

Silurus asotus: Amurwels (Silurus dauricus).

Kaluga: Kalugahausen (Huso dauricus).

S. 296 *Salmo oxrynchus:* Kleine Schwebrenke.

Cyprinus rivularis: Lokalform der in Europa gewöhnlichen Elritze.

Cobitis barbatula: Schmerle.

Cyprinus sericeus: Bitterling (Rhodeus sericeus).

Linien: Maßeinheit, $^1/_{12}$ bis $^1/_{10}$ Zoll.

Chalcedon: Quarz, hellblaue bis hellgraue mikrokristalline Aggregate.

Kascholon: Kalmückenachat oder Perlmutteropal.

S. 298 *Corvus cyanus:* Blauelster (Cyanopica cyanus), von Pallas erstmals beschrieben; *Lanius brachyurus:* Rotschwanzwürger (Lanius cristatus); *Emberiza rutila:* Rötelammer.

Cherleria sedoides: Zwerg-Miere; *Astragalus depressus:* Kriechender Tragant.

Tussilago: Huflattich.

Gracula sturnina: Mongolenstar (Agropsar sturninus), von Pallas erstmals beschrieben.

Dshiggetei: Dshiggetëi (Diphthong ist getrennt zu sprechen), mongolische Bezeichnung für den Kulan (Equus hemionus), einen Halbesel, erste Beschreibung von Pallas.

S. 299 *Kulan:* s. Dshiggetei (Anm. S. 298).

S. 302 *Motacilla cyane:* Blauschwanz; *Alauda mongolica:* Mongolenlerche (Melanocorypha mongolica), von Pallas erstmals beschrieben; *Charadrius mongolus u. alexandrinus:* Mongolen-Regenpfeifer und Seeregenpfeifer; *Trynga ruficollis:* Rotkehlstrandläufer (Calidris ruficollis); *Ardea antigone:* Sarus-Kranich (Megalornis antigone); *Ardea virgo:* Jungfernkranich (Anthropoides virgo).

S. 302 *Lepus pusillus:* Steppen-Pfeifhase (Ochotona pusilla).

Lepus alpinus: Altai-Pfeifhase (Ochotona alpina).

daurischer Erdhase: daurischer Pfeifhase (Ochotona daurica), von Pallas erstmals beschrieben.

S. 304 *Tungusen:* zur mandschurisch-tungusischen Sprachgruppe gehöriges Volk, das Mittel- und Ostsibirien und das nördliche China bewohnt, im engeren Sinne die Ewenken in Ostsibirien und im Fernen Osten.

Glaubersche Kristalle: farbloses, wäßriges Mineral (Natriumsulfat).

Primula farinosa u. rotundifolia: Mehlprimel und rundblättrige Primel.

Viola pinnata u. lanceolata: Fieder-Veilchen und Gmelin-Veilchen (Viola gmeliniana); *Sophora lupinoides:* Schnurbaum (Cassia sophora) und *Stellera chamaejasme:* nach dem Naturforscher Steller benanntes Gehölz.

S. 307 *Potentilla sericea und multifida:* Fingerkraut und Schlitzblättriges Fingerkraut.

Hyoscyamus physalodes: Bilsenkraut.

S. 309 *Schörlkristalle:* Turmalinkristalle.

Schandaga: Schneehase (Lepus timidus).

S. 310 *Tolai:* im Baikalgebiet und im Nordosten Chinas verbreitete Hasenart, von Pallas erstmals beschrieben (Lepus tolai).

Corvus graculus: Alpenkrähe (Pyrrhocorax pyrrhocorax).

Tauben: Meena-Taube (Streptopelia orientalis) und Klippentaube (Columba rupestris), von Pallas erstmals beschrieben.

Turdus saxatilis: Steinrötel (Monticola saxatilis); *Lanius phoenicurus:* Rotschwanzwürger; *Motacilla certhiaria:* Streifenschwirl (Locustella certhiola), von Pallas erstmals beschrieben.

Papaver nudicaule: Nacktstengliger Mohn; *Pedicularis incarnata und sulphurea:* Ähren-Läusekraut und Schwefelgelbes Läusekraut; *Iris verna:* (Frühlings-) Schwertlilie; *Cheiranthus pallidus:* Erysimum diffusum, *Astragalus montanus:* Berg-Spitzkiel oder Berg-Fahnenwicke; *Spiraea chamaedrifolia und opulifolia:* Ulmen-Spierstrauch und Schneeball-Spierstrauch oder Blasenspiere; *Sambucus racemosa:* Berg-Holunder; *Aquilegia canadensis:* Kanadische Akelei; *Stellera chamaejesme:* Gehölz; *Androsace villosa, lactea und septentrionalis:* Zottiger, Milchweißer und Vielblütiger Mannsschild; *Saxifraga bronchialis:* Steinbrechart; *Sibbaldia erecta grandiflora:* Gelbling; *Hesperis sibirica:* Sibirische Nachtviole; *Viola lanceolata, pinnata und digitata:* Veilchenarten; *Alyssum montanum:* Berg-Steinkraut; *Astragalus suffruticosus:* Tragant; *Vicia biennis:* Wicke; *Polygonum angustifolium:* Kleiner Knöterich; *Scorzonera humilis:* Niedrige Schwarzwurzel; *Spiraea thalictroides:* Hartheublättriger Spierstrauch (S. hypericifolia).

S. 311 *Thalictrum petaloideum:* Wiesenraute.

Hemerocallis: Taglilie.

S. 314 *Jassak:* Tribut der sibirischen Bevölkerung an die zaristische Regierung.

S. 317 *Anemone dichotoma:* Windröschen; *Pedicularis verticillata:* Quirlblättriges Läusekraut; *Symphytum tuberosum:* Knoten-Beinwell.

S. 318 *Bykow:* russischer Student, Reisebegleiter von Pallas.

S. 320 *Elsen:* Erlen.

S. 321 *Sevenbaum:* eine Wacholderart (Juniperus sabina).

S. 324 *Judenpech:* Asphalt.

Noor-Saissan: Ausbuchtung des Irtysch, 1800 km^2, im Osten der Kasachischen Sowjetrepublik.

Veronica sibirica: Sibirischer Ehrenpreis.

Paeonia lactiflora: (Gelbblütige) Pfingstrose.

Cembra: Zirbelkiefer; *Empetrum nigrum:* Gemeine Krähenbeere; *Campanula rotundiflora:* Rundblättrige Glockenblume und *grandiflora:* Großblütige Glockenblume; *Fumaria impatiens:* Erdrauch; *Polygonum divaricatum, angustifolium und sericeum:* Knötericharten; *Scrophularia scorodonea:* Braunwurzart.

Dracocephalum nutans: Nordischer Drachenkopf; *Lycopsis vesicaria:* Braunes Mönchskraut; *Triticum littorale:* Leymus secalinus; *Lonicera coerulea u. pyrenaica:* Blaue Doppelbeere und Pyrenäen-Heckenkirsche; *Linnaea:* Moosglöckchen; *Rubus arcticus:* Ackerbeere; *Pedicularis paniculata:* Läusekrautart (P. euphrasiordes); *Ledum:* Porst; *Andromeda polifolia:* Rosmarinheide; *Vaccinia:* Heidelbeere; *Pyrolae:* Wintergrün.

S. 326 *Galiot:* Kleine Galeere.

S. 330 *Conferva mucifera:* Algen (Ulotrichiales).

Chrysanthemum arcticum: Chrysanthemenart; *Valeriana sibirica u. rupestris:* Baldrian; *Astragalus coeruleus:* (Blauer) Tragant; *Sysimbrium album:* Rautensenf; *Polypodium fragrans u. fragile:* Tüpfelfarne;

Dryopteris: Wurmfarn; *Acrostichum marantae:* Farnart (Notholaena marantae); *Saxifraga punctata und crassifolia:* Tüpfel-Steinbrech und Wickelwurz; *Melanthium sibiricum:* Liliengewächs; *Swertia corniculata:* Halenia sibirica; *Allium sphaerocephalon:* Kugellauch.

S. 334 *Polygonum sagittatum:* Knöterich; *Allium victorialis:* Allermannsharnisch; *Swertia corniculata:* Halenia sibirica; *Dianthus superbus:* Pracht-Nelke; *Pedicularis altissima:* Läusekraut.

S. 335 *Orchis cucullata:* Orchidee, Kapuzen-Nacktdrüse.

S. 337 *Großer Syr:* Fluß im Sajangebirge.

S. 338 *Phaca muricata:* Fahnenwicke (Oxytropis muricata); *Serratula salicina:* Salzkraut; *Onosma simplex:* Einfache Lotwurz; *Hedysarum grandiflorum:* Großblütiger Süßklee; *Phaca alpina:* Alpenblasenschote oder Blasenstrauch; *Dryas pentapetala:* Silberwurz; *Allium senescens:* Berg-Lauch.

S. 339 *Nepeta violacea:* Katzenminze.
S. 340 *Sagaier:* tatarisches Volk im Sajangebirge.
Beltiren: tatarisches Volk im Sajangebirge.
S. 342 *Paeonien:* Pfingstrosen.
S. 343 *Cotoneaster:* Zwergmispel.
Opulus: Schneeballstrauch.
Koibalen: Stamm der Chakassen, im Gebiet von Krasnojarsk lebend.
S. 344 *Decoct:* Absud.
S. 349 *Sibirischer Steinbock:* (Capra sibirica), von Pallas erstmals beschrieben.
S. 356 *Courantschrift:* Schreibschrift.
S. 357 *Sukzeß:* Erfolg.
S. 358 *Professor Laxmann:* Laxmann, Erik (1737–1796), Professor für Chemie an der Petersburger Akademie der Wissenschaften und Bergrat in Nertschinsk; Werk: „Sibirische Briefe", herausgegeben von August Ludwig Schlözer, Göttingen, Gotha 1769.
S. 362 *Loxia curvirostra:* Fichtenkreuzschnabel.
Apicius: „Feinschmecker", nach dem Römer Apicius.
S. 363 *Tarpan:* Wildpferd (Equus przewalski).
S. 364 *Onagri:* Halbesel (Kulane).
S. 365 *Tournefort:* Joseph Pitton de (1656–1708), Botaniker, am Königlichen Pflanzengarten in Paris, Reisen nach Griechenland und Kleinasien.
S. 366 *Hyrkanisches Meer:* im Altertum Name des südöstlichen Teils des Kaspischen Meeres.
S. 368 *Atherina:* Ährenfische.
S. 372 *Virgil:* Vergil, Vom Landbau. Georgica II, 541/42. Übertragung von Gertrud Herzog-Hauser, Artemis-Verlag Zürich 1961:

> Doch wir haben unendlichen Raum im Lauf durchmessen.
> Und schon ist's Zeit, den Rossen zu lösen den dampfenden Nacken.

Rußland in der zweiten Hälfte des 18. Jahrhunderts

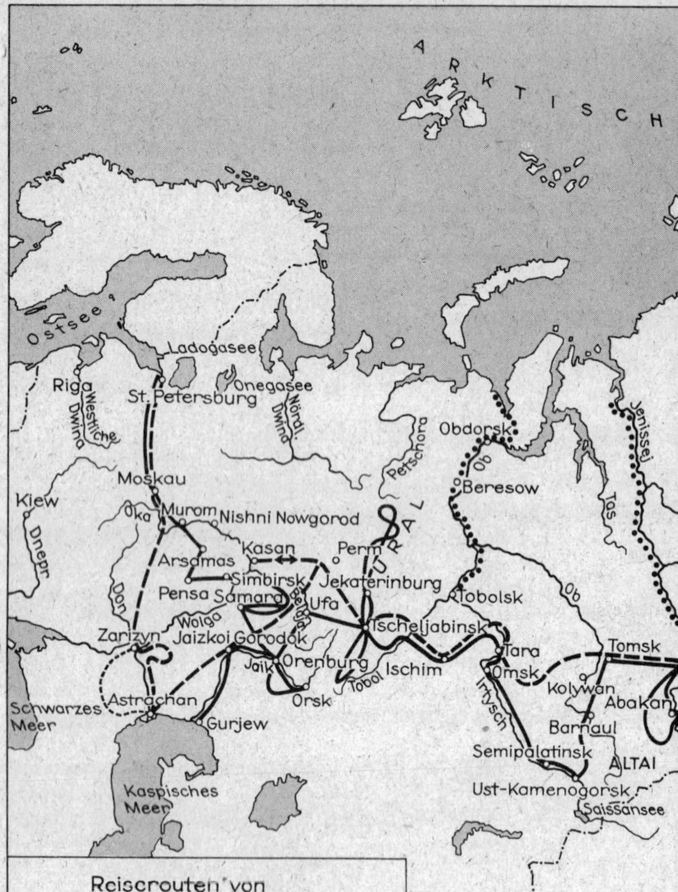

...ER OZEAN
Bering-Meer
Nishne Kolymsk
Indigirka
Kolyma
Werchojansk
Cheta
Olenjok
Lena
Ochotsk
Kotui
Wiljuisk
Ochotskisches
Meer
Marcha
Jakutsk
Amga
Aldan
Untere Tunguska
Wiljui
Steinige Tunguska
Lena
Oljokma
Amur
Jenissejsk
Witim
Angara
Krasnojarsk
Amur
Baikalsee
Nertschinsk
Tschita
Irkutsk
SAJAN
Schilka
Kjachta
Gr. Jenissej
Kl. Jenis.
Maimatschin
Selenga
Orchon
Japanisches
Meer
CHINA

Quellennachweis

Der Text wurde gekürzt nach der Erstauflage Peter Simon Pallas, Reise durch verschiedene Provinzen des Russischen Reichs, Teil 1–3, Sankt Petersburg 1771–1776, gedruckt bei der Kaiserlichen Akademie der Wissenschaften.

Die Karte der Reiserouten zeichnete Gerhard Pippig, Großdeuben.

Die Schwarzweißabbildungen wurden der genannten Erstauflage, Teil 1–3, die farbigen Abbildungen nach Pallas' Vorlagen dem Band „The Costume of the Russian Empire", London 1803, entnommen.

Inhalt

Peter Simon Pallas (1741–1811), gebürtiger Berliner, wurde von der Zarin Katharina II. an die Petersburger Akademie der Wissenschaften berufen und wirkte dort fast ein halbes Jahrhundert als Professor für Naturgeschichte, zu gleicher Zeit mit Michail Lomonossow und Leonhard Euler. Von 1768 bis 1774 unternimmt er eine Forschungsreise nach Südrußland, in den Ural und durch die unendlichen Weiten Sibiriens bis zum Baikalsee. „Die Natur in einem ansehnlichen Teil des Weltkreises, wo sie der Mensch noch wenig verderbt hat, ... erforscht und kennengelernt zu haben, halte ich gegen meine dabei verwandte Jugend und Gesundheit für die schönste Belohnung", schreibt Pallas in seinem zweitausend Seiten umfassenden, durch Bildhaftigkeit und Lebendigkeit geprägten Reisebericht, aus dem hier eine Auswahl vorgelegt wird. Zum erstenmal dringt ausführliche Nachricht über die Völkerschaften Sibiriens, über seine reiche und eigentümliche Tier- und Pflanzenwelt nach Europa. Pallas entdeckt neben vielen anderen Merkwürdigkeiten die „unbegreiflichen Überbleibsel" der „über ganz Sibirien verstreuten Elefantengebeine", woraus er schließt, „daß Nordasien ehemals warm gewesen sein müsse", und damit auf das Phänomen der Eiszeit hinweist, hundert Jahre bevor es Eingang in die Wissenschaft fand.

Belletristik

Mit Abbildungen

00400